滿漢對譯文選

莊吉發 編譯

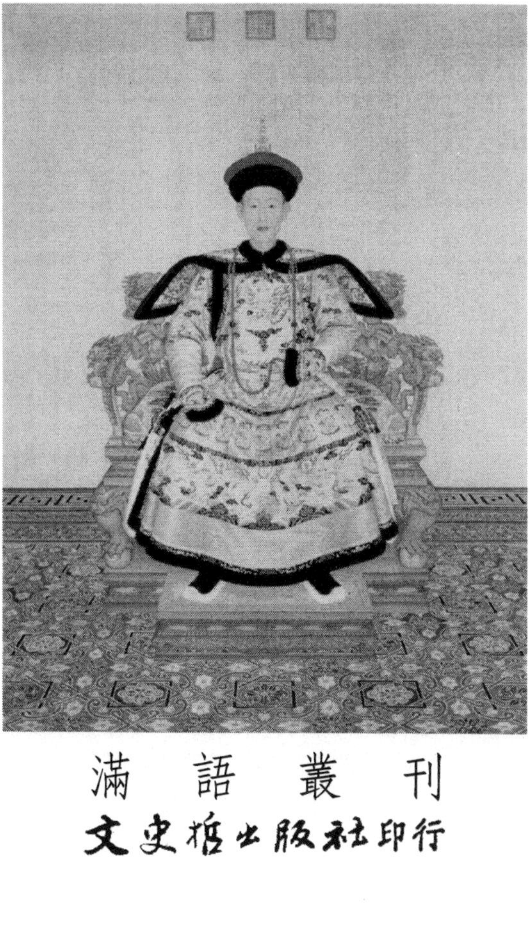

滿語叢刊

文史哲出版社印行

國家圖書館出版品預行編目資料

滿漢對譯文選/ 莊吉發編譯. --初版 -- 臺北
市：文史哲, 民 102.8
面； 公分（滿語叢刊；19）
ISBN 978-986-314-139-6（平裝）

1.滿語 2.讀本

802.918 102016643

滿 語 叢 刊 19

滿漢對譯文選

編譯者：莊 吉 發
出版者：文 史 哲 出 版 社
http:// www.lapen.com.tw
e-mail:lapen@ms74.hinet.net
登記證字號：行政院新聞局版臺業字五三三七號
發行人：彭 正 雄
發行所：文 史 哲 出 版 社
印刷者：文 史 哲 出 版 社
臺北市羅斯福路一段七十二巷四號
郵政劃撥帳號：一六一八〇一七五
電話886-2-23511028・傳真886-2-23965656

實價新臺幣六〇〇元

中華民國一〇二年（2013）八月初版

ISBN 978-986-314-139-6 65119

滿漢對譯文選

目　　次

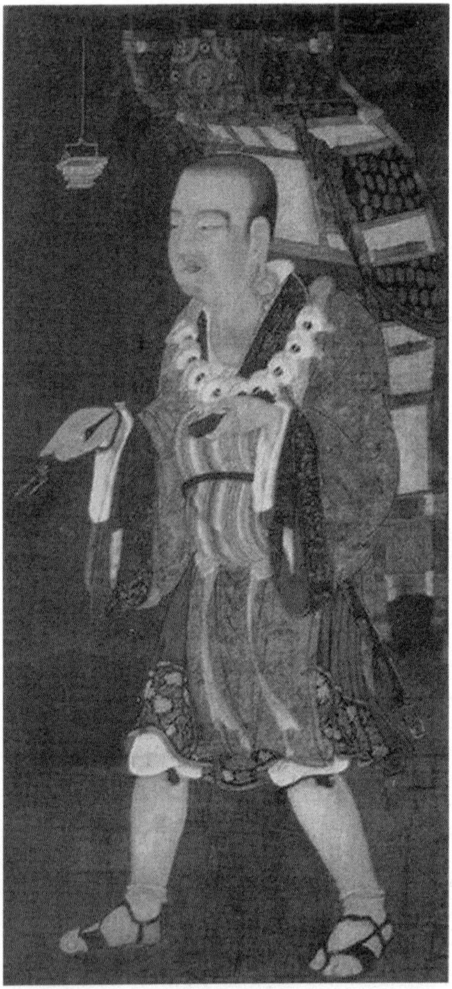

唐僧取經圖

出版說明

我國歷代以來，就是一個多民族的國家，各兄弟民族多有自己的民族語言和文字。滿文是由蒙古文字脫胎而來，成吉思汗征伐乃蠻時，曾俘獲乃蠻太陽汗的掌印官塔塔統阿。成吉思汗見他爲人忠誠，就派他繼續掌管印信。塔塔統阿是維吾爾人，於是令塔塔統阿以老維吾爾文書寫蒙古語音，這是蒙古族正式使用自己新文字的開始。後世出土的碑銘，有所謂《成吉思汗石碑文書》，是宋理宗寶慶元年（1225）成吉思汗次弟合撒兒之子也孫格所豎立的紀功碑。碑文由上而下，從左至右，直行書寫，與老維吾爾文的字體相似，後世遂稱這種老維吾爾體的蒙古文字爲舊蒙文或老蒙文，其字母較容易書寫，流傳較久，而成爲蒙古通行文字，許多精通老維吾爾文的維吾爾人開始大量登用，或任必闍赤即秘書等職，或教諸皇子讀書。蒙古文字的創制，更加促進了蒙古文化的發展。

元世祖忽必烈汗爲繙譯梵文和藏文佛經的方便，於中統元年（1260）命國師八思巴喇嘛創造新字。八思巴喇嘛將梵文和藏文融合的蘭札體字母改造成四方形的音標，自左至右書寫，稱爲蒙古新字，於元世祖至元六年（1269）正式頒佈使用。元順帝至正八年（1348）所立莫高窟六字真言，分別以漢文、西夏文、梵文、藏文、老蒙文及蒙古新字等六體文字書寫。碑文居中右側爲漢文，作「唵嘛呢八唻吽」（om mani padme hūm）。居中左側左起一行就是老維吾爾體由上而下直行書寫的老蒙文，滿文的創造，就是由老維吾爾體的老蒙文脫胎而來。

女真族是滿族的主體民族，蒙古滅金後，女真遺族散居於混同江流域，開元城以北，東濱海，西接兀良哈，南鄰朝鮮。由於元朝蒙古對東北女真的統治以及地緣的便利，在滿族崛起以前，女真與蒙古的接觸，已極密切，蒙古文化對女真產生了很大的影響，女真地區除了使用漢文外，同時也使用蒙古語言文字。明朝後期，滿族的經濟與文化，進入迅速發展的階段，但在滿族居住的地區，仍然沒有滿族自己的文字，其文移往來，主要使用蒙古文字，必須「習蒙古書，譯蒙古語通之。」使用女真語的民族書寫蒙古文字，未習蒙古語的女真族則無從了解，這種現象實在不能適應新興滿族共同的需要。明神宗萬曆二十七年（1599）二月，清太祖努爾哈齊爲了文移往來及記注政事的需要，即命巴克什額爾德尼、扎爾固齊噶蓋仿照老蒙文創制滿文，亦即以老蒙文字母爲基礎，拼寫女真語，聯綴成句，而發明了拼音文字，例如將蒙古字母的「ᠠ」（a）字下接「ᠮᠠ」（ma）字，就成「ᠠᠮᠠ」（ama），意即父親。這種由老維吾爾體老蒙文脫胎而來的初期滿文，在字旁未加圈點，未能充分表達女真語言，無從區別人名、地名的讀音。清太宗天聰六年（1632），皇太極命巴克什達海將初創滿文在字旁加置圈點，使音義分明，同時增添一些新字母，使滿文的語音、形體更臻完善，區別了原來容易混淆的語音。清太祖時期的初創滿文，習稱老滿文，又稱無圈點滿文。天聰年間，巴克什達海奉命改進的滿文，習稱新滿文，又稱加圈點滿文，滿文的創制，就是滿族承襲北亞文化的具體表現。

臺北國立故宮博物院典藏清史館纂修《國語志》稿本，其卷首有奎善撰〈滿文源流〉一文。原文有一段敘述說：「文字所以代結繩，無論何國文字，其糾結屈曲，無不含有結繩遺意。然體制不一，則又以地勢而殊。歐洲多水，故英、法國文字橫行，如風浪，如水紋。滿洲故里多山林，故文字矗立高聳，如古樹，如孤峰。蓋造文字，本乎人心，人心之靈，實根於天地自然之理，非偶然也。」滿文是一種拼音文字，由上而下，由左而右，直行書寫，字形矗立高聳，滿文的創造，有其文化、地理背景，的確不是偶然的。從此，滿洲已有能準確表達自己語言的新文字，由於滿文的創造及改進，更加促進了滿洲文化的發展。

《滿文原檔》是清朝入關前的原始檔案，本書選譯的〈天降仙女〉，是黑龍江的古來傳說，反映黑龍江兩岸才是女真人的發祥地，三仙女的神話，最早就是起源於黑龍江。〈鵲銜朱果〉取材於《滿洲實錄》，以長白山爲滿洲祖宗發祥地，它是隨著女真人由北而南遷徙後晚出的傳說。〈制誥之寶〉亦譯自《滿文原檔》，天聰九年（1635）八月二十六日，《滿文原檔》詳盡記載出征將領獲得玉璽的經過。《清太宗文皇帝實錄》初纂本據《滿文原檔》記載，敘述獲得玉璽經過頗詳，惟將原檔中山羊「三日不食而掘地」等句改爲「三日不食，每以蹄踏地。」《清太宗文皇帝實錄》重修本不載玉璽失傳及發現經過。《清入關前內國史院滿文檔案》有關獲得玉璽一節，原檔殘缺。《滿文老檔》等重鈔本，亦不載出征將領獲得傳國玉璽經過。

《三國志通俗演義》，習稱《三國演義》，是一部家喻戶曉的章回體歷史小說，相傳爲元明人羅貫中所撰。清太祖努爾哈齊喜愛閱讀《三國演義》，從中吸取政治、軍事謀略。關公的勇武形象，也成了努爾哈齊心目中的楷模。在清太宗皇太極眼中，關公是一位講信義的英雄。《滿文原檔》記載皇太極曾引黃忠落馬關公不殺的故事來責難朝鮮國王的背信棄義。天聰年間（1627-1636），達海等人曾奉命將《三國演義》譯成滿文。清朝入關後，攝政王多爾袞又命滿族學士查布海等人賡續繙譯，校訂刊刻，頒發八旗將領。清人王嵩儒已指出，「本朝未入關之先，以繙譯《三國演義》爲兵略，故極崇拜關羽。其後有託爲關神顯靈衛駕之說，屢加封號，廟祀遂偏天下。」《三國演義》滿文譯本就是學習滿文不可忽視的重要讀本。本書〈受命於天〉、〈既壽永昌〉、〈同德比義〉、〈關公顯聖〉、〈伯夷叔齊〉、〈七步成詩〉、〈不殺小鹿〉、〈群星聚蜀〉、〈夢月入懷〉、〈仰吞北斗〉、〈臥雪遇虎〉、〈答問如流〉、〈怪力亂神〉、〈南方火神〉、〈玉雀入懷〉、〈絕妙好辭〉、〈門上活字〉、〈一人一口〉、〈隱介藏形〉、〈頭生二角〉、〈煙瘴毒泉〉、〈望梅止渴〉、〈雲氣覆屋〉等篇，俱選自《三國演義》滿文譯本。

吳承恩（1500-1582），明淮安府山陽縣人，博覽群書，工於詩文。自幼喜讀玄怪小說，晚年絕意仕進，閉門著書，所撰《西遊記》，凡一百回，敘述唐僧玄奘遠赴西天取經，其弟子孫悟空等人於途中降妖伏魔、排除險阻故事。全書結構完整，有始有終，取回真經，功德圓滿。作者將傳統小說人物的塑造，由單純的道德層次，引向了精神品格的層次，人物刻畫，個性生動。故事情節，曲折離奇，變化詭譎，想像力豐富，引人入勝。康熙五十二年（1673）閏五月二十八日，武英殿總監造和素等具奏稱，漢文《西遊記》二部，一部一函十六卷，滿文本已照此繙譯。《世界滿文文獻目錄》記載北京故宮博物院典藏《西遊記》滿文精寫本，共五十二冊。北圖典藏《西遊記》滿文曬印本，共五十冊。一九八九年九月，烏魯木齊新疆人民出版社出版錫伯文《西遊記》上、中、下共三冊。本書〈水秀山青〉、〈預卜陰晴〉、〈夢斬龍王〉、〈借屍還魂〉、〈修真正善〉、〈太陽真火〉、〈西梁女國〉、〈自我介紹〉、〈油鹽醬醋〉、〈七絕柿樹〉、〈人參仙果〉、〈雙鳥失群〉、〈魚籃觀音〉、〈樹頭東向〉、〈輕慢佛法〉、

〈色即是空〉、〈布金禪寺〉等篇，俱選自錫伯文《西遊記》。

《紅樓夢》，原名《石頭記》，又名《金玉緣》，凡一百二十回，前八十回爲康熙年間（1662-1722），江寧織造曹寅孫雪芹撰，後四十回爲，乾嘉間高鶚所續。全書近百萬言，所記男女數百人，各具本末，形象鮮明，對話生動。穆旭東譯錫伯文《紅樓夢》，共四冊，於一九九三年七月由烏魯木齊新疆人民出版社出版，本書〈煉石補天〉、〈內熱驚風〉、〈陳設藝術〉、〈漢宮春曉〉、〈吉慶有餘〉、〈潛心玩索〉、〈恭楷臨帖〉、〈後生可畏〉、〈搜索枯腸〉、〈春花秋月〉、〈知音幾人〉、〈列女故事〉、〈符膽心驚〉、〈咱們我們〉、〈花開花謝〉、〈春殘花落〉、〈參禪悟道〉、〈陰陽變化〉等篇，俱選自錫伯文《紅樓夢》。

薩滿（saman）是阿爾泰語系通古斯語族稱呼跳神巫人的音譯，意思是指能夠通靈的男女，他們在跳神作法的儀式中，受到自我暗示後，即產生習慣性的人格解離，薩滿人格自我真空，將神靈引進自己的軀體，使神靈附體，而產生一種超自然的力量，於是具有一套和神靈溝通的法術。靈魂不滅是薩滿信仰靈魂觀的基礎，靈魂寄寓於軀體之中，靈魂離去，軀體就死亡，靈魂復歸，人就死而復生。在各種《尼山薩滿故事》中，是以海參崴本《尼山薩滿傳》滿文手稿本所述薩滿靈魂出竅過陰收魂的情節，較爲完整，描寫細膩。本書〈過陰追魂〉一篇，即譯自海參崴《尼山薩滿傳》滿文手稿本。

錫伯族是東北地區的少數民族之一，清太宗崇德年間（1636-1643），錫伯族同科爾沁蒙古同時歸附於滿洲，編入蒙古八旗。康熙三十一年（1692），將科爾沁蒙古所屬錫伯族編入滿洲八旗，從此以後，錫伯族開始使用滿洲語文。乾隆中葉，清軍統一新疆南北兩路。爲了加強西北邊陲的防務，陸續從瀋陽等地抽調錫伯兵到新疆伊犁河南岸一帶屯墾戍邊，編爲八個牛彔，組成錫伯營。一九五四年三月，成立察布查爾錫伯自治縣。錫伯族的口語，與滿語雖然有不少差異，但其書面語，與滿語則基本相近。八個牛彔各小學所採用的錫伯文課本，基本上就是滿文教材。錫伯族具有注重文化教育的優良傳統，他們西遷到伊犁河谷以來，不僅將許多漢文古籍譯成滿文，同時還翻譯了不少外國文學作品，譯文細膩生動。本書〈聖誕之夜〉一篇，即譯自一九八九年六年制小學課本第十一冊〈賣火柴的小女孩〉（syliyahū uncara ajige sarganjui）。本書的滿文部分，在北京排版，承中國第一歷史檔案館滿文部主任吳元豐先生細心校正。漢文詞義與滿文歧異之處，亦承中國第一歷史檔案館郭美蘭女士修正潤飾，衷心感謝。羅馬拼音及漢文，由國立中正大學博士班林加豐同學、文化大學中文研究所博士班簡意娟同學打字編排，並承國立苗栗農工國文科彭悅柔老師、宜蘭縣立中華國中曾雨萍老師、國立中央大學歷史研究所齊汝萱同學、國立清華大學歷史研究所簡湛竹同學細心校對，在此一併致謝。

二〇一三年八月

莊吉發 識

滿漢對譯文選

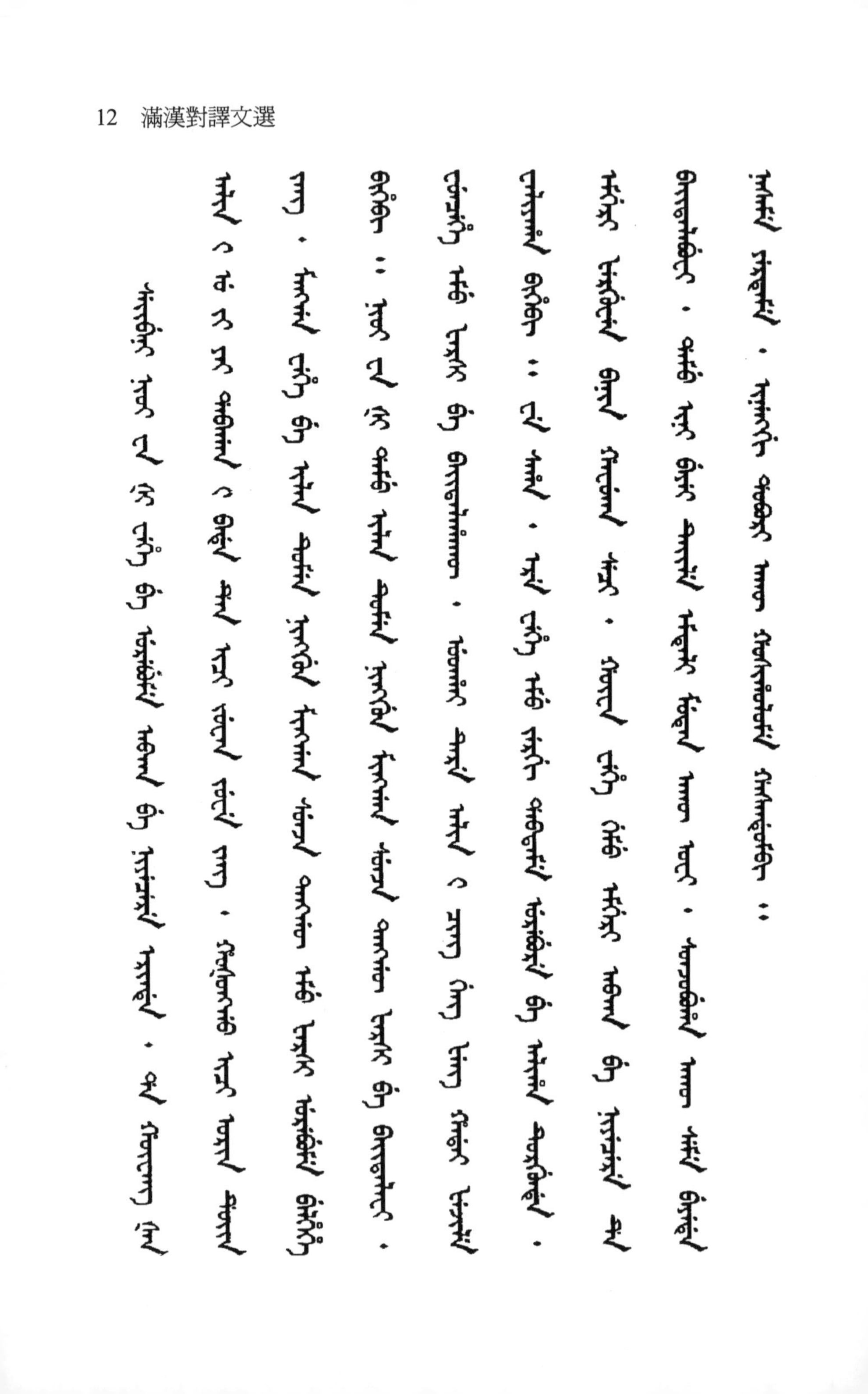

[illegible]
[illegible]
[illegible]
[illegible]
[illegible]
[illegible]
[illegible]
[illegible]
[illegible]

一、煉石補天

seibeni nioi wa ši wehe be urebume abka be niyecere erinde, da hūwang šan alin i u ji yai dabagan i bade den ici juwan juwe jang, hošonggo ici orin duin jang mangga wehe be ilan tumen ninggun minggan sunja tanggū emu farsi urebume belhehe bihebi. nioi wa ši damu ilan tumen ninggun minggan sunja tanggū farsi be baitalafi, funcehe emu farsi be baitalahakū, uthai tere alin i cing geng feng hadai fejile waliyaha bihebi. we saha ere wehe emu jergi dabtame urebure be aliha turgunde, emgeri ferguwen banin hafuka seci, gūwa wehe gemu emgeri abka be niyecere de baitalabufi, damu ini beyei teile emteli muten akū ofi, sonjobuha akū seme beyede nasame yerteme, inenggi dobori akū gosiholome gasandumbi.

從前女媧氏煉石補天之時，於大荒山無稽崖地方煉成高經十二丈，方經二十四丈頑石三萬六千五百零一塊預備著。女媧氏只用了三萬六千五百塊，剩一塊未用，便棄在此山青埂峰下。誰知此石經過一陣煅煉之後，靈性已通，因見別的石頭俱得用來補天，惟獨自己無材不堪入選，遂自怨自嘆，日夜悲號怨恨。

从前女娲氏炼石补天之时，于大荒山无稽崖地方炼成高经十二丈，方经二十四丈顽石三万六千五百零一块预备着。女娲氏只用了三万六千五百块，剩一块未用，便弃在此山青埂峰下。谁知此石经过一阵煅炼之后，灵性已通，因见别的石头俱得用来补天，惟独自己无材不堪入选，遂自怨自叹，日夜悲号怨恨。

ᠪᡳᠮᠪᡳ ::

ᡨᠣᠨᡩᠣᡴᠣᡧᠣᠮᡝ ᠈ ᡤᡳᠰᡠᡵᡝᠨ ᡤᡳᠰᡠᠨᡳᠶᡝᠨ ᠰᡝᡵᡝ ᡳ ᠪᡳᡨᡥᡝ ᡩᡝ ᠮᡠᡩᠠᠨ ᡨᡠᠴᡳᠪᡠᡥᡝᠩᡤᡝ ᠮᡝᠨᡳ ᡨᡠᡵᡤᡠᠨ

ᡤᡳᠰᡠᠨ ᠰᡝ ᡳᡵᡝ ᡨᠣᠮᠣᡥᠣᠩᡤᠣ ᠪᠣᠯᠣ ᠰᡝᠮᡝ ᡤᡳᠰᡠᡵᡝᠨ ᠈ ᡳᠨᡝᡴᡠ ᡤᡳᠰᡠᡵᡝᠨ ᠮᡠᡩᠠᠨ ᡳᠨᡝᡴᡠ ᠈ ᡤᡳᠰᡠᡵᡝᠨ

ᠮᠠᠨᠠᠪᡠ ᠈ ᠮᡠᡩᠠᠨ ᡨᠣᠮᠣᡥᠣᠩᡤᠣ ᡳᠯᡳ ᠰᡝᠮᡝ ᡨᠣᠮᠣᠨ ᠪᡳᡥᡝᠪᡳ :: ᡳᠯᠠᠨ ᠮᡠᠵᡠ ᠮᡠᠵᡠ ᠰᡝᠮᡝ ᠠᠨ ᠈ ᡤᡳᠰᡠᠪᡠ

ᡨᠣᠮᠣᡥᠣᠩᡤᠣ ᡳ ᡤᡳᠰᡠᠨ ᡨᠣᠮᠣᠰᡳ ᠪᡠᡥᡝᡳ ᠈ ᠨᡳᡴᠠᠨ ᠮᡠᡩᠠᠨ ᡳ ᡥᠠᠨᠴᡳᡴᡳ ᡳᠨᡝᡴᡠ ᠮᡠᡩᠠᠨ ᡳᠨᡝᡴᡠ ᠪᡳᡥᡝᡤᡳᠩᡤᡝ

ᠨᡳᡴᠠᡵᡝ ᡤᡳᠰᡠᡵᡝᠨ ᡨᠣᠮᠣᡥᠣᠩᡤᠣ :: ᡨᠣᠮᠣᡥᠣᠩᡤᠣ ᡤᡳᠰᡠᡵᡝᠨ ᡳᠯᡳᡥᠠ ᠮᡠᠵᡳᠯᡝᠨ ᡤᡳᠰᡠᠪᡠᡥᡝ ᠈ ᠪᠠᠨᠵᡳ ᠪᠠᠨᠵᡳ ᠨᡳᡴᠠᠨ ᡩᡝ ᠮᡠᠵᡠ ᠨᡳᡴᠠᡵᡝ

ᠨᡳᡴᠠᠪᡠᠨ ᠈ ᠵᠠᠯᠠᠨ ᡤᡳᠰᡠ ᡨᡝᠯᡝ ᡤᡳᠰᡠᠨ ᠮᡠᡩᠠᠨᡳᠨ ᡳ ᠨᡳᡴᠠᠨᠰᠠᡴᡳ ᠈ ᡤᡳᠰᡠᠨᠰᡠ ᠮᡠᠵᡠ ᠮᡠᠵᡠ ᡨᡠᡵᡤᡠ ᡳ ᠮᡠᠵᡳᠯᡝᠨ ᠈

ᡤᡳᠰᡠᡵᡝᠩᡤᡝ ᠨᡳᡴᠠᠰᡳ ᠮᡠᡩᠠᠨ ᡳ ᠪᠠᡳᡵᡝᠩᡤᡝ ᠨᡳᡴᠠᠨ ᡳ ᠮᡠᠵᡳᠯᡝᠨᡳ ᠰᡝᡵᡝ ᠈ ᠨᡳ ᡤᡳᠰᡠᠨᡳ ᡤᡳᡵᡝ ᠮᡠᠰᡝᡳ ᡳ ᠠ ᡝ ᡳ

ᠪᠠᡳᡨᠠᠯᠠᠮᠪᡳ ᠮᡠᡨᡝᠮᠪᡳ ᠈ ᡤᡳᠶᠠᠨ ᡳᠨᡝᡴᡠ ᠰᡝᡵᡝ ᡳᠨᡝᡴᡠ ᡤᡳᠰᡠᠨ ᠨᡳᡴᠠᠰᡳ ᡳ ᠮᡠᡩᠠᠨ :: ᡳᠨᡝᡴᡠ ᠪᠠᠨᠵᡳ ᠪᠠᠨᠵᡳ ᡳᠰᡳᡴᡳ

terei amala, geli udu jalan udu g'alba duleke be sarkū. emu kung kung sere gebungge doose enduri be baime doro be mutebure jalin, da hūwang šan alin i u ji yai dabagan, cing geng feng hadai fejergi be dulerede, gaitai emu amba wehe be sabuha, dele hergen folohobi. foloho hergen yasade umesi getuken, kung kung doo žin uju deri uncehen i siden emgeri tuwaci, dade abka be niyecere muten akū ofi baitalabuha akū, arbun kūbulime jalan de wasika wehe bihebi. erebe mang mang da ši. miyoo miyoo jen žin fulgiyan buraki de gaifi, eiten hacin fakcara acara, gasara urgunjere, halhūn šahūrun jalan i baita be akūname dulembuhe emu falga jube bihebi.

後來，又不知過了幾世幾劫，因有個空空道人訪道求仙，從這大荒山無稽崖青埂峰下經過時，忽見一塊大石，上面刻了字，字跡分明。空空道人從頭到尾一看，原來是無材補天未被用上，幻形入世的石頭，蒙茫茫大士、渺渺真人攜入紅塵，歷盡離合悲歡炎涼世態的一段故事。

后来，又不知过了几世几劫，因有个空空道人访道求仙，从这大荒山无稽崖青埂峰下经过时，忽见一块大石，上面刻了字，字迹分明。空空道人从头到尾一看，原来是无材补天未被用上，幻形入世的石头，蒙茫茫大士、渺渺真人携入红尘，历尽离合悲欢炎凉世态的一段故事。

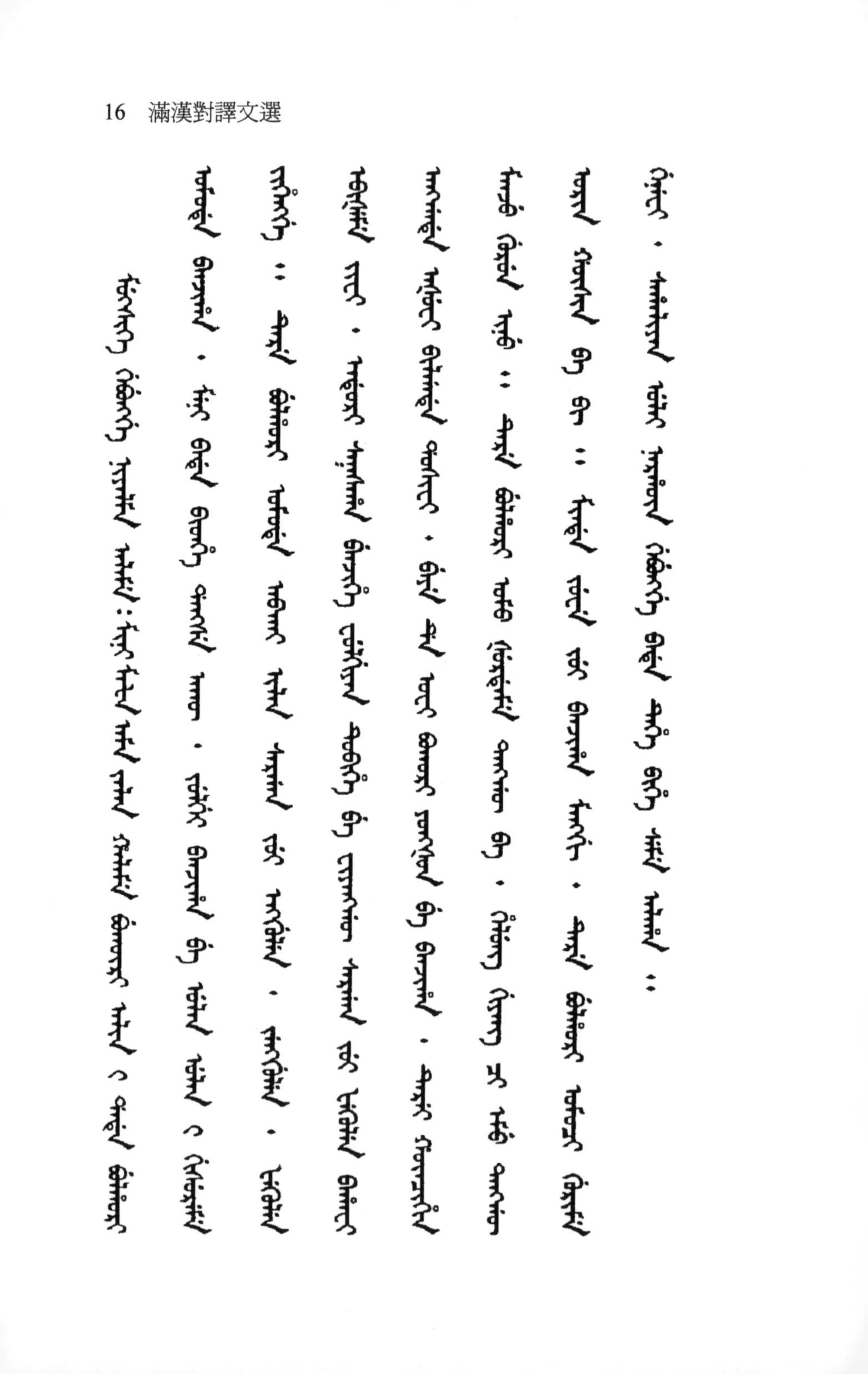

二、天降仙女

muksike gebungge niyalma alame：mini mafa ama jalan halame bukūri alin i dade bulhori omode banjiha, meni bade bithe dangse akū, julgei banjiha be ulan ulan i gisureme jihengge, tere bulhori omode abkai ilan sargan jui enggulen. jenggulen. fekulen ebišeme jifi, enduri saksaha benjihe fulgiyan tubihe be fiyanggū sargan jui fekulen bahafi anggade ašufi bilgade dosifi, beye de ofi bokori yongšon be banjiha, terei hūncihin manju gurun inu. tere bulhori omo šurdeme tanggū ba, helung giyang ci emu tanggū orin gūsin ba bi. minde juwe jui banjiha manggi, tere bulhori omoci gurime genefi, sahaliyan ulai narhūn gebungge bade tehe bihe seme alaha.

穆克什克告訴說：「我們的祖父世代在布庫里山下布爾瑚里湖過日子。我們的地方沒有書籍檔子，古時生活，代代相傳，說此布爾瑚里湖有三位天女恩古倫、正古倫、佛庫倫來沐浴。神鵲銜來朱果，爲么女佛庫倫獲得後含於口中，吞進喉裡，遂有身孕，生下布庫里雍順，其同族即滿洲國。此布爾瑚里湖周圍百里，離黑龍江一百二、三十里。我生下二子後，就由此布爾瑚里湖遷往黑龍江納爾渾地方居住了。」

穆克什克告诉说：「我们的祖父世代在布库里山下布尔瑚里湖过日子。我们的地方没有书籍档子，古时生活，代代相传，说此布尔瑚里湖有三位天女恩古伦、正古伦、佛库伦来沐浴。神鹊衔来朱果，为么女佛库伦获得后含于口中，吞进喉里，遂有身孕，生下布库里雍顺，其同族即满洲国。此布尔瑚里湖周围百里，离黑龙江一百二、三十里。我生下二子后，就由此布尔瑚里湖迁往黑龙江纳尔浑地方居住了。」

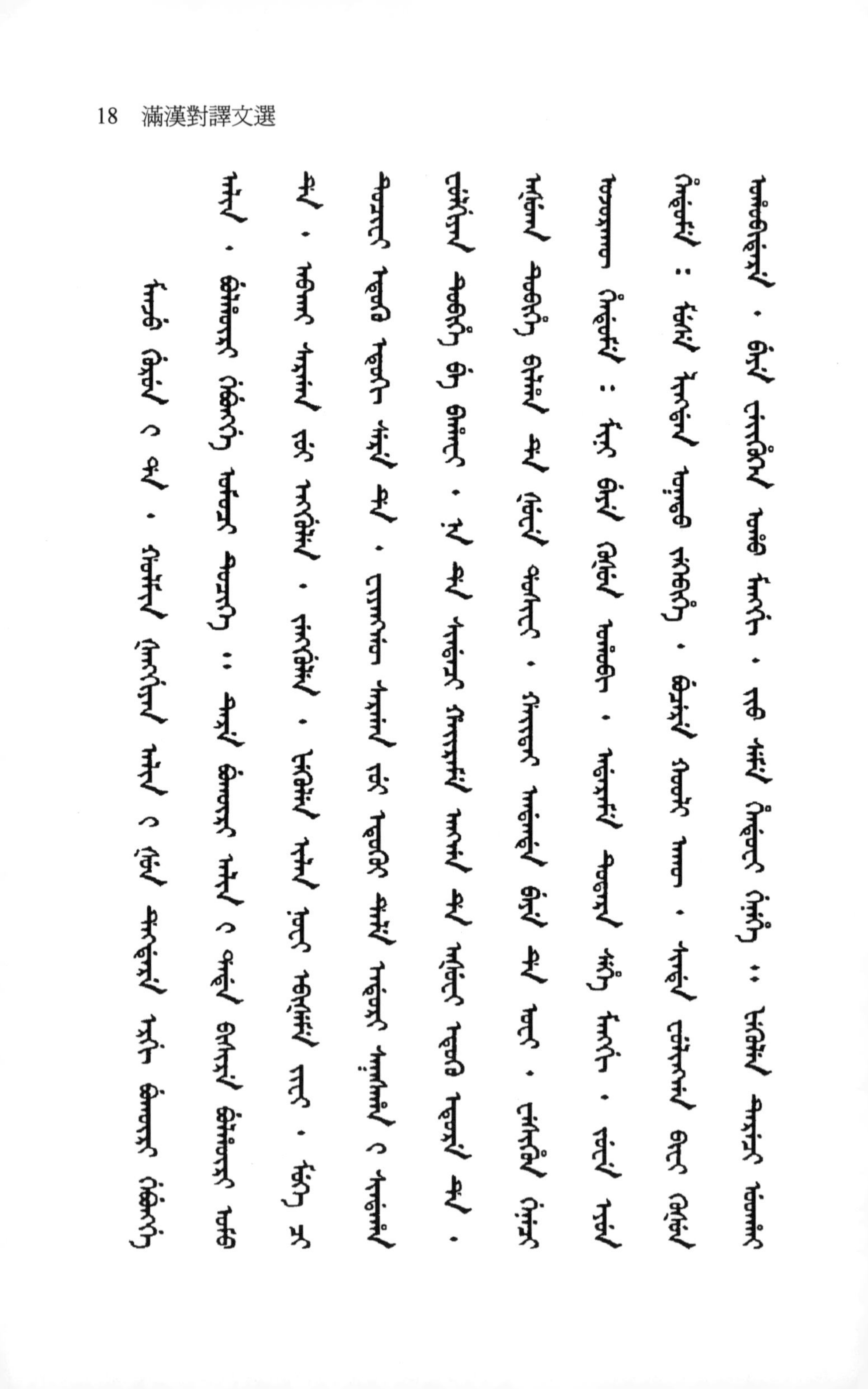

三、鵲銜朱果

manju gurun i da, golmin šanggiyan alin i šun dekdere ergi bukūri gebungge alin, bulhūri gebungge omoci tucike, tere bukūri alin i dade bisire bulhūri omo de abkai sargan jui enggulen、jenggulen 、fekulen ilan nofi ebišeme jifi muke ci tucifi etuku etuki sere de, fiyanggū sargan jui etukui dele enduri saksaha i sindaha fulgiyan tubihe be bahafi, na de sindaci hairame angga de ašufi etuku eture de, ašuka tubihe bilha de šuwe dosifi, gaitai andande beye de ofi, wesihun geneci ojorakū hendume: mini beye kušun ohobi, adarame tutara sehe manggi, juwe eyun hendume: muse lingdan okto jekebihe, bucere kooli akū, sinde fulingga bifi kušun ohobidere, beye weihuken oho manggi, jio seme hendufi genehe. fekulen tereci uthai

---

滿洲源起於長白山之東布庫里山布勒瑚里湖。此布庫里山布勒瑚里湖，有天女恩古倫、正古倫、佛庫倫三人來沐浴，浴畢上岸欲著衣時，有神鵲銜一朱果，置么女衣上，愛之不忍置地上，遂銜口中，甫著衣，所銜之果竟入喉中，倏忽成孕，不能上昇，曰：「吾身不適奈何？」二姊曰：「吾等曾服丹藥，諒無死理，爾有天命乃有孕，俟身輕上昇。」遂別去。佛庫倫後生

满洲源起于长白山之东布库里山布勒瑚里湖。此布库里山布勒瑚里湖，有天女恩古伦、正古伦、佛库伦三人来沐浴，浴毕上岸欲着衣时，有神鹊衔一朱果，置么女衣上，爱之不忍置地上，遂衔口中，甫着衣，所衔之果竟入喉中，倏忽成孕，不能上升，曰：「吾身不适奈何？」二姊曰：「吾等曾服丹药，谅无死理，尔有天命乃有孕，俟身轻上升。」遂别去。佛库伦后生

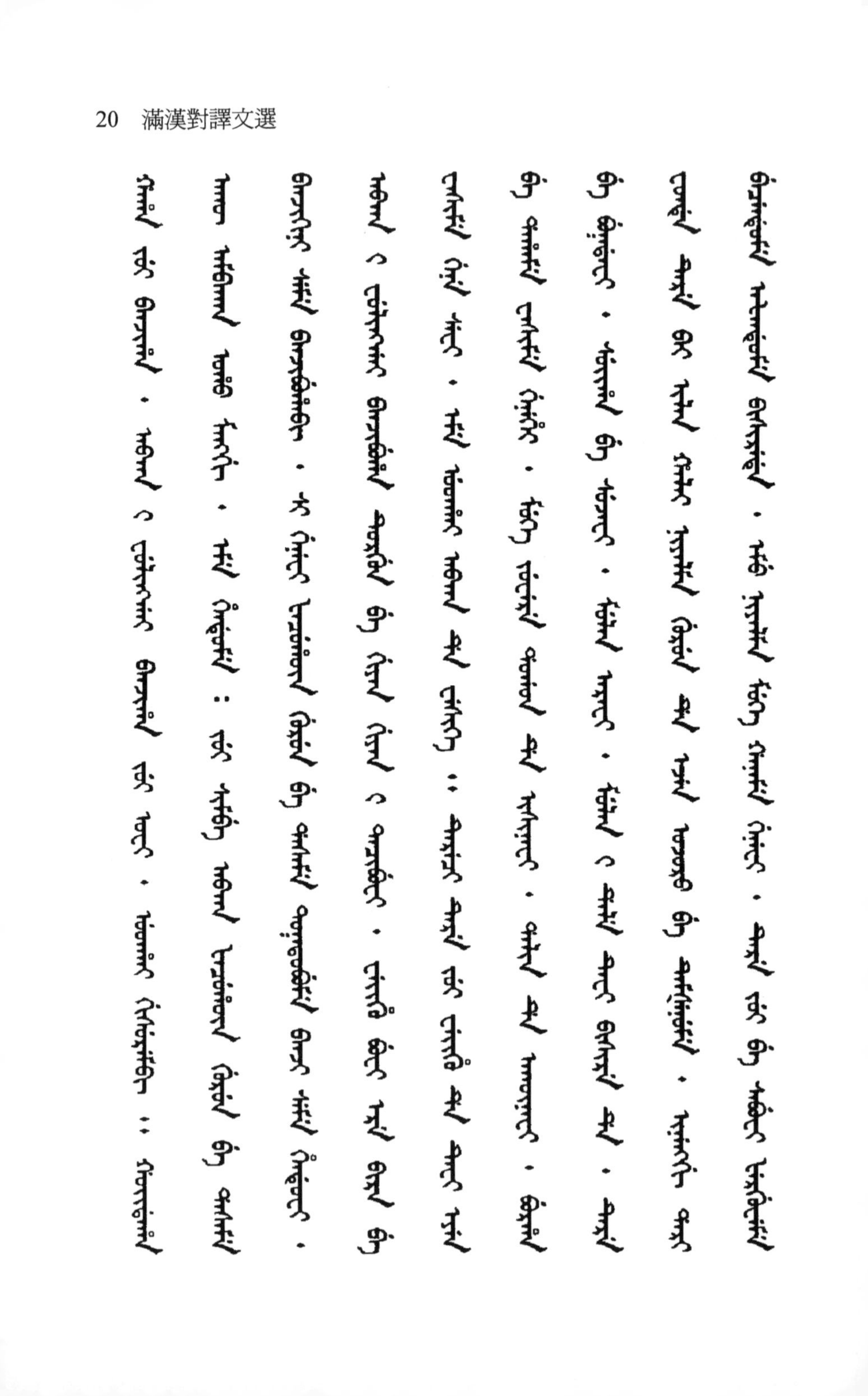

haha jui banjiha, abka i fulinggai banjibuha jui ofi, uthai gisurembi. goidaha akū ambakan oho manggi, eme hendume: jui simbe abka facuhūn gurun be dasame banjikini seme banjibuhabi. si genefi facuhūn gurun be dasame toktobume banji seme hendufi, abka i fulinggai banjibuha turgun be giyan giyan i tacibufi, weihu bufi ere bira be wasime gene sefi, eme uthai abka de wesike. tereci tere jui weihu de tefi eyen be dahame wasime genehei, muke juwere dogon de isinafi, dalin de akūnafi, burha be bukdafi, suiha, be sujafi mulan arafi, mulan i dele tefi bisire de, tere fonde tere bai ilan halai niyalma gurun de ejen ojoro be temšenume, inenggi dari bucendume afandume bisirede, emu niyalma muke ganame genefi. tere jui be sabufi ferguweme

---

一男，因係奉天命所生之子，生而能言，倏爾長成。母曰：「天生汝，實令汝以定亂國，汝可往前去治理亂邦。」遂將天命所生緣由一一詳說，乃與一舟，令順水而去。言訖，母即昇天。其子遂乘舟順流而下，至運水渡口登岸，折柳條爲坐具，坐在坐具上。彼時其地有三姓人爭爲雄長，終日相互殘殺。適一人來取水，見其子奇異，

一男，因系奉天命所生之子，生而能言，倏尔长成。母曰：「天生汝，实令汝以定乱国，汝可往前去治理乱邦。」遂将天命所生缘由一一详说，乃与一舟，令顺水而去。言讫，母即升天。其子遂乘舟顺流而下，至运水渡口登岸，折柳条为坐具，坐在坐具上。彼时其地有三姓人争为雄长，终日相互残杀。适一人来取水，见其子奇异，

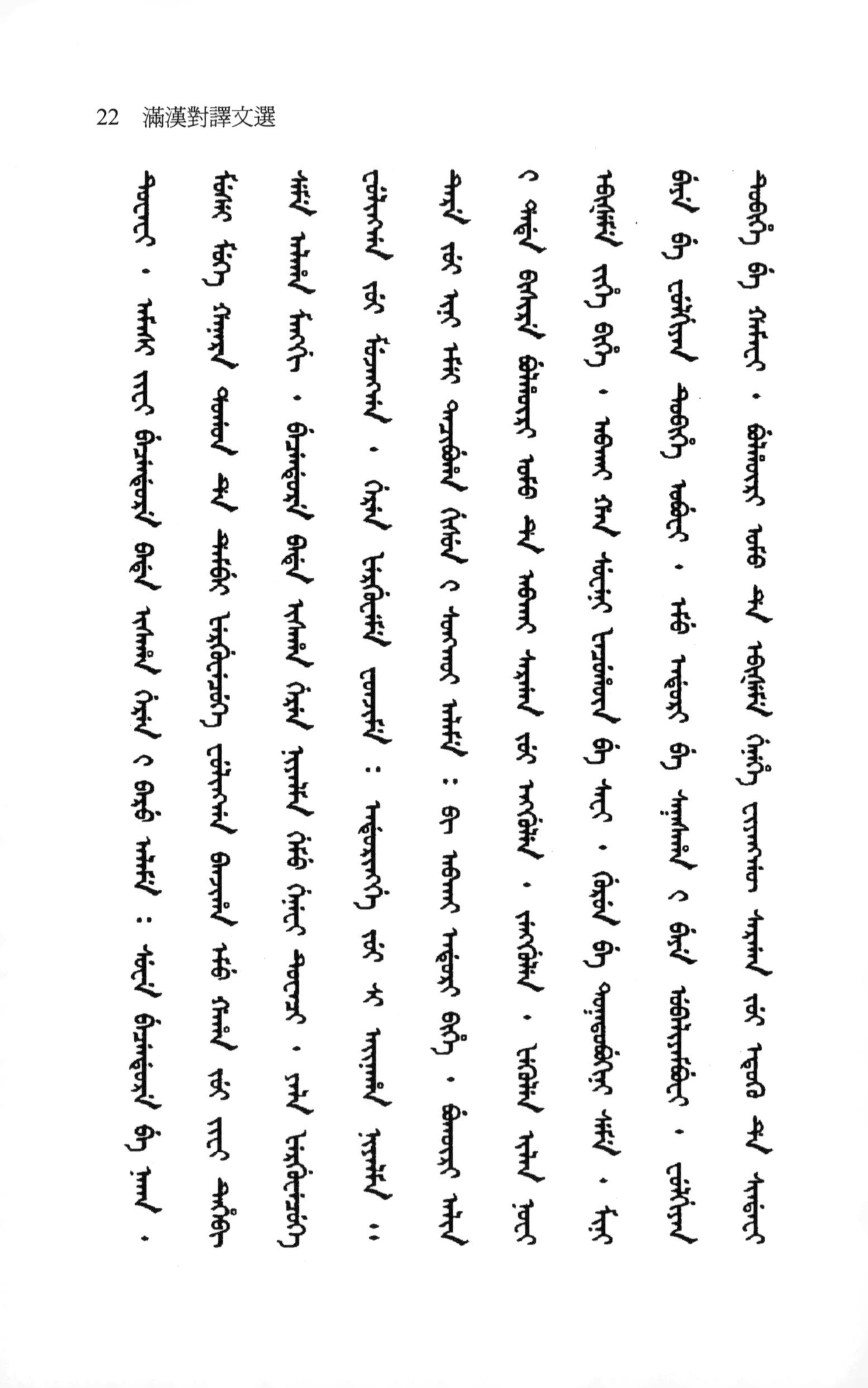

tuwafi, amasi jifi becendure bade isaha geren i baru alame: suwe becendure be naka, musei muke ganara dogon de dembei ferguwecuke fulingga banjiha emu haha jui jifi tehebi seme alaha manggi, becendure bade isaha geren niyalma gemu genefi tuwaci, yala ferguwecuke fulingga jui mujangga, geren ferguweme fonjime: enduringge jui si ainaha niyalma. tere jui ini emei tacibuha gisun i songkoi alame: bi abkai enduri bihe, bukūri alin i dade bisire bulhūri omo de abkai sargan jui enggulen、jenggulen、fekulen ilan nofi ebišeme jihe bihe, abkai han suweni facuhūn be safi gurun be toktobukini seme, mini beye be fulgiyan tubihe obufi, emu enduri be saksaha i beye ubaliyambufi, fulgiyan tubihe be gamafi, bulhūri omo de ebišeme genehe fiyanggū sargan jui etuku de sindafi

---

返至爭鬥之處，告所聚之眾曰：「汝等且免爭鬥，我等之取水渡口，有相貌奇異男子前來坐於彼處。」爭鬥處之眾人皆往視。果係奇異天命之子，眾皆異而問之：「奇男子汝係何許人耶？」其子照其母所囑之言告曰：「我乃天神在布庫里山之布勒瑚里湖天女恩古倫、正古倫、佛庫倫三姊妹來沐浴。天帝知汝等之亂，擬遣至安邦，而以吾身爲朱果，將一神化爲鵲身持朱果置於前往布勒瑚里湖沐浴之么女衣上，

返至争斗之处，告所聚之众曰：「汝等且免争斗，我等之取水渡口，有相貌奇异男子前来坐于彼处。」争斗处之众人皆往视。果系奇异天命之子，众皆异而问之：「奇男子汝系何许人耶？」其子照其母所嘱之言告曰：「我乃天神在布库里山之布勒瑚里湖天女恩古伦、正古伦、佛库伦三姊妹来沐浴。天帝知汝等之乱，拟遣至安邦，而以吾身为朱果，将一神化为鹊身持朱果置于前往布勒瑚里湖沐浴之么女衣上，

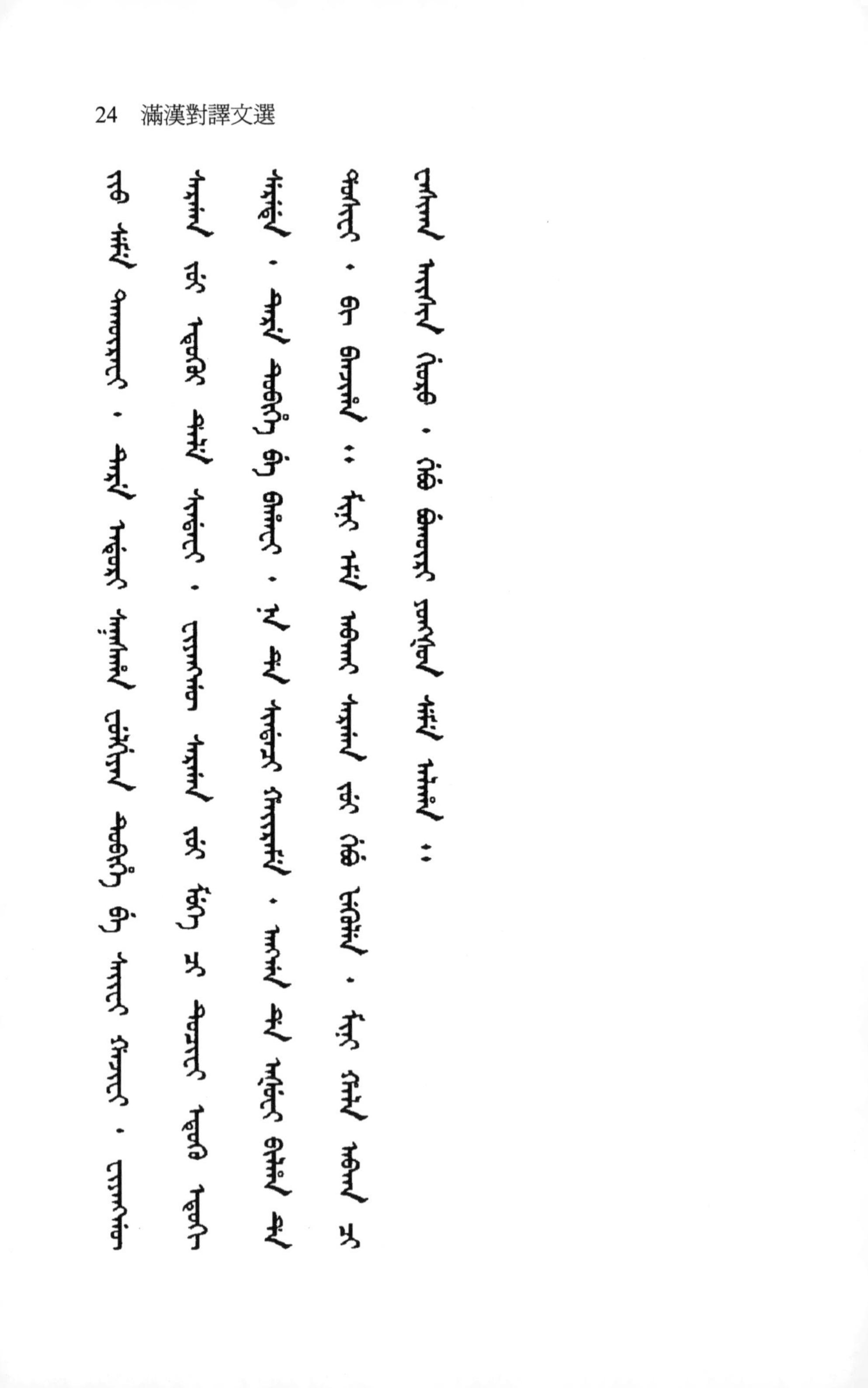

jio seme takūrafi, tere enduri saksaha fulgiyan tubihe be saifi gajifi, fiyanggū sargan jui etukui dele sindafi, fiyanggū sargan jui muke ci tucifi etuku etuki serede, tere tubihe be bahafi, na de sindaci hairame, angga de ašufi bilha de dosifi, bi banjiha. mini eme abkai sargan jui gebu fekulen, mini hala abka ci wasika aisin gioro, gebu bukūri yongšon seme alaha.

此神鵲遂銜朱果置么女衣上。么女出水欲著衣時得此果，不忍置地上而銜口中，遂入喉中生我。吾母係天女佛庫倫，吾姓係天降愛新覺羅，名布庫哩雍順。」

此神鹊遂衔朱果置么女衣上。么女出水欲着衣时得此果，不忍置地上而衔口中，遂入喉中生我。吾母系天女佛库伦，吾姓系天降爱新觉罗，名布库哩雍顺。」

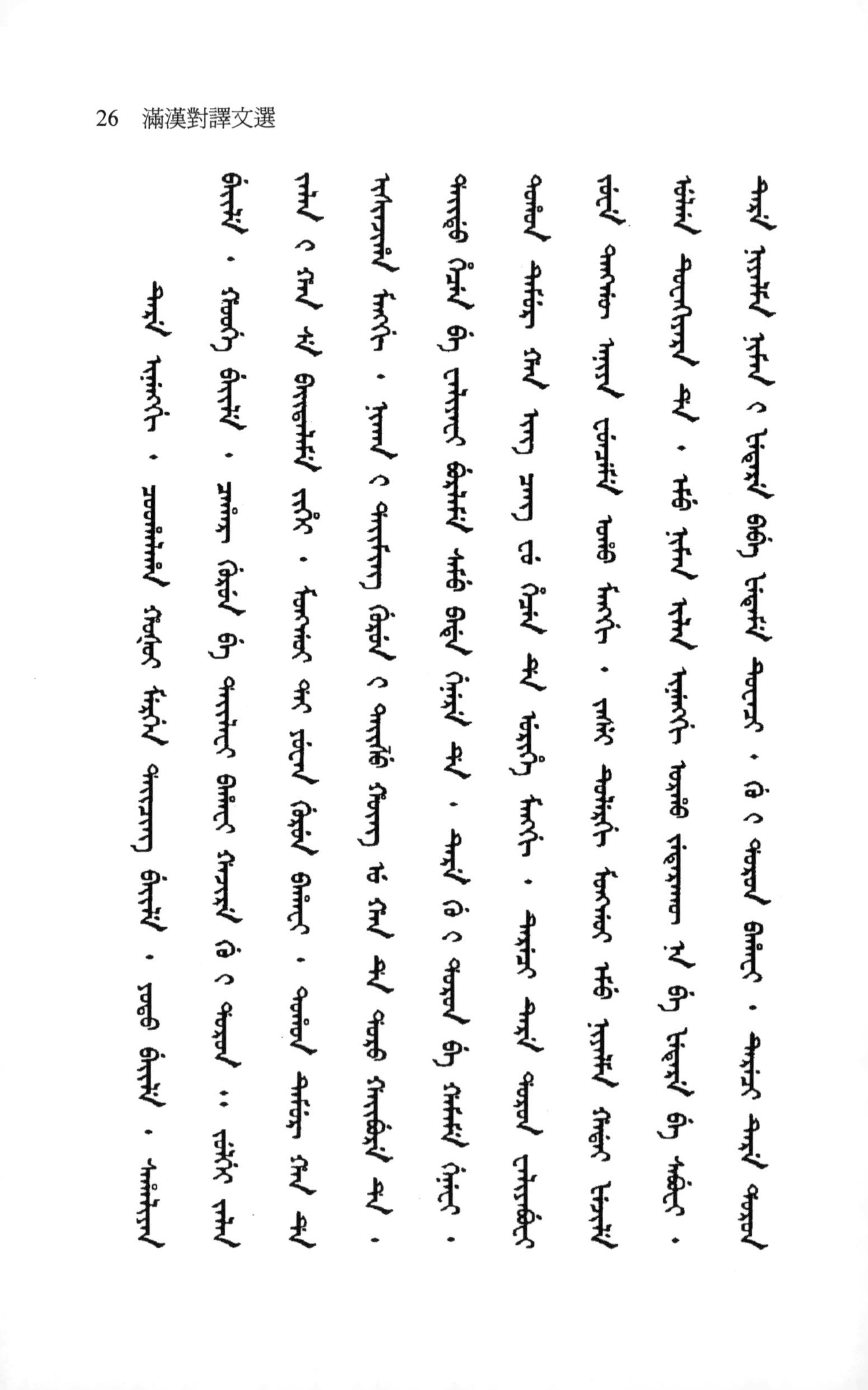

四、制誥之寶

tere inenggi, coohalaha hošoi mergen daicing beile, yoto beile, sahaliyan beile, hooge beile, cahar gurun be dailafi bahafi gajire gu i doron. julgei jalan jalan i han se baitalame jihei, monggoi dai yuwan gurun bahafi, tohon temur han de isinjiha manggi, nikan i daiming gurun i taidzu hūng u han de doro gaibure de, daidu hecen be waliyafi burlame samu bade genere de, tere gu i doron be gamame genefi, tohon temur han ing cang fu hecen de urihe manggi, tereci tere doron waliyabufi juwe tanggū aniya funceme oho manggi, jasei tulergi monggoi emu niyalma hadai fejile ulga tuwakiyara de, emu niman ilan inenggi orho jeterakū na be fetere be sabufi, tere niyalma niman i fetere babe feteme tuwaci, gu i doron bahafi, tereci tere doron

---

是日，出兵和碩墨爾根戴青貝勒、岳托貝勒、薩哈廉貝勒、豪格貝勒往征察哈爾攜至所獲玉璽，原係從前歷代帝王使用相傳下來之寶，爲蒙古大元國所得，至脫歡帖木兒汗時，漢大明國太祖洪武皇帝奪取政權，棄大都，攜玉璽逃走沙漠。脫歡帖木兒汗崩於應昌府後，其玉璽遺失。二百餘年後，口外蒙古有一人於山崗下牧放牲口時，見一山羊，三日不食草而掘地，其人於山羊掘地之處挖得玉璽，

是日，出兵和硕墨尔根戴青贝勒、岳托贝勒、萨哈廉贝勒、豪格贝勒往征察哈尔携至所获玉玺，原系从前历代帝王使用相传下来之宝，为蒙古大元国所得，至脱欢帖木儿汗时，汉大明国太祖洪武皇帝夺取政权，弃大都，携玉玺逃走沙漠。脱欢帖木儿汗崩于应昌府后，其玉玺遗失。二百余年后，口外蒙古有一人于山岗下牧放牲口时，见一山羊，三日不食草而掘地，其人于山羊掘地之处挖得玉玺，

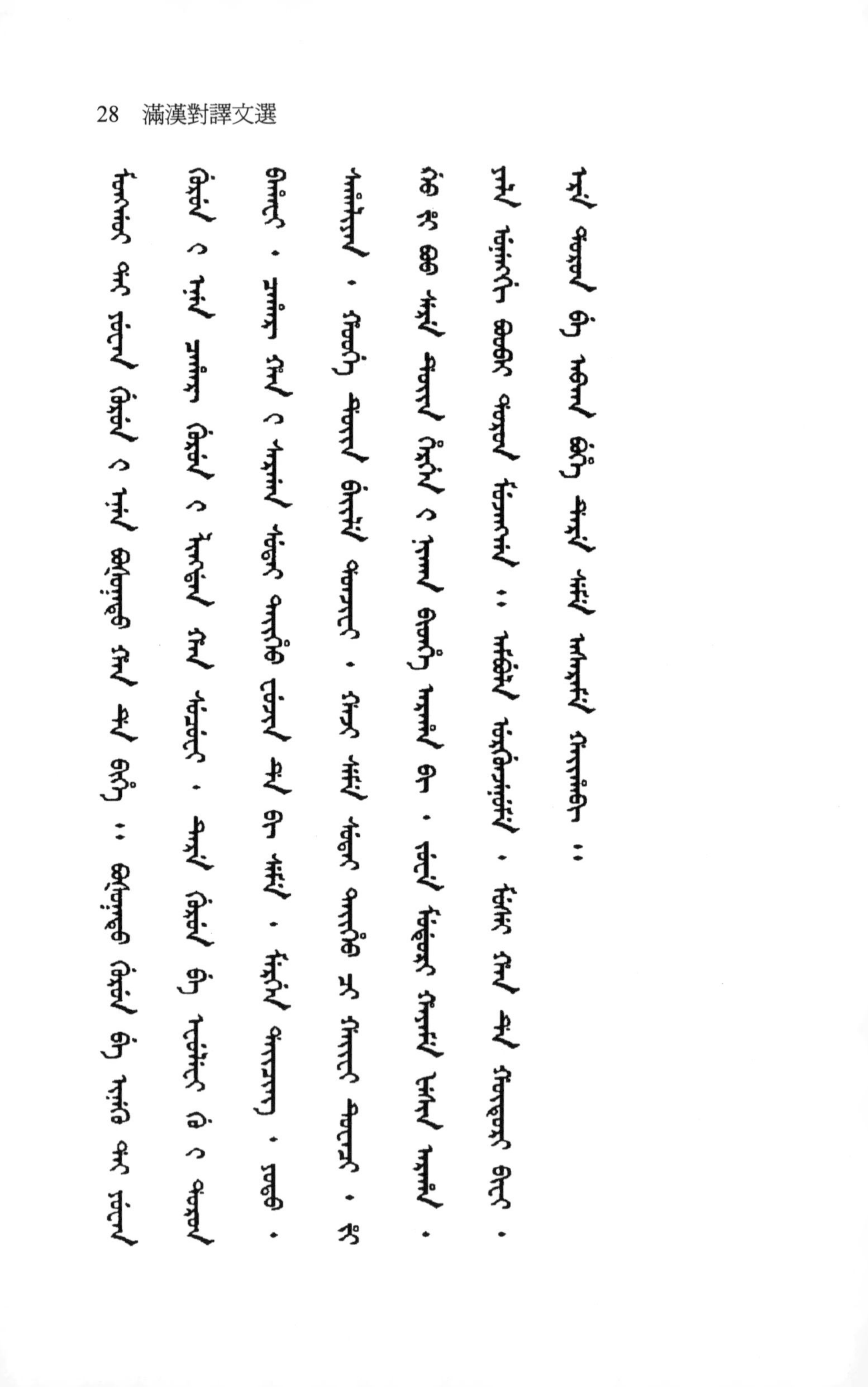

[illegible]

monggoi dai yuwan gurun i enen bošoktu han de bihe. bošoktu gurun be ineku dai yuwan gurun i enen cahar gurun i lingdan han sucufi, tere gurun be efulefi gu i doron bahafi, cahar han i sargan sutai taiheo fujin de bi seme, mergen daicing, yoto, sahaliyan, hooge duin beile donjifi, gaji seme sutai taiheo ci gaifi tuwaci, jy g'ao jy boo sere duin hergen i nikan bithe araha bi. juwe muduri hayame fesin araha, yala unenggi boobai doron mujangga. ambula urgunjenume, musei han de hūturi bifi, ere doron be abka buhe dere seme asarame gaihabi.

自此玉璽歸蒙古大元國後裔博碩克圖汗所有。博碩克圖汗國後被同爲大元國後裔察哈爾國林丹汗所破，得其玉璽。墨爾根戴青、岳托、薩哈廉、豪格四貝勒聞此玉璽在察哈爾汗之妻淑泰太后福晉處，索之，遂從淑泰太后處取來。視其文，乃漢篆「制誥之寶」四字，紐用雙龍盤繞，果係至寶，喜甚曰：「吾汗有福，故天賜此寶」，遂收貯之。

自此玉玺归蒙古大元国后裔博硕克图汗所有。博硕克图汗国后被同为大元国后裔察哈尔国林丹汗所破，得其玉玺。墨尔根戴青、岳托、萨哈廉、豪格四贝勒闻此玉玺在察哈尔汗之妻淑泰太后福晋处，索之，遂从淑泰太后处取来。视其文，乃汉篆「制诰之宝」四字，纽用双龙盘绕，果系至宝，喜甚曰：「吾汗有福，故天赐此宝」，遂收贮之。

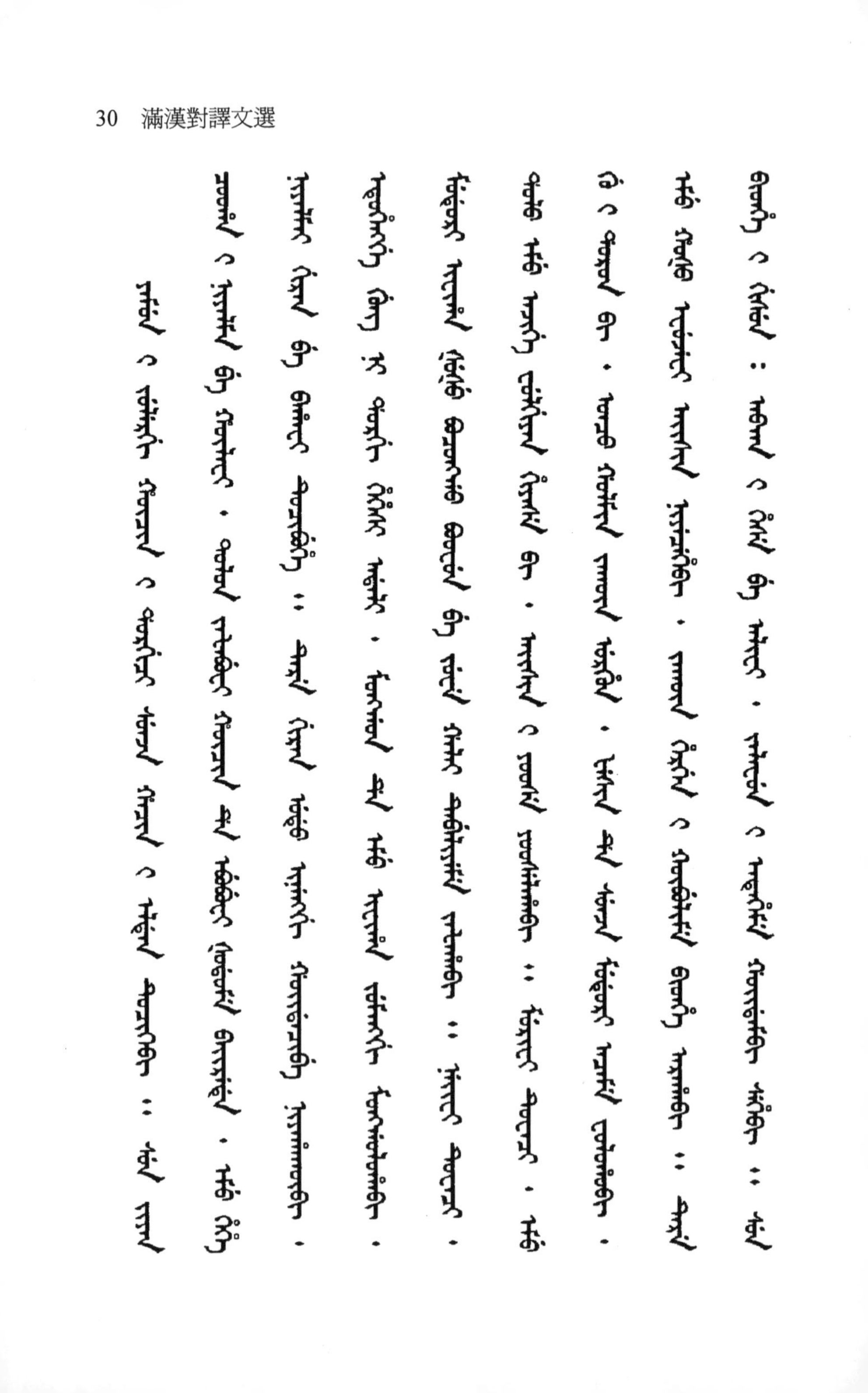

[illegible]

五、受命於天

yamun i julergi hūcin i dorgici sunja hacin i elden tucikebi. sun jiyan cooha i niyalma be hūlafi, tolon jafabufi hūcin de ebubufi šodome bairede, emu hehe niyalmai giran be bahafi tucibuhe. tere giran udu inenggi goidacibe niyahakūbi. etuhengge gung ni dorgi hehesi adali. monggon de emu ifiha jumanggi monggolohabi. muduri ifiha šušu boconggo boofun be juwe galai tebeliyeme jafahabi. neifi tuwaci, dolo emu ajige fulgiyan hiyase bi, aisin i yoose yooselahabi. murifi tuwaci, emu gu i doron bi, onco golmin jakūn urgun, fesin de sunja muduri acame folohobi. emu hošo efujefi aisin niyecehebi. jakūn hergen i kūbulime bithe arahabi. tere bithe i gisun: abka i hese be alifi, jalafun i enteheme goidambi sehebi. sun

---

殿南有五色光起於井中。孫堅喚軍士拿起火把，下井打撈。撈出一婦人屍首。雖然日久，其屍不爛，裝束如同宮中婦女。項下帶一縫製錦囊。雙手抱持縫龍紫色包袱。啓視時，內有一硃紅小匣，用金鎖鎖著，擰開視之，乃一玉璽，方圓四寸，上鐫五龍交紐，旁缺一角，以黃金鑲之。上有篆文八字云：「受命於天，既壽永昌。」

殿南有五色光起于井中。孙坚唤军士拿起火把，下井打捞。捞出一妇人尸首。虽然日久，其尸不烂，装束如同宫中妇女。项下带一缝制锦囊。双手抱持缝龙紫色包袱。启视时，内有一朱红小匣，用金锁锁着，拧开视之，乃一玉玺，方圆四寸，上镌五龙交纽，旁缺一角，以黄金镶之。上有篆文八字云：「受命于天，既寿永昌。」

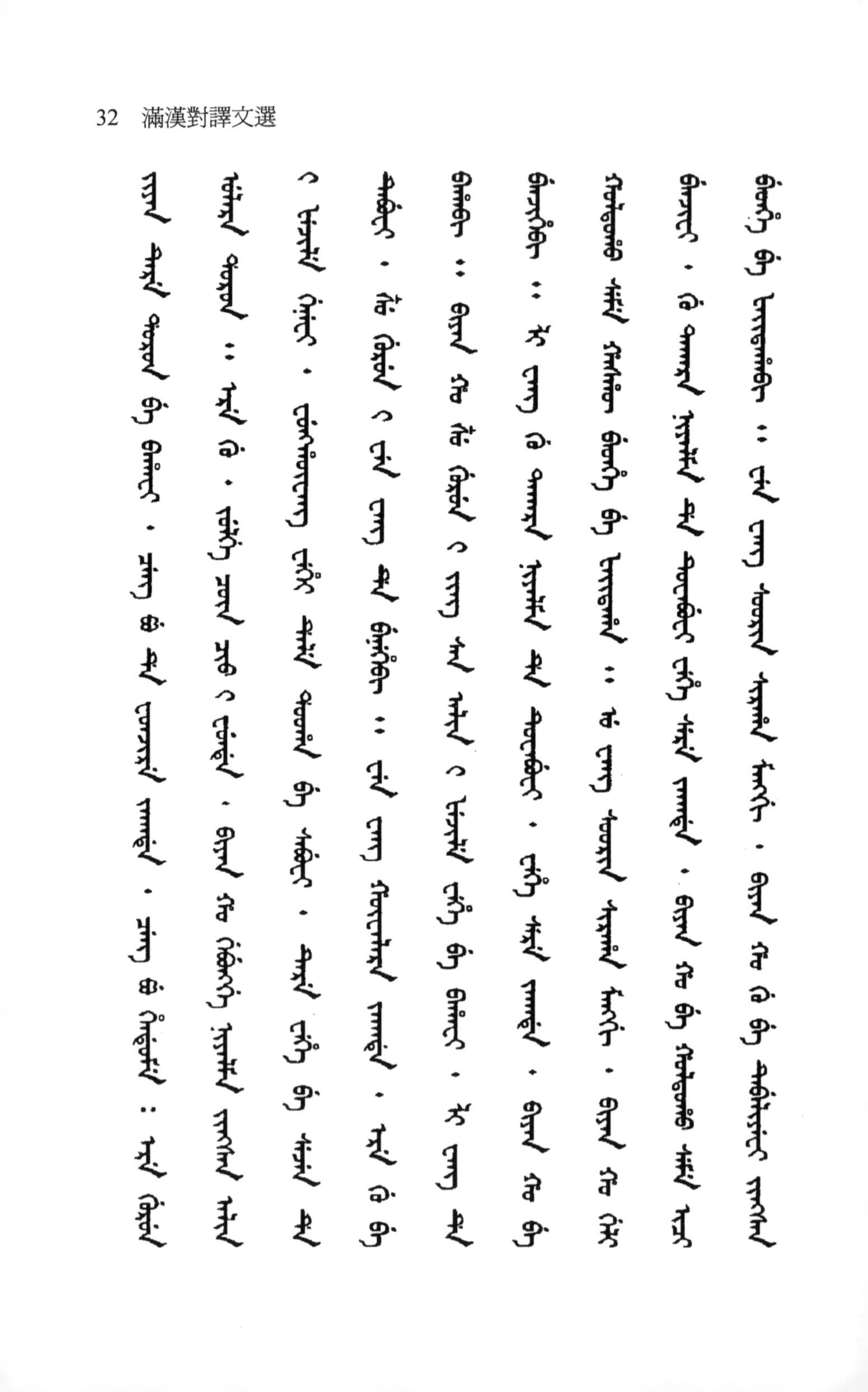

[illegible]

[illegible]

[illegible]

[illegible]

[illegible]

[illegible]

[illegible]

[illegible]

[illegible]

jiyan tere doron be bahafi, ceng pu de fonjire jakade, ceng pu hendume: ere gurun ulara doron. ere gu, julge cūn cio i fonde, biyan ho gebungge niyalma jingsan alin i fejile genefi, funghūwang wehei dele dooha be sabufi, tere wehe be sejen de tebufi, ts'u gurun i wen wang de benehebi. wen wang hūwalara jakade, ere gu be bahabi. biyan ho ts'u gurun i jing san alin i fejile wehe be bahafi, li wang de benjihebi. li wang gu takara niyalma de tuwabufi, wehe sere jakade, biyan ho be holtoho seme hashū bethe be faitaha. u wang soorin siraha manggi, biyan ho geli benjifi, gu takara niyalma de tuwabufi wehe sere jakade, biyan ho be holtoho seme ici bethe be faitahabi. wen wang soorin siraha manggi, biyan ho gu be tebeliyefi jingsan

---

孫堅得其璽，乃問程普。程普曰：「此傳國之璽也。」此玉是昔日春秋時候，卞和往荊山之下，見鳳凰棲於石上，載其石於車上而進之楚文王。文王解之，遂得此玉。卞和得璞石於楚國荊山之下，獻於厲王。厲王使玉人相之，曰石也。以卞和爲詐，刖其左足。武王即位後，卞和又獻之。使玉人相之，曰石也。以卞和爲詐，刖其右足。文王即位後，卞和抱玉，至荊山下，

孙坚得其玺，乃问程普。程普曰：「此传国之玺也。」此玉是昔日春秋时候，卞和往荆山之下，见凤凰栖于石上，载其石于车上而进之楚文王。文王解之，遂得此玉。卞和得璞石于楚国荆山之下，献于厉王。厉王使玉人相之，曰石也。以卞和为诈，刖其左足。武王即位后，卞和又献之。使玉人相之，曰石也。以卞和为

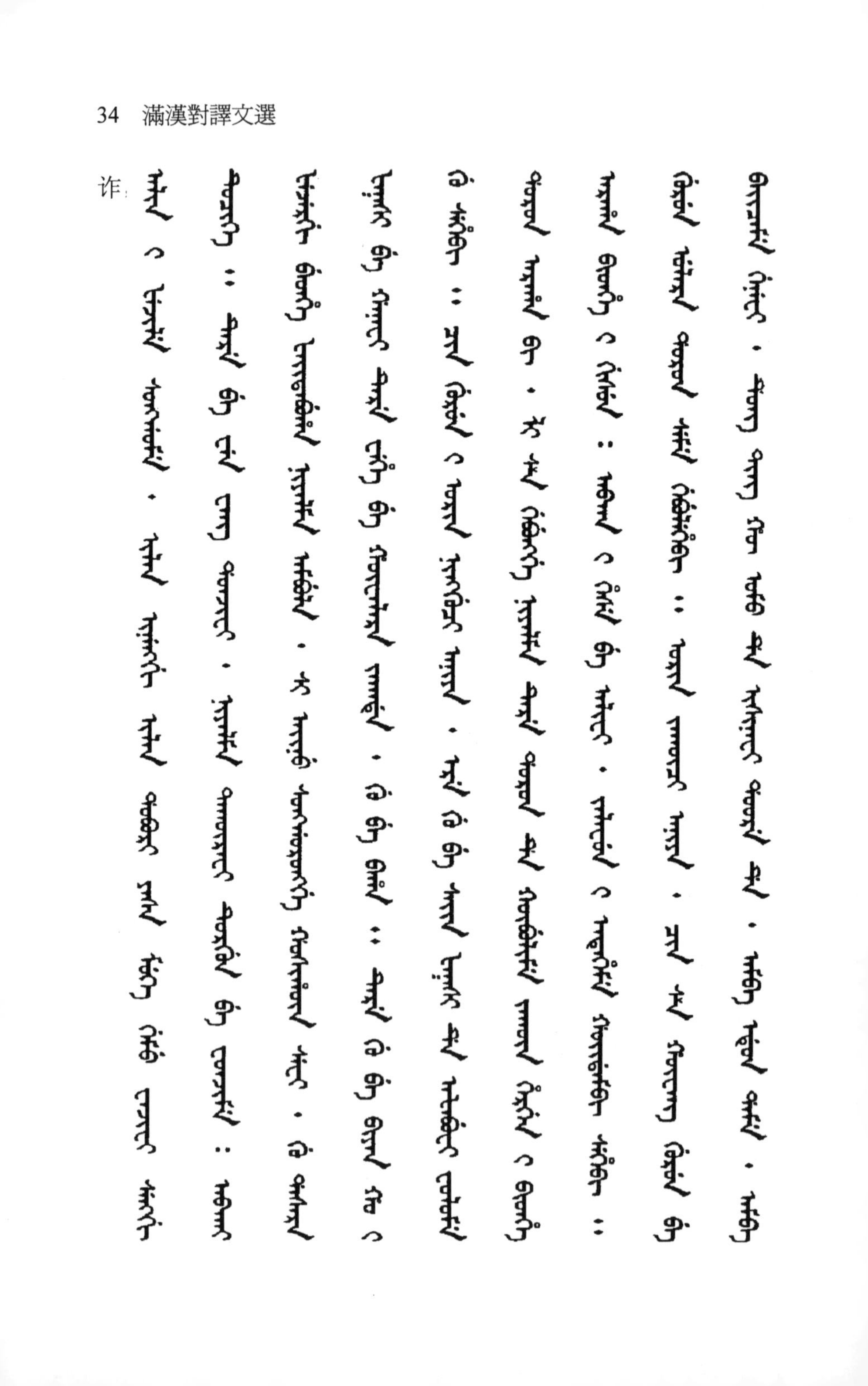

作

alin i fejile songgome, ilan inenggi ilan dobori yasa muke gemu wajifi, senggi tucike. tere be wen wang donjifi, niyalma takūrafi turgun be fonjime: abkai fejergi bethe faitabuha niyalma ambula, si ainu songgorongge gosihūn sefi, gu dasara faksi be ganafi tere wehe be hūwalara jakade, gu be baha. tere gu be biyan ho i gu sehebi. cin gurun i orin ningguci aniya, ere gu be sain faksi de afabufi folome doron araha bi. li sy gebungge niyalma tere doron de kūbulime jakūn hergen i bithe araha bithe i gisun: abka i hese be alifi, jalafun i enteheme goidambi sehebi. gurun ulara doron seme gebulehebi. orin jakūci aniya, cin sy hūwang gurun be baicame genefi, dung ting hū omo de isinafi doore de, amba edun dame, amba

---

哭三日三夜，淚盡血出。文王聞之，使人問其故曰：「天下刖足之人多矣，子何其哭之哀也？」使玉工解其石，果得玉，因以其玉爲卞和玉。秦二十六年，令良工琢此玉爲璽也。李斯篆八字於其上云：「受命於天，既壽永昌。」名爲傳國璽也。二十八年，秦始皇巡狩至洞庭湖，渡湖時，風浪

哭三日三夜，泪尽血出。文王闻之，使人问其故曰：「天下刖足之人多矣，子何其哭之哀也？」使玉工解其石，果得玉，因以其玉为卞和玉。秦二十六年，令良工琢此玉为玺也。李斯篆八字于其上云：「受命于天，既寿永昌。」名为传国玺也。二十八年，秦始皇巡狩至洞庭湖，渡湖时，风浪

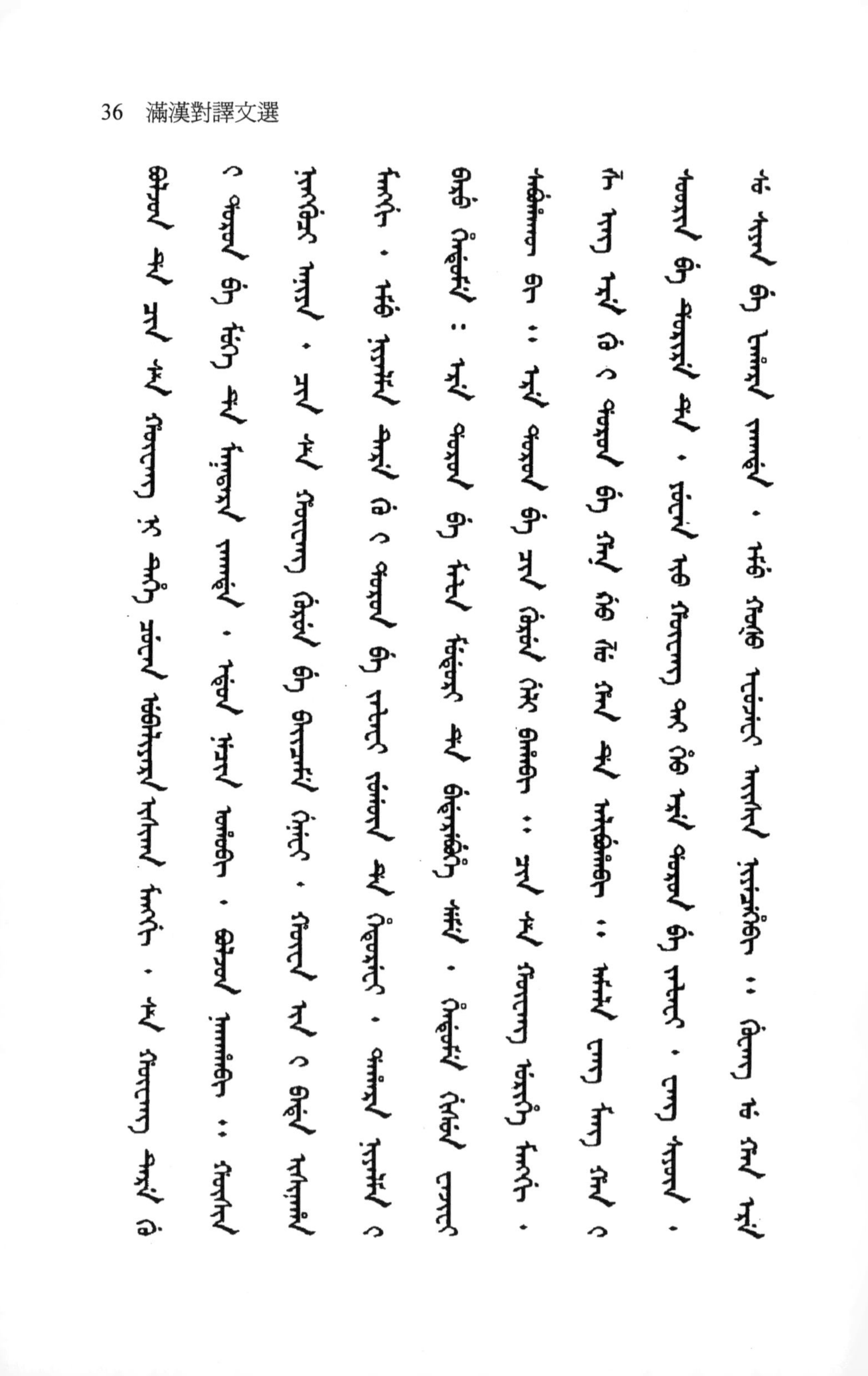

[illegible]

[illegible]

[illegible]

[illegible]

[illegible]

[illegible]

[illegible]

[illegible]

[illegible]

boljon de, cin sy hūwang ni tehe cuwan ubaliyara isika manggi, sy hūwang tere gu i doron be muke de maktara jakade, edun necin ohobi, boljon nakahabi. gūsin ningguci aniya, cin sy hūwang gurun be baicame genefi, hūwa in i bade isinaha manggi, emu niyalma tere gu i doron be jafafi jugūn de heturefi, dahara niyalma i baru hendume: ere doron be mafa muduri de bederebuhe seme, hendume gisun wajifi sabuhakū bi. ere doron be cin gurun geli bahabi. cin sy hūwang urihe manggi, dz ing ere gu i doron be han g'ao dzu han de alibuhabi. amala wang mang han i soorin be durire de, yuwan io hūwang tai heo ere doron be jafafi, wang siyūn, su siyan be fahara jakade, emu hošo efujefi aisin niyecehebi. guwang u han ere

---

大作，秦始皇坐船將傾覆，始皇投玉璽於水，遂風平浪靜。至三十六年，秦始皇出狩至華陰，有一人持玉璽遮道，與從者曰：將此璽還祖龍。言訖不見。秦遂復得此璽。秦始皇崩後，子嬰將玉璽獻與漢高祖。後王莽篡位，元祐皇太后持璽打王尋、蘇獻，崩其一角，以金鑲之。光武帝

大作，秦始皇坐船将倾覆，始皇投玉玺于水，遂风平浪静。至三十六年，秦始皇出狩至华阴，有一人持玉玺遮道，与从者曰：将此玺还祖龙。言讫不见。秦遂复得此玺。秦始皇崩后，子婴将玉玺献与汉高祖。后王莽篡位，元佑皇太后持玺打王寻、苏献，崩其一角，以金镶之。光武帝

ᠪᠣᡩᠣᡵᡳ ᠪᡳ ᠠᡳ ᠵᠠᡴᠠ ᠨᡳ ᠪᡳᡨᡥᡝ ᠪᡳᡨᡥᡝᡳ᠈ ᡨᠠᠴᡳᡵᡝ ᡨᡠᠸᠠᠴᡳ ᠰᠠᡳᠨ ᡤᡳᠰᡠᠨ ᡤᡳᠰᡠᠨ ᡤᡝᠮᡠ᠈ ᡳᠨᡝᠩᡤᡳ ᠠᠮᠠᠯᠠ ᠮᡝ ᠮᠠᠨᡤᡤᠠ᠉

boobai be i yang ni bade bahafi, juse omosi jalan halame han tefi, ere erin de isinjiha.

得此寶於宜陽，子孫世代爲君至此時。

得此宝于宜阳，子孙世代为君至此时。

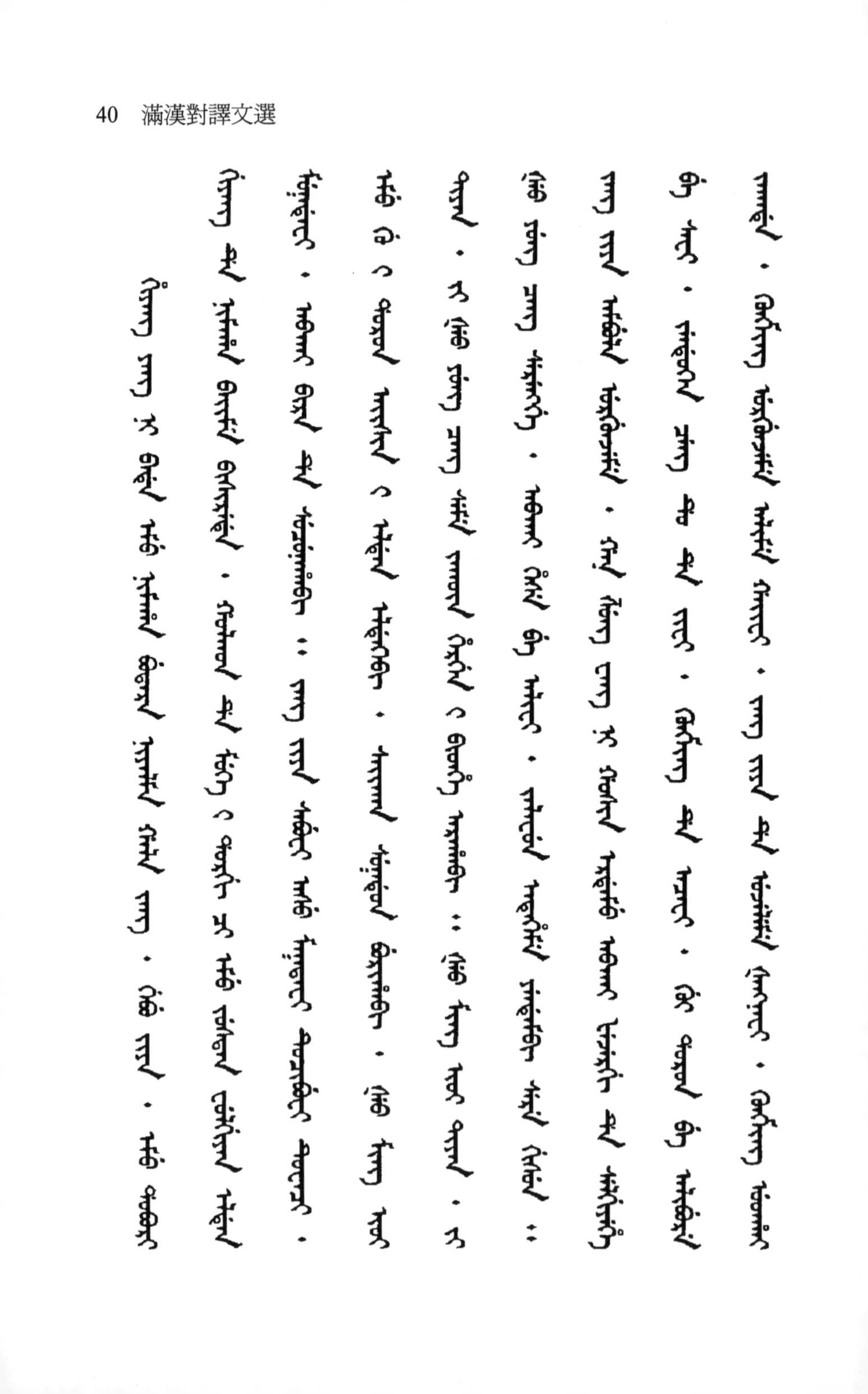

[illegible]

[illegible]

[illegible]

[illegible]

[illegible]

[illegible]

[illegible]

[illegible]

[illegible]

六、既壽永昌

hiyang yang ni bade emu nimaha butara niyalma hala jang, gebu jiya, emu dobori giyang de nimaha baime bisirede, holkon de muke i dorgi ci emu justan fulgiyan elden mukdefi, abkai bira de sucunahabi. jang jiya sabufi asu maktafi tucibufi tuwaci, emu gu i doron aisin i elden eldekebi. saikan sukdun burihabi, šeo ming ioi tiyan, ji šeo yung cang seme jakūn hergen i bithe arahabi. šeo ming ioi tiyan, ji šeo yung cang serengge, abkai hese be alifi, jalafun enteheme yendembi sere gisun. jang jiya ambula urgunjeme, han dzung wang ni gosin erdemu abkai fejergi de selgiyehe be safi, jenduken ceng du de jifi, kungming de acafi, gui doron be alibure jakade, kungming urgunjeme alime gaifi, jang jiya de ujeleme šangnafi, kungming uthai

---

襄陽地方，有一漁翁，姓張，名嘉。有一夜，在江中捕魚時，忽然間從水底泛起一道紅光，直沖天河。張嘉見後撒網撈出看得係一顆玉璽，金光燦爛，瑞氣繚繞，上篆「受命于天，既壽永昌」。「受命于天，既壽永昌」乃受天命壽永昌之意。張嘉大喜，知漢中王仁德布於天下，遂密入成都，見孔明獻玉璽。孔明欣然接受，重賞張嘉。孔明即

襄阳地方，有一渔翁，姓张，名嘉。有一夜，在江中捕鱼时，忽然间从水底泛起一道红光，直冲天河。张嘉见后撒网捞出看得系一颗玉玺，金光灿烂，瑞气缭绕，上篆「受命于天，既寿永昌」。「受命于天，既寿永昌」乃受天命寿永昌之意。张嘉大喜，知汉中王仁德布于天下，遂密入成都，见孔明献玉玺。孔明欣然接受，重赏张嘉。孔明即

[illegible]

[illegible]

[illegible]

[illegible]

[illegible]

[illegible]

taifu, hafan sioi jing, guwang lu daifu hafan ciyoo jeo i jergi hafasa be isabufi hebešerede, ciyoo jeo hendume: sain edun abka ci wasikabi. ceng du hecen i wargi amargi hošo de suwayan sukdun abka de sumakabi. han i usiha sy cuwan i bade biya i adali eldekebi. ere han dzung wang be han i soorin de tefi, han gurun i doro be sirakini seme jorirengge kai. te gui doron be bahangge, abkai buhengge kai, geli ainu kenehunjembi.

聚太傅許靖、光祿大夫譙周等卿商議。譙周曰：近有祥風從空中旋下，成都城西北角有黃氣冲霄而起，帝星見於四川之地煌煌如月。此應指漢中王當即帝位，以繼漢統。今得玉璽，乃天賜也，更復何疑焉。

聚太傅许靖、光禄大夫谯周等卿商议。谯周曰：近有祥风从空中旋下，成都城西北角有黄气冲霄而起，帝星见于四川之地煌煌如月。此应指汉中王当即帝位，以继汉统。今得玉玺，乃天赐也，更复何疑焉。

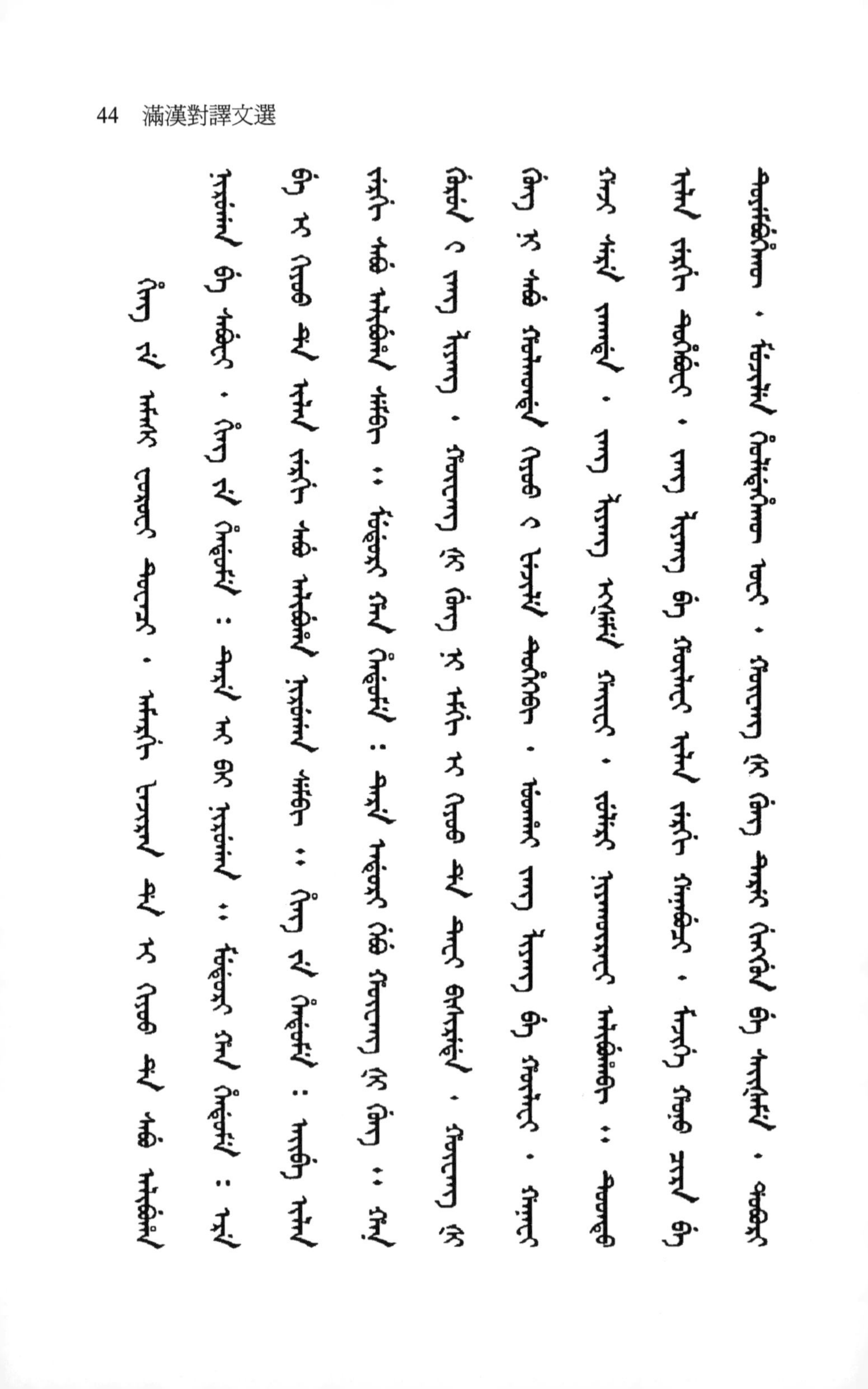

七、圯橋進履

hing je amasi forifi tuwaci, amargi fajiran de, i kiyoo de sabu alibuha nirugan be sabufi, hing je hendume: tere ai bai nirugan ? muduri han hendume: ere be i kiyoo de ilan jergi sabu alibuha nirugan sembi. hing je hendume: aibe ilan jergi sabu alibuha sembi ? muduri han hendume: tere enduri gebu hūwang ši gung. han gurun i jang liyang, hūwang ši gung ni emgi i kiyoo de tefi bisirede, hūwang ši gung ni sabu holkonde kiyoo i fejile tuhekebi, uthai jang liyang be hūlafi, ganafi gaji sere jakade, jang liyang ekšeme gaifi, juleri niyakūrafi alibuhabi. tuttu ilan jergi tuhebufi, jang liyang be hūlafi ilan jergi ganabuci, majige hono cira be tuyembuhekū, mujilen heoledehekū ofi, hūwang ši gung terei ginggun be saišame, dobori

---

行者回頭一看，見後壁上掛著圯橋進履的畫兒。行者道：「那是什麼地方的畫兒？」龍王道：「這叫做圯橋三進履。」行者道：「什麼叫做三進履？」龍王道：「此仙名黃石公。漢朝張良與黃石公同坐圯橋上，黃石公之履忽然掉落橋下，遂喚張良取來。張良急忙取來，跪獻於前。如此三次掉落，三次喚張良取來，毫無惱色，無所怠慢，黃石公嘉許其恭謹，夜

行者回头一看，见后壁上挂着圯桥进履的画儿。行者道：「那是什么地方的画儿？」龙王道：「这叫做圯桥三进履。」行者道：「什么叫做三进履？」龙王道：「此仙名黄石公。汉朝张良与黄石公同坐圯桥上，黄石公之履忽然掉落桥下，遂唤张良取来。张良急忙取来，跪献于前。如此三次掉落，三次唤张良取来，毫无恼色，无所怠慢，黄石公嘉许其恭谨，夜

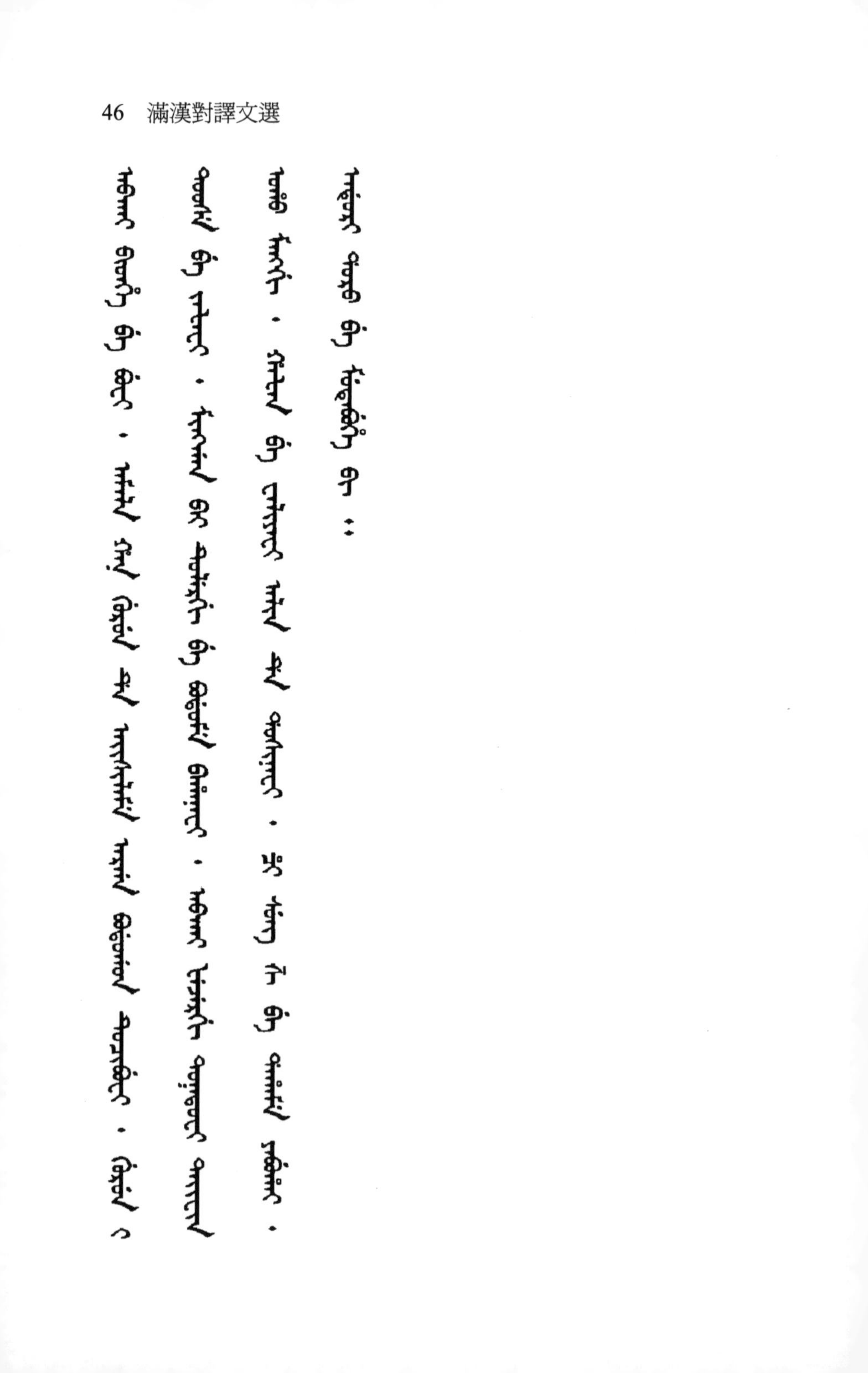

abkai bithe be bufi, amala han gurun de aisilame arga bodogon tucibufi, gurun i toose be jafafi, minggan bai tulergi be bodome bahanafi, abkai fejergi toktofi taifin oho manggi, hafan be waliyafi alin de dosinafi, cy sung dz be dahame yabuhai, enduri doro be mutebuhe bi.

授天書。後來輔佐漢朝，獻韜略，掌握國柄，運籌維幄於千里之外。天下太平後，棄官歸山，從赤松子遊，悟成仙道。」

授天书。后来辅佐汉朝，献韬略，掌握国柄，运筹维幄于千里之外。天下太平后，弃官归山，从赤松子游，悟成仙道。」

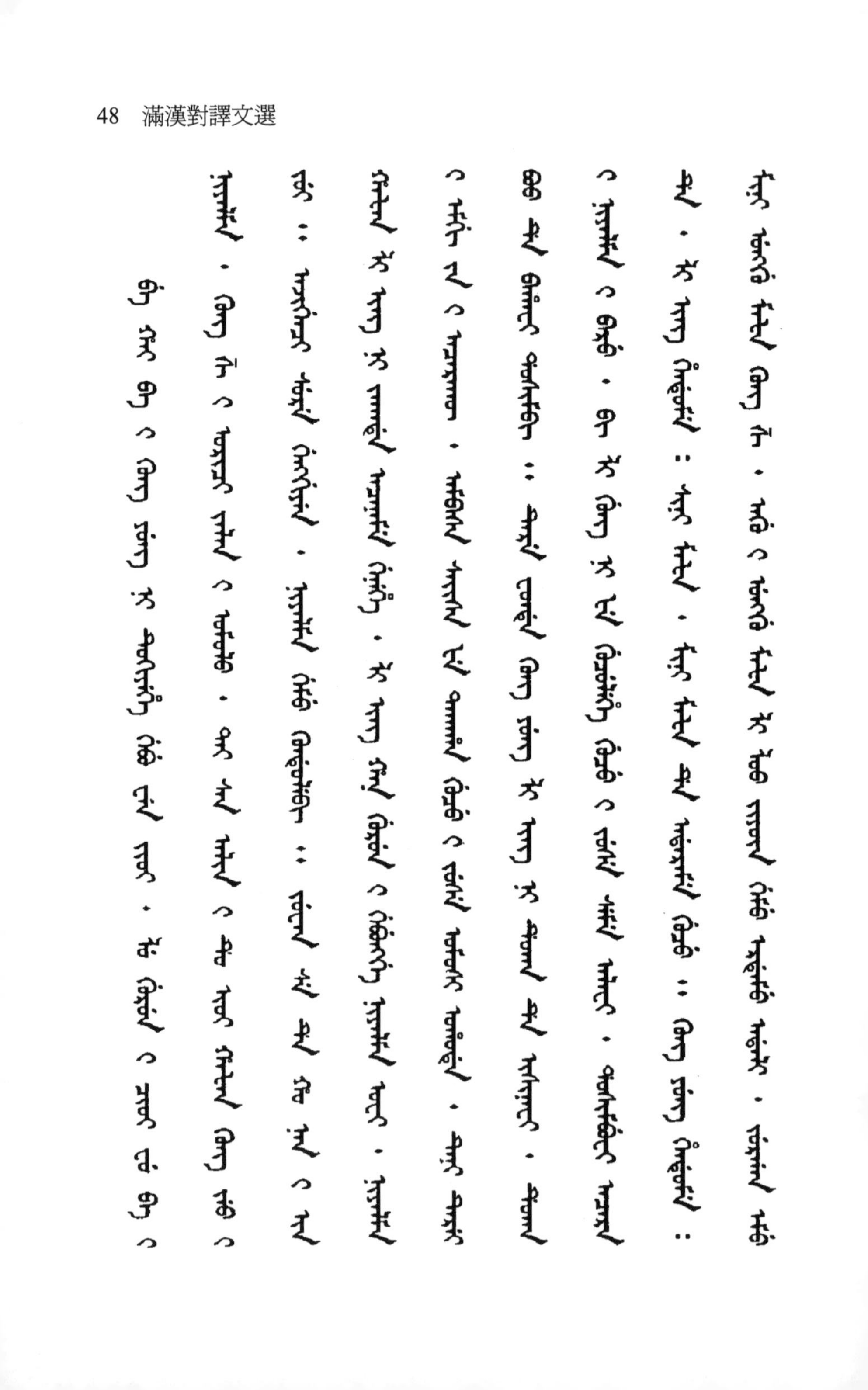

八、同德比義

be hai ba i kung yung ni tukiyehe gebu wen jioi, lu gurun i cioi fu ba i niyalma, kung dz i orici jalan i omolo, tai san alin i du ioi hafan kung jeo i jui. ajigenci sure genggiyen, niyalma gemu kundulebi. juwan se de ho nan i in hafan li ing ni jakade acaname genehe, li ing han gurun i gebungge niyalma ofi, niyalma i emgi ja i acarakū, ambasa saisa fe takaha gucu i juse omosi ohode, teni terei boo de bahafi dosimbi. tere fonde kung yung li ing ni duka de isinafi, duka i niyalma i baru, bi li gung ni fe guculehe gucu i juse seme alafi, dosimbufi acara de, li ing hendume: sini mafa, mini mafa de adarame gucu. kung yung hendume: mini unggu mafa kung dz, agu i unggu mafa li loo jiyūn gemu erdemu adali, jurgan emu

---

北海孔融字文舉，魯國曲阜人也，孔子二十世孫，泰山都尉孔宙之子，自小聰明，人皆敬佩。年十歲時去謁河南尹李膺。李膺乃漢朝有名人物，等閒之輩不能夠相見，除非是官宦賢士，通家子孫，方能夠到其堂上。其時孔融到李膺之門，告門吏曰：「我李相公通家子孫。」及至入見，李膺問曰：「汝祖與吾祖何親也？」孔融曰：「吾曾祖孔子，與君曾祖李老君同德

北海孔融字文举，鲁国曲阜人也，孔子二十世孙，泰山都尉孔宙之子，自小聪明，人皆敬佩。年十岁时去谒河南尹李膺。李膺乃汉朝有名人物，等闲之辈不能够相见，除非是官宦贤士，通家子孙，方能够到其堂上。其时孔融到李膺之门，告门吏曰：「我李相公通家子孙。」及至入见，李膺问曰：「汝祖与吾祖何亲也？」孔融曰：「吾曾祖孔子，与君曾祖李老君同德

ᠠᠮᠠᡳ ᠈ ᡤᡳᠰᡠᠨ ᠪᡳᠰᡳᠨ ᡥᠠᠮᠠᠨ ᠪᠣᠣ ᠈ ᠪᡳ ᡤᡳᠰᡠᠨ ᡥᠠᠣ ᡳ ᡥᠠᠯᡳ ᡨᡝᠯᡝ ᡤᡳᠰᡠᡵᡝ ᠰᡠᠸᠠᠰᡝ ᠪᡳᠰᡳᠨ ᡠᡵᡠ ᠉

ofi, sefu gucu oho bihe, bi inu agu i emgi jalan halame takaha gucu kai.

比義，而相師友，則吾與君亦累世通家矣。」

比义，而相师友，则吾与君亦累世通家矣。」

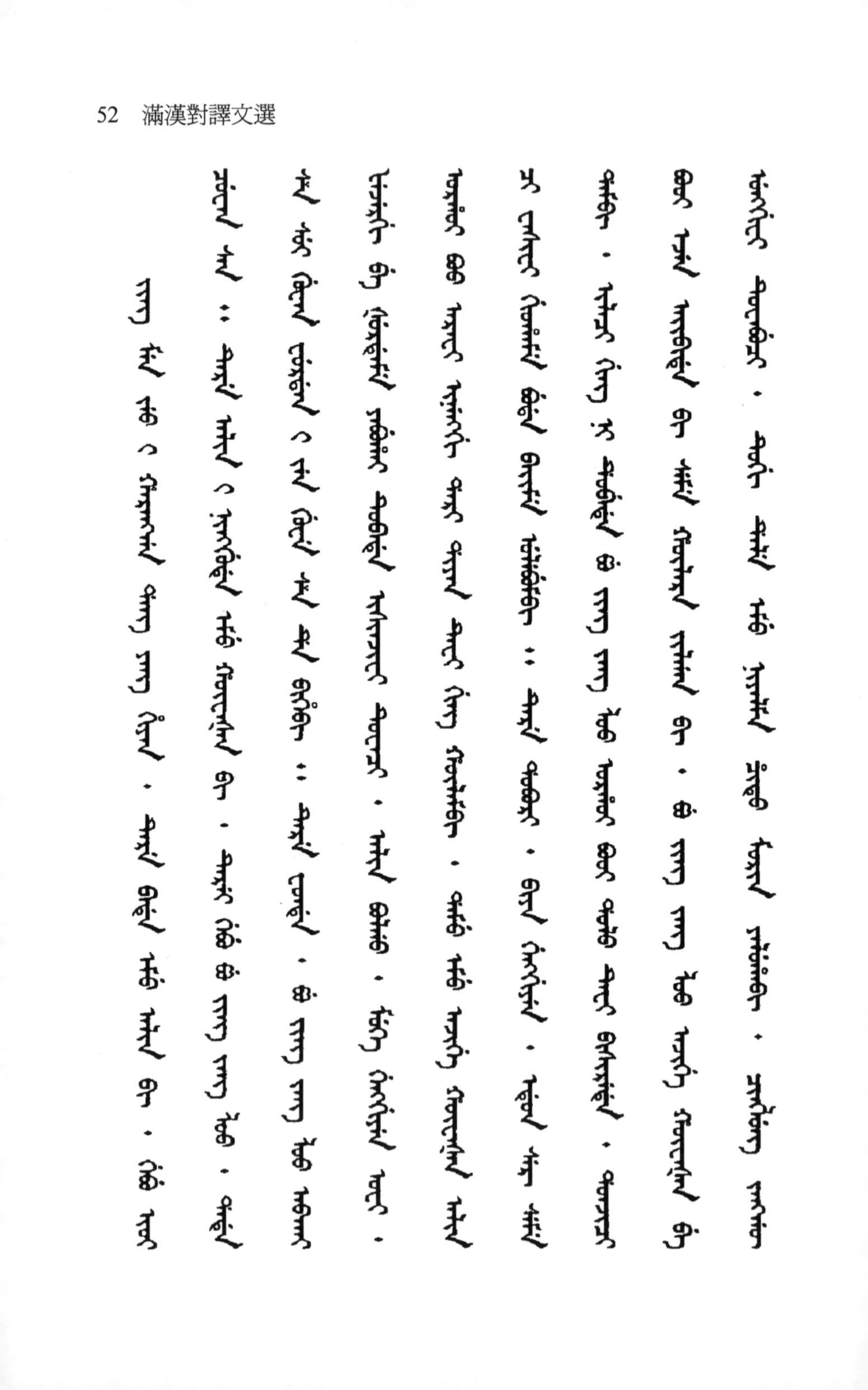

[illegible]

九、關公顯聖

jing men jeo i harangga dang yang hiyan, tere bade emu alin bi, gebu ioi cuwan san. tere alin i ninggude emu hūwasan bi, terei gebu pu jing jang loo, dade sy sui guwan furdan i jen guwe sy de bihebi. tere fonde, pu jing jang loo abkai fejergi be šurdeme yabuhai tubade isinjifi tuwaci, alin bolgo, muke genggiyen ofi, orhoi boo arafi inenggi dari diyan tefi ging hūlambi. damu emu ajige hūwašan alin ci wasifi giohame buda baime ulebumbi. tere dobori, biya genggiyen, edun ser seme dambi. ilaci ging ni dubede pu jing jang loo orhoi booi dolo tefi bisirede, donjici booi ejen aibide bi seme hūlara jilgan bi, pu jing jang loo ajige hūwašan be unggifi tuwabuci, tugi dele emu niyalma cytu morin yaluhabi, cinglung janggū

荊門州當陽縣，那裡有一座山，名爲玉泉山。山上有一僧，其名普靜長老，原在汜水關鎮國寺。是時普靜長老，雲遊天下，來到此處，見山明水秀，就此結草爲菴，每日坐禪誦經，止有一小僧下山化飯度日。是夜，月白風清，正當三更，普靜長老正在菴中坐定時，聞有呼家主何在之聲。普靜長老令小僧視之，見雲端有一人騎赤兔馬，提青龍刀。

荆门州当阳县，那里有一座山，名为玉泉山。山上有一僧，其名普静长老，原在汜水关镇国寺。是时普静长老，云游天下，来到此处，见山明水秀，就此结草为庵，每日坐禅诵经，止有一小僧下山化饭度日。是夜，月白风清，正当三更，普静长老正在庵中坐定时，闻有呼家主何在之声。普静长老令小僧视之，见云端有一人骑赤兔马，提青龙刀。

ᠨᡝᠴᡳᠨᠮᠪᡳ ᠈ ᡤᡝᡥᡝᡥᡝᠪᡳ ᡥᠣᠨ ᡩᡝᠨ ᡥᡝᠰᡝᡥᡝ ᡩᡝᠨ ᠰᠠᠰᠠᠨᠴᠣᠰᡠᠨ ᠪᡠᠪᡠᠪᡠᡥᡝᠪᡳ ᠈ ᡤᡝᠯᡝᡥᡝ ᠨᡳᠩᡤᡠᠨ ᡥᡝᠨᡩᡠᡥᡝ ᡤᡠᠸᠠᠪᡳᠯᡳ

ᠨᡳᠶᠠᠯᠮᠠᠪᡳ ᠉ ᡥᡝᠨᡩᡠᡥᡝ ᡤᡠᠸᠠᠯᡳᠶᠠᡥᠠ ᡥᡝᠨᡩᡠᡵᡝ ᡥᡝᠨᡩᡠᡥᡝᠩᡤᡝ ᡤᡝᠯᡝᡥᡝ ᠈ ᠪᡳ ᠠᠨᠠᠨ ᠠᠨᠠᠨ ᡳᠪᡝ ᠪᡳᡥᡝ ᠈ ᡥᡝᠪᡝ ᡤᡝᠨᡝᠨ

ᡥᡝᠪᡝ ᡥᡝᠪᡝᠨᡝᡥᡝ ᡤᡝᠨᡝᡥᡝ ᠪᡠᠪᡠᡥᡝᠩᡤᡝ ᠈ ᡥᡝᠨᡩᡠᡥᡝ ᡩᡝ ᡥᡝᠨᡩᡠᡵᡝ ᠪᠣᠣ ᠪᡝᡥᡝ ᡥᡝᠰᡝᠪᡠᡥᡝ ᠉ ᠪᡳ ᠠᠨᠠᠨ ᠠᠨᠠᠨ

ᡳᠪᡝ ᡥᡝᠴᡝᠨ ᠪᡳᡥᡝ ᠪᡳᠴᡳ ᠈ ᡥᡠᠸᠠᠰᡠᠨ ᡥᠣᠨ ᡤᡝᠨᡝᡥᡝ ᡩᡝ ᡥᡝᠴᡝᠮᡝ ᠪᡠᠵᡳᡥᡝ ᡥᡝᡤᡝᠮᡝᡥᡝᠩᡤᡝ ᡥᡝᠪᡠᠮᡝ ᠪᠣᠪᡠ ᠪᡝᡥᡝᠨᡝ

ᡤᡳᠰᡠᠨᠪᡳ ᠉ ᡩᡝᠨ ᡳᠨᡝᠩᡤᡳ ᡥᡝᠪᡝᠯᡝᡥᡝ ᠪᡝ ᠉ ᠪᡳᡥᡝ ᠪᡳᠴᡳ ᠨᡝ ᡥᡝᡩᡠᠮᡝ ᡥᡝᠨᡩᡠᡥᡝᠩᡤᡝ ᠪᡠᠪᡠᡥᡝ ᠈ ᡥᡝᠪᡝ ᡥᠣᠨ

ᡥᡝᠨᡩᡠᠨ ᠈ ᡥᡝᠪᡝᡥᡝ ᡥᠣᠨ ᡥᡝᠪᡠᡥᡝ ᠈ ᠪᠣᠣ ᡥᡝᠰᡝᠮᡝ ᡤᡝᠨᡝᡥᡝ ᠪᡝ ᡤᡳᠰᡠᡥᡝ ᡥᡝᠨᡩᡠᠨ ᡤᡳᠰᡠᠨᠪᡳ ᠉ ᡥᡝᠪᡠ ᡥᡝᠨᡩᡠᡥᡝ

ᡥᡝᠨᡩᡠᡥᡝ ᠈ ᡤᡝᠪᡠ ᡤᡝᠨᡝᡥᡝ ᠪᡝ ᠪᡠᠪᡠᡥᡝ ᠉ ᠪᡳ ᠠᠨᠠᠨ ᠠᠨᠠᠨ ᡳᠪᡝ ᡤᡳᠰᡠᠨᠪᡳ ᠉ ᡥᡝᠪᡠᠮᡝ ᡥᡝᠪᡝ ᡥᡝᡥᡝ ᠪᡳᡥᡝ ᡥᡝᠴᡝᠮᡝ

ᠣ ᡥᡝᠴᡝᠮᡝᡥᡝ ᡥᡝᠨ ᠪᡳᡥᡝ ᡥᡝᠪᡝ ᠪᡝᡥᡝ ᡥᡝᠪᡠ ᠪᡝ ᡥᡝᠨᡩᡠᡥᡝ ᠪᡳᠪᡠ ᡤᡝᠨ ᠈ ᡥᡝᠨᡩᡠᡥᡝ ᡥᡝᠨᡩᡠᠪᡠ ᠪᡳ ᠠᠨᠠᠨ ᠪᡝ ᠪᡠᠪᡠᡥᡝ ᠉

ᠪᡳᡥᡝ ᠪᡳᠴᡳ ᡤᡳᠰᡠᠨᠪᡳ ᠉ ᠪᡝ ᡥᡝᠪᡠ ᡥᡝᠨᡩᡠᠪᡠᡥᡝ ᠪᡝᡥᡝᠪᡠ ᠈ ᡥᡝᠨᡩᡠᠪᡠᡥᡝ ᠪᡝ ᠪᡠᠪᡠᡥᡝ ᠉ ᠪᡳ ᠠᠨᠠᠨ ᡤᡳᠰᡠᠨᠪᡳ ᠉

jafahabi, hashū ici juwe ergide juwe jiyangjiyūn dahahabi. kemuni nenehe adali hūlame nakarakū. ajige hūwašan amasi alanjiha manggi, pu jing jang loo, guwan ping 、jeo ts'ang dere seme gūnime bisirede,tugi de tefi orhoi booi juleri isinjiha, pu jing jang loo tuwaci guwan gung. uthai ini gala de jafaha buraki lasihikūi tehe babe forime hendume: yan liyang aibide bi? guwan gung ni enduri fayangga ulhifi, tugi ci wasifi, morin ci ebufi, booi juleri gala be giogin arafi hendume: sefu ainaha niyalma, gebu hala be buyere. pu jing jang loo hendume: seibeni sy sui guwan furdan i julergi jen guwe sy de agu be acaha bihe kai. enenggi ainu pu jing be takarakū. guwan gung hendume: bi udu mentuhun bicibe, tacibure be buyere. pu jing hendume:

有二將相從左右，仍如前呼之不已，小僧回稟畢。普靜長老以爲是關平、周倉乘雲來到草菴之前，普靜長老見是關公，遂以手中拂塵擊座位曰：「顏良安在？」關公英魂頓悟，即落雲下馬合掌立於菴前曰：「師父何人，願求清號。」普靜長老曰：「昔日汜水關前鎮國寺中曾與君侯相會，今日何不識普靜也？」關公曰：「我雖愚魯，願聽教誨。」普靜曰：

有二将相从左右，仍如前呼之不已，小僧回禀毕。普静长老以为是关平、周仓乘云来到草庵之前，普静长老见是关公，遂以手中拂尘击座位曰：「颜良安在？」关公英魂顿悟，即落云下马合掌立于庵前曰：「师父何人，愿求清号。」普静长老曰：「昔日汜水关前镇国寺中曾与君侯相会，今日何不识普静也？」关公曰：「我虽愚鲁，愿听教诲。」普静曰：

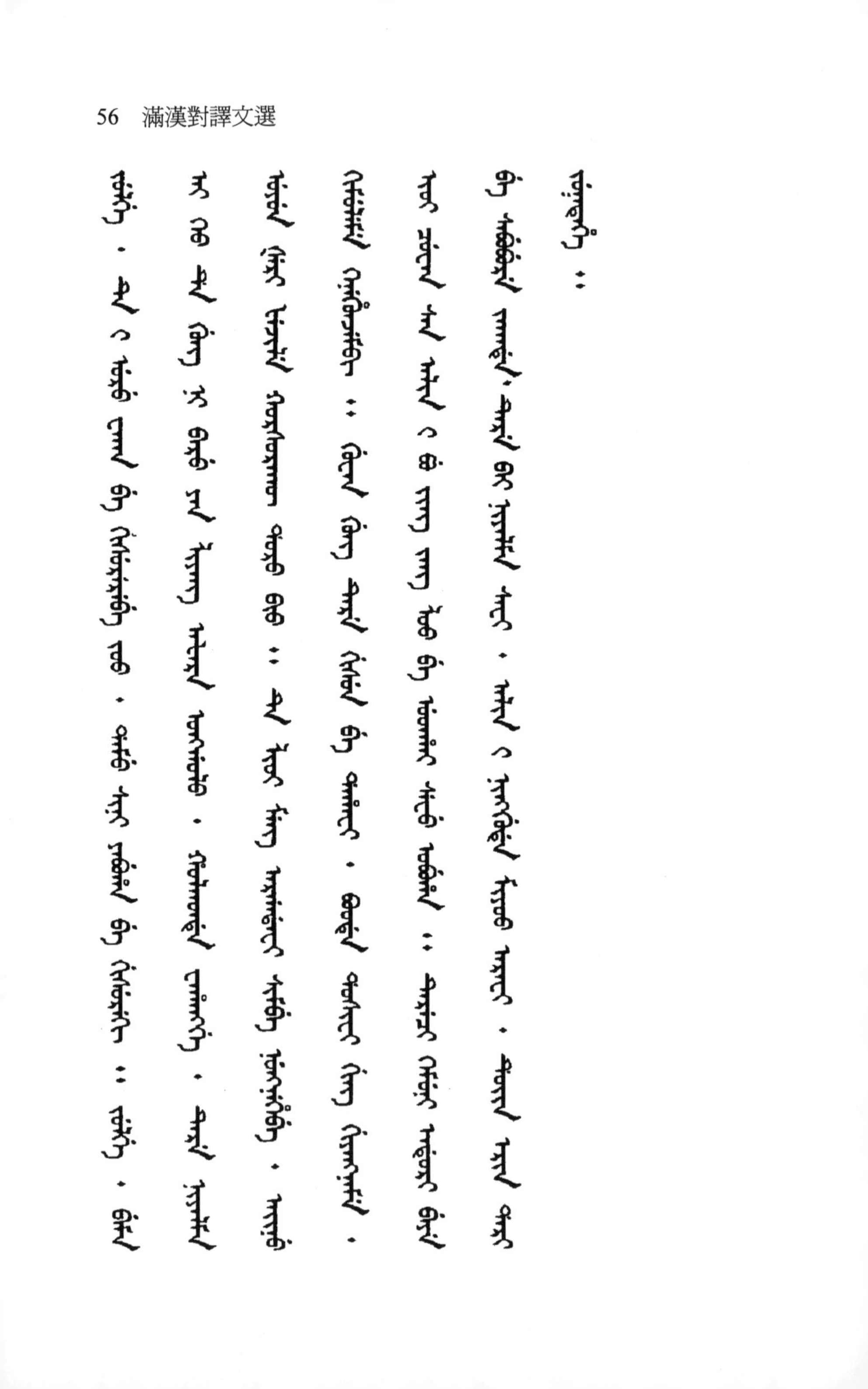

julge, te i uru waka be gisurerebe joo, damu sini yabuha be gisureki. julge, bema ai keo de gung ni baru yan liyang afara onggolo, holkonde wahangge, tere niyalma uyun šeri fejile korsorakū doro bio? te lioi meng argadafi simbe nungnehebe, ainu kimuleme kenehunjembi. guwan gung tere gisun be dahafi, boode dosifi ging giyangname, ioi cuwan san alin i pu jing jang loo be uthai sefu obuha. tereci kemuni enduri beye be sabubure jakade, tere bai niyalma safi, alin i ninggude miyoo arafi, duin erin dari juktehe.

「昔非今是，一切休論，只以汝所行言之，向日白馬隘口，顏良並不與公相鬥，忽然殺之，此人於九泉之下豈不抱恨乎！如今呂蒙以詭計害汝，有何疑焉？」關公遂從其言，入菴講經，即拜玉泉山普靜長老爲師。後往往顯聖，鄉人知之，就於山頂上建廟，四時致祭。

「昔非今是，一切休论，只以汝所行言之，向日白马隘口，颜良并不与公相斗，忽然杀之，此人于九泉之下岂不抱恨乎！如今吕蒙以诡计害汝，有何疑焉？」关公遂从其言，入庵讲经，即拜玉泉山普静长老为师。后往往显圣，乡人知之，就于山顶上建庙，四时致祭。

ᠪᡳ [illegible] ᠈ [illegible] [illegible] ᠈ [illegible] [illegible] [illegible] ᡳ [illegible] ᠉ [illegible] [illegible] [illegible] ᠈ [illegible] ᡳ [illegible] ᠉ ᠪᡳ
[illegible] [illegible] [illegible] ᠈ [illegible] [illegible] [illegible] [illegible] ᠉ [illegible] [illegible] [illegible] [illegible] ᠈ [illegible] [illegible] [illegible] [illegible] ᠉ ᠪᡳ
[illegible] ᠈ [illegible] [illegible] [illegible] [illegible] [illegible] [illegible] ᠉ ᠪᡳ [illegible] ᠈ [illegible] [illegible] [illegible] [illegible] [illegible] [illegible] ᠈
[illegible] [illegible] [illegible] ᠪᡳ [illegible] [illegible] [illegible] [illegible] [illegible] ᠉ [illegible] [illegible] [illegible] [illegible] [illegible] ᠪᡳ
[illegible] [illegible] [illegible] ᠈ [illegible] [illegible] [illegible] [illegible] [illegible] ᠈ [illegible] [illegible] [illegible] [illegible] [illegible]
[illegible] [illegible] ᠈ [illegible] [illegible] ᡳ [illegible] ᠪᡳ [illegible] [illegible] [illegible] ᠉ [illegible] [illegible] [illegible] [illegible] [illegible] [illegible]
[illegible] ᠈ [illegible] [illegible] [illegible] [illegible] [illegible] ᠉

十、伯夷叔齊

be i, su ci, gu dzu jiyūn i juse. gu dzu serengge, gurun i gebu. be i gebu yūn, tukiyehe gebu gung sin. su ci gebu jy, tukiyehe gebu gung da. be i, su ci serengge amcame gebulehe gebu. be i, su ci julgei enduringge saisa kai. juwe niyalma soorin be anahūnjame gemu emu bade jailahabi. amala u wang jeo han be dailame genere de, tafulaci gisun gaijarakū ojoro jakade, šuo yang san alin de somime tefi, jeo gurun i jeku be jeterakū omihon bucehebi. tesu banjici inu emu bade, buceci inu emu bade bihebi.

伯夷、叔齊，孤竹君之子，孤竹者，國名。伯夷名允，字公信。叔齊名智，字公達。伯夷、叔齊者，謚也。伯夷、叔齊古之聖賢也。二人讓位，皆避於一處。後武王伐紂，諫之不從，隱居首陽山，不食周粟，饑餓而死。他們活時在一處，死時亦在一處。

伯夷、叔齐，孤竹君之子，孤竹者，国名。伯夷名允，字公信。叔齐名智，字公达。伯夷、叔齐者，谥也。伯夷、叔齐古之圣贤也。二人让位，皆避于一处。后武王伐纣，谏之不从，隐居首阳山，不食周粟，饥饿而死。他们活时在一处，死时亦在一处。

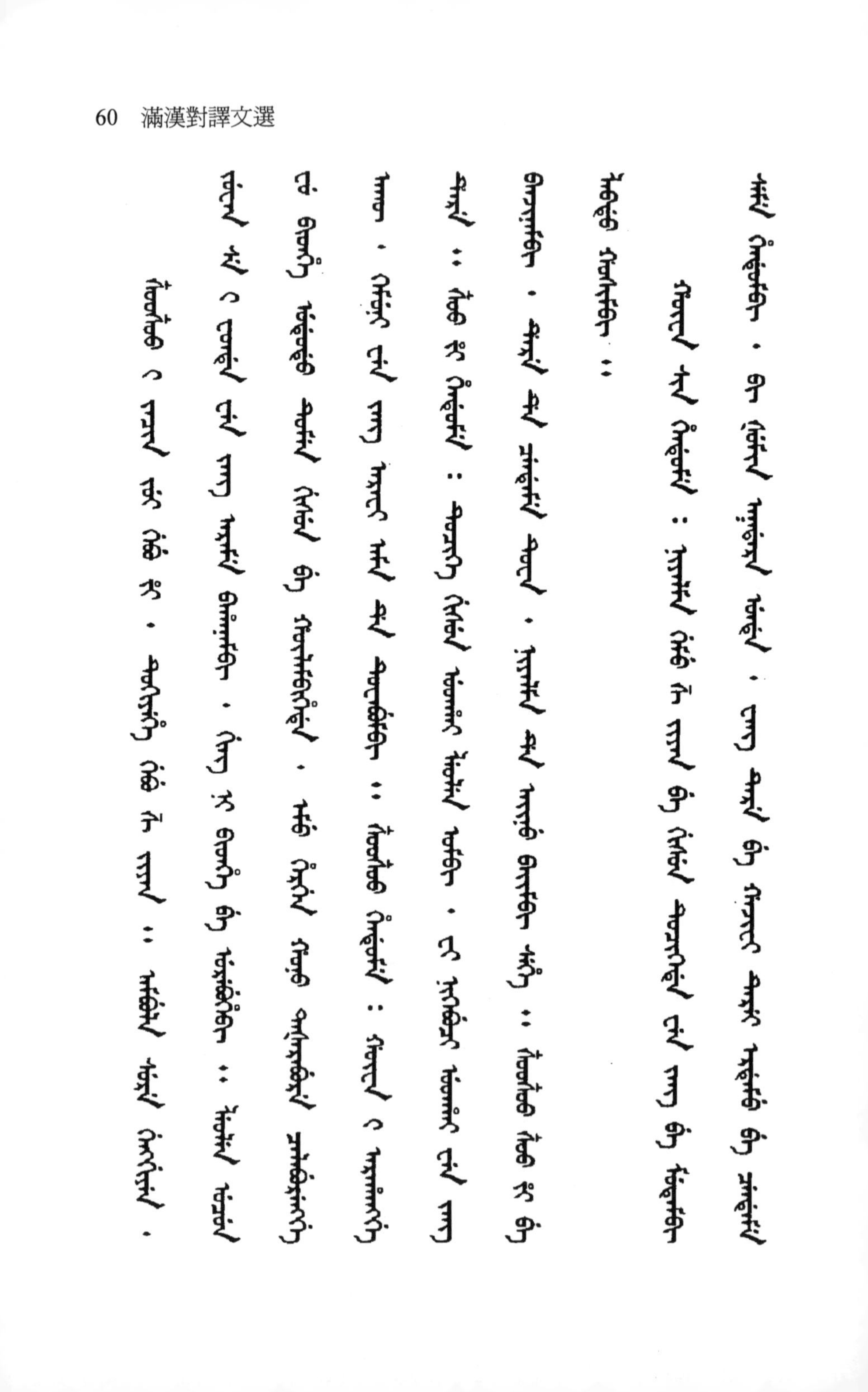

[illegible]

[illegible]

[illegible]

[illegible]

[illegible]

[illegible]

[illegible]

[illegible]

[illegible]

十一、七步成詩

ts'oots'oo i jacin jui gebu jy, tukiyehe gebu dz jiyan. ambula sure genggiyen, juwan se i fonde wen jang arame bahanambi, ging ni bithe be urebuhebi. leolen ucun fu bithe ududu tumen gisun be hūlambihede, emu hergen hono tašarabure calaburengge akū, kemuni wen jang arafi ama de tuwabumbi. ts'oots'oo hendume: gūwa i arahangge dere. ts'oo jy hendume: tucike gisun uthai leolen ombi. fi nikebuci uthai wen jang banjinambi, dere de cendeme tuwa, niyalma de ainu baimbi sehe. ts'oots'oo、ts'oo jy be labdu gosimbi. hūwa sin hendume: niyalma gemu dz jiyan be gisun tucikede wen jang be mutembi seme hendumbi, bi šumin akdara unde, wang tere be gajifi terei erdemu be cendeme

---

曹操次子名植，字子建，極聰明。年十歲時，善屬文，諳經書，誦論詞賦數十萬言，無一字差錯，常作文章呈父覽閱。曹操曰：「汝倩人耶？」曹植曰：「出言爲論，下筆成章，願當面試，奈何倩人？」曹操甚愛曹植。華歆曰：「人皆言子建出口成章，我未深信，王上可召入以才試之，

曹操次子名植，字子建，极聪明。年十岁时，善属文，谙经书，诵论词赋数十万言，无一字差错，常作文章呈父览阅。曹操曰：「汝倩人耶？」曹植曰：「出言为论，下笔成章，愿当面试，奈何倩人？」曹操甚爱曹植。华歆曰：「人皆言子建出口成章，我未深信，王上可召入以才试之，

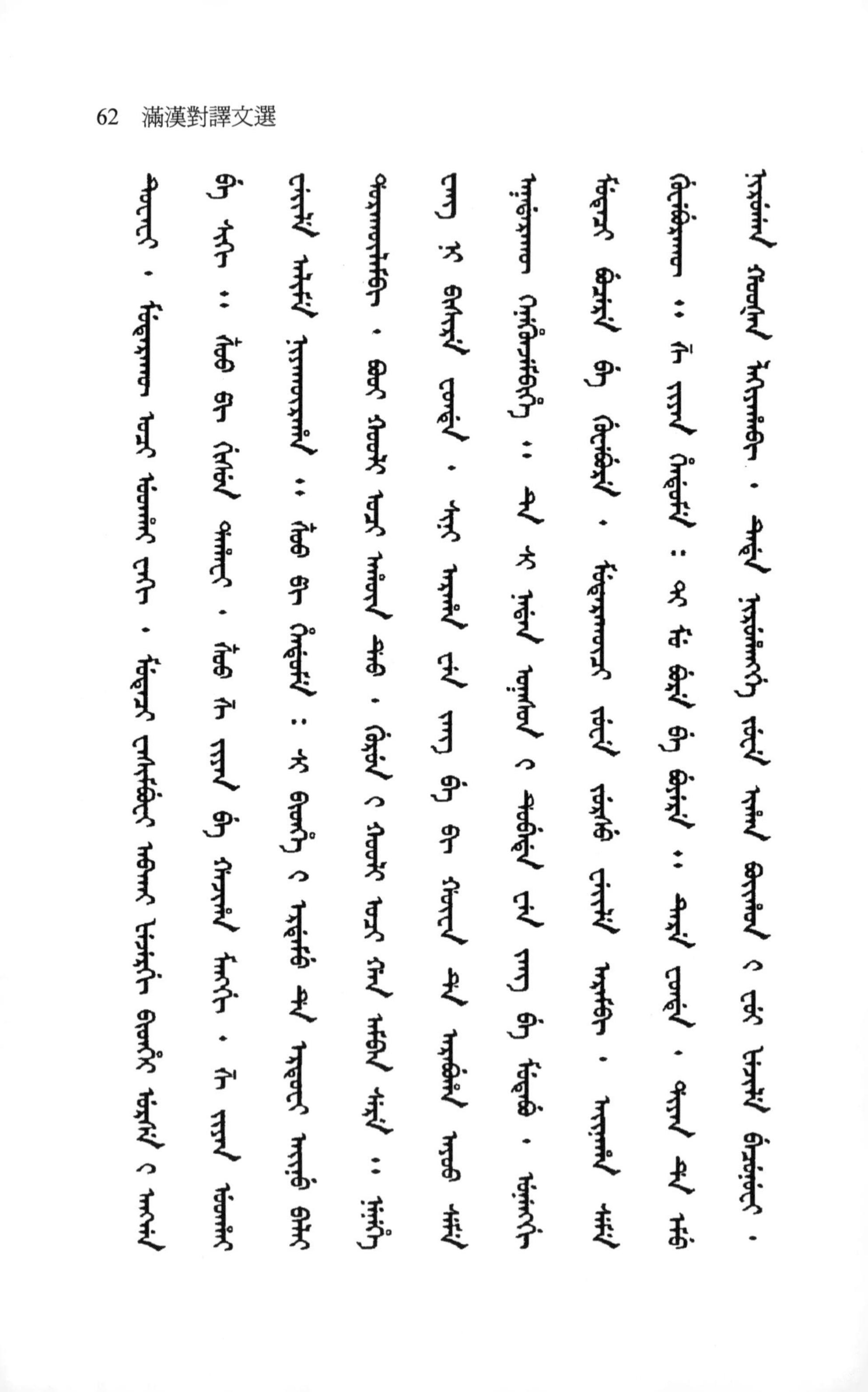

tuwafi, muterakū oci uthai waki, muteci wasimbufi, abkai fejergi bithei urse i angga be siki. ts'oo pi gisun dahafi, ts'oo dz jiyan be gajiha manggi, dz jiyan uthai weile alime niyakūraha. ts'oo pi hendume: si bithe i erdemu de ertufi ainu balai dorakūlambi. booi kooli oci ahūn deo, gurun i kooli oci han amban sere. nenehe wang ni bisire fonde, sini araha wen jang be bi gūwa de arabuha ayoo seme akdarakū kenehunjembihe. te si nadan okson i dubede wen jang be mutebu, unenggi muteci bucere be guwebure, muterakūci juwe jursu weile arambi, ainaha seme guweburakū. dz jiyan hendume: ti mu bure be buyere. tere fonde, diyan de emu niruha hoošan lakiyahabi, tede niruhangge juwe ihan boihon i fui fejile becunufi,

---

若不能即殺之，若果能則貶之，以塞天下文人之口。」曹丕從之，遂召曹子建入內，子建即拜伏請罪。曹丕曰：「汝倚仗文才安敢無禮，以家法則兄弟，以國法則君臣。先君在日，汝所作文章，吾深疑汝令他人代筆。今令汝七步成章，若果能，則免一死，若不能，則二罪俱罰，決不輕恕也。」子建曰：「願乞題目。」是時殿上掛一圖畫，畫著兩隻牛於土牆下相鬥，

若不能即杀之，若果能则贬之，以塞天下文人之口。」曹丕从之，遂召曹子建入内，子建即拜伏请罪。曹丕曰：「汝倚仗文才安敢无礼，以家法则兄弟，以国法则君臣。先君在日，汝所作文章，吾深疑汝令他人代笔。今令汝七步成章，若果能，则免一死，若不能，则二罪俱罚，决不轻恕也。」子建曰：「愿乞题目。」是

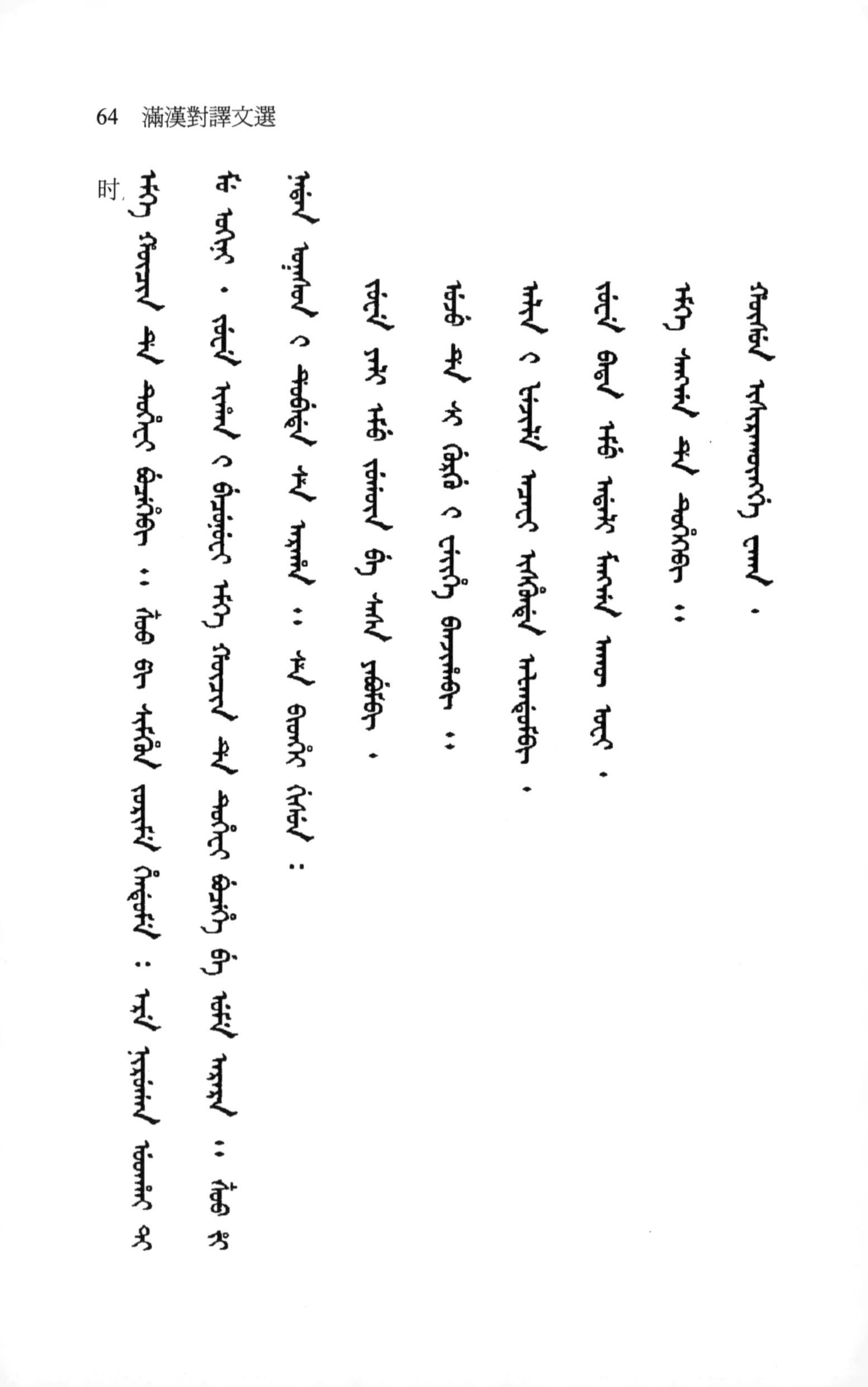

时，

emke hūcin de tuhefi bucehebi. ts'oo pi simhun jorime hendume: ere nirugan uthai ti mu okini. juwe ihan i becunufi emke hūcin de tuhefi bucehe be ume arara. ts'oo jy nadan okson i dubede ši araha. ši bithei gisun: juwe yali emu jugūn be sasa yabumbi. uju de si gurgu i weihe banjihabi. alin i fejile acafi ishunde afandumbi, juwe bata emu adali mangga akū ofi, emke sangga de tuhekebi. hūsun isirakūngge waka,

---

一牛墜井而亡。曹丕指之曰：「即以此畫爲題，詩中不許犯著二牛相鬥，一牛墜井而死字樣。」曹植行七步，其詩已成。詩曰：「兩肉齊道行，頭上帶凹骨；相遇於山下，欻起相搪突；二敵不俱剛，一肉臥土窟；非是肉不如，

一牛坠井而亡。曹丕指之曰：「即以此画为题，诗中不许犯着二牛相斗，一牛坠井而死字样。」曹植行七步，其诗已成。诗曰：「两肉齐道行，头上带凹骨；相遇于山下，欻起相搪突；二敌不俱刚，一肉卧土窟；非是肉不如，

ᡥᡡᠸᠠᠯᡳᠶᠠᠨ ᠪᡝ ᡨᡠᠸᠠᠯᡳᠶᠠᠨ ᡩᡝ ᠪᠠᡥᠠᠨᠠᡵᠠᡴᡡ ·

ᠪᡝᡳᠯᡝ ᡤᡳᠰᡠᠨ ᡳ ᠣᠯᠣᡥᠣ ᠰᡝᠴᡳ ᡨᠣᡴᡨᠣᠪᡠᡥᡝ ::

ᠪᡝᡳᠯᡝ ᠪᡳ ᠪᡝᡳᠯᡝ ᠮᡠᠴᡳᠮᡝ ᡳ ᡩᡝᡵᡤᡳᡩᡝ ·

ᠠᠰᡥᠠᠨ :: ᡝᡵᡝ ᠪᠣᡥᠣ ᡤᡳᠰᡠᠨ ::

ᠠᠰᡥᠠᡥᡡ ᠰᡝᡶᡠ · ᠠᠯᡳᡥᠠ ᠮᡠᠰᡝᡥᡝ ᠰᡳ ᠮᡳᠨᡳ ᠠᠮᠪᠠᠰᠠ :: ᡨᡝ ᠠᠮᠠᠨ ᠣᡥᠣᠨᠣᠮᡝ ᠮᡠᠰᡝᡥᡝ ᡝᡵᡝ ᠠᠮᠪᠠᠰᠠ ᡝᡵᡝ

ᡨᡝ ᠠᠮᠠᠨ ᡥᠣᡨᠣᠨᠠᠮᡝ :: ᠰᡳ ᠮᡳᠨᡳ ᠪᡳ ᠣᡥᠣᠨᠣᠮᡝ ᠪᡳ ᡩᡝᡵᡤᡳᠮᡝ :: ᡤᡝᠮᡠ ᠪᡳ ᡥᠣᡨᠣᠨᠠᠮᡝ :: ᠪᡝᠶᡝᠮᡝ ᡳᠮᡝᠮᡝ ᡳᠮᠠᠨ

ᡳ ᡩᡝᡵᡝ ᠠᠮᠠᠨ ᠠᠮᠪᠠᠰᡳᠮᡝ ᠠᠮᠠᠨ ᡥᠣᡨᠣᠨᠣᠮᠪᡠᡥᠠ · ᠰᡳ ᡤᡳᠰᡠᠨ ᠠᠮᠠᠰᡳᠨ ᠪᡝᠶᡝᠮᡝ ᠠᠮᠪᠠᠰᠠ ᡥᠣᡩᠣ ᡝᡵᡝ ᠠᠮᠪᠠᠰᡳᠮᡝ ᡤᡝᠮᡠᡤᡝᡩᡝ ::

ᡤᡝᠮᡠ ᠪᡳ · ᡤᡳᠰᡠᠨ ᠠᠮᠪᠠᠯᠠᠮᡝ ᡤᡝᠮᡠ ᠰᡝᠮᠪᡳᠮᠪᡳ :: ᡤᡝᠮᡠ ᠪᡳ ᡤᡝᠰᡝ ᡥᠣᡨᠣᠨᠠᠮᡝ :: ᠠᠯᡳᡥᠠ ᡳᠮᠠᠨ ᠠᠮᠪᠠᠰᠠᡥᡡ

ᠰᡳᠮᡝᡩᡝ ᡥᠣᡨᠣᡵᡳᠮᡝ ᠪᡝᠶᡝᠮᠪᡳᠮᡝ ᠪᡳ ᠠᠮᠠᠨ ᠠᠯᡳᡥᠠ ᡤᡝᠮᡝ ::

damu hūsun tucibure ba akū ofi kai. ts'oo pi, geren ambasa gemu sesulaha. ts'oo pi geli hendume: ere nadan okson i wen jang arame jaci goidaha, si mini jilgan tucime uthai emu ši arame mutembio? dz jiyan hendume: ti mu be donjire be buyere. ts'oo pi hendume: muse juwe nofi ahūn deo, ere uthai ti mu okini. dz jiyan donjime uthai emu ajige ši araha. ši bithei gisun : turi be turi orho i bujumbi, turi mucen i dolo songgombi. daci emu fulehe de banjihangge,

---

盛氣不泄畢。」曹丕及群臣皆驚。曹丕又曰：「此七步成章太遲，汝可應聲，即作詩一首否？」子建曰：「願聞題目。」曹丕曰：「吾與汝二人乃兄弟也，即以此爲題。」子建聽畢，遂占一首小詩。詩曰：「煮豆燃豆萁，豆在釜中泣；本是同根生，

盛气不泄毕。」曹丕及群臣皆惊。曹丕又曰：「此七步成章太迟，汝可应声，即作诗一首否？」子建曰：「愿闻题目。」曹丕曰：「吾与汝二人乃兄弟也，即以此为题。」子建听毕，遂占一首小诗。诗曰：「煮豆燃豆萁，豆在釜中泣；本是同根生，

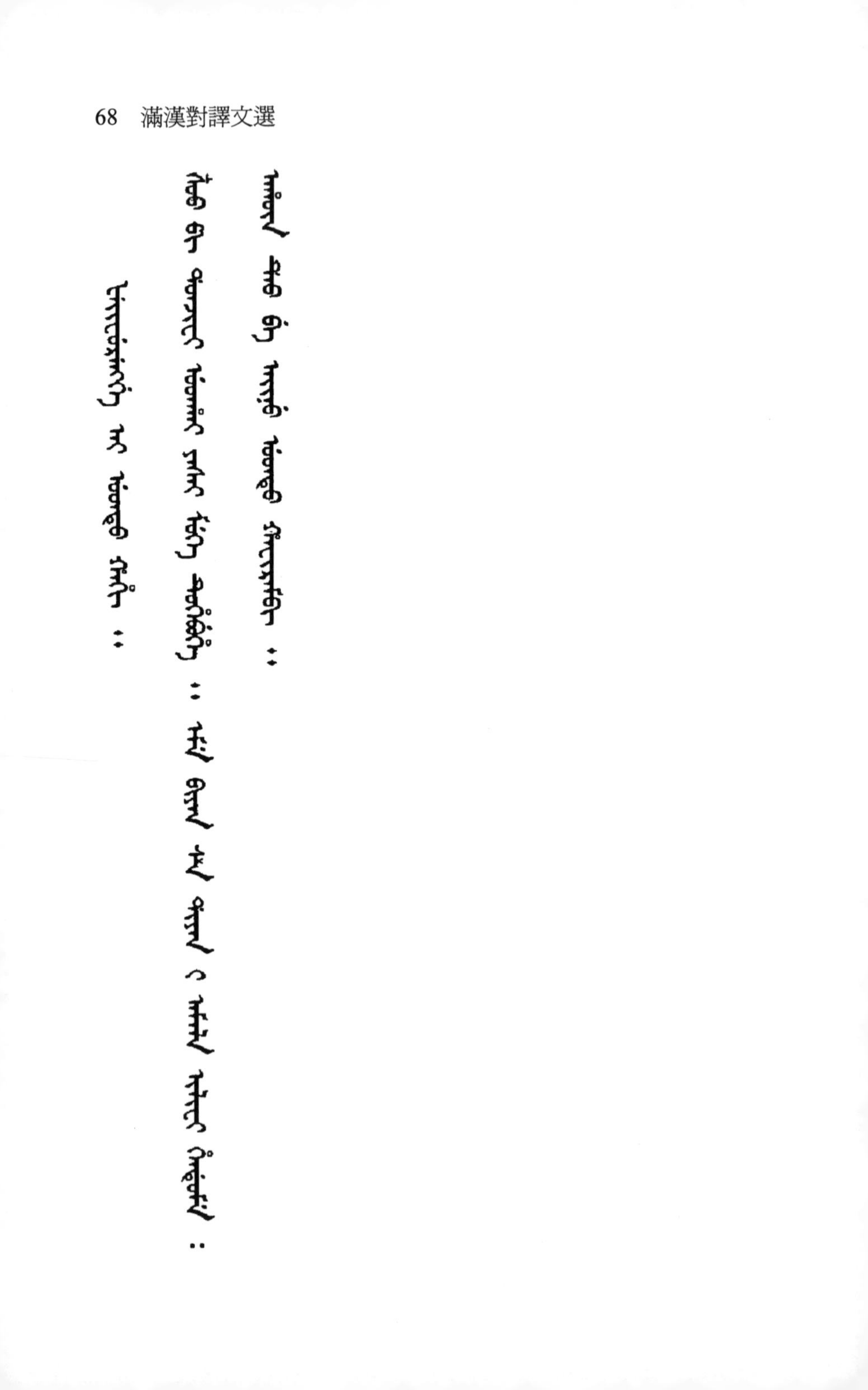

feifurengge ai uttu hahi. ts'oo pi donjifi uthai yasai muke tuhebuhe. eme biyan ši diyan i amala ilifi hendume: ahūn deo be ainu uttu hafirambi.

相煎何太急。」曹丕聞之，潸然淚下。母親卞氏立於殿後曰：「兄何逼弟之甚耶？」

相煎何太急。」曹丕聞之，潸然淚下。母親卞氏立於殿後曰：「兄何逼弟之甚耶？」

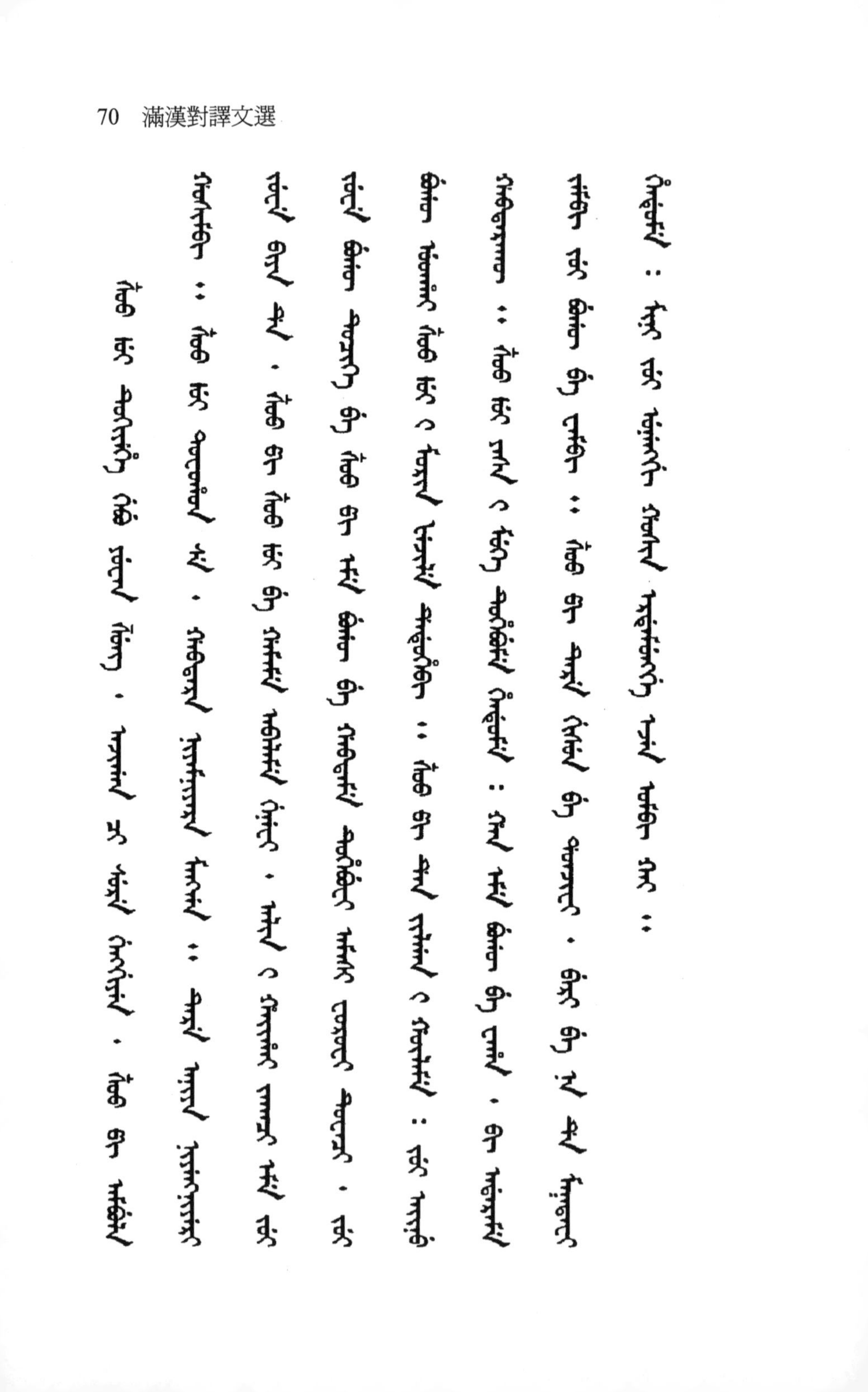

[illegible]

[illegible]

[illegible]

[illegible]

[illegible]

[illegible]

[illegible]

[illegible]

十二、不殺小鹿

ts'oo žui tukiyehe gebu yuwan dzung, ajigan ci sure genggiyen. ts'oo pi ambula gosimbi. ts'oo žui tofohon se, gabtara niyamniyara mangga. tere aniya niyengniyeri juwe biya de, ts'oo pi ts'oo žui be gamame abalame genefi, alin i haihai jakaci eme jui juwe bugū tucike be ts'oo pi eme bugū be gabtame tuhebufi amasi forofi tuwaci, jui bugū uthai ts'oo žui i morin fejile deduhebi. ts'oo pi den jilgan i hūlame: jui ainu gabtarakū. ts'oo žui yasa i muke tuhebume hendume: han eme bugū be waha, bi adarame jempi jui bugū be wambi. ts'oo pi tere gisun be donjifi, beri be na de maktafi hendume: mini jui unenggi gosin erdemungge ejen ombi kai!

曹叡字元仲，自幼聰明，曹丕甚愛之。曹叡十五歲，弓馬嫺熟。當年春二月，曹丕帶曹叡出獵，行於山塢之間，趕出子母二鹿。曹丕一箭射倒母鹿，回視小鹿臥於曹叡馬下。曹丕大呼曰：「吾兒何不射之？」曹叡泣曰：「陛下已殺母鹿，臣安忍復殺小鹿也。」曹丕聞其言，擲弓於地曰：「吾兒真可成仁德之主也。」

曹叡字符仲，自幼聪明，曹丕甚爱之。曹叡十五岁，弓马娴熟。当年春二月，曹丕带曹叡出猎，行于山坞之间，赶出子母二鹿。曹丕一箭射倒母鹿，回视小鹿卧于曹叡马下。曹丕大呼曰：「吾儿何不射之？」曹叡泣曰：「陛下已杀母鹿，臣安忍复杀小鹿也。」曹丕闻其言，掷弓于地曰：「吾儿真可成仁德之主也。」

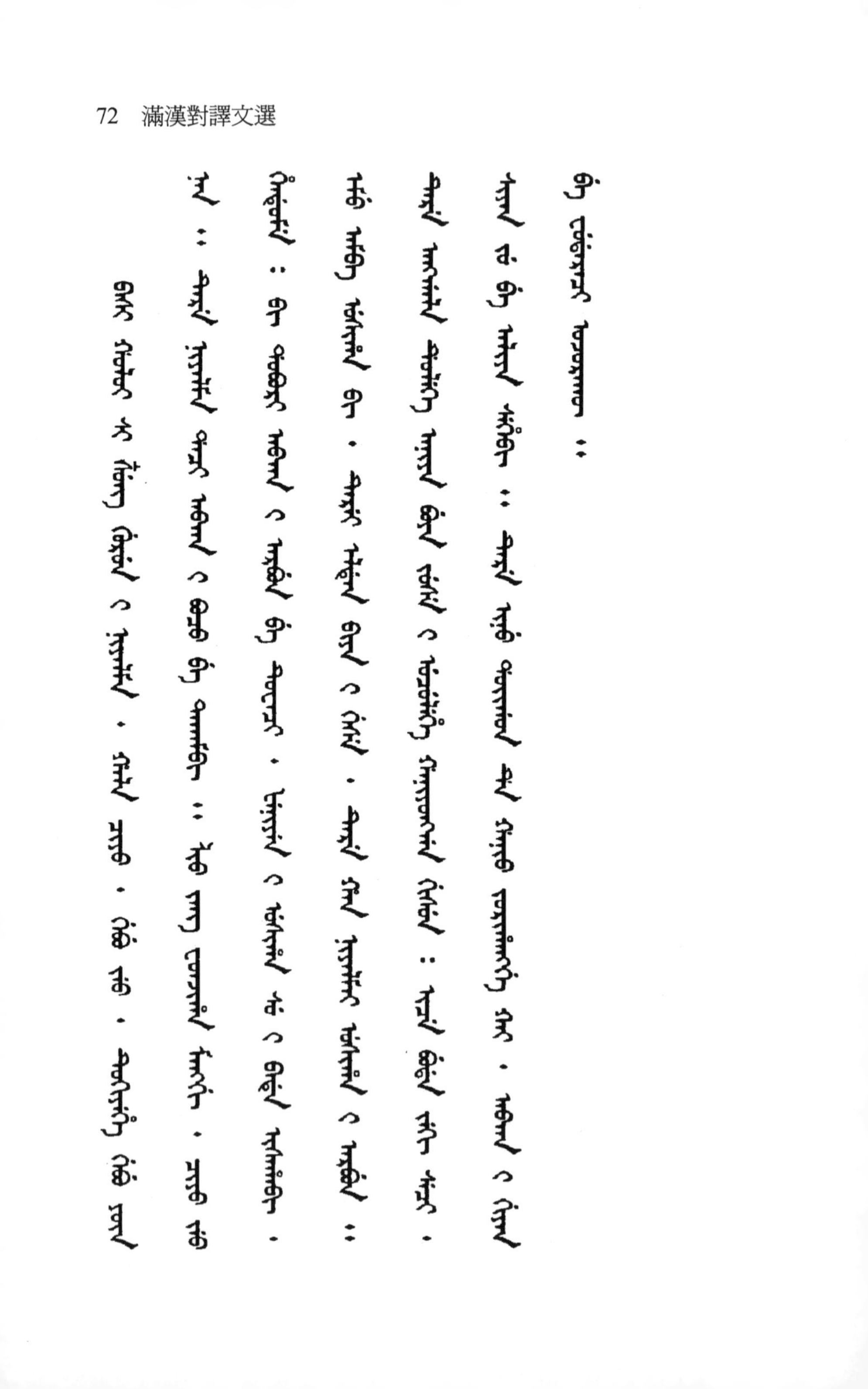

[illegible]

[illegible]

[illegible]

[illegible]

[illegible]

[illegible]

[illegible]

十三、群星聚蜀

basi goloi si ts'ung gurun i niyalma, hala ciyo, gebu jeo, tukiyehe gebu yūn nan. tere niyalma daci abka i boco be takambi. lio jang fonjiha manggi, ciyoo jeo hendume: bi dobori abka i arbun be tuwaci, feniyen i usiha su i bade isahabi, emu amba usiha bi, terei elden biya i gese, tere han niyalmai usiha i arbun. tere anggala duleke aniya buya juse i uculehe ganiyongga gisun: ice buda jeki seci, siyan ju be aliya sehebi. tere inu doigon de ganio jorihangge kai, abka i giyan be fudaraci ojorakū.

巴西西充國人姓譙名周，字允南。此人素曉天文。劉璋問之，譙周曰：「我夜觀天象，見群星聚於蜀郡，有一大星，其光如皓月，乃帝王之象也。況一載之前，小兒謠云：『若要吃新飯，須待賢主來。』此即預兆也，不可逆天道。」

巴西西充国人姓谯名周，字允南。此人素晓天文。刘璋问之，谯周曰：「我夜观天象，见群星聚于蜀郡，有一大星，其光如皓月，乃帝王之象也。况一载之前，小儿谣云：『若要吃新饭，须待贤主来。』此即预兆也，不可逆天道。」

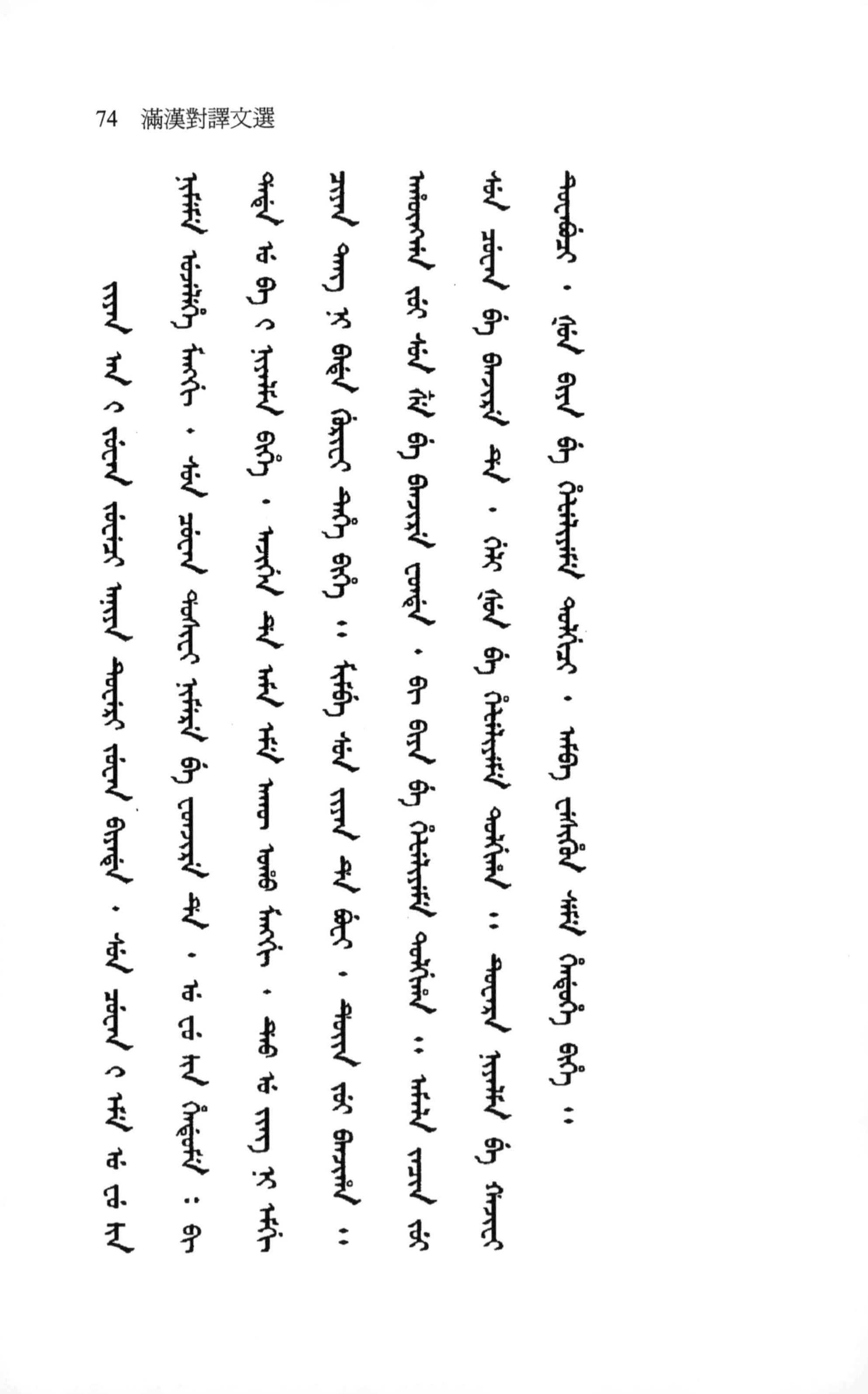

十四、夢月入懷

jiyan an i juwan juweci aniya tuweri juwan biyade, sun cuwan i eme u fu žin nimeme ujelehe manggi, sun cuwan dosifi nimere be fonjire de, u fu žin hendume: bi dade u ba i niyalma bihe, ajigen de ama eme akū oho manggi, deo u jing ni emgi ciyan tang ni bade gurifi tehe bihe. mimbe sun jiyan de bufi, duin jui banjiha. ahūngga jui sun ts'e be banjire fonde, bi biya be hefeliyeme tolgiha. amala jacin jui sun cuwan be banjire de, geli šun be hefeliyeme tolgiha. tuwara niyalma be gajifi tuwabuci, šun biya be hefeliyeme tolgici, amba wesihun seme henduhe bihe.

建安十二年冬十月，孫權之母吳夫人病篤，孫權入內問安。吳夫人曰：「我本吳地人，幼亡父母，與弟吳景徙居錢塘，聘嫁孫堅，生四子。生長子孫策時，吾夢月入懷，後生次子孫權，又夢日入懷，令人卜之，言夢日月入懷者大貴也。」

建安十二年冬十月，孙权之母吴夫人病笃，孙权入内问安。吴夫人曰：「我本吴地人，幼亡父母，与弟吴景徙居钱塘，聘嫁孙坚，生四子。生长子孙策时，吾梦月入怀，后生次子孙权，又梦日入怀，令人卜之，言梦日月入怀者大贵也。」

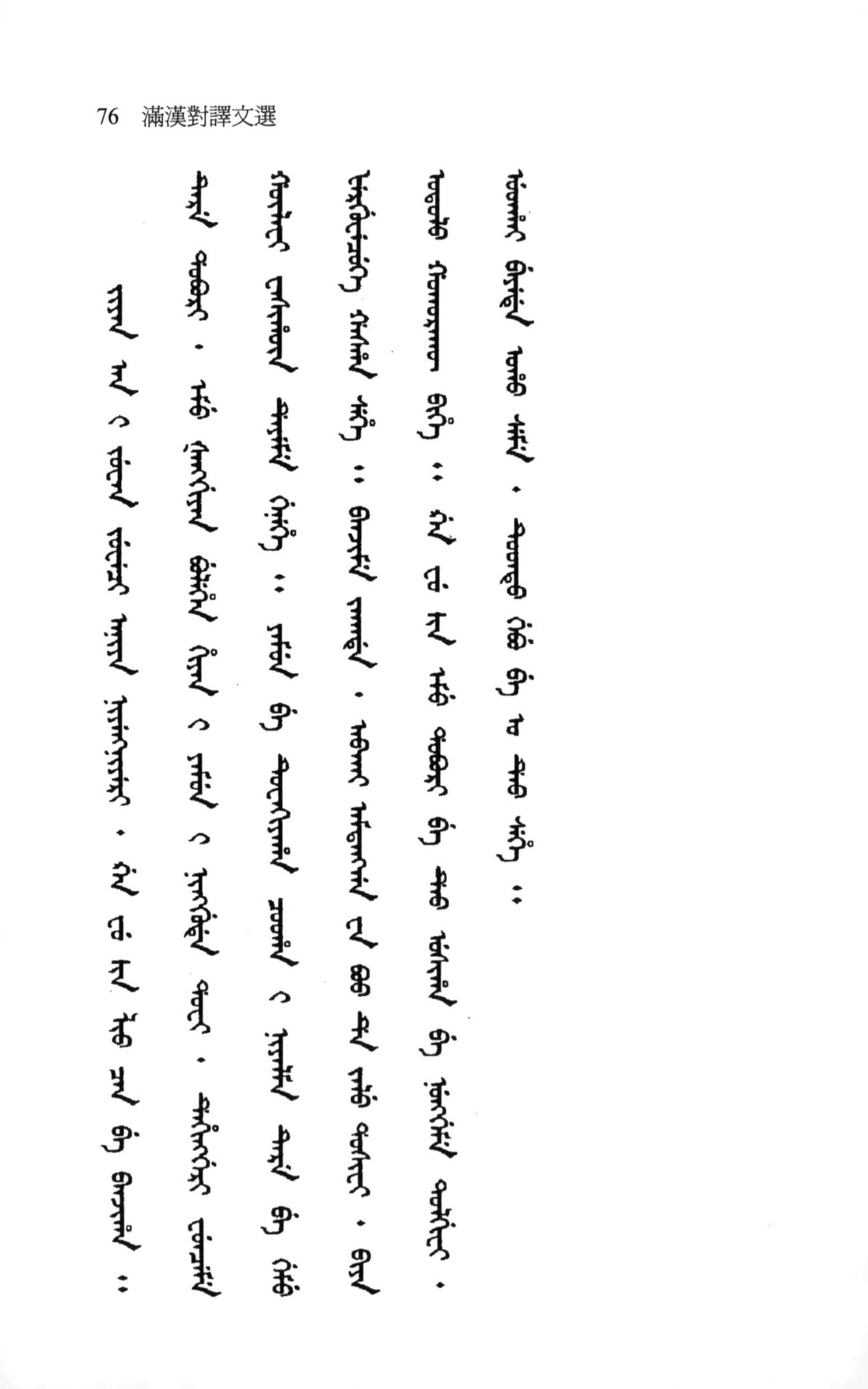

[illegible] [illegible] [illegible] [illegible]᠈ [illegible] [illegible] [illegible] [illegible] [illegible] [illegible]᠉

[illegible] [illegible] [illegible]᠉ [illegible] [illegible] [illegible] [illegible] [illegible] [illegible] [illegible] [illegible] [illegible] [illegible] [illegible]᠈

[illegible] [illegible] [illegible]᠉ [illegible] [illegible]᠈ [illegible] [illegible] [illegible] [illegible] [illegible] [illegible] [illegible]᠈ [illegible]

[illegible] [illegible] [illegible] [illegible]᠉ [illegible] [illegible] [illegible] [illegible] [illegible] [illegible] [illegible] [illegible]

[illegible] [illegible]᠈ [illegible] [illegible] [illegible] [illegible] [illegible] [illegible] [illegible] [illegible]᠈ [illegible] [illegible]

[illegible] [illegible] [illegible] [illegible] [illegible] [illegible] [illegible]᠈ [illegible] [illegible] [illegible] [illegible] [illegible] [illegible] [illegible]᠉

十五、仰吞北斗

jiyan an i juwan juweci aniya niyengniyeri, g'an fu žin lio can be banjiha. tere dobori, emu šanggiyan bulehen hiyan i yamun i ninggude dofi, dehinggeri funceme hūlafi wasihūn deyeme genehe. yamun be tuwakiyaha cooha i niyalma tere be gemu ferguwecuke gasha sehe. banjime jakade, abkai amtangga wa boo de jalu dosifi, biya otolo hokorakū bihe. g'an fu žin emu dobori be deo usiha be nunggeme tolgifi, uthai beyede oho seme, tuttu gebu be o deo sehe.

建安十二年春，甘夫人生劉禪。是夜，有白鶴一隻棲於縣衙屋頂上，鳴四十餘聲後，往西飛去。守衙之兵，皆以其爲異禽。臨分娩之時，天香滿室，經月不散。因甘夫人有一夜夢見仰吞北斗星後即有身孕，故名阿斗。

建安十二年春，甘夫人生刘禅。是夜，有白鹤一只栖于县衙屋顶上，鸣四十余声后，往西飞去。守衙之兵，皆以其为异禽。临分娩之时，天香满室，经月不散。因甘夫人有一夜梦见仰吞北斗星后即有身孕，故名阿斗。

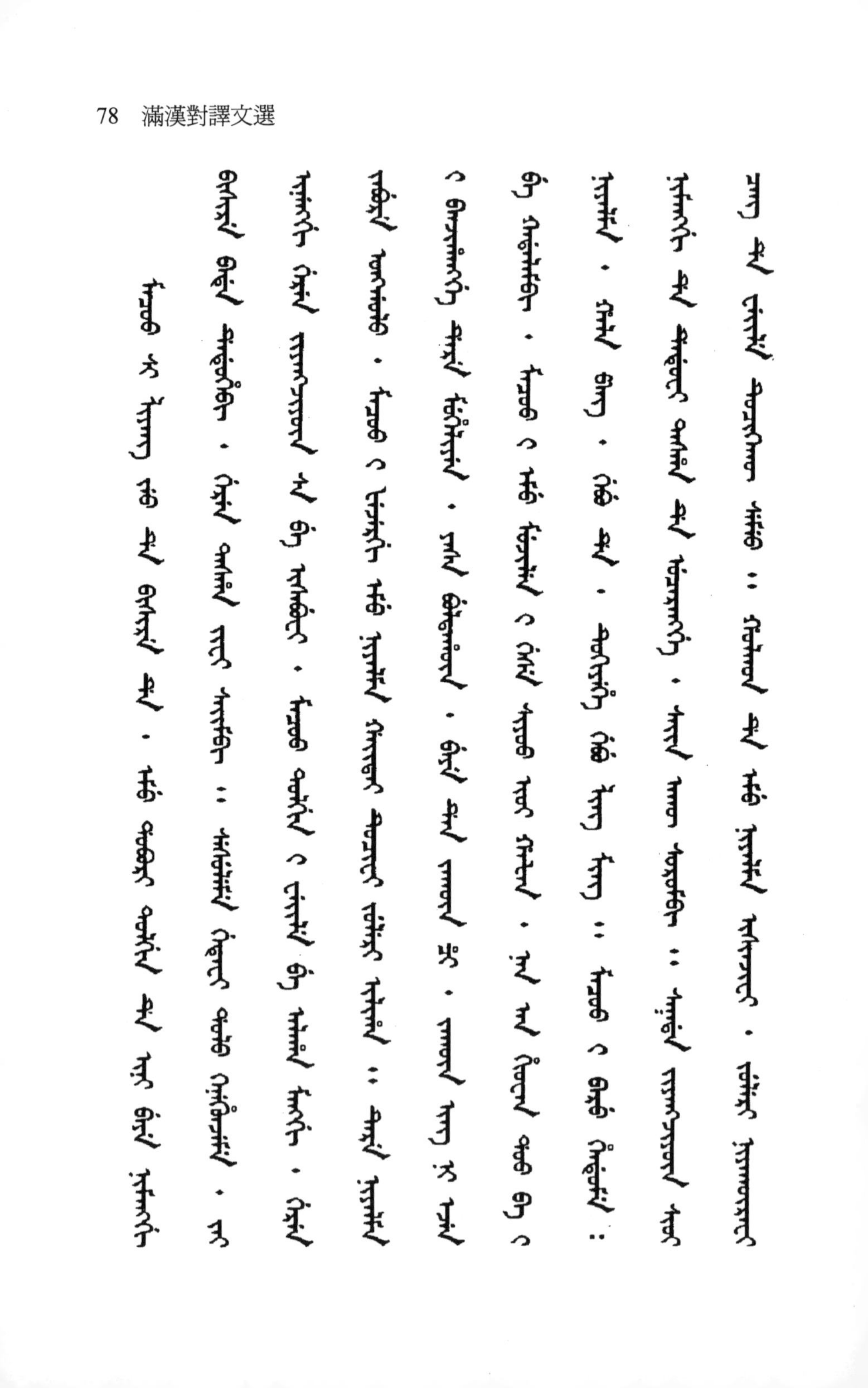

十六、臥雪遇虎

macoo si liyang jeo de bisire de, emu dobori tolgin de ini beye nimanggi bisire bade deduhebi, geren tasha jifi saimbi. sesuleme getefi dolo kenehunjeme, jai inenggi geren jiyangjiyūn sa be isabufi, macoo tolgin i weile be alaha manggi, geren jabure onggolo, macoo i fejergi emu niyalma gaitai tucifi juleri iliha. tere niyalma i banjihangge dere muheliyen, yasa bultahūn, beye den jakūn c'y, jakūn ing ni ejen be kadalambi. macoo i emu mujilen i gese, siyoo ioi hafan, nan an hiowan doo ba i niyalma, hala pang, gebu de, tukiyehe gebu ling ming. macoo i baru hendume: nimanggi de dedufi tasha de ucarangge, sain akū sorombi. sakda jiyangjiyūn sioi cang de weile tucikekū semeo. holkon de emu niyalma isinjifi juleri niyakūrafi

---

馬超在西涼州時，夜感一夢，夢見身臥雪地，群虎來咬，驚覺心疑。次日，會集眾將，馬超言夢中之事。眾未及言，忽帳下一人立於當面。其人生得面圓睛突，身長八尺，管帶八營首將，乃馬超一心腹校尉，南安狟道人，姓龎，名德，字令明。對馬超言曰：「臥雪遇虎者，不祥之兆也，莫非老將軍在許昌有事否？」忽一人至前哭拜

马超在西凉州时，夜感一梦，梦见身卧雪地，群虎来咬，惊觉心疑。次日，会集众将，马超言梦中之事。众未及言，忽帐下一人立于当面。其人生得面圆睛突，身长八尺，管带八营首将，乃马超一心腹校尉，南安狟道人，姓龎，名德，字令明。对马超言曰：「卧雪遇虎者，不祥之兆也，莫非老将军在许昌有事否？」忽一人至前哭拜

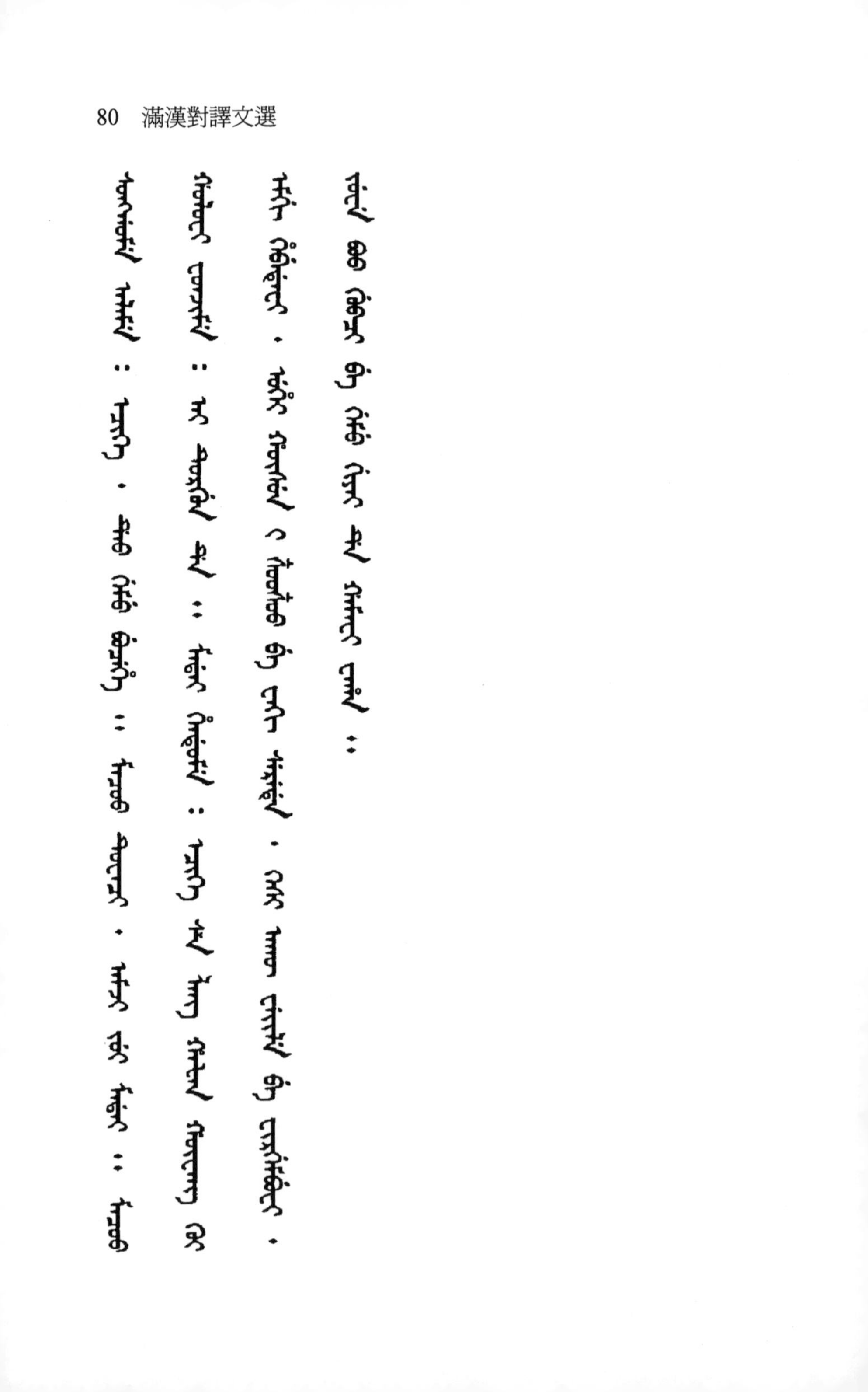

songgome alame: ecike, deo gemu bucehe. macoo tuwaci, amji jui madai. macoo golofi fonjime: ai turgun de. madai hendume: ecike sy lang hafan hūwang kui emgi hebedefi, uhei hūsun i ts'oots'oo be waki serede, kesi akū weile be firgembufi, juwe boo gubci be gemu giyai de gamafi waha.

於地曰：「叔父並弟皆死矣。」馬超視之，乃伯弟馬岱也。馬超驚問曰：「爲何？」馬岱曰：「叔父與侍郎黃奎商議欲同力殺曹操，不幸事洩，兩家皆斬於市曹。」

于地曰：「叔父并弟皆死矣。」马超视之，乃伯弟马岱也。马超惊问曰：「为何？」马岱曰：「叔父与侍郎黄奎商议欲同力杀曹操，不幸事泄，两家皆斩于市曹。」

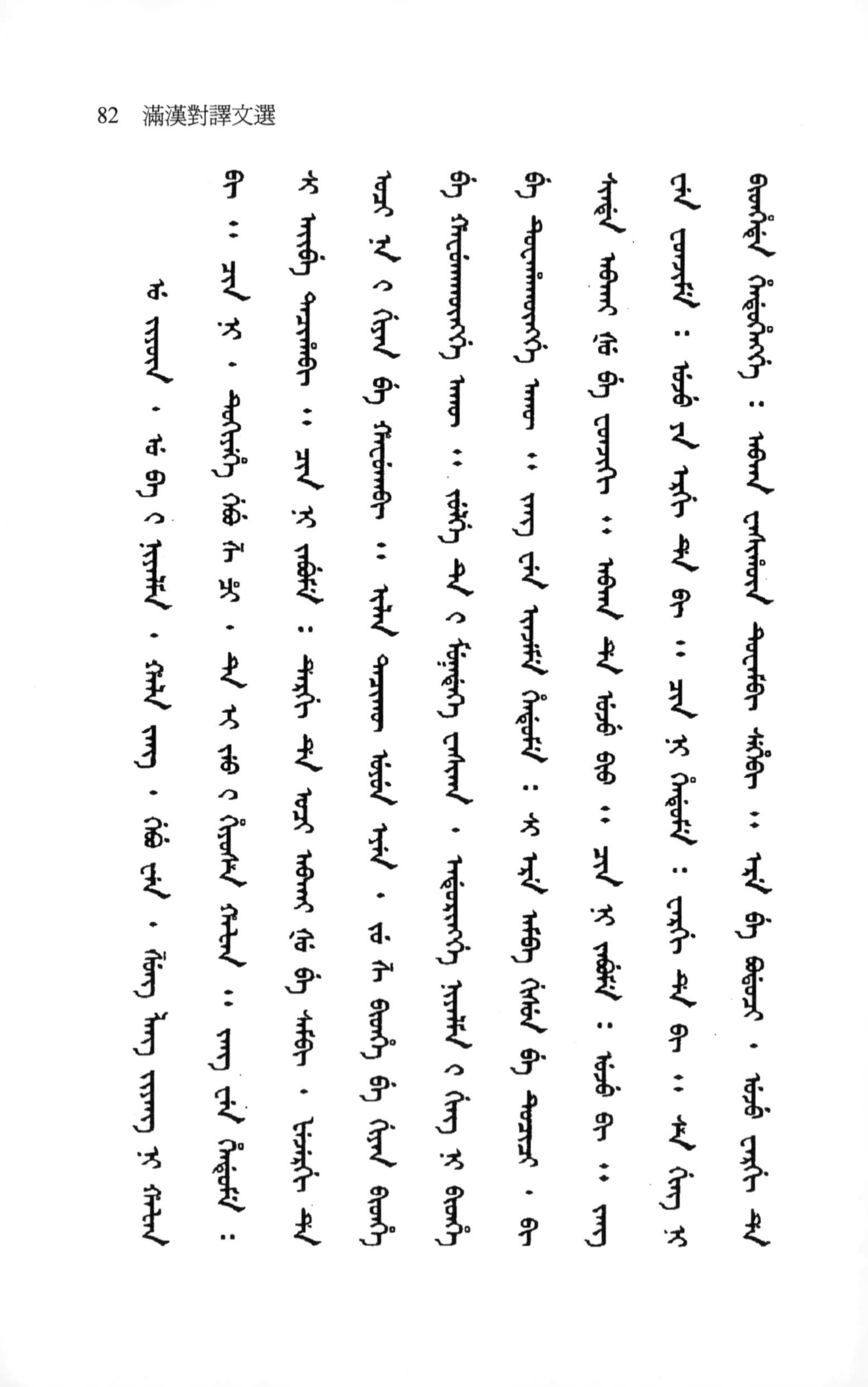

十七、答問如流

u jiyūn, u ba i niyalma, hala jang, gebu wen, dzung lang jiyang ni hafan bi. cin ni, tukiyehe gebu dz c'y, te i jeo i hiyosy hafan. jang wen hedume: si aibe tacihabi. cin ni jabume: dergi de oci abkai šu be sambi, fejergi de oci na i giyan be fafukabi. ilan tacikū, uyun eyen, ju dz bithe be giyan bithe be hafukakūngge akū julge te i mukdeke wasika, enduringge niyalma i ging ni bithe be tuwahakūngge akū. jang wen injeme hendume: si ere amba gisun be tucici, bi sinde abkai šu be fonjiki. abka de uju bio? cin ni jabume: uju bi. jang wen fonjime: uju ya ergi de bi? cin ni hendume: wargi de bi. sy ging ni bithede henduhengge: abka wasihūn tuwambi sehebi. ere be bodoci, uju wargi de

---

吳郡吳人，姓張，名溫，爲中郎將。秦宓，字子敕，現爲益州學士。張溫曰：「汝何所學？」秦宓對曰：「上則知天文，下則通地理。三教九流，諸子百家，無所不通。古今興廢，聖賢經傳，無所不覽。」張溫笑曰：「汝既出大言，吾且問汝天文之事。天有頭嗎？」秦宓對曰：「有頭。」張溫問曰：「頭在何方？秦宓曰：「在西方。《詩經》云：『天眷西顧。』以此推之，頭在西方也。」

吴郡吴人，姓张，名温，为中郎将。秦宓，字子敕，现为益州学士。张温曰：「汝何所学？」秦宓对曰：「上则知天文，下则通地理。三教九流，诸子百家，无所不通。古今兴废，圣贤经传，无所不览。」张温笑曰：「汝既出大言，吾且问汝天文之事。天有头吗？」秦宓对曰：「有头。」张温问曰：「头在何方？秦宓曰：「在西方。《诗经》云：『天眷西顾。』以此推之，头在西方也。」

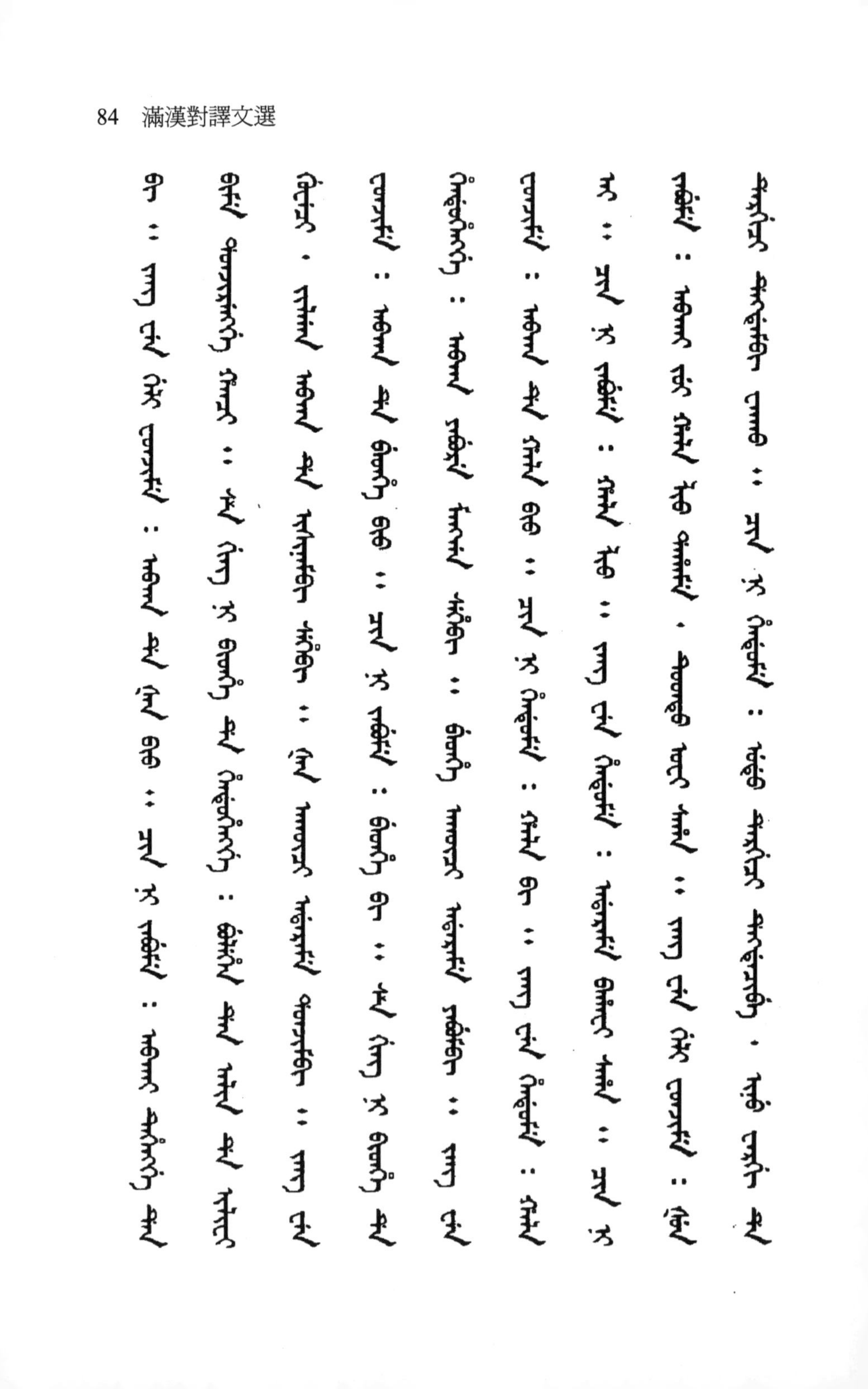

[illegible]

[illegible]

[illegible]

[illegible]

[illegible]

[illegible]

[illegible]

[illegible]

[illegible]

bi. jang wen geli fojime: abka de šan bio? cin ni jabume: abkai tehengge den bime donjirengge hanci. sy ging ni bithe de henduhengge: bulehen den alin de ilifi guweci, jilgan abka de isinambi sehebi. šan akūci adarame donjimbi. jang wen fonjime: abka de bethe bio? cin ni jabume: bethe bi. sy ging ni bithe de henduhengge: abka yabure mangga sehebi. bethe akūci adarame yabumbi? jang wen fonjime: abka de hala bio? cin ni hendume: hala bi. jang wen hendume: hala ai? cin ni jabume: hala lio. jang wen hendume: adarame bahafi saha? cin ni jabume: abkai jui hala lio dahame, tuttu ofi saha. jang wen geli fonjime: šun dergici dekdembi wakao? cin ni hendume: udu dergici dekdecibe, inu wargi de

---

張溫又問：「天有耳嗎？」秦宓答曰：「天處高而聽卑。《詩經》云：『鶴立於高山而鳴，則聲聞於天。』無耳何能聽之？」張溫問曰：「天有足嗎？」秦宓答曰：「有足。《詩經》云：『天步艱難。』無足何能步之？」張溫問曰：「天有姓嗎？」秦宓曰：「有姓。」張溫曰：「何姓？」秦宓答曰：「姓劉。」張溫曰：「何以得知？」秦宓答曰：「因天子姓劉，故以知之。」張溫又問曰：「日昇於東嗎？」秦宓曰：「雖昇於東，而沒於西。」

张温又问：「天有耳吗？」秦宓答曰：「天处高而听卑。《诗经》云：『鹤立于高山而鸣，则声闻于天。』无耳何能听之？」张温问曰：「天有足吗？」秦宓答曰：「有足。《诗经》云：『天步艰难。』无足何能步之？」张温问曰：「天有姓吗？」秦宓曰：「有姓。」张温曰：「何姓？」秦宓答曰：「姓刘。」张温曰：「何以得知？」秦宓答曰：「因天子姓刘，故以知之。」张温又问曰：「日升于东吗？」秦宓曰：「虽升于东，而没于西。」

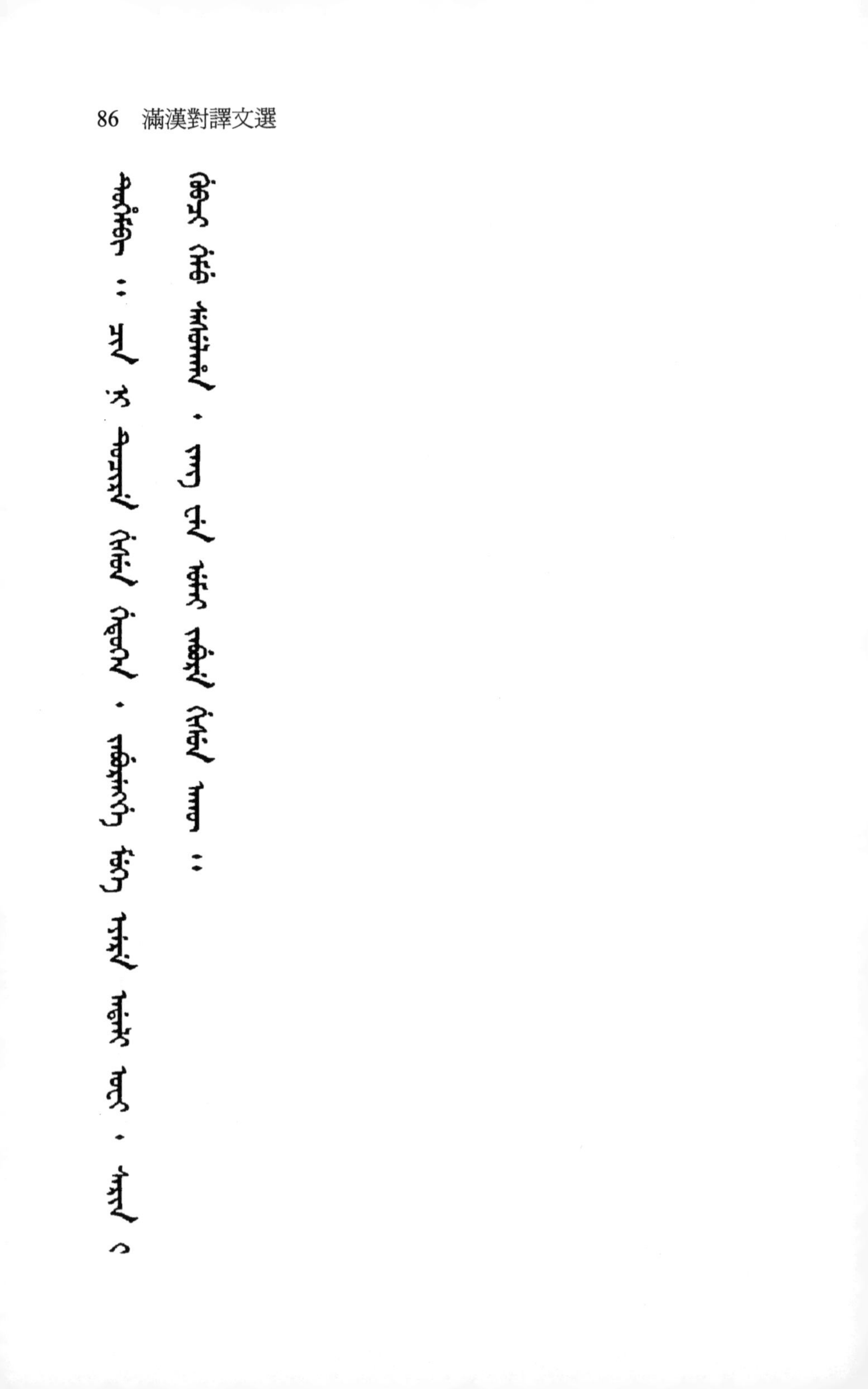

tuhembi. cin ni tucire gisun getuken, jaburengge muke eyere adali ofi, sarin i gubci gemu sesulaha. jang wen umai jabure gisun akū.

秦宓語言清朗，答問如流，滿座皆驚訝，張溫並無答語。

秦宓语言清朗，答问如流，满座皆惊讶，张温并无答语。

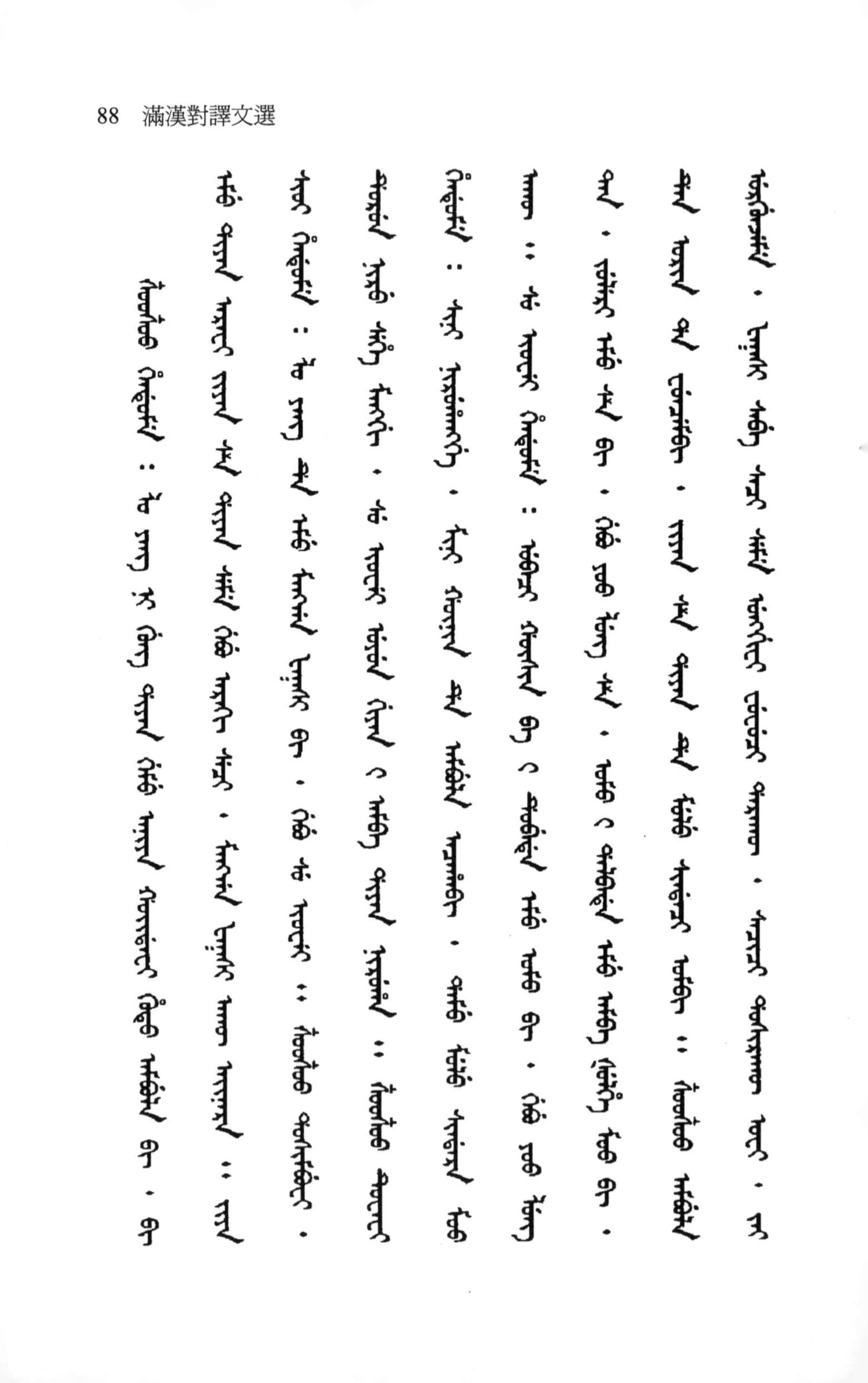

十八、怪力亂神

ts'oots'oo hendume: lo yang ni gung diyan gemu aniya goidafi hutu ambula bi. bi emu diyan arafi jiyan sy diyan seme gebu araki seci, mangga faksi akū ainara. jiya sioi hendume: lo yang de emu mangga faksi bi, gebu su iowei. ts'oots'oo dosimbufi, durun niru sehe manggi, su iowei uyun giyan i amba diyan niruha. ts'oots'oo tuwafi hendume: sini niruhangge, mini gūnin de ambula acahabi, damu mulu sindara moo akū. su iowei hendume: ubaci gūsin ba i dubede emu omo bi, gebu yoo lung tan, juleri emu sy bi, gebu yoo lung sy, omo i dalbade emu amba šulhe moo bi, den orin da funcembi, jiyan sy diyan de mulu sindaci ombi. ts'oots'oo ambula urgunjeme faksi sabe saci seme unggifi fufuci darakū, sacici dosirakū ofi, jai

---

曹操曰：「洛陽行宮舊殿皆年久多妖，吾欲起一殿，名建始殿，恨無良工。」賈詡曰：「洛陽有一良工，名蘇越。」曹操召入，令畫圖像。蘇越畫成九間大殿。曹操視之曰：「汝所畫，甚合吾意，惟無棟樑之材。」蘇越曰：「離此三十里有一潭，名躍龍潭，前有一祠，名躍龍祠，潭旁有一株大梨樹，高十餘丈，堪作建始殿之樑。曹操大喜，即令工匠砍伐，鋸解不開，斧砍不入。

曹操曰：「洛阳行宫旧殿皆年久多妖，吾欲起一殿，名建始殿，恨无良工。」贾诩曰：「洛阳有一良工，名苏越。」曹操召入，令画图像。苏越画成九间大殿。曹操视之曰：「汝所画，甚合吾意，惟无栋梁之材。」苏越曰：「离此三十里有一潭，名跃龙潭，前有一祠，名跃龙祠，潭旁有一株大梨树，高十余丈，堪作建始殿之梁。曹操大喜，即令工匠砍伐，锯解不开，斧砍不入。

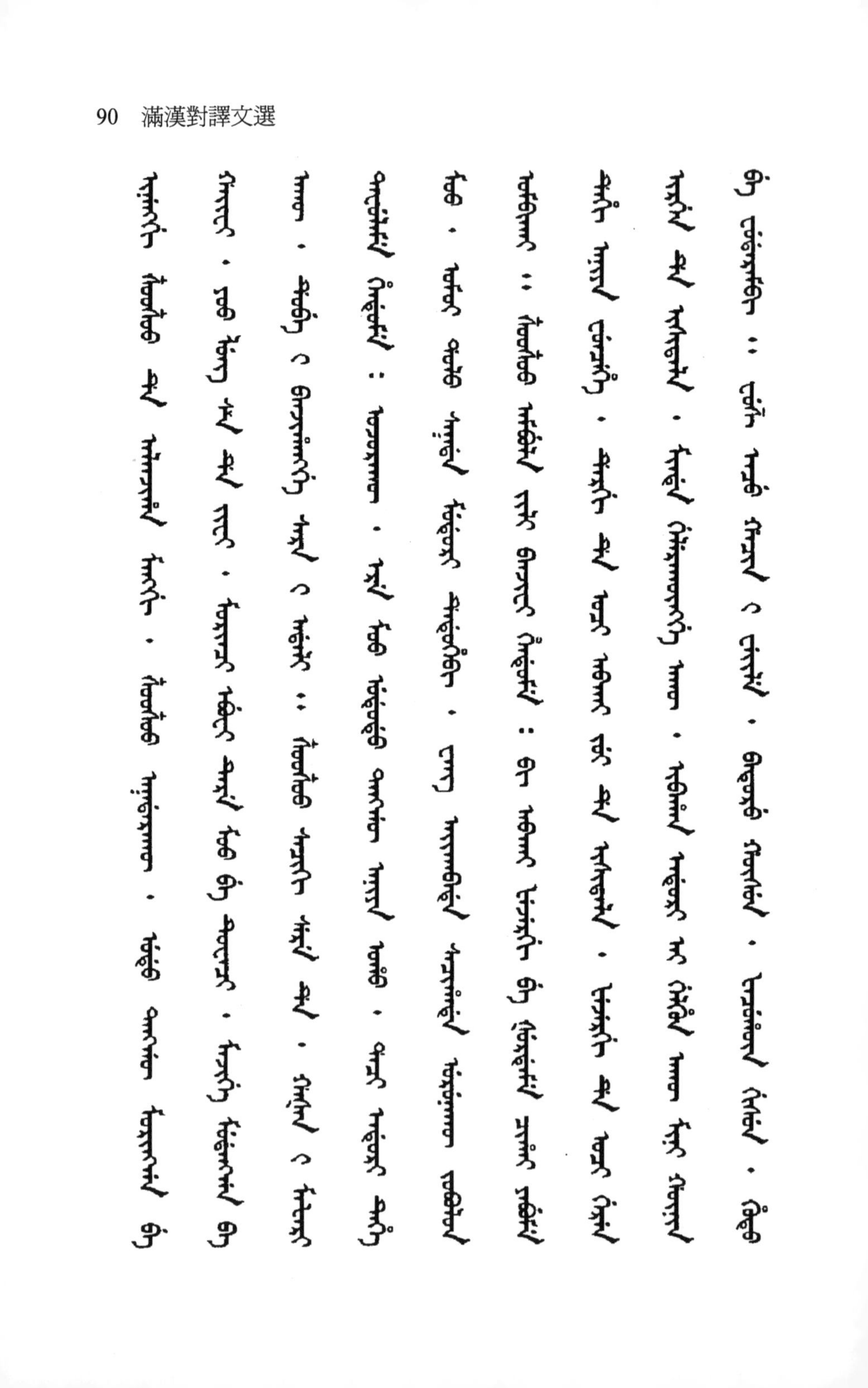

inenggi ts'oots'oo de alanjiha manggi, ts'oots'oo akdarakū, udu tanggū moringga be gaifi, yoo lung sy de jifi, morinci ebufi tere moo be tuwaci, majige mudangga ba akū, dube i banjihangge sara i adali. ts'oots'oo saciki sere de, gašan i mafari tafulame hendume ojorakū, ere moo ududu tanggū aniya oho, daci enduri tehe moo, omoi dolo sakda muduri deduhebi, wang aikabade sacihade urunakū jobolon ombikai. ts'oots'oo ambula jili banjifi hendume: bi abkai fejergi be šurdeme cihai yabume dehi aniya funcehe, dergi de oci abkai jui de isitala, fejergi de oci geren irgen de isitala, minde gelerakūngge akū. ibahan enduri ai gelhun akū mini gūnin be fudarambi. fudz encu hacin i weile, baturu hūsun, facuhūn gisun, hutu

---

次日，回報曹操。曹操不信，親領數百騎來至躍龍祠下馬仰觀其樹，亭亭直立如華蓋，並無曲節，曹操欲砍之。鄉老諫曰：「不可，此樹數百年矣，向來爲神所居之樹，老龍伏潭中，王若伐之必主禍也。」曹操大怒曰：「吾平生遊歷普天之下，四十餘載，上至天子，下及庶人，無不懼吾，是何妖神敢逆吾意。夫子不語怪力亂神，

次日，回报曹操。曹操不信，亲领数百骑来至跃龙祠下马仰观其树，亭亭直立如华盖，并无曲节，曹操欲砍之。乡老谏曰：「不可，此树数百年矣，向来为神所居之树，老龙伏潭中，王若伐之必主祸也。」曹操大怒曰：「吾平生游历普天之下，四十余载，上至天子，下及庶人，无不惧吾，是何妖神敢逆吾意。夫子不语怪力乱神，

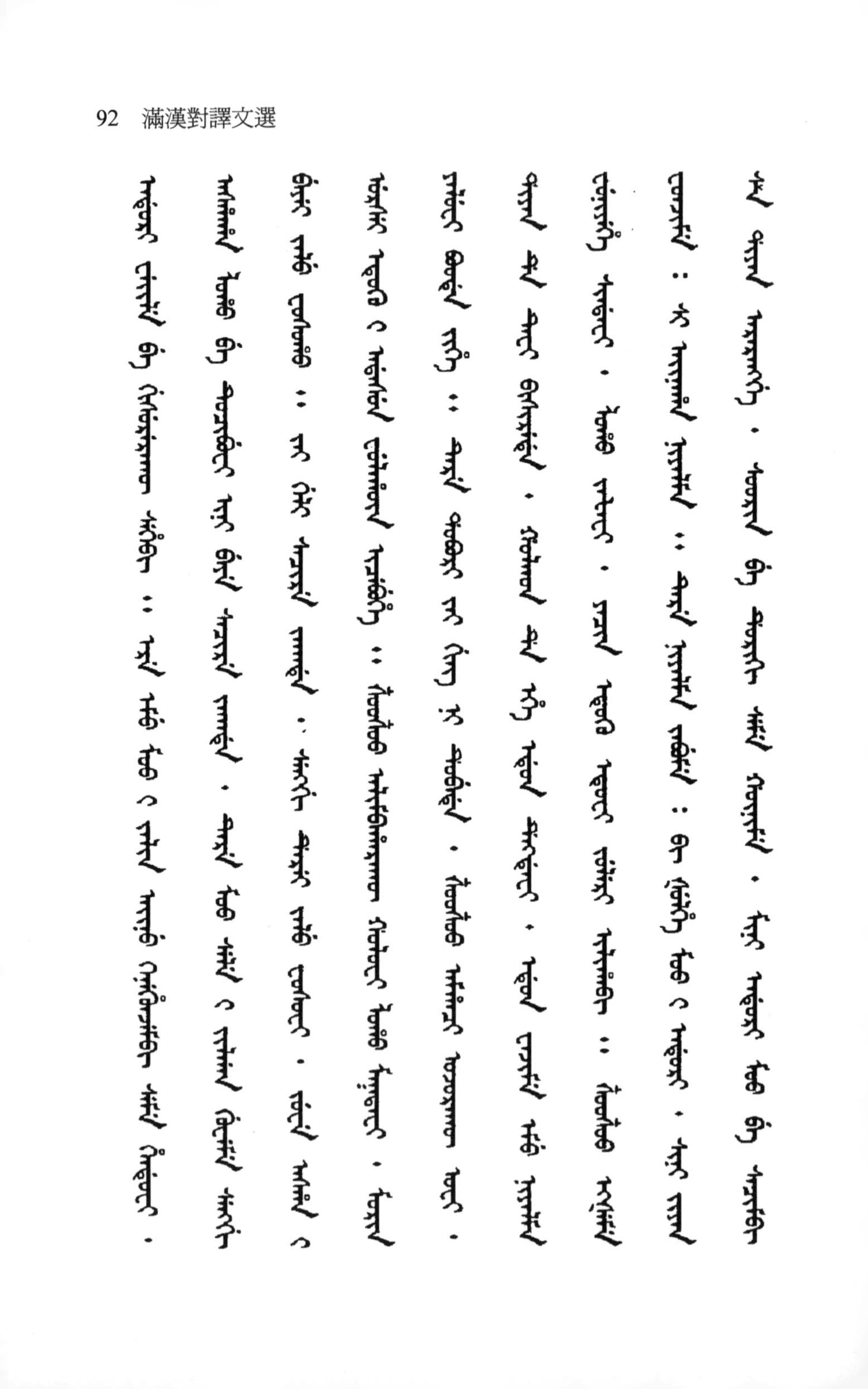

enduri weile be gisurerakū sehebi. ere emu moo i jalin ainu kenehunjembi seme hendufi, ashaha loho be tucibufi ini beye sacire jakade, tere moo sele i jilgan guweme senggi beyei jalu fosoho. jai geli sacire jakade, senggi derei jalu fosofi, juwe ashan i ursei etukū i adasun fulahūn icebuhe. ts'oots'oo alimbaharakū golofi loho maktafi, morin yalufi boode jihe. tere dobori jai ging ni dubede, ts'oots'oo amhaci ojorakū ofi, diyan de tefi bisirede, holkon de ehe edun dekdefi, edun wajime emu niyalma funiyehe sindafi, loho jafafi, yacin etuku etufi juleri ilihabi. ts'oots'oo ekšeme fonjime: si ainaha niyalma ? tere niyalma jabume: bi šulhe moo i enduri, sini jiyan sy diyan ararangge, soorin be duriki seme gūnime, mini enduri moo be sacimbi

---

量此一樹有何疑耶？」言訖，拔所佩劍親自砍之，錚然有聲，血濺滿身。再砍，血濺滿面，左右衣襟盡赤。曹操愕然大驚，擲劍上馬，回至宮內。是夜二更，曹操睡臥不安，坐於殿中，忽然怪風驟起，風過處一人披髮仗劍渾身皂衣，站立面前。曹操急問之曰：「汝是何人？」其人答曰：「吾乃梨樹之神也。汝蓋建始殿，意欲篡逆，來伐吾神木，

量此一树有何疑耶？」言讫，拔所佩剑亲自砍之，铮然有声，血溅满身。再砍，血溅满面，左右衣襟尽赤。曹操愕然大惊，掷剑上马，回至宫内。是夜二更，曹操睡卧不安，坐于殿中，忽然怪风骤起，风过处一人披发仗剑浑身皂衣，站立面前。曹操急问之曰：「汝是何人？」其人答曰：「吾乃梨树之神也。汝盖建始殿，意欲篡逆，来伐吾神木，

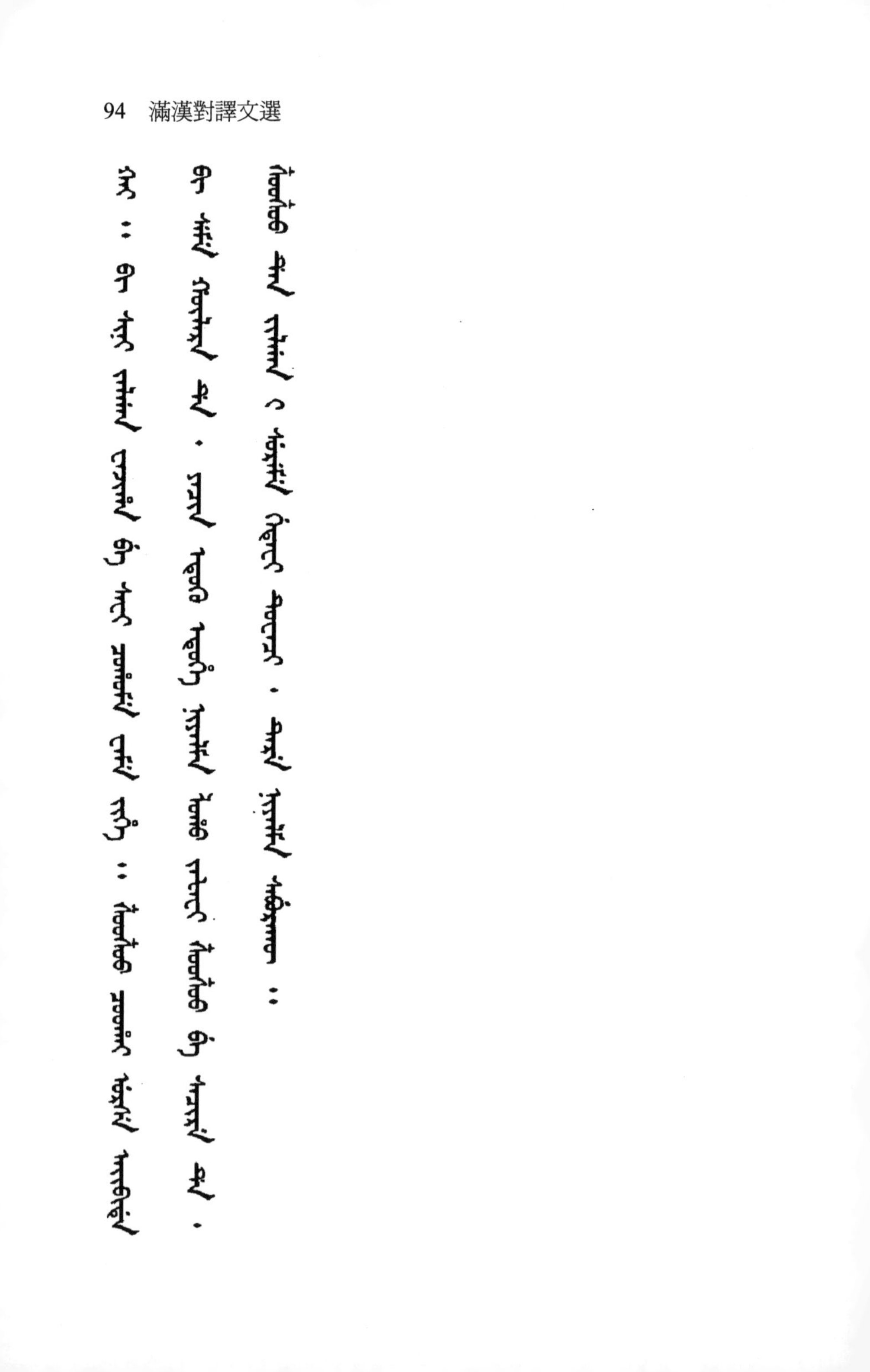

kai. bi sini jalgan wajiha be safi cohome wame jihe. ts'oots'oo coohai urse aibide bi seme hūlara de, yacin etuku etuhe niyalma loho jafafi ts'oots'oo be sacire de, ts'oots'oo den jilgan i sureme getefi tuwaci, tere niyalma saburakū.

吾故知汝數盡，特來殺汝。」曹操呼兵士何在？皂衣人仗劍砍曹操，曹操大叫一聲，忽然驚醒，其人不見。

吾故知汝数尽，特来杀汝。」曹操呼兵士何在？皂衣人仗剑砍曹操，曹操大叫一声，忽然惊醒，其人不见。

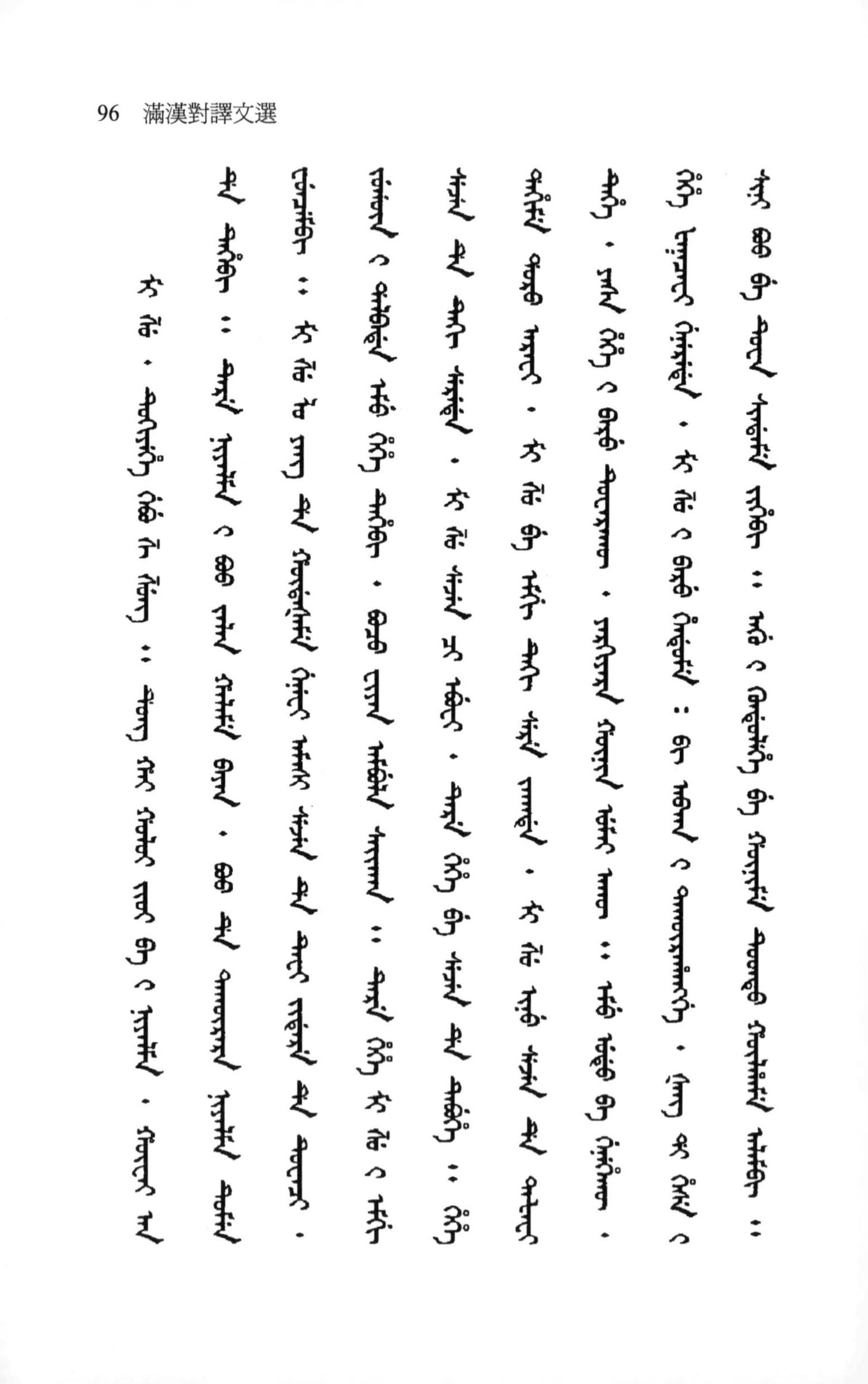

十九、南方火神

mi dzu, tukiyehe gebu dz dzung, dung hai goloi jioi ba i niyalma, hūwai an de tehebi. tere niyalma i boo jalan halame bayan, boo de takūrara niyalma tumen funcembi. mi dzu lo yang de hūdašame genefi amasi sejen de tefi jidere de tuwaci, jugūn i dalbade emu hehe tehebi. boco fiyan ambula saikan. tere hehe mi dzu i emgi sejen de teki serede, mi dzu sejen ci ebufi, tere hehe be sejen de tebuhe. hehe dahime doro arafi, mi dzu be emgi teki sere jakade, mi dzu inu sejen de tafafi tehe, yasa hehe i baru tuwarakū, yarkiyara gūnin umai akū. emu udu ba genehekū, hehe fakcafi generede, mi dzu i baru hendume: bi abka i takūrahangge, šang di hese i sini boo be tuwa sindame jihebi. agu i kundulehe be gūnime tuttu hūlhame alambi.

糜竺，字子仲，東海朐縣人，居淮安。此人家道世代富裕，家裡僮僕等萬餘人。糜竺嘗往洛陽買賣，坐車回來時，見路旁坐一婦人，甚有姿色。那婦人欲與糜竺一同坐車，糜竺乃下車，讓那婦人坐車，婦人再拜，請糜竺同坐，糜竺亦上車，目不斜視，並無調戲之意。行未數里，婦人辭去，臨別對竺曰：我天使也，奉上帝敕往燒汝家，感君見待以禮，故私告耳。

糜竺，字子仲，东海朐县人，居淮安。此人家道世代富裕，家里僮仆等万余人。糜竺尝往洛阳买卖，坐车回来时，见路旁坐一妇人，甚有姿色。那妇人欲与糜竺一同坐车，糜竺乃下车，让那妇人坐车，妇人再拜，请糜竺同坐，糜竺亦上车，目不斜视，并无调戏之意。行未数里，妇人辞去，临别对竺曰：我天使也，奉上帝敕往烧汝家，感君见待以礼，故私告耳。

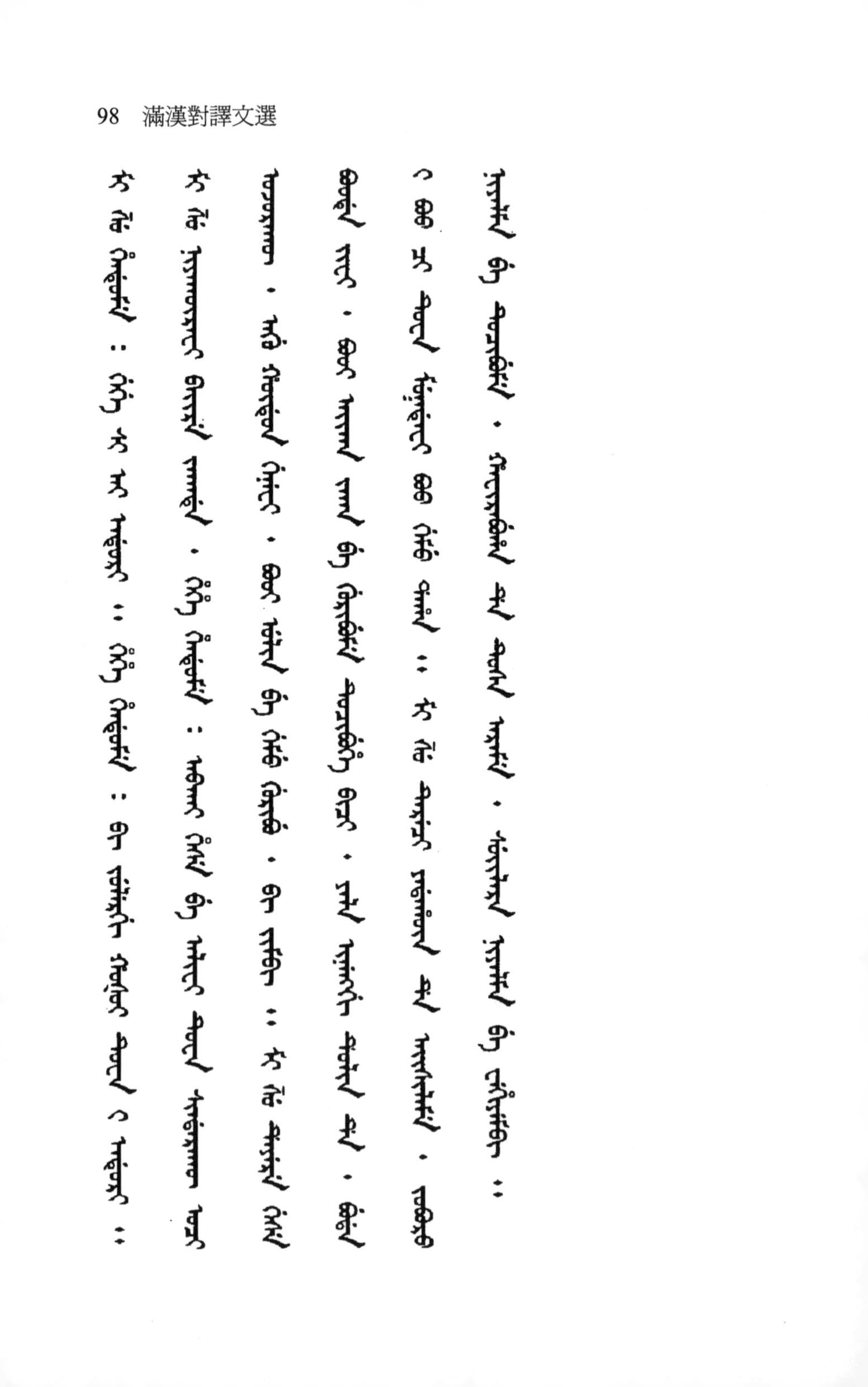

mi dzu hendume: gege si ai enduri. hehe hendume: bi julergi hošoi tuwa i enduri, mi dzu niyakūrafi baire jakade, hehe hendume: abkai hese be alifi tuwa sindarakū oci ojorakū, agu hūdun genefi, booi ulin be gemu guribu, bi jimbi. mi dzu deyere gese boode jifi, booi aika jaka be guribume tucibuhe bici, yala inenggi dulin de, buda i boo ci tuwa mukdefi boo gemu daha. mi dzu tereci yadahūn de aisilame, joboro niyalma be tucibume, hafirabuha de tusa arame, suilara niyalma be wehiyembi.

麋竺曰：娘子何神也。婦曰：我乃南方火神耳。麋竺拜而祈之。婦曰：此天命不敢不燒，君可速往，財物皆搬出，我當來。麋竺飛奔到家，搬出家中一應物件，日中廚下果然火起，盡燒其屋。麋竺因此濟貧拔苦，救難扶危。

麋竺曰：娘子何神也。妇曰：我乃南方火神耳。麋竺拜而祈之。妇曰：此天命不敢不烧，君可速往，财物皆搬出，我当来。麋竺飞奔到家，搬出家中一应物件，日中厨下果然火起，尽烧其屋。麋竺因此济贫拔苦，救难扶危。

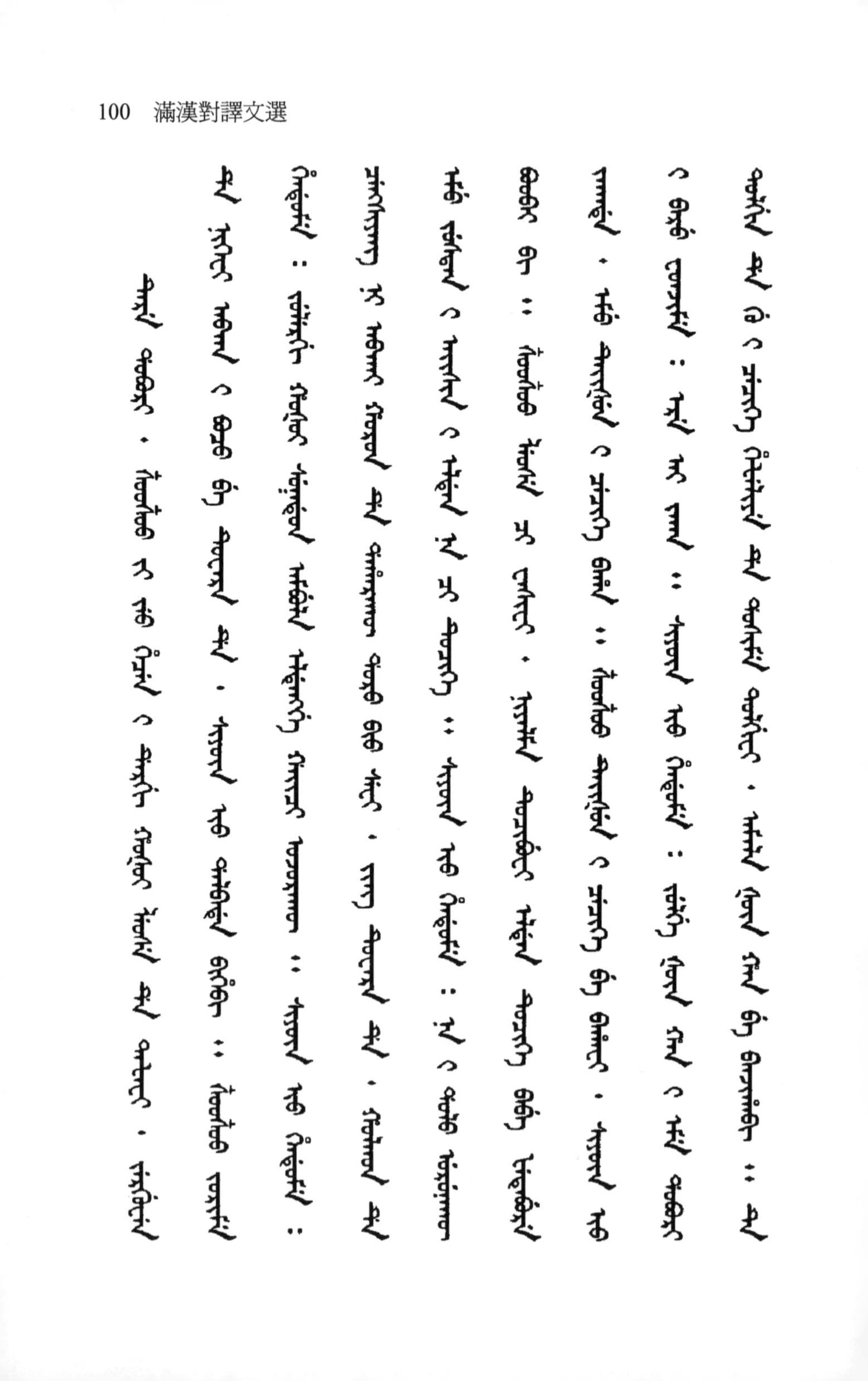

[illegible]

[illegible]

[illegible]

[illegible]

[illegible]

[illegible]

[illegible]

[illegible]

[illegible]

二十、玉雀入懷

tere dobori ts'oots'oo ji jeo hecen i dergi hošoi leose de tafafi, jerguwen de nikefi abka i boco be tuwara de, siyūn io dalbade bihebi. ts'oots'oo jorime hendume: julergi hošoi sukdun ambula eldengge gaici ojorakū. siyūn io hendume: cengsiyang ni abkai horon de daharakū doro bio sefi, jing tuwara de, holkon de emu justan i aisin i elden na ci tucike. siyūn io hendume: na i dolo urunakū boobai bi. ts'oots'oo leose ci wasifi, niyalma tucibufi elden tucike babe fetebure jakade, emu teišun i cecike baha. ts'oots'oo teišun i cecike be bahafi, siyūn io i baru fonjime: ere ai jaka? siyūn io hendume: julge šūn han i eme dobori tolgin de gu i cecike hefeliye de dosime tolgifi, amala šūn han be banjihabi. te

---

是夜，曹操登冀州城東角樓上，憑欄仰觀天色時，有荀攸在側。曹操指曰：「南方旺氣燦然，未可圖也。」荀攸曰：「以丞相天威，何所不服耶？」正看間，忽見一道金光拔地而起。荀攸曰：「此必有寶於地下。」曹操下樓，令人於光起之處挖掘，挖出一隻銅雀。曹操得銅雀，問荀攸曰：「此何物也？」荀攸曰：「昔舜母有一夜夢見玉雀入懷，而生舜帝。

是夜，曹操登冀州城东角楼上，凭栏仰观天色时，有荀攸在侧。曹操指曰：「南方旺气灿然，未可图也。」荀攸曰：「以丞相天威，何所不服耶？」正看间，忽见一道金光拔地而起。荀攸曰：「此必有宝于地下。」曹操下楼，令人于光起之处挖掘，挖出一只铜雀。曹操得铜雀，问荀攸曰：「此何物也？」荀攸曰：「昔舜母有一夜梦见玉雀入怀，而生舜帝。

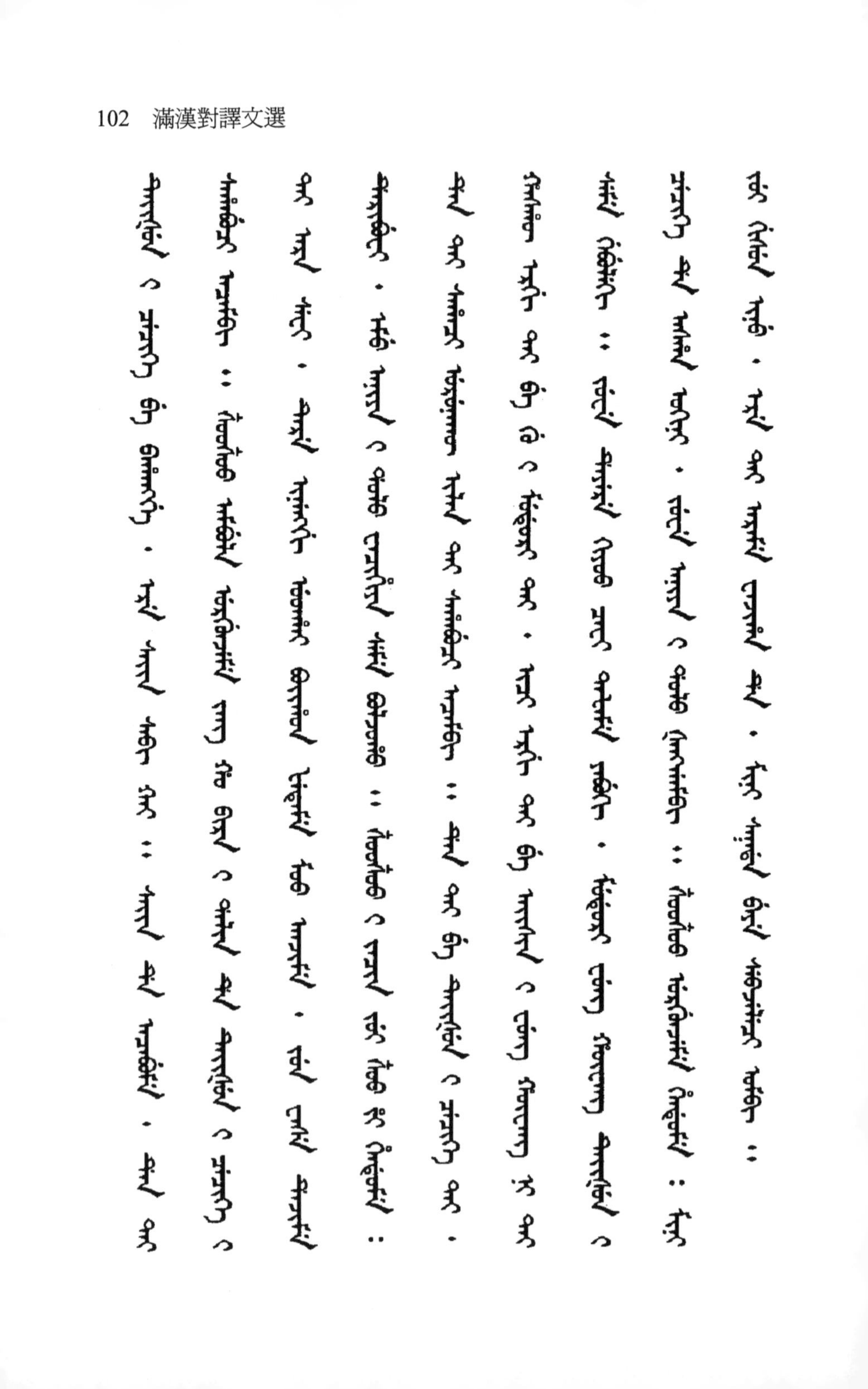

[illegible]

[illegible]

[illegible]

[illegible]

[illegible]

[illegible]

[illegible]

[illegible]

[illegible]

teišun i cecike be bahangge, ere sain sabi kai. sain de acabume, den tai sahabuci acambi. ts'oots'oo ambula urgunjeme, jang ho bira i dalin de teišun i cecike i tai ara sefi, tere inenggi uthai boihon feteme moo anjime, jun wase dejime deribufi, emu aniya i dolo wacihiya seme boljoho. ts'oots'oo i jacin jui ts'oo jy hendume: den tai sahaci urunakū ilan tai sahabuci acambi. den tai be teišun i cecike tai, hashū ergi tai be gu i muduri tai, ici ergi tai be aisin i fung hūwang ni tai seme gebuleki. juwe deyere kiyoo cafi tafame yabuki. muduri, fung hūwang teišun i cecike de asha okini, juwe aniya i dolo šanggambi. ts'oots'oo urgunjeme hendume: mini jui gisun inu, ere tai arame wajiha de, mini sakda beye sebjeleci ombi.

今得銅雀，此吉祥之兆也，宜作高臺以慶之。」曹操大喜，遂令造銅雀臺於漳河之上。即日破土斷木燒瓦磨磚，計一年而工畢。曹操次子曹植曰：「若建層臺，必立三座，至高者名爲銅雀，左邊一座名爲玉龍，右邊一座名爲金鳳。作兩條飛橋橫空而上，以龍鳳朝銅雀之意。二年內成就。」曹操喜曰：「吾兒言者是也，臺成足可娛吾老矣。」

今得铜雀，此吉祥之兆也，宜作高台以庆之。」曹操大喜，遂令造铜雀台于漳河之上。即日破土断木烧瓦磨砖，计一年而工毕。曹操次子曹植曰：「若建层台，必立三座，至高者名为铜雀，左边一座名为玉龙，右边一座名为金凤。作两条飞桥横空而上，以龙凤朝铜雀之意。二年内成就。」曹操喜曰：「吾儿言者是也，台成足可娱吾老矣。」

ᡨᡠᡨᡨᡠ ᡨᠣᡵᡤᡳᠨ ᡳ ᠰᡠᠯᡝᡴᡝᠨ ᠰᡠᠸᠠᠨ · ᠨᡳᡵᡝ ᡳ ᡤᡳᠩᡤᡠᠯᡝᡵᡝ ᡨᡠᠸᡝ ᡝᡵᡳᠨ ᡨᡠᠪᡝ ᡳ ᠪᡝᠰᡝᡵᡝᠮᡠᠩᡤᡝ

ᡤᡳᠩᡤᡠᠯᡝᠮᠪᡳ ᠪᡳᠴᡳ ᡤᡳᠩᡤᡠᠯᡝᡵᡝ ᡨᡠᠴᡳᡴᡝ · ᡝᡵᡝ ᡨᡠᠪᡝ ᡳ ᡤᡳᠩᡤᡠ ᡨᡠᡨᡨᡠ ᠰᡠᠮᡝ ᡤᡳᠩᡤᡠᠯᡝᠮᠪᡳ ᠪᡳᠨᡳ ·· ᡤᡳᠩᡤᡝᡵᡝ ᡝᡵᡝᡴᡝ ᡳᠰᡝ

ᡨᡠᡨᡨᡠ ᠰᡝ · ᡤᡳᠩᡤᡠ ᠵᡝ ᠰᡝᠮᡝ ᡨᡠᠸᡝᡵᡝ ᠪᡠᡥᡝ ᠪᡠᡥᡝ · ᡤᡝᠮᡠ ᡨᡠᠸᡝᡴᡝ ᡤᡳᠩᡤᡠᠯᡝᠮᠪᡳ ᡝᡵᡝᡴᡝ ᡳᠨᡳᠴᡳᠪᡝ · ᡨᡠᡨᡨᡠ ᠰᡝ

ᡨᡠᡨᡨᡠ ᠪᡳ ᡳᠨᡳᠴᡳᠮᠪᡳ ᠨᡳᡵᡝ ᡤᡳᠩᡤᡝᠯᡝ · ᡳᠨᡳᡵᡝ ᡤᡳᠩᡤᡝᠯᡝ ᡨᡠᠸᡝᠪᡝᡵᡝ · ᡨᡠᡨᡨᡠ ᠪᡳ ᠪᡠᠪᡠ ᠰᡝᠮᡝ

ᡤᡳᠩᡤᡠᠯᡝᠪᡝ · ᡨᡠᡨᡨᡠ ᠰᡝ ᡤᡳᠩᡤᡠᡵᡝ ᡤᡳᠩᡤᡝᠯᡝ ᡤᡳᠩᡤᡠᠯᡝᠮᠪᡳ ᡳᠨᡳᠴᡳᠮᠪᡳ ·· ᡨᡠᡨᡨᡠ ᠰᡳᠮᡝᠪᡝ ᠪᡳᡴᡝ ᠰᡝᠮᡝ ᡨᡠᠸᡝᠮᠪᡳ ᡳᠰᡝ

ᡳᠨᡳᠴᡳᠮᠪᡳ ᡳ ᠪᡠᠸᡝᡳ ᡤᡝᠩᡤᡳᠶᡝᠨ ᠰᡝᠮᡝ ᡳᠨᡳᠴᡳᠮᠪᡠᠪᡳ ᡨᡠᠪᡝᠯᡝ · ᡳᠨᡳᡴᡝ ᡤᡳᠩᡤᡝᠯᡝ ᡨᡠᡨᡨᡠ ᠰᡝ ᠰᡝᠮᡝ ᡤᡳᠩᡤᡠᡵᡝ ᠰᡝᠮᡝᠪᡝ ·

ᡨᡠᡨᡨᡠ ᠰᡝ ᡳᠨᡳᡴᡝ : ᡳᠨᡳ ᡨᡠᠪᡝ ᡳᠪᡝ ᡳ ᠪᡳᡴᡝ ᠰᡳᡴᡝ · ᡤᡳᠩᡤᡠᠪᡳ ᠰᡳᠪᡝ ᡤᡳᡴᡝ ᠰᡳᠮᡝ ᡳ ᡤᡳᠩᡤᡝᠪᡝ · ᠰᡳᠪᡝᡴᡝ ᠵᡝ ᡤᡳᠩᡤᡳ ᡳᠪᡝᡴᡝ

ᡤᡳᠮᡝ ᠰᡝᠮᡝ ᡳᠰᡝ ᠰᡳᠮᡝᠮᡝ ᡨᡠᠮᡝᠨ ᠪᡠᡥᡝᠪᡝ · ᡤᡳᠪᡝ ᡨᡠᠪᡝ ᡨᡠᠸᡝᡴᡝ · ᡤᡳᠩᡤᡠᠪᡝ ᡳ ᡤᡳᠩᡤᡝᡴᡝ ᡤᡳᠩᡤᡠᠯᡝᠮᠪᡳ ᡳᠨᡳᠴᡳᠮᠪᡳ ᡨᡠᠸᡝᠮᠪᡳ

ᠪᡠᡥᡝ ᡨᡠᠸᡝᡴᡝ · ᡨᡠᠸᠠᠮᡝ ᠪᡳᡴᡝ ᡳᠨᡳᡴᡝ ᡨᡠᠸᠠᠮᡝ ᡳ ᡳᠨᡳᠴᡳᠮᠪᡳ ᡨᡠᠸᡝᠮᠪᡝᡴᡝ ᡤᡳᠩᡤᡠᠪᡝ ᡳ ᡳᠨᡳᡤᡝᠪᡝ ᡤᡳᠩᡤᡠᠯᡝᠪᡝ ᡳᠰᡝᡴᡝ ᡤᡳᠮᡝᠩᡤᡳ

二十一、絕妙好辭

ts'oots'oo morin i dergici tuwaci, alin i dalbade emu falga moo i banjihangge šunggūwan bime dembei fisin, ere moo i dolo ts'ai yung ni tokso bi. terei sargan jui ts'ai yan, dung ji de sargan buhe bihe, tere inenggi toksoi juleri isinafi, ts'ai yan ts'oots'oo be isinjiha seme donjifi, ekšeme tucifi okdome, ts'oots'oo be boo de dosimbufi, ts'ai yan fonjime wajifi dalbade iliha. ts'oots'oo gaitai bei de araha emu nirugan i bithe fajiran de lakiyahabe sabufi, ilifi tuwafi ts'ai yan de fonjire jakade, ts'ai yan alame: ere ts'oo oo i bei kai, julge ho di han i fonde, hūi ji šang ioi hiyan de emu haha saman bihebi, gebu ts'oo sioi, weceku i juleri fekuceme efiyere mangga bihe sere, sunja biyai ice sunja i inenggi soktofi weihu i ninggude maksimbi sehei giyang

---

曹操在馬上望見山傍一簇林木，極其茂盛，林木之間有蔡邕莊。其女蔡琰配與董紀爲妻。當日到莊前。蔡琰聞曹操至，忙出迎接，曹操入堂，蔡琰問起居畢，侍立於側。曹操偶見壁間懸一碑文圖軸，起身觀之，問於蔡琰。蔡琰說：「此乃曹娥之碑也。昔和帝時，會稽上虞縣有一男巫，名曹旭，能婆娑樂神。五月初五日，醉舞舟中，

曹操在马上望见山傍一簇林木，极其茂盛，林木之间有蔡邕庄。其女蔡琰配与董纪为妻。当日到庄前。蔡琰闻曹操至，忙出迎接，曹操入堂，蔡琰问起居毕，侍立于侧。曹操偶见壁间悬一碑文图轴，起身观之，问于蔡琰。蔡琰说：「此乃曹娥之碑也。昔和帝时，会稽上虞县有一男巫，名曹旭，能婆娑乐神。五月初五日，醉舞舟中，

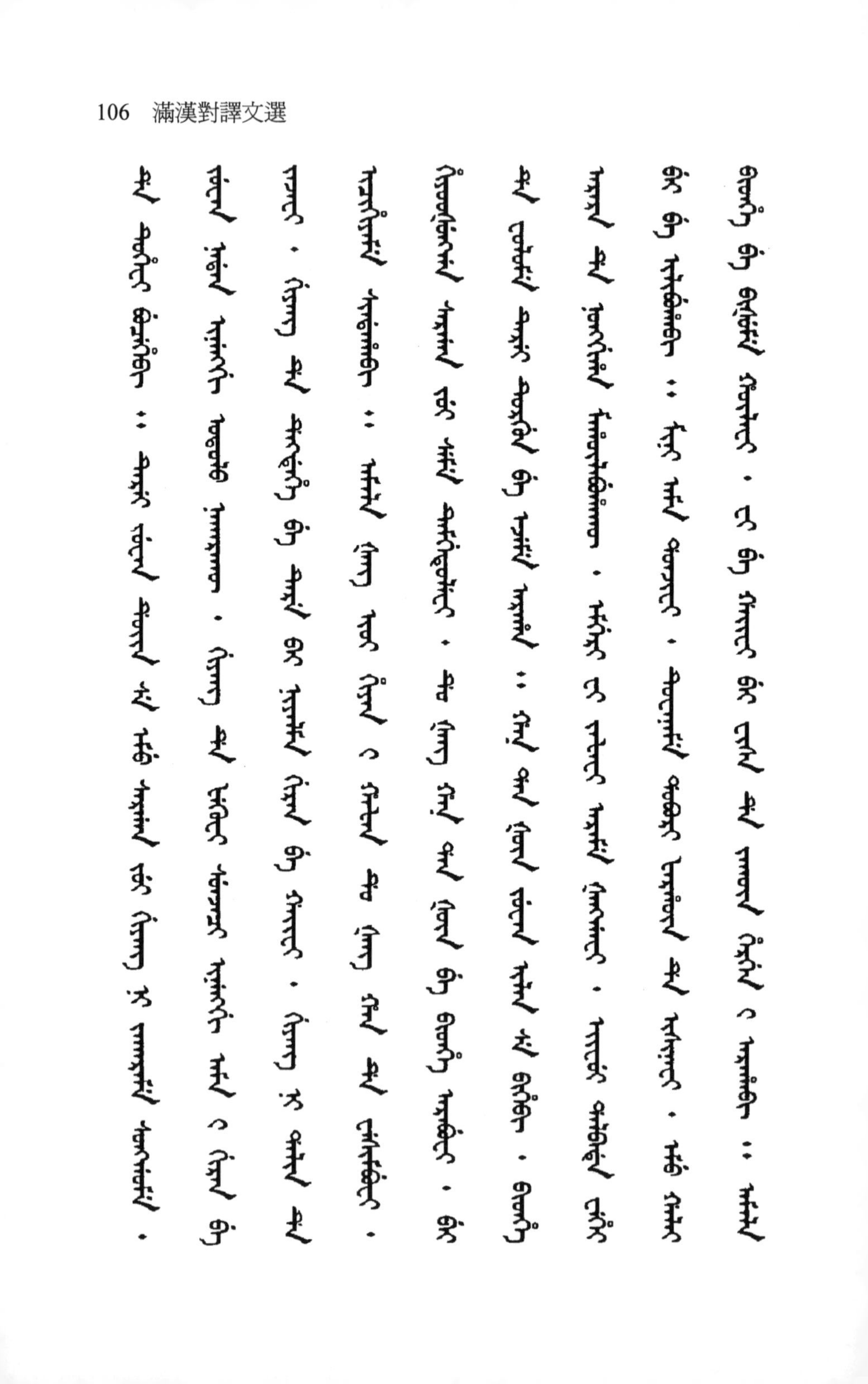

de tuhefi bucehebi. terei juwan duin se emu sargan jui giyang ni jakarame songgome, juwan nadan inenggi otolo nakarakū, giyang de fekufi sunjaci inenggi ama i giran be jajafi, giyang de dekdehe be tere bai niyalma giran be gaifi, giyang ni dalin de icihiyame sindahabi. amala šang ioi i hafan du šang han de wesimbufi, hiyoošungga sargan jui seme temgetulefi, du šang han dan šun be bithe arabufi, bei de folome terei turgun be ejeme araha. han dan šun juwan ilan se bihebi. bithe arara de nonggiha mahūlabuhakū, emgeri fi jafafi arame šanggafi, eifui dalbade wehei bei be ilibuhabi. mini ama donjifi, tuwaname dobori farhūn de isinafi, emu galai bithe be bišume hūlafi, fi be gaifi bei fisa de jakūn hergen i arahabi. amala

---

墮江而死。其女年十四歲，繞江啼哭，十七晝夜不歇聲，跳入波中後五日，負父之屍浮於江面，里人葬於江岸。後上虞縣令度尙奏聞皇帝，表爲孝女。度尙令邯鄲淳作文鐫碑，以紀其事。邯鄲淳年十三歲，文不加點，一筆揮就，立石碑於墓側。吾父聞知去看，時夜黑以手摸其文而讀之，取筆題八字於碑背，

堕江而死。其女年十四岁，绕江啼哭，十七昼夜不歇声，跳入波中后五日，负父之尸浮于江面，里人葬于江岸。后上虞县令度尚奏闻皇帝，表为孝女。度尚令邯郸淳作文镌碑，以纪其事。邯郸淳年十三岁，文不加点，一笔挥就，立石碑于墓侧。吾父闻知去看，时夜黑以手摸其文而读之，取笔题八字于碑背，

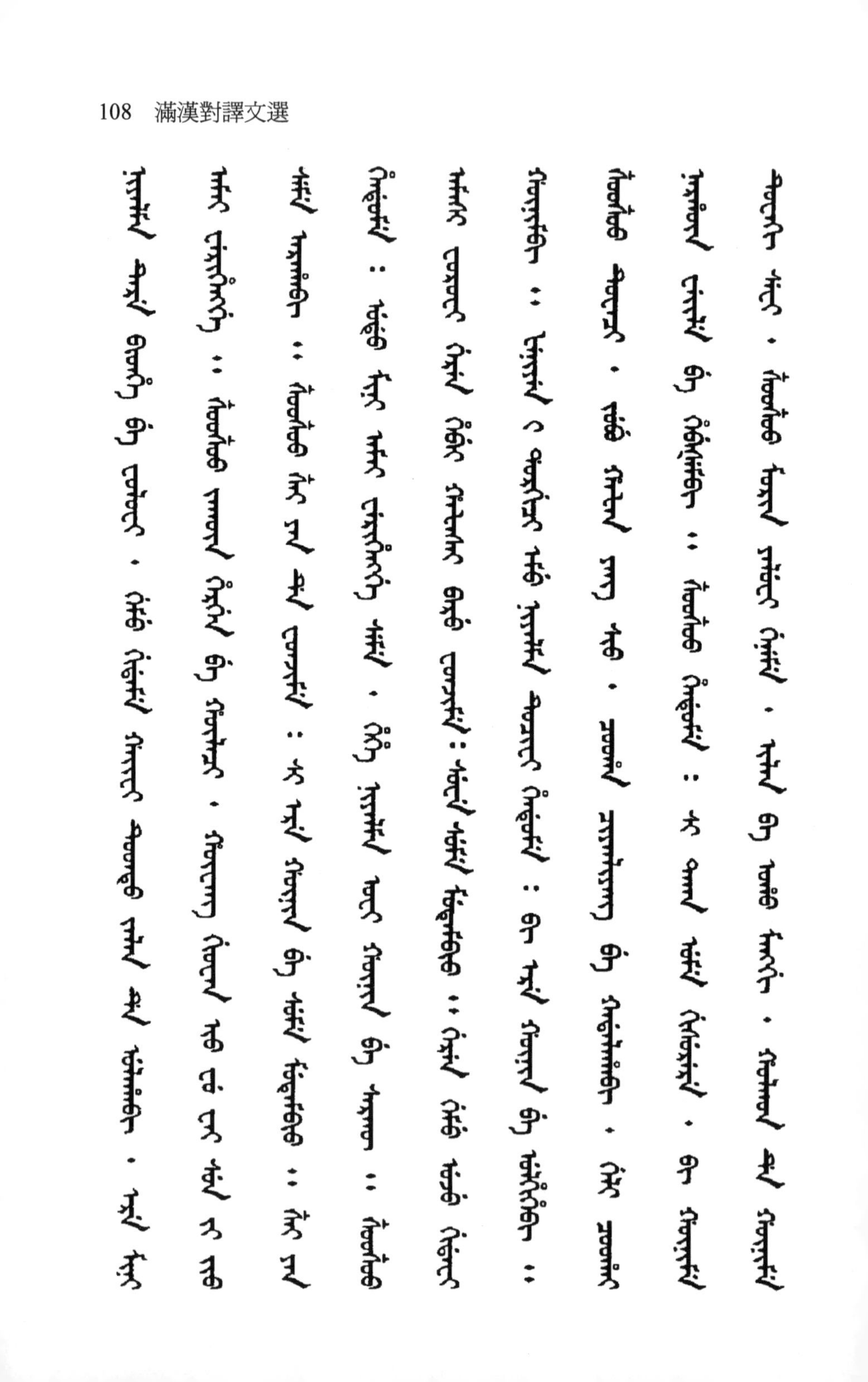

niyalma tere bithe be folofi, gemu gidame gaifi tuttu jalan de ulahabi, ere mini amai werihengge. ts'oots'oo jakūn hergen be hūlaci, hūwang giowan io fu wai sun ji jio seme arahabi. ts'oots'oo ts'ai yan de fonjime. si ere gūnin be sume mutembio? ts'ai yan hendume: udu mini amai werihengge seme, hehe niyalma ofi gūnin be sarkū. ts'oots'oo amasi forofi geren hebei hafasai baru fonjime: suwe sume mutembio? geren gemu uju gidafi gūnimbi. feniyen i dorgici emu niyalma tucifi hendume: bi ere gūnin be ulhihebi. ts'oots'oo tuwaci, jubu hafan yang sio, cooha ciyanliyang be kadalahabi, geli coohai narhūn weile be hebešembi. ts'oots'oo hendume: si taka ume gisurere. bi gūnime tuwaki sefi, ts'oots'oo morin yalufi geneme, ilan ba oho manggi, holkon de gūnime

---

後人鐫文拓印，故傳於世。此爲吾父遺跡。」曹操讀八字云：「黃絹幼婦外孫虀臼。」曹操問蔡琰曰：「汝解此意否？」蔡琰曰：「雖吾父所遺之跡，婦人不知其意。」曹操回顧眾謀士曰：「汝等解否？」眾皆稽首，其中一人挺身而出曰：「我已解其意。」曹操視之，乃主簿楊修，現管行軍錢糧，兼理贊軍機事。曹操曰：「汝且勿言，容吾試思之。」曹操乘馬行三里忽省悟，

后人鐫文拓印，故传于世。此为吾父遗迹。」曹操读八字云：「黄绢幼妇外孙虀臼。」曹操问蔡琰曰：「汝解此意否？」蔡琰曰：「虽吾父所遗之迹，妇人不知其意。」曹操回顾众谋士曰：「汝等解否？」众皆稽首，其中一人挺身而出曰：「我已解其意。」曹操视之，乃主簿杨修，现管行军钱粮，兼理赞军机事。曹操曰：「汝且勿言，容吾试思之。」曹操乘马行三里忽省悟，

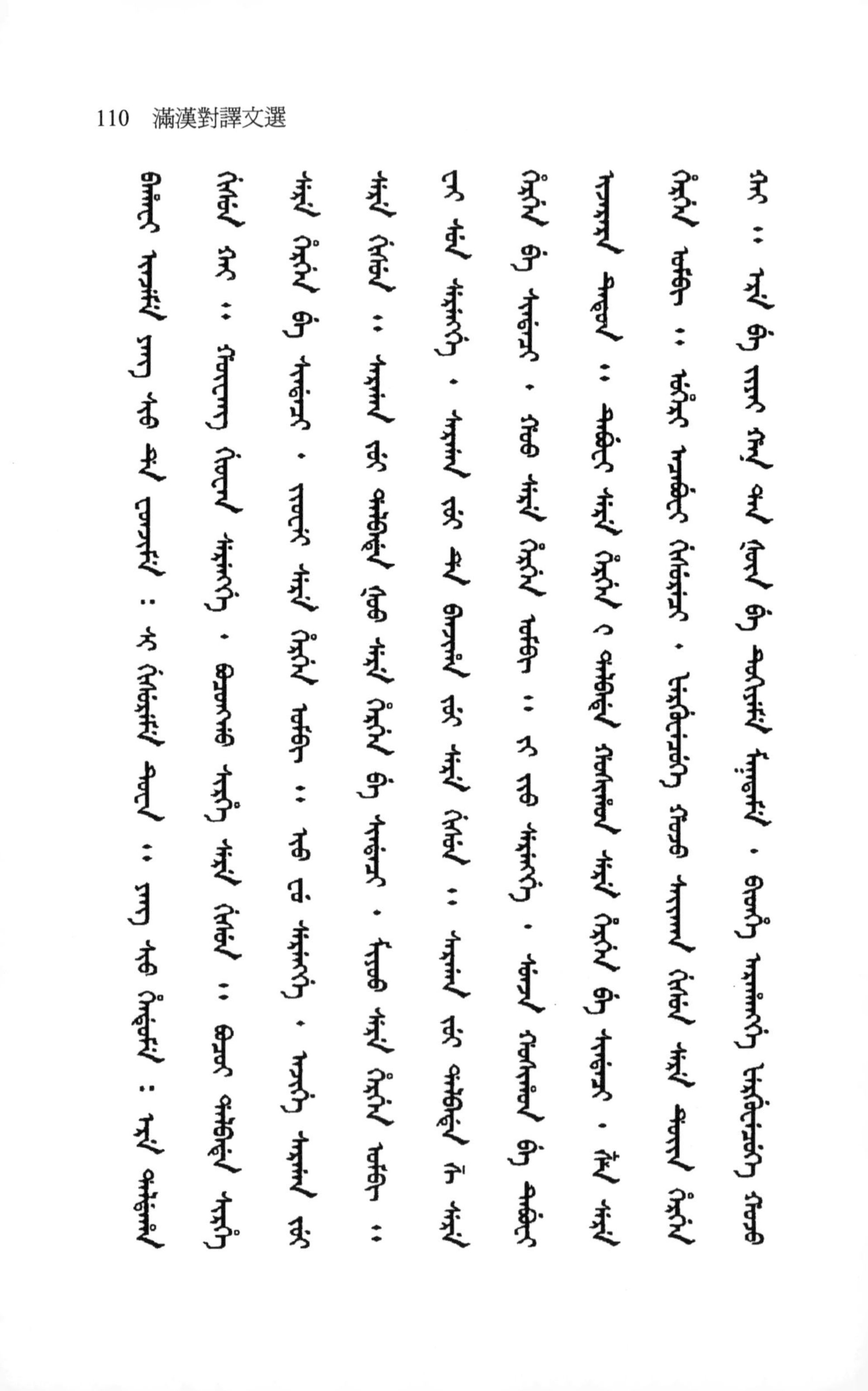

bahafi injeme yang sio de fonjime: si gisureme tuwa, yang sio hendume: ere daldaha gisun kai. hūwang giowan serengge, boconggo sirhe sere gisun. bocoi dalbade sirhe sere hergen be sindaci, jiowei sere hergen ombi. io fu serengge. ajige sargan jui sere gisun. sargan jui dalbade šoo sere hergen be sindaci, miyoo sere hergen ombi. wai sun serengge, sargan jui de banjiha jui sere gisun. sargan jui dalbade dz sere hergen be sindaci, hoo sere hergen ombi. ji jio serengge, sunja gosihon be tebufi ijarara tetun. tebufi sere hergen i dalbade gosihon sere hergen be sindaci, ts'y sere hergen ombi. uheri acabufi gisureci, ferguwecuke hojo saikan gisun sere duin hergen kai. ere be jiyai. han dan šūn be tukiyeme maktame, bithe arahangge ferguwecuke hojo

---

笑問楊修曰：「汝試言之。」楊修曰：「此隱語也，黃絹乃顏色之絲也，色傍放絲是絕字；幼婦者，乃少女也，女傍放少字，是妙字。外孫者，乃女之子也，女傍放子字，是好字。虀臼者，乃受五辛之器也。受傍放辛字，是辭字。總而言之，是絕妙好辭之四字也。此是伯喈讚美邯鄲淳之文，

笑问杨修曰：「汝试言之。」杨修曰：「此隐语也，黄绢乃颜色之丝也，色傍放丝是绝字；幼妇者，乃少女也，女傍放少字，是妙字。外孙者，乃女之子也，女傍放子字，是好字。齑臼者，乃受五辛之器也。受傍放辛字，是辞字。总而言之，是绝妙好辞之四字也。此是伯喈赞美邯郸淳之文，

[illegible] ::

[illegible] :: [illegible] :: [illegible]

saikan gisun sehengge kai. ts'oots'oo ambula sesulafi hendume: tob seme mini gūnin i adali sehe.

乃絕妙好辭也。曹操大驚曰：「正合吾意。」

乃绝妙好辞也。曹操大惊曰：「正合吾意。」

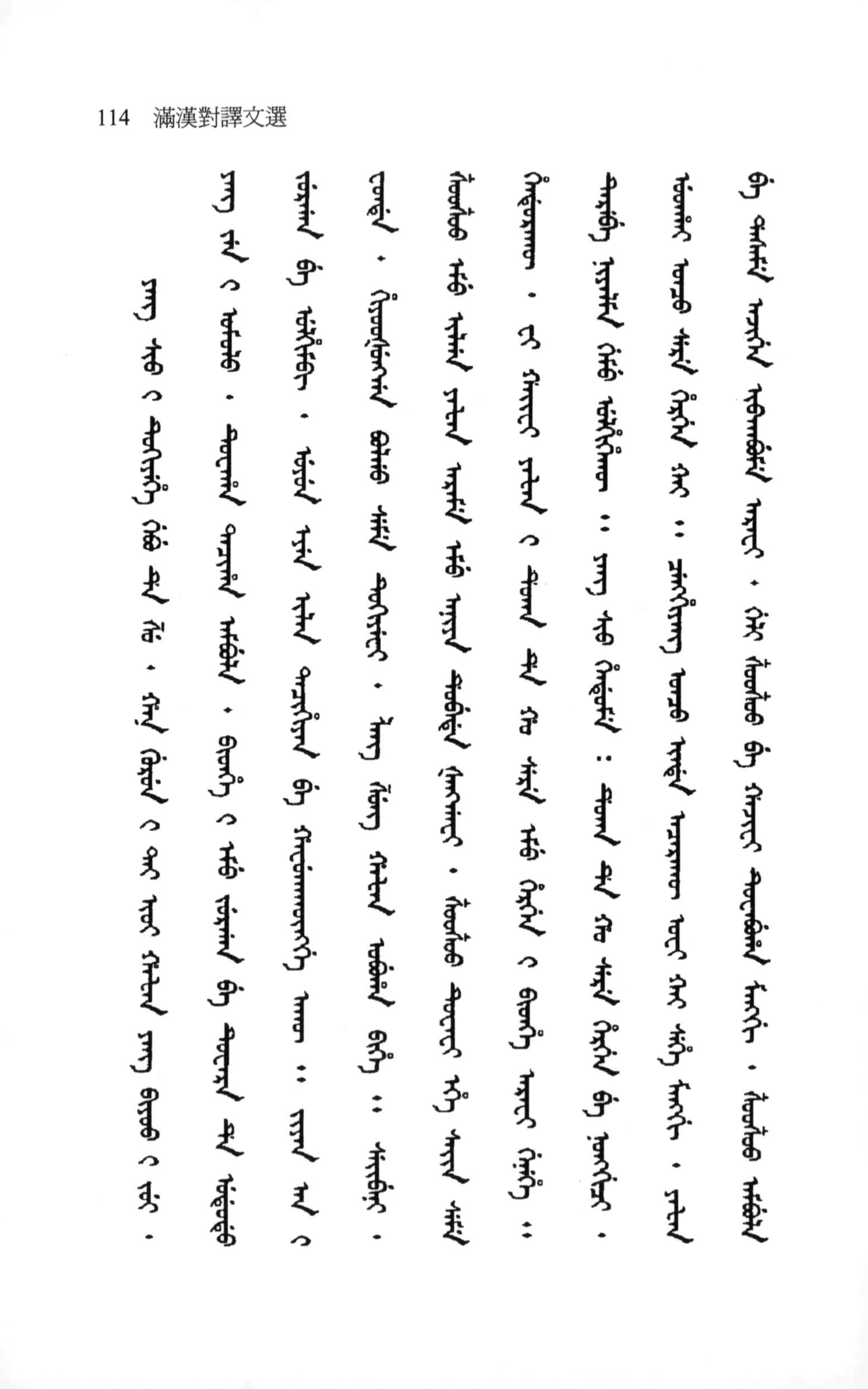

二十二、門上活字

yang sio i tukiyehe gebu de dzu, han gurun i tai ioi hafan yang biyoo i jui, yang jen i omolo, tuwaha taciha ambula, bithe i emu jurgan be tuwara de ududu jurgan be ulhimbi. uyun eyen ilan tacihiyan be hafukakūgge akū. jiyan an i fonde, hiyoošungga bolgo seme tukiyefi, lang dzung hafan obuha bihe. seibeni, ts'oots'oo emu ilga yafan arame emu aniya dubede šanggafi, ts'oots'oo tuwafi ehe sain seme hendurakū, fi gaifi yafan i duka de ho sere emu hergen i bithe arafi genehe. terebe niyalma gemu ulhihekū. yang sio hendume: duka de ho sere hergen be nonggici, uthai onco sere hergen kai. cenghiyang onco inde acarakū ofi kai sehe manggi, yafan be dasame ajigen ibkabume arafi, geli ts'oots'oo be gajifi tuwabuha manggi, ts'oots'oo ambula

---

楊修字德祖，漢朝太尉楊彪之子，楊震之孫。博學廣覽，一目數行。九流三教，無所不曉。建安中舉孝廉，除郎中。昔日，曹操造花園一所，一年造成。曹操觀之，看罷不言好歹，只取筆於門上書一「活」字而去。人皆不曉。楊修曰：「門內添『活』字，乃闊字也。丞相嫌闊也。」於是將花園縮小重修，又請曹操觀之。

杨修字德祖，汉朝太尉杨彪之子，杨震之孙。博学广览，一目数行。九流三教，无所不晓。建安中举孝廉，除郎中。昔日，曹操造花园一所，一年造成。曹操观之，看罢不言好歹，只取笔于门上书一「活」字而去。人皆不晓。杨修曰：「门内添『活』字，乃阔字也。丞相嫌阔也。」于是将花园缩小重修，又请曹操观之。

[illegible]

[illegible]

urgunjeme fonjime: we mini gūnin be saha? emu niyalma jabume: yang sio. ts'oots'oo dere de udu saišacibe, dolo ambula ibiyame gūniha.

曹操大喜，問曰：「誰知吾意？」一人答曰：「是楊修。」曹操雖面喜誇獎，內心卻甚厭惡。

曹操大喜，问曰：「谁知吾意？」一人答曰：「是杨修。」曹操虽面喜夸奖，内心却甚厌恶。

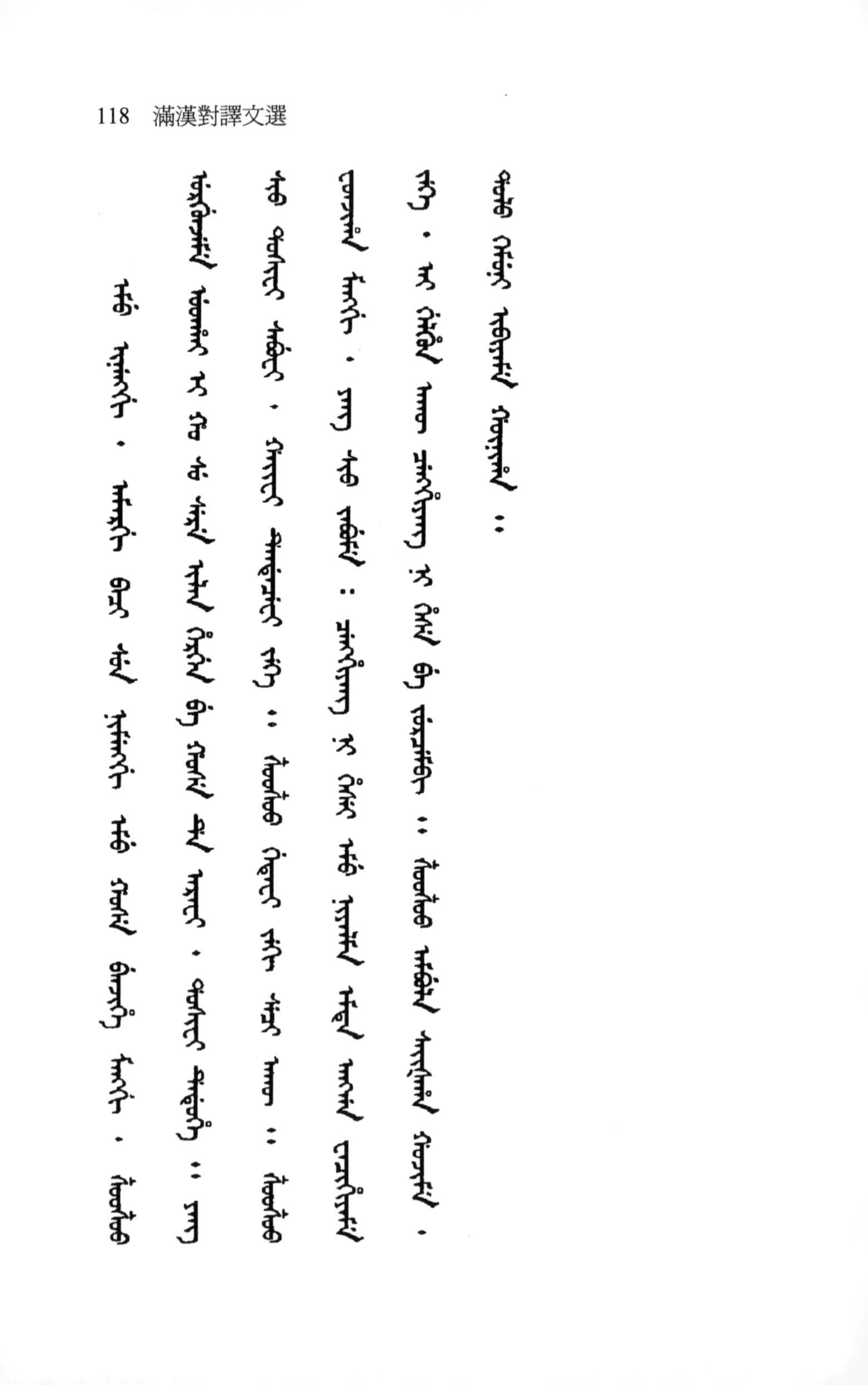

二十三、一人一口

emu inenggi, amargi baci sun nimenggi emu hose benjihe manggi, ts'oots'oo urgunjeme uthai “i ho su” sere ilan hergen be hose de arafi, dosifi deduhe. yang sio dosifi sabufi, gaifi dendecefi jeke. ts'oots'oo getefi jeki seci akū. ts'oots'oo fonjiha manggi, yang sio jabume: cenghiyang ni hesei emu niyalma emte angga wacihiyame jeke, ai gelhun akū cenghiyang ni hese be jurcembi. ts'oots'oo ambula saišaha gojime, dolo kemuni ibiyame gūniha.

有一日，塞北送酥油一盒，曹操喜悅，遂寫「一盒酥」三字於盒上後就寢。楊修入內見之，取而分食。曹操睡醒欲食不見，曹操問後，楊修答曰：「丞相有命，令一人食一口，已盡食矣，豈敢違丞相之命。」曹操雖甚嘉之，而心卻惡之。

有一日，塞北送酥油一盒，曹操喜悦，遂写「一盒酥」三字于盒上后就寝。杨修入内见之，取而分食。曹操睡醒欲食不见，曹操问后，杨修答曰：「丞相有命，令一人食一口，已尽食矣，岂敢违丞相之命。」曹操虽甚嘉之，而心却恶之。

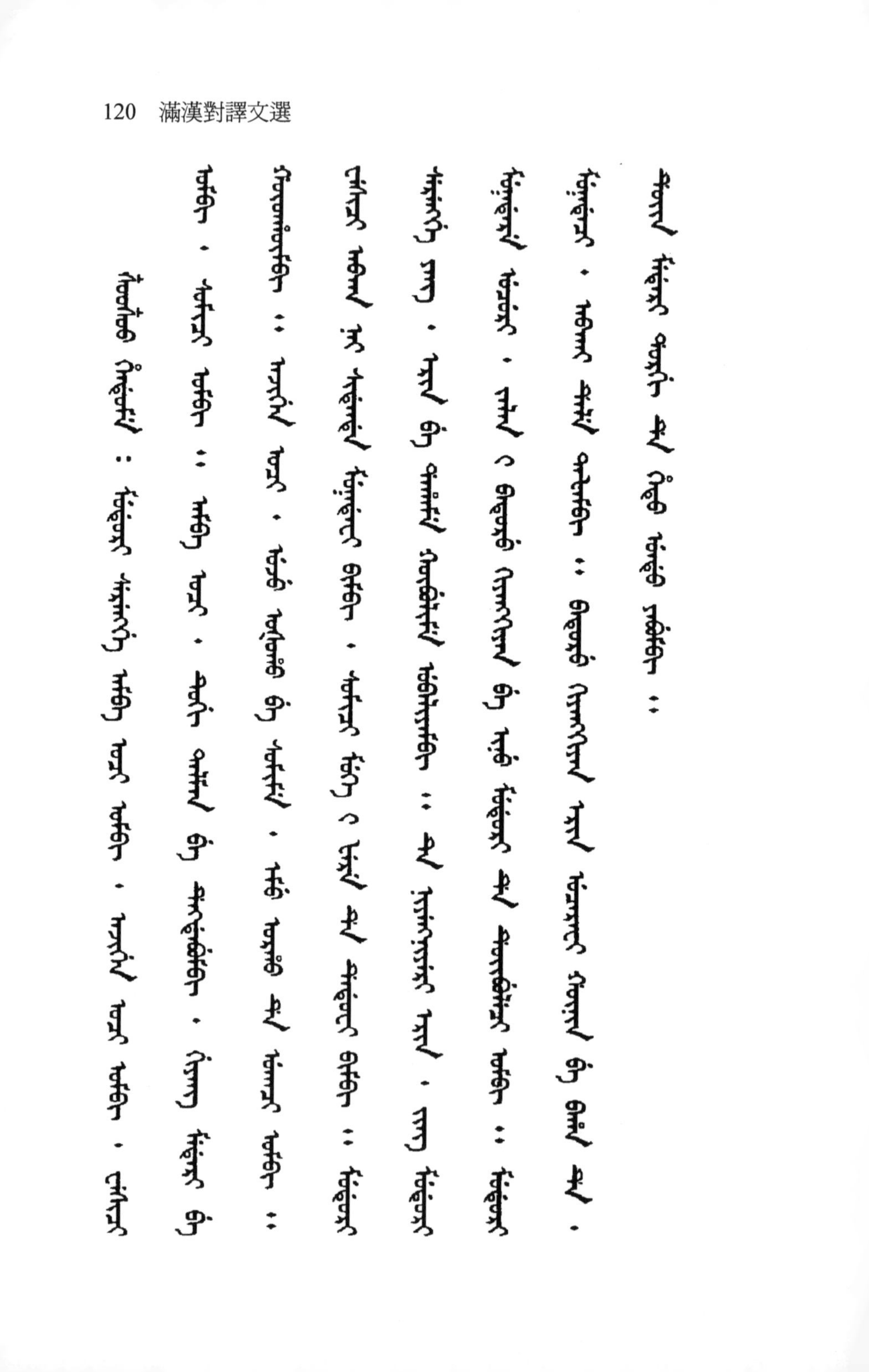

二十四、隱介藏形

ts'oots'oo hendume: muduri serengge oci ombi, ajigen oci ombi, wesici ombi, somici ombi. amba oci, tugi talman be dekdebumbi, giyang mederi be hūthūmbi. ajigen oci, uju ošoho be somime, emu orho de ukaci ombi. wesici abka nai sidende mukdefi bimbi, somici muke i fere de dedufi bimbi. muduri serengge yang. erin be dahame kūbulime ubaliyambi. te niyengniyeri erin, jing muduri mukdere ucuri, jalan i baturu kiyangkiyan be inu muduri de duibuleci ombi. muduri mukdeci, abkai dele tafambi. baturu kiyangkiyan erin ucarafi gūnin be baha de, duin mederi dorgi de hetu undu yabumbi.

曹操曰：龍能大，能小，能升，能隱。大則吐霧興雲，翻江攪海。小則埋頭伏爪，隱介藏形。升則飛騰於宇宙之間，隱則藏伏於波濤之內。龍乃陽物也，隨時變化。方今春深，龍得其時。世上勇士，亦可與龍相比。龍發則飛升九天，勇士逢時得志，則縱橫四海。

曹操曰：龙能大，能小，能升，能隐。大则吐雾兴云，翻江搅海。小则埋头伏爪，隐介藏形。升则飞腾于宇宙之间，隐则藏伏于波涛之内。龙乃阳物也，随时变化。方今春深，龙得其时。世上勇士，亦可与龙相比。龙发则飞升九天，勇士逢时得志，则纵横四海。

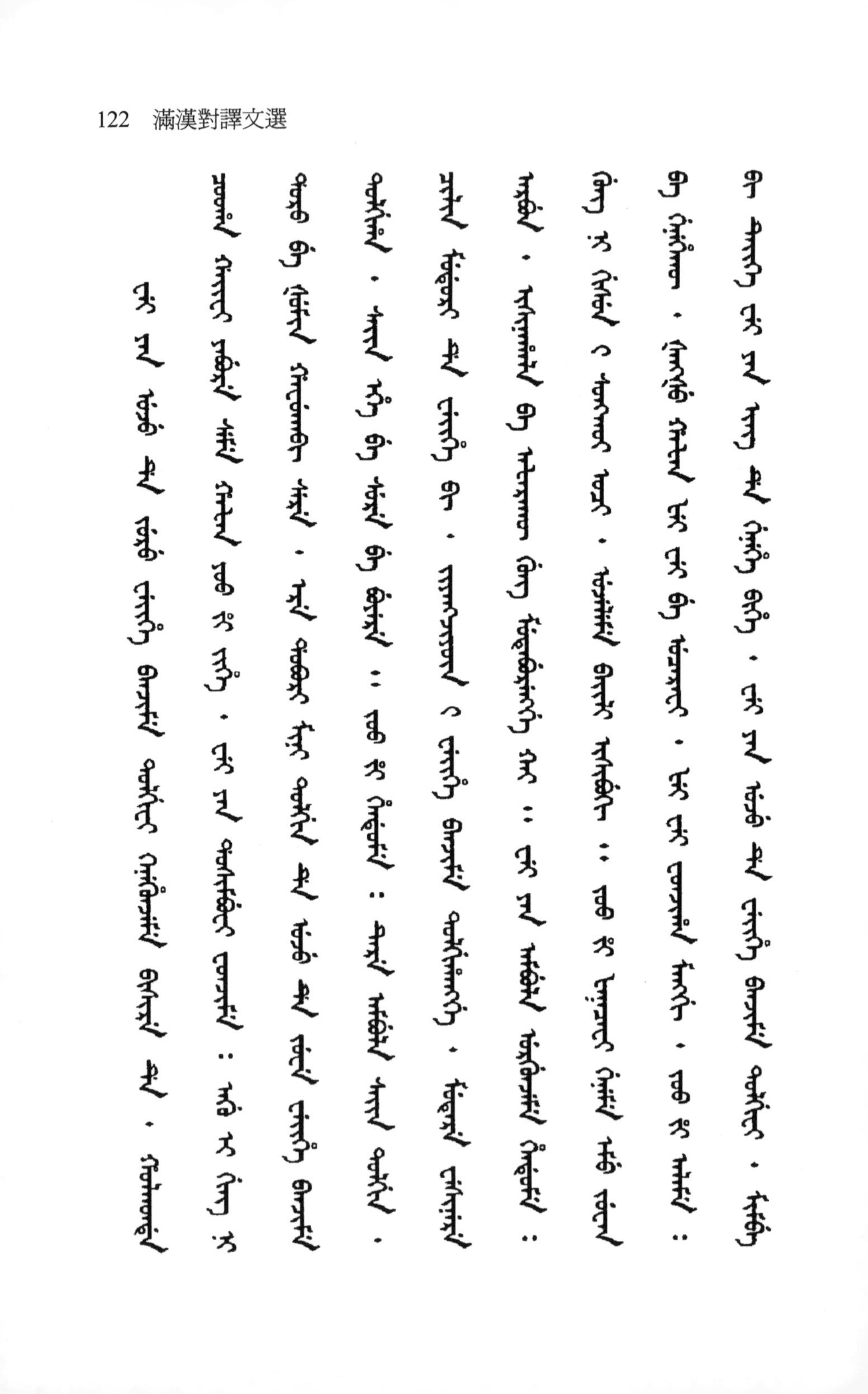

二十五、頭生二角

wei yan uju de juru weihe banjime tolgifi kenehunjeme bisire de, holkonde cooha gaifi yabure seme hafan joo jy jihe, wei yan dosimbufi fonjime: agu i ging ni doro be šumin hafukabi sere, ere dobori mini tolgin de uju de juwe weihe banjime tolgiha, sain ehe be sure be buyere. joo jy hendume: tere ambula sain tolgin, cilin muduri de weihe bi, jiyangjiyūn i weihe banjime tolgihangge, mutere wesinere arbun, isinahala ba afarakū gung muteburengge kai. wei yan ambula urgunjeme hendume: gung ni gisun i songkoi oci, ujeleme baili isibuki. joo jy fakcafi geneme emu juwan ba genehekū, šangšu hafan fei wei be ucarafi, fei wei fonjiha manggi, joo jy alame: bi teike wei yan ing de genehe bihe, wei yan uju de weihe banjime tolgifi, mimbe

---

魏延夜作一夢，夢見頭上生二角甚疑，忽報行軍司馬趙直到來。魏延請入問曰：「足下深通易經之理，吾夜夢頭生二角，願解凶吉。」趙直曰：「此大吉之夢，麒麟蒼龍有角，將軍夢生角者，乃所到之處不戰而功成也。」魏延大喜曰：「如應公言，自當重謝。」趙直辭別後，行不過十里，遇尚書費禕。費禕問後，趙直告曰：「吾適到魏延營中，魏延夢頭生角，

魏延夜作一梦，梦见头上生二角甚疑，忽报行军司马赵直到来。魏延请入问曰：「足下深通易经之理，吾夜梦头生二角，愿解凶吉。」赵直曰：「此大吉之梦，麒麟苍龙有角，将军梦生角者，乃所到之处不战而功成也。」魏延大喜曰：「如应公言，自当重谢。」赵直辞别后，行不过十里，遇尚书费祎。费祎问后，赵直告曰：「吾适到魏延营中，魏延梦头生角，

[illegible]

[illegible]

[illegible]

suki sere jakade, bi tuwaci sain sabi waka, wakalarakū seme olhome cilin muduri de duibuleme suhe. fei wei fonjime: ehe adarame. joo jy hendume: weihe sere hergen lohoi fejile baitalambi serengge, uju de loho baitalaci ambula ehe kai.

令我圓之，我見非吉兆，但恐見怪，故以麒麟蒼龍之事而解也。」費禕問曰：「何非吉兆？」趙直曰：「角之一字，乃用於刀下，頭上用刀，其凶甚矣。」

令我圆之，我见非吉兆，但恐见怪，故以麒麟苍龙之事而解也。」费祎问曰：「何非吉兆？」赵直曰：「角之一字，乃用于刀下，头上用刀，其凶甚矣。」

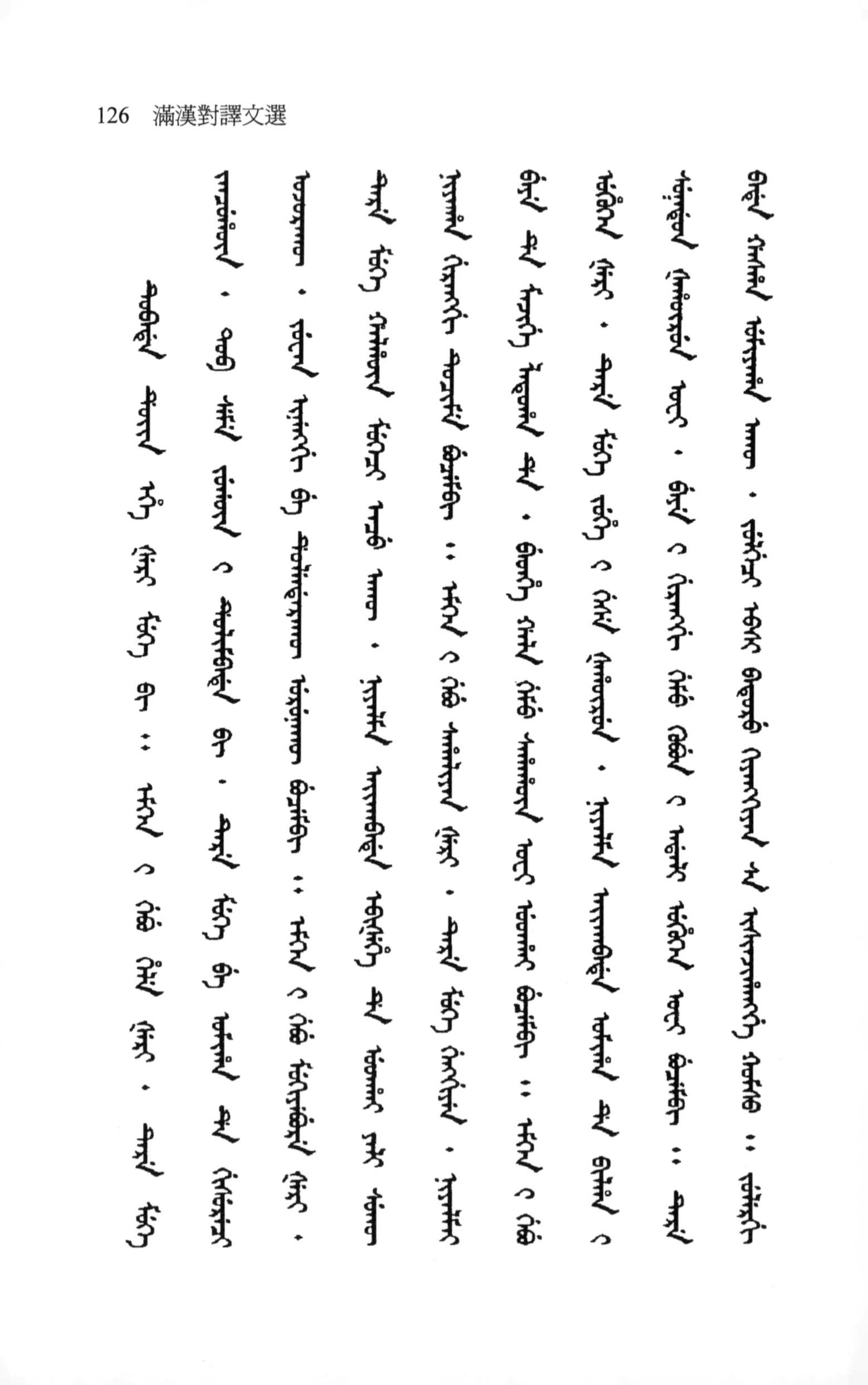

[illegible]

[illegible]

[illegible]

[illegible]

[illegible]

[illegible]

[illegible]

[illegible]

[illegible]

二十六、煙瘴毒泉

tubade duin ehe šeri muke bi. emken i gebu hele šeri, tere muke jancuhūn, tob seme jugūn i dulimbade bi. tere muke be omiha de gisureci ojorakū, juwan inenggi be dulenderakū urunakū bucembi. emken i gebu mukiyebure šeri, tere muke halhūn mukeci encu akū, niyalma aikabade ebišehe de uthai yali sukū niyama giranggi tucime bucembi. emken i gebu sahaliyan šeri, tere muke genggiyen, niyalmai beye de majige latuha de, bethe gala gemu sahahūn ofi uthai bucembi. emken i gebu uhuken šeri, tere muke juhe i gese šahūrun, niyalma aikabade omiha de bilha i sukdun šahūrun ofi, beye i giranggi gemu kubun i adali uhuken ofi bucembi. tere bade gasha umiyaha akū. julgeci ebsi baturu kiyangkiyan sa isinjihangge komso. julergi

---

彼處有四個毒泉，一名啞泉，其水甜，正在當道，人若飲之，則不能言，不過旬日必死。一名滅泉，其水與溫泉無異，人若沐浴，則皮肉皆爛，見骨而死。一名黑泉，其水微清，人若漸之在身，則手足皆黑而死。一名柔泉，其水冷如冰，人若飲之，咽喉則無暖氣，身軀軟弱如綿而死。此處蟲鳥皆無，古今鮮有英雄到此。

彼处有四个毒泉，一名哑泉，其水甜，正在当道，人若饮之，则不能言，不过旬日必死。一名灭泉，其水与温泉无异，人若沐浴，则皮肉皆烂，见骨而死。一名黑泉，其水微清，人若渐之在身，则手足皆黑而死。一名柔泉，其水冷如冰，人若饮之，咽喉则无暖气，身躯软弱如绵而死。此处虫鸟皆无，古今鲜有英雄到此。

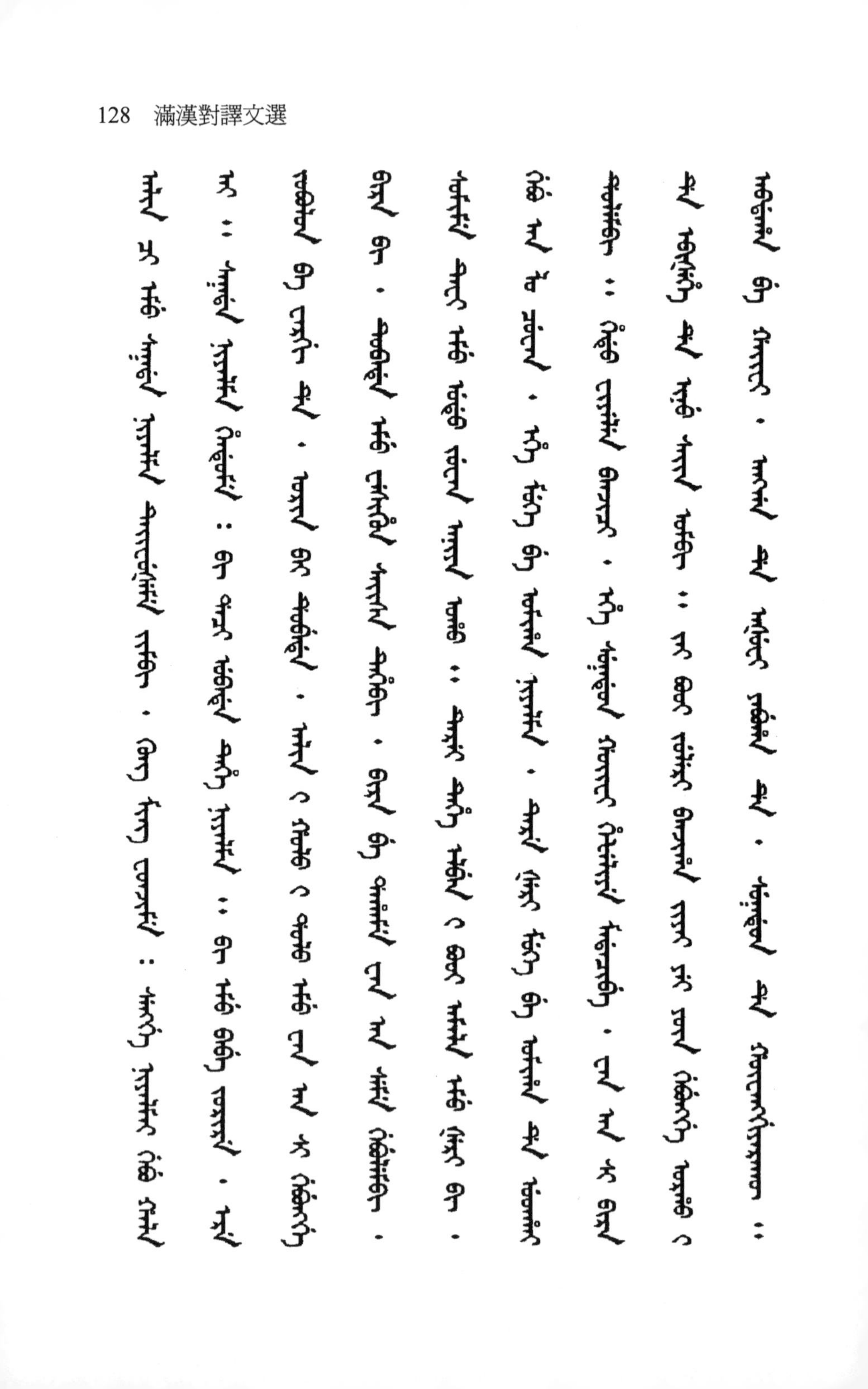

alin ci emu sakda niyalma teifušeme jimbi. kung ming fonjime: sengge niyalmai gebu hala ai. sakda niyalma hendume: bi daci ubade tehe niyalma. bi emu babe jorime, ere jobolon ba wargi de, orin bai dubede, alin i holo i dolo emu wan an si gebungge bira bi, tubade emu wesihun saisa tehebi, bira be dahame wan an seme gebulembi, somime tefi emu udu juwan aniya oho. terei tehe elben i booi amala emu šeri bi, gebu an lo cuwan, ehe muke be omiha niyalma, tere šeri muke be omiha de uthai dulembi. hedu fiyelen banjici, ehe sukdun goifi hefeliye madacibe, wan an si bira de ebišehe de inu sain ombi. jai booi juleri banjiha jiyai yei yūn gebungge orho i abdaha be gaifi, angga de ašufi yabuha de, sukdun de hūwanggiyarakū,

---

南山有一老叟扶杖而來，孔明問曰：「長者尊姓大名？」老叟曰：「我原本爲居住此處之人。我指引一處，足可解之。此去正西二十里山谷中有一溪，名曰萬安溪，上有高士，因溪號爲萬安，隱居有數十年矣。其所居茅草屋後有一泉，名安樂泉，飲毒水之人，飲其泉水即無事。有人或生疥癬，或感瘴氣腹脹，於萬安溪內浴之，亦可無事。再屋前長有薤葉芸香，人若含於口中行走，則瘴氣不染，

南山有一老叟扶杖而来，孔明问曰：「长者尊姓大名？」老叟曰：「我原本为居住此处之人。我指引一处，足可解之。此去正西二十里山谷中有一溪，名曰万安溪，上有高士，因溪号为万安，隐居有数十年矣。其所居茅草屋后有一泉，名安乐泉，饮毒水之人，饮其泉水即无事。有人或生疥癣，或感瘴气腹胀，于万安溪内浴之，亦可无事。再屋前长有薤叶芸香，人若含于口中行走，则瘴气不染，

cengsiyang hūdun baihana, niyalma tome emte abdaha be ašuka de, ehe sukdun de ainaha seme hūwanggiyarakū.

丞相可速往求之。各人口含一葉，自然瘴氣不侵。」

丞相可速往求之。各人口含一叶，自然瘴气不侵。」

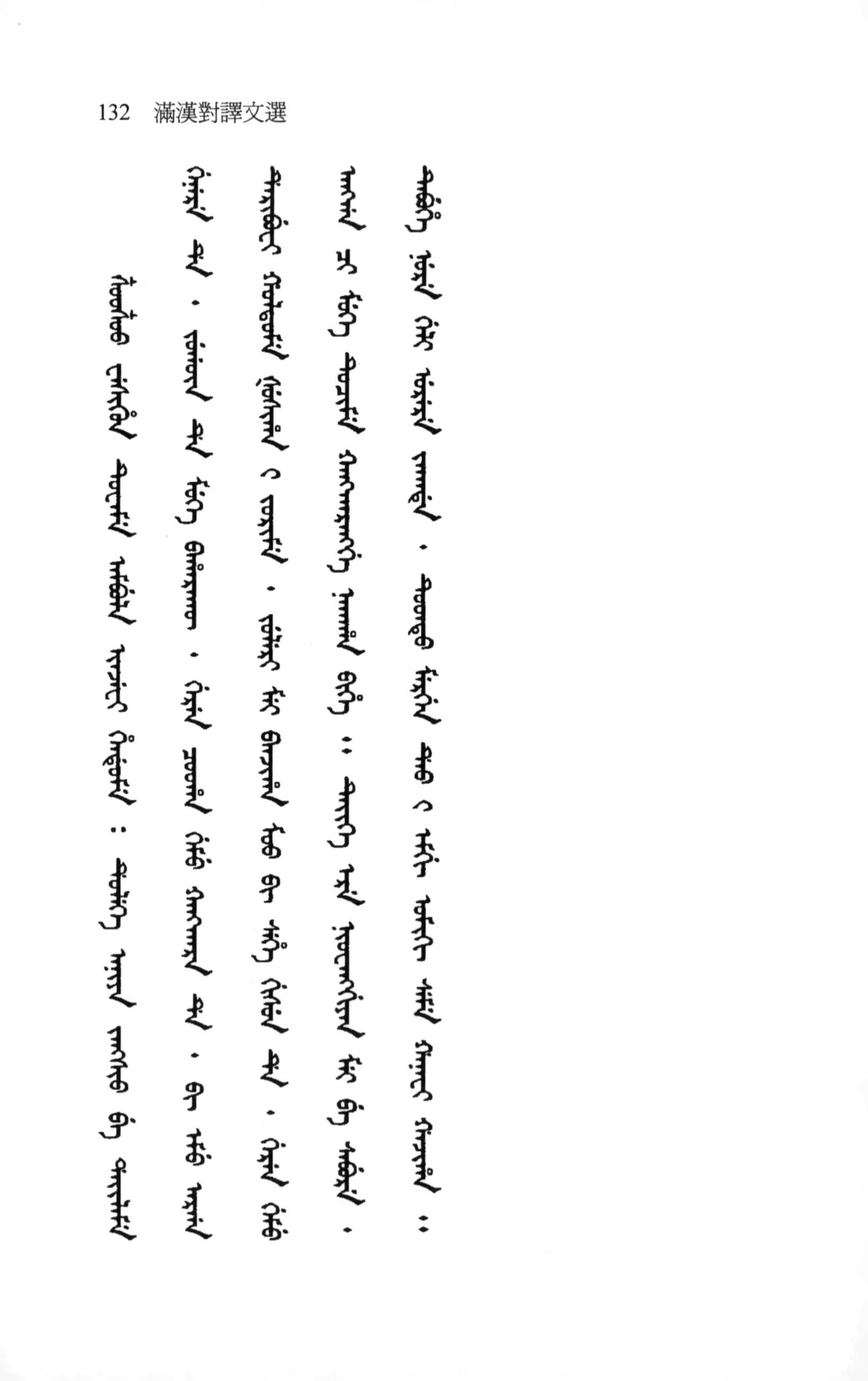

[illegible]

[illegible]

[illegible]

[illegible]

[illegible]

二十七、望梅止渴

ts'oots'oo wesihun tuwame ambula injefi hendume: duleke aniya jangsio be dailame genere de, jugūn de muke baharakū, geren cooha gemu kangkara de, bi emu arga deribufi holtome šusiha i jorime, juleri mei banjiha moo bi sehe gisun de, geren gemu angga ci muke tucime kangkarangge nakaha bihe. teike ere niowanggiyan mei be sabure, tebuhe nure geli urere jakade, tuttu mergen deo i emgi omiki seme ganafi gajiha.

曹操仰面大笑曰：「去年往征張繡時，道上缺水，將士皆渴，我用一計，以鞭虛指曰，前面有梅林。眾人聞之，口皆生唾液，由是不渴。方纔見綠梅，又值煮酒正熟，故邀賢弟同飲。」

曹操仰面大笑曰：「去年往征张绣时，道上缺水，将士皆渴，我用一计，以鞭虚指曰，前面有默林。众人闻之，口皆生唾液，由是不渴。方纔见绿梅，又值煮酒正熟，故邀贤弟同饮。」

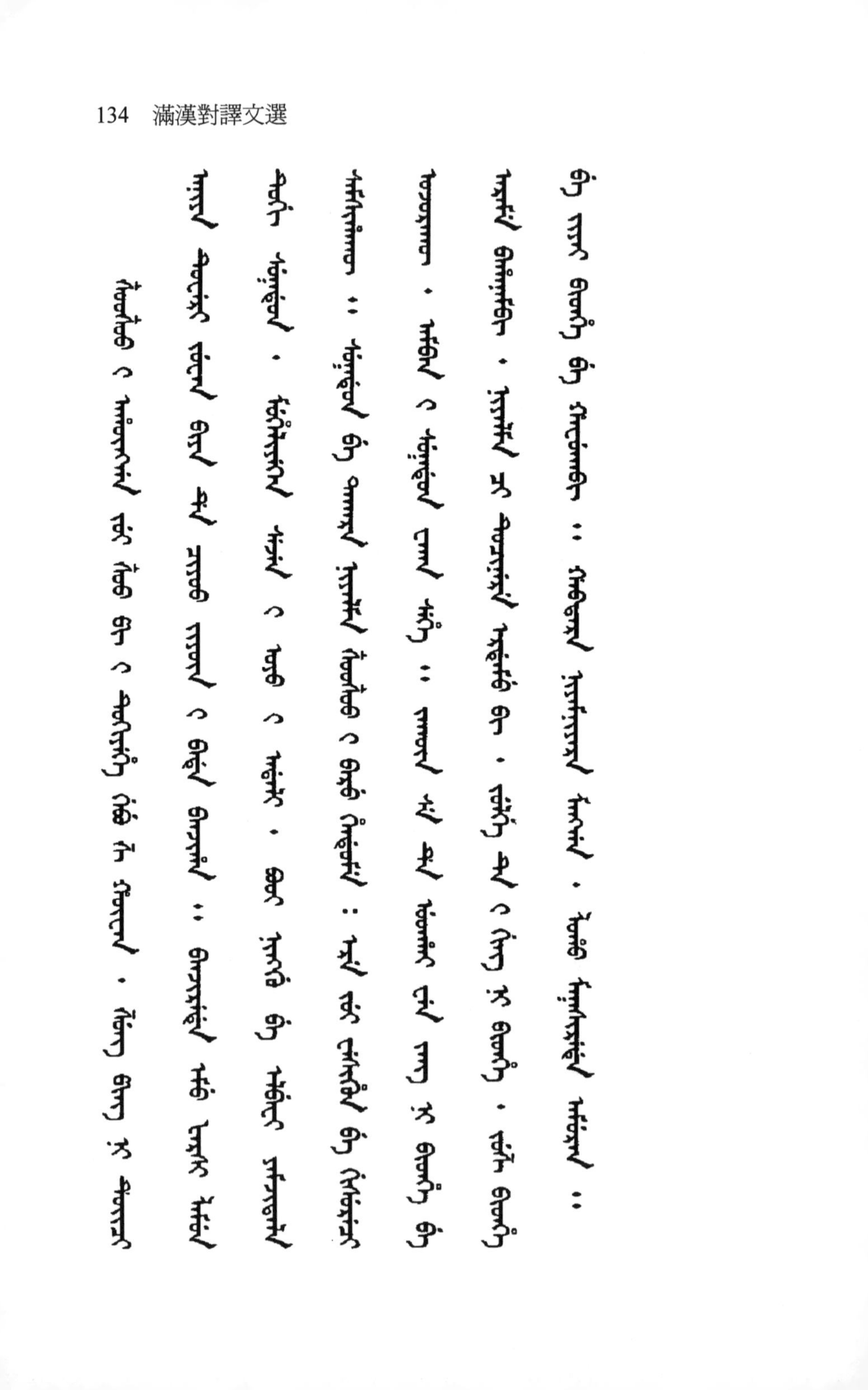

二十八、雲氣覆屋

ts'oots'oo i ahūngga jui ts'oo pi i tukiyehe gebu dz hūwan, dzung ping ni duici aniya tuweri juwan biya de ciyoo jiyūn i bade banjiha. banjirede emu farsi lamun tugi sukdun, muheliyeken sejen i oyo i adali, booi ninggu be elbefi yamjitala samsihakū. sukdun be takara niyalma ts'oots'oo i baru hendume: ere jui wesihun be gisureci ojorakū, amban i sukdun waka sehe. jakūn se de uthai wen jang ni bithe be arame bahanambi, niyalma ci tucinere erdemu bi, julge te i ging ni bithe, judz bithe be jiyai bithe be hafukabi. gabtara niyamniyara mangga, loho maksirede amuran.

曹操長子曹丕，字子桓，是中平四年冬十月生於譙郡。生時有雲氣一片，青色，圓如車蓋，覆於其屋上，終日不散。望氣者對曹操曰：「此子貴不可言，非人臣之氣。」八歲時即能作文章，有逸才，博覽古今經傳，通諸子百家之言，善騎射，好刀劍。

曹操长子曹丕，字子桓，是中平四年冬十月生于谯郡。生时有云气一片，青色，圆如车盖，覆于其屋上，终日不散。望气者对曹操曰：「此子贵不可言，非人臣之气。」八岁时即能作文章，有逸才，博览古今经传，通诸子百家之言，善骑射，好刀剑。

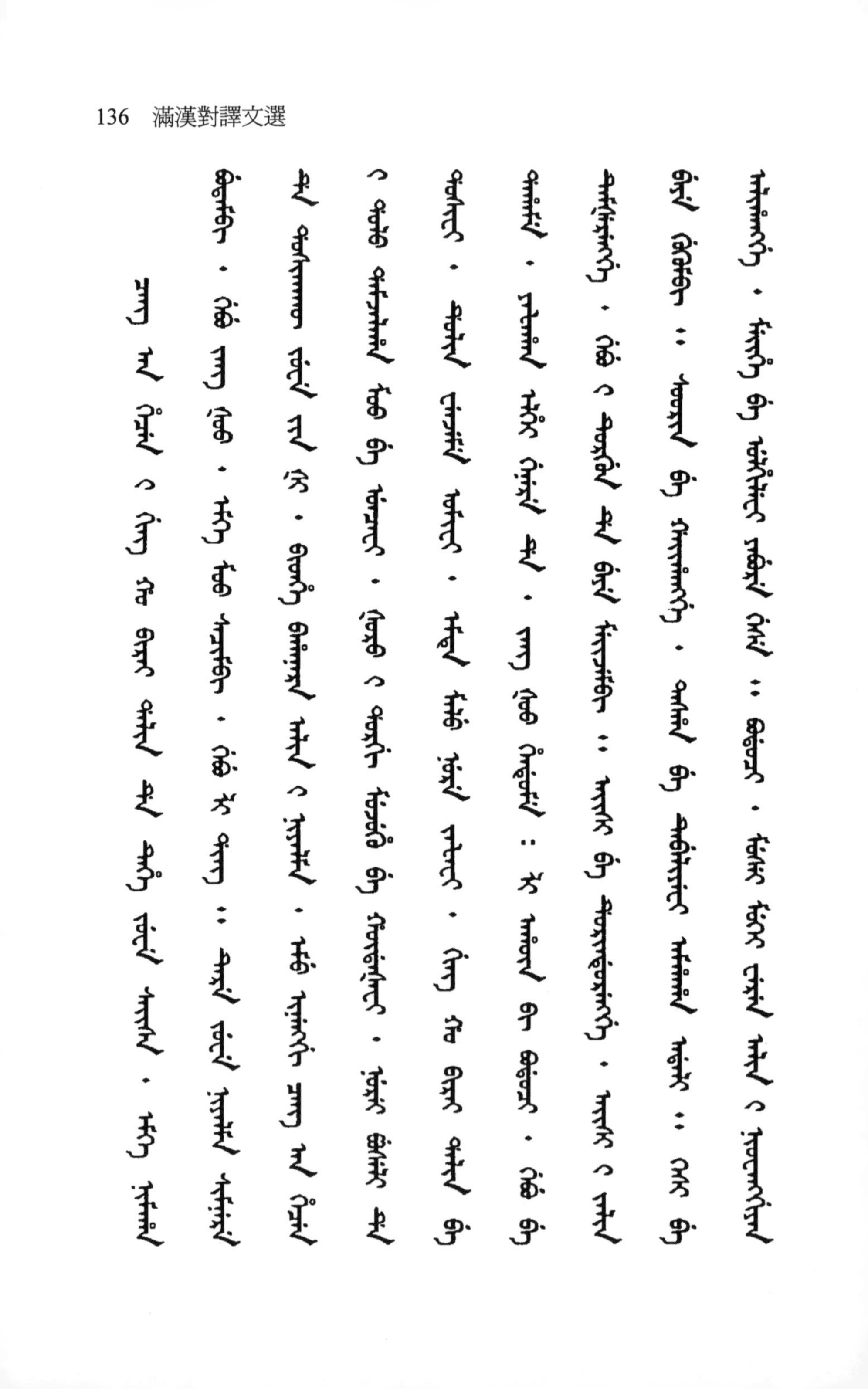

二十九、水秀山青

cang an hecen i ging ho birai dalin de tehe juwe saisa, emke nimaha butambi, gebu jang šoo, emke moo sacimbi, gebu li ding. tere juwe niyalma simnere de dosikakū juwe jin ši, bithe bahanara alin i niyalma, emu inenggi cang an hecen i dolo damjalaha moo be ucafi, šoro i dorgi mujuhu be hūdašafi, nurei puseli de dosifi, dulin wenjeme omifi, emte malu nure jafafi, ging: ho birai dalin be dahame, yafahan elhei genere de, jang šoo hendume. li ahūn bi bodoci, gebu be temšerengge, gebu i turgun de beye meijembi. aisi be durindurengge, aisi i jalin beye gukumbi. soorin be gaihangge, tasha be tebeliyefi amhaha adali. kesi be alihangge, meihe be ulhilefi yabure gese. bodoci, musei mukei weren alin i niowanggiyan

---

長安城涇河岸邊，住了兩個賢人：一個是漁翁，名喚張稍；一個是樵夫，名喚李定。他兩個是不登科的兩個進士，識字的山人。一日，在長安城裡，賣了肩上柴，貨了籃中鯉，同入酒館之中，吃了半酣，各攜一瓶，順涇河岸邊，徐步而行。張稍道：「李兄，我想那爭名的，因名喪體；奪利的，為利亡身；受爵的，抱虎而眠；承恩的，袖蛇而走。算起來，不如我們水秀山青，

长安城泾河岸边，住了两个贤人：一个是渔翁，名唤张稍；一个是樵夫，名唤李定。他两个是不登科的两个进士，识字的山人。一日，在长安城里，卖了肩上柴，货了篮中鲤，同入酒馆之中，吃了半酣，各携一瓶，顺泾河岸边，徐步而行。张稍道：「李兄，我想那争名的，因名丧体；夺利的，为利亡身；受爵的，抱虎而眠；承恩的，袖蛇而走。算起来，不如我们水秀山青，

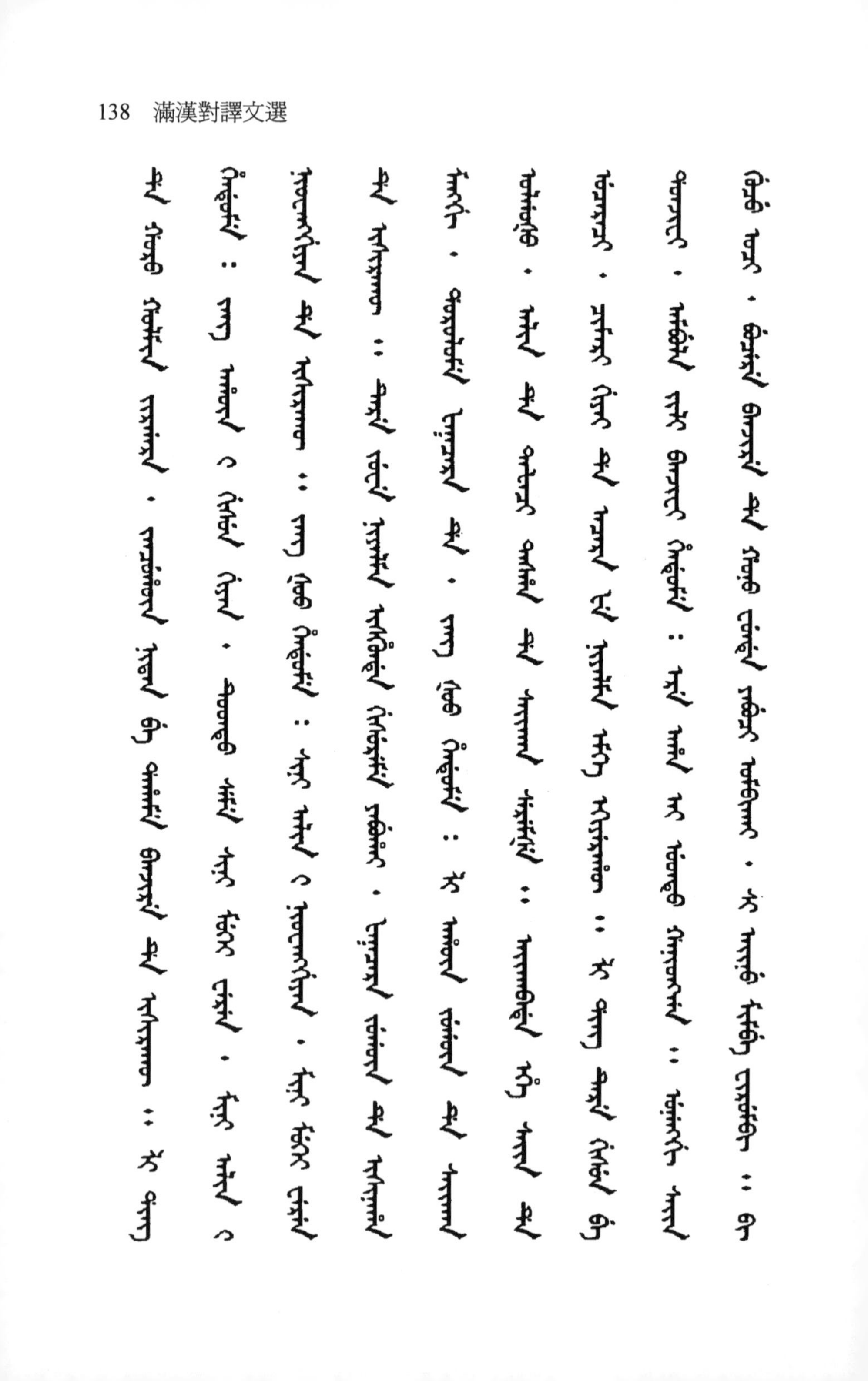

[illegible]

de goro golmin jirgara, jancuhūn nitan be dahame banjire de isirakū. li ding hendume: jang ahūn i gisun giyan, tuttuseme sini mukei weren, mini alin i niowanggiyan de isirakū. jang šoo hendume: sini alin i niowanggiyan, mini mukei weren de isirakū. tere juwe niyalma ishunde gisureme yabuhai, fakcara jugūn de isinaha manggi, dorolome fakcara de, jang šoo hendume: li ahūn jugūn de saikan olgošo, alin de tafaci tasha de saikan seremše. aikabade ehe sain de ucaraci, cimari giyai de acara fe niyalma emke ekiyerahū. li ding tere gisun be donjifi, ambula jili banjifi hendume: ere aha ai uttu ganiongga. unenggi sain gucu oci, bucere banjire de hono funde yabuci ombikai, si ainu mimbe firumbi. bi

---

逍遙自在；甘淡薄，隨緣而過。」李定道：「張兄說得有理。但只是你那水秀，不如我的山青。」張稍道：「你的山青不如我的水秀。」他二人互道詞章，行到分路處，躬身作別。張稍道：「李兄呵，途中保重！上山仔細看虎。假若遇到凶險，正是明日街頭少故人！」李定聞言，大怒道：「你這廝憊懶，好朋友尚且替得生死，你怎麼呪我？

逍遥自在；甘淡薄，随缘而过。」李定道：「张兄说得有理。但只是你那水秀，不如我的山青。」张稍道：「你的山青不如我的水秀。」他二人互道词章，行到分路处，躬身作别。张稍道：「李兄呵，途中保重！上山仔细看虎。假若遇到凶险，正是明日街头少故人！」李定闻言，大怒道：「你这厮惫懒，好朋友尚且替得生死，你怎么呪我？

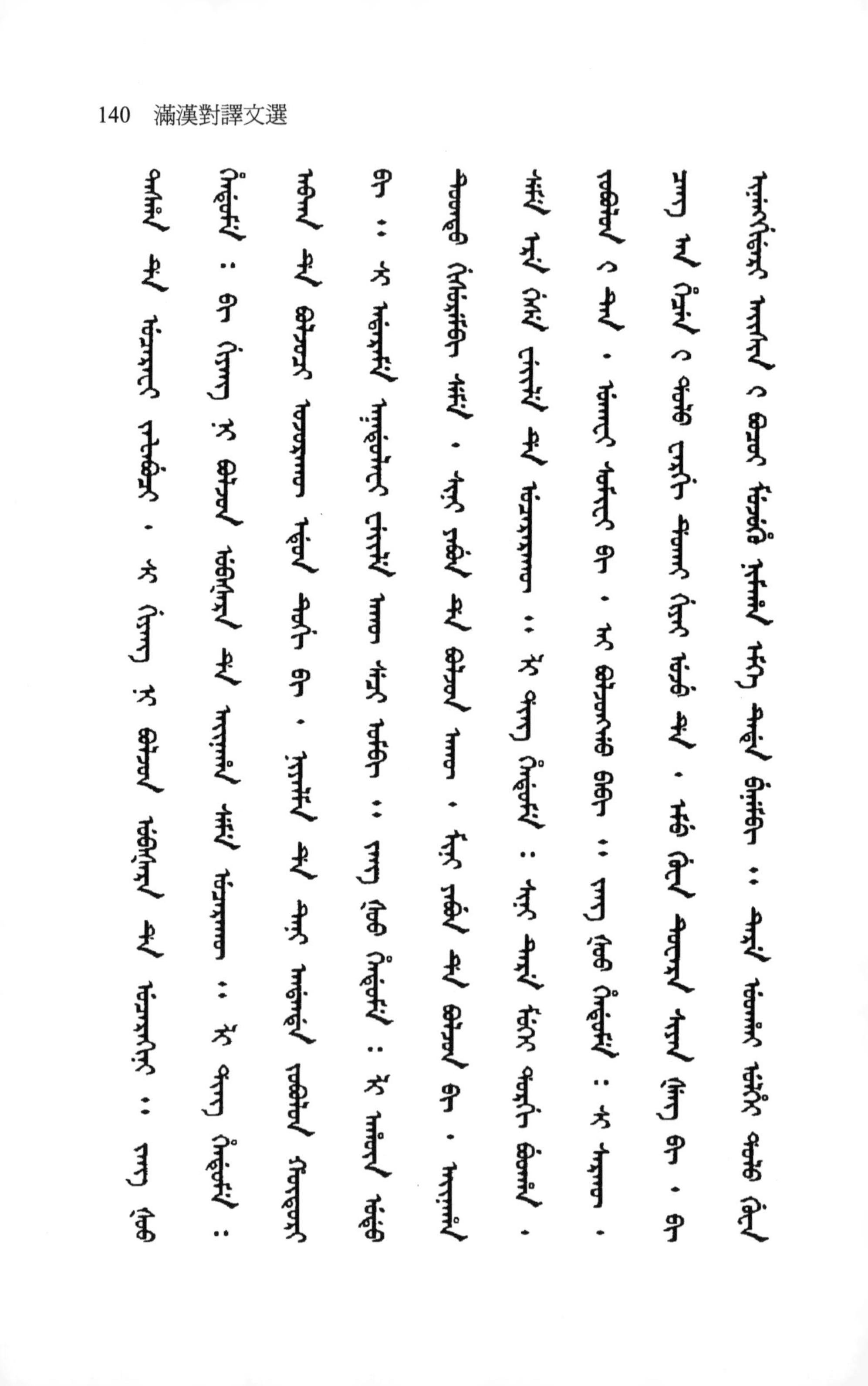

tasha de ucarafi jafabuci, si giyang ni boljon ubašara de ucarakini. jang šoo hendume: bi giyang ni boljon ubašara de ainaha seme ucarakū. li ding hendume: abka de boljoci ojorakū edun tugi bi. niyalma de teni andande jobolon hūturi bi. si adarame akdulafi weile akū seci ombi. jang šoo hendume: li ahūn udu tuttu gisurembi seme, sini yabun de boljon akū, mini yabun de boljon bi. ainaha seme ere gese weile de ucararakū. li ding hendume: sini tere mukei dorgi butha, jobolon i ten, ukafi somifi bi, ai boljonggo babi. jang šoo hendume: si sarkū, cang an hecen i dolo wargi dukai giyai uju de, emu guwa tuwara siyan šeng bi, bi inenggidari aisin i bocoi mujuhu nimaha emke tede benembi. tere uthai ulhi dolo guwa

---

我若遇虎遭害，你必遇浪翻江！」張稍道：「我決不遇浪翻江。」李定道：「天有不測風雲，人有暫時禍福。你怎麼可保得無事？」張稍道：「李兄，你雖這等說，但你的生意無定，不若我的生意有定，焉能不遭此等事耶？」李定道：「你那水裡面捕魚，極凶極險，隱隱暗暗，有什麼捉摸？」張稍道：「你是不曉得。長安城裡，西門街上，有一個賣卦的先生，我每日送他一尾金色鯉魚，他就與我袖傳一課。

我若遇虎遭害，你必遇浪翻江！」张稍道：「我决不遇浪翻江。」李定道：「天有不测风云，人有暂时祸福。你怎么可保得无事？」张稍道：「李兄，你虽这等说，但你的生意无定，不若我的生意有定，焉能不遭此等事耶？」李定道：「你那水里面捕鱼，极凶极险，隐隐暗暗，有什么捉摸？」张稍道：「你是不晓得。长安城里，西门街上，有一个卖卦的先生，我每日送他一尾金色鲤鱼，他就与我袖传一课。

[illegible] ᠈ [illegible] [illegible] ᠪᡝ [illegible] [illegible] ᠉ [illegible] ᠪᡝ [illegible] [illegible] [illegible] [illegible] ᠈ [illegible]

[illegible] [illegible] ᠉ [illegible] [illegible] [illegible] [illegible] [illegible] [illegible] ᠈ [illegible] [illegible] [illegible] [illegible] [illegible] ᠄

[illegible] [illegible] [illegible] [illegible] [illegible] ᡳ [illegible] [illegible] [illegible] [illegible] [illegible] ᠈ [illegible] [illegible] [illegible] [illegible] [illegible] ᠈

[illegible] [illegible] ᡳ [illegible] [illegible] [illegible] [illegible] [illegible] ᠉ [illegible] [illegible] [illegible] [illegible] ᠈ [illegible]

[illegible] [illegible] [illegible] [illegible] ᠈ [illegible] [illegible] [illegible] [illegible] ᡳ [illegible] [illegible] [illegible] [illegible] [illegible] ᠈ [illegible]

[illegible] [illegible] [illegible] ᠉ [illegible] [illegible] [illegible] [illegible] ᠪᡝ [illegible] [illegible] [illegible] [illegible] [illegible] [illegible] ᠈ [illegible]

[illegible] [illegible] [illegible] [illegible] [illegible] [illegible] [illegible] ᠪᡝ [illegible] ᠈ [illegible] [illegible] [illegible] [illegible] [illegible]

[illegible] ᠈ [illegible] [illegible] [illegible] [illegible] ᠄ [illegible] [illegible] [illegible] ᠉ [illegible] [illegible] [illegible] ᠄ [illegible]

[illegible] ᠉ [illegible] [illegible] [illegible] ᠄ [illegible] [illegible] [illegible] ᠪᡝ [illegible] [illegible] ᠈ [illegible] [illegible] [illegible] [illegible] tuwafi, genere ici be boljofi bumbi. tere be dahame tanggū jergi yabuci, tanggū jergi ufararakū. enenggi geli guwa tuwabume genehe bihe, tere mini baru henduhe gisun: ging ho birai ujui mudan i bai dergi dalbade asu tule, wargi dalin de dehe makta, urunakū tetun i jalu bahafi amasi bederembi sehebi. cimari hecen de genefi, nimaha uncafi jiha baha manggi, nure udafi sakda ahūn i emgi jai dasame omiki sefi, juwe niyalma fakcafi genehe. ging ho birai muke be kederere ye ca birai dolo bihebi. tanggū jergi yabuci tanggū jergi ufarakū sere gisun be donjifi, uthai šui jing gung de dosifi, muduri han de alame: te jobolon isinjiha. muduri han fonjime: ai jobolon ? ye ca hendume: amban bi muke be kedereme genehei, birai dalin de isinafi

---

依方位，百下百著。今日我又去買卦，他教我在涇河灣頭東邊下網，西岸拋鈎，定可滿載而歸。明日進城來，賣魚獲錢沽酒，再與老兄對飲。」二人敘別而去。涇河水府有一個巡水的夜叉，聽見了百下百著之言，即入水晶宮，報與龍王道：「今禍事到了。」龍王問：「有什麼禍事？」夜叉道：「臣巡水去，到河邊

依方位，百下百着。今日我又去买卦，他教我在泾河湾头东边下网，西岸抛钩，定可满载而归。明日进城来，卖鱼获钱沽酒，再与老兄对饮。」二人叙别而去。泾河水府有一个巡水的夜叉，听见了百下百着之言，即入水晶宫，报与龙王道：「今祸事到了。」龙王问：「有什么祸事？」夜叉道：「臣巡水去，到河边

ᠪᡠᠴᡝᡥᡝ ᠈ ᡤᡝᠪᡠ ᡨᡠᠸᠠᠩᡤᠠᠨ ᠪᠣᠣᡳᠨ ᠨᡳᠶᠠᠯᠮᠠᡳ ᠈ ᡤᡝᠪᡠ ᡤᡝᠪᡠ ᡨᡠᠸᠠᠩᡤᠠᠨ ᠨᡳᠶᠠᠯᠮᠠᡳ ᠈ ᠠᠮᠪᡠᡩᡝ ᡤᡝᠰᡝ ᡤᡝᠰᡝ ᠪᠣᡵᡳ ᠪᠣᡴᡳ

ᠨᠠᠩᡤᡳᠶᠠᠨ ᠰᡝᡶᡳ ᠈ ᠵᡳ ᡤᡝᠨᡝᡥᡝ ᡳ ᠠᠮᠠᡵᡤᡳ ᡨᡠᠸᠠᠪᡠᡥᡝ ᠪᡝ ᡤᡝᠷᡝᠨᡩᡝ ᠈ ᠪᠠᡳᠮᡝ ᠨᡳᠶᠠᠯᠮᠠ ᠪᠣᡵᡤᡳ ᠨᡳᠶᠠᠯᠮᠠ

ᡤᡝᠩᡤᡳᠶᡝᠨ ᠉ ᠠᠮᠠᠨ ᠵᡳ ᡤᡝᠯᡝᠨ ᡳ ᠪᠣᡵᠣ ᠠᠮᠠᡵᡤᡳ ᠪᠣᡳᡥᠣᠨ ᡤᡳᠰᡠᠨ ᡥᡝᠮᡴᡳ ᠰᡝᡶᡳ ᠪᡳᡥᡝ ᠪᠣᠣᠴᠠᡳ ᡨᡠᠸᡝᡵᡳ ᡤᡳᠰᡠᠨ ᠮᡠᡴᡝ

ᠪᡝ ᠈ ᠪᠣᠣᠴᠠᠮᡳᠩᡤᡳ ᠮᡠᡴᡩᡝᡶᡳ ᠪᠣᠣᡴᡠ ᠈ ᠪᡳᡥᡝ ᠨᡳᠶᠠᠯᠮᠠᠯᠠᡴᡡ ᡤᡳᠰᡠᡵᡝᠮᡝ ᠨᡳᠶᠠᠯᠮᠠ ᠮᡠᡴᡝ ᠪᡳᠮᡝᡶᡳ ᠉ ᠪᡳᡥᡝ ᡤᡝᠨᡝ

ᠪᠣᠣᠴᠠᡥᠠ ᠰᡝᡶᡳ ᡠᡴᠰᡠᠩᡤᠠ ᡥᡝᠨᡩᡠᡥᡝ ᡥᡝᠨᡩᡠᡥᡝ ᠈ ᠣᠩᡤᠣᠯᠣ ᠠᠮᠪᡠ ᡥᠣᠩᡤᠣᠯᠣ ᡨᡠᠴᡳᡶᡳ ᠣᠩᡤᠣᠯᠣ ᠠᠮᠪᡠ ᡨᡠᠴᡳᡶᡳ ᡤᡳᠰᡠᡵᡝᠮᡝ ᠉

ᠨᠠᠨᠠᠮᡠᠪᡳᡥᡝ ᡨᡠᠸᠠᠪᡠ ᠪᠣᠣᠴᠠᡳ ᡤᡝᠨᡝᡥᡝ ᡨᡠᠸᠠ ᠈ ᡤᡳᠰᡠᠨ ᠠᠮᠠ ᠪᡳ ᡤᡝᠰᡝ ᠪᡝᠶᡝ ᡤᡝᠨᡝᡥᡝ ᠈ ᡤᡳᠰᡠᠨ ᠪᠣᠴᠣᡥᠣ ᠠᠮᠪᠠᡳ

ᠵᡳ ᠰᡝᡶᡳ ᠠᠩᡤᠠᡳ ᠪᠣᠣᠴᠠᡥᠠᠪᡳ ᠉

tuwaci, emu nimaha butara niyalma, emu moo sacira niyalma, ishunde meni meni booi baru fakcara de, ai hacin i aisi jobolon be gisurefi, tere nimaha butara niyalma hendume: cang an hecen i dolo, wargi dukai giyai uju de guwa tuwara siyan seng emke bi, tuwarangge ambula tondo, tere inenggidari mujuhu nimaha emke benembi. terei guwa tuwaha de dahame yabuha sehede, tanggū jergi yabuci tanggū jergi ufarakū sembi. aikabade uttu tuwara mangga oci, mukei jaka be gemu butafi gamaci, mukei dorgi yamun ai de yangse tucimbi.

見一個捕魚人，一個伐木人，各自返家相別時，議論利害。那漁翁說：『長安城裡，西門街頭，有個賣卦先生，算得最准。他每日送鯉魚一尾，他就傳一課，教他百下百著。』若依此等算准，却不將水族盡情打去，水府焉得壯觀？」

见一个捕鱼人，一个伐木人，各自返家相别时，议论利害。那渔翁说：『长安城里，西门街头，有个卖卦先生，算得最准。他每日送鲤鱼一尾，他就传一课，教他百下百着。』若依此等算准，却不将水族尽情打去，水府焉得壮观？」

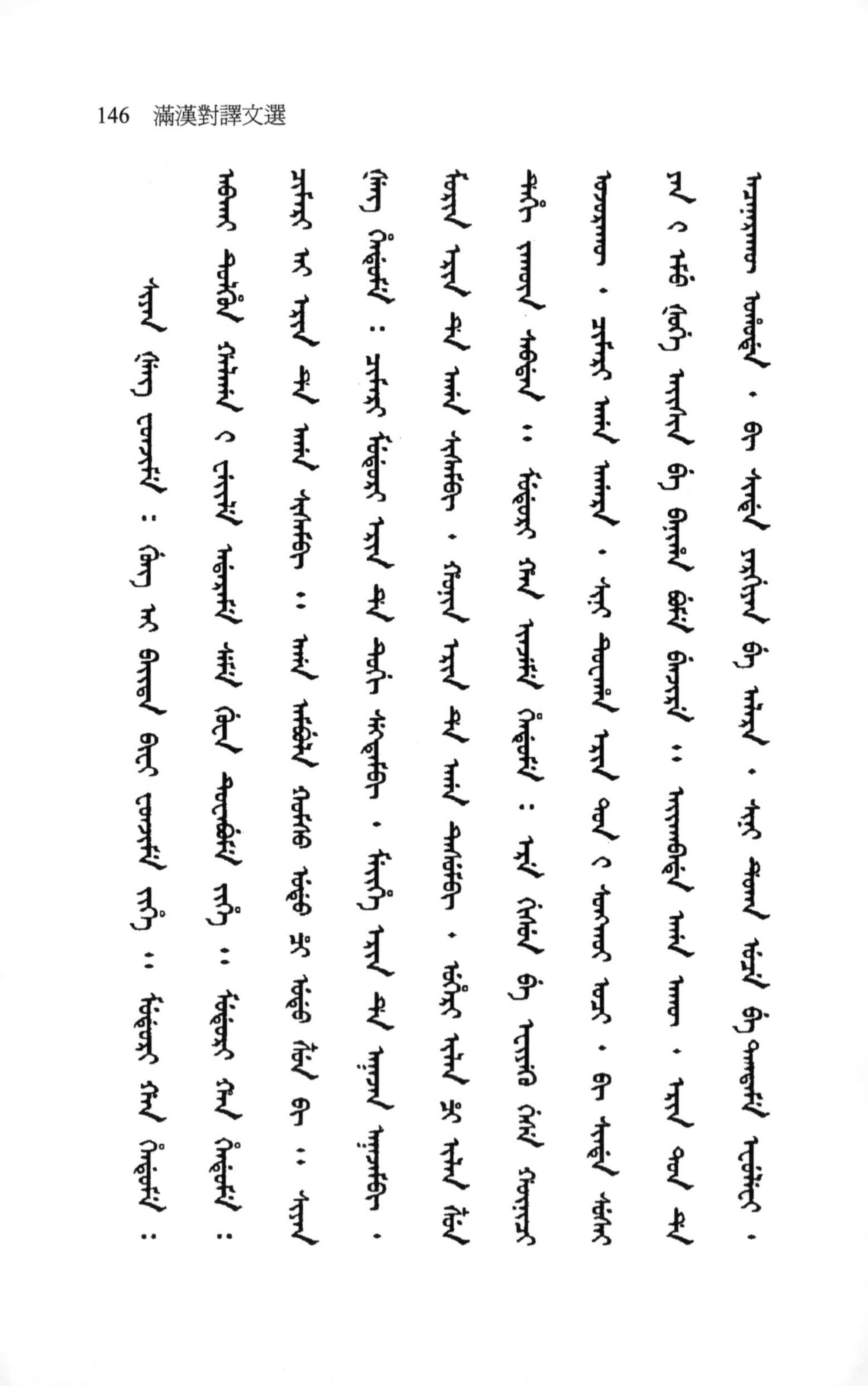

三十、預卜陰晴

siyan šeng fonjime: gung ai baita bifi fonjime jihe. muduri han hendume: abkai tulhun galga i weile adarame seme guwa tuwabume jihe. muduri han hendume: cimari ai erin de aga sisambi. aga ambula komso udu cy udu ts'un bi. siyan šeng hendume: cimari muduri erin de tugi sektembi, meihe erin de akjan akjambi, morin erin de aga sisambi, honin erin de aga tesumbi. uheri ilan cy ilan ts'un dehi jakūn sabdan. muduri han injeme hendume: ere gisun be efiyeku gese gūnici ojorakū, cimari aga agara, sini tuwaha erin ton i songkoi oci, bi sinde susai yan i emu šoge aisin be baniha bume benjire, aikabade aga akū, erin ton de acanarakū ohode, bi sinde yargiyan be alara, sini duka uce be tantame efulefi,

---

先生問：「公來問何事？」龍王曰：「請卜天上陰晴事如何？」龍王曰：「明日何時下雨？雨有多少尺寸？」先生道：「明日辰時布雲，巳時發雷，午時下雨，未時雨足，共得水三尺三寸零四十八滴。」龍王笑曰：「此言不可作戲。如是明日有雨，依你斷的時辰及數目，我送錁金五十兩奉謝；若無雨，或不按時辰及數目，我與你實說，定要打壞你的門面，

先生问：「公来问何事？」龙王曰：「请卜天上阴晴事如何？」龙王曰：「明日何时下雨？雨有多少尺寸？」先生道：「明日辰时布云，巳时发雷，午时下雨，未时雨足，共得水三尺三寸零四十八滴。」龙王笑曰：「此言不可作戏。如是明日有雨，依你断的时辰及数目，我送锞金五十两奉谢；若无雨，或不按时辰及数目，我与你实说，定要打坏你的门面，

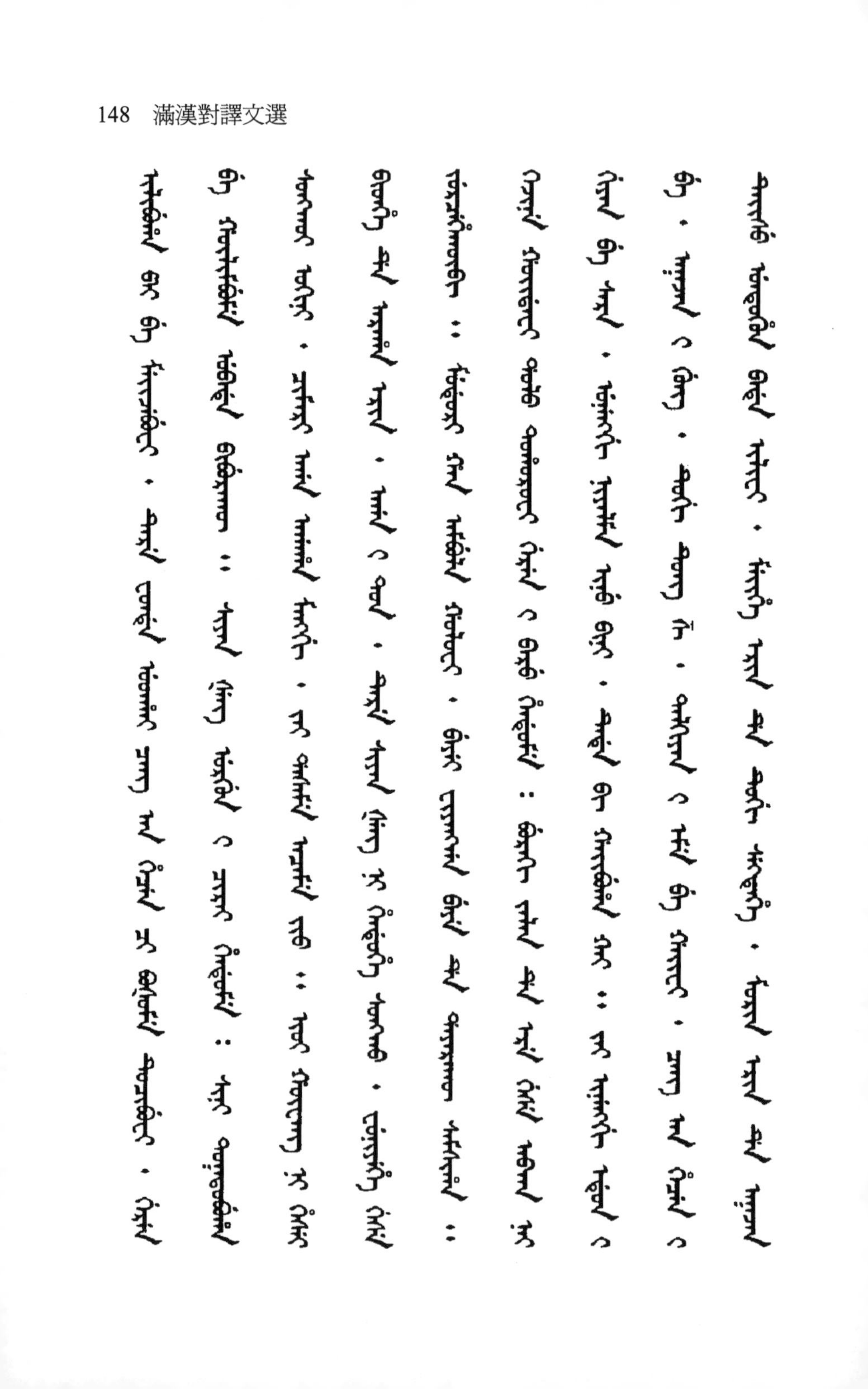

ᡤᡝᡵᡝᠩᡤᡝ ᡤᡳᠰᡠᡵᡝᡥᡝ ᠪᡠᠶᡝᡵᡝ ᠪᡠᠰᡠᡵᡝᡥᡝ ᡤᡝᠨᡝ ᡳ ᠪᡳᡨᡥᡝ ᡤᡳᠰᡠᡵᡝᠮᡝ ː ᠪᡳᡵᡝᡥᡝ ᠮᡝᠨᡳ ᠰᡝᠮᡝ ᡝᡵᡝ ᡤᡝᠨᡝ ᠮᡝᠨᡳᠩᡤᡝ ᡝᡵᡝ

ilibuha pai be meijebufi, tere fonde uthai cang an hecen ci bošome tucibufi, geren be hūlimbume ubade biburakū. siyan šeng urgun i cirai hendume: sini toktobuha songkoi okini, cimari aga agaha manggi, jai dasame acame jio. ioi hūwang ni hesei bithe de araha erin, aga i ton, tere siyan šeng ni henduhe songko, funiyehe gese jurcehekūbi. muduri han ambula golofi, beyei fayangga beye de dayarakū samsiha. kejine goidafi dolo tohorofi geren i baru hendume: buraki jalan de ere gese abka nai giyan be sara, unenggi niyalma inu bini, tede bi gaibuha kai. jai inenggi edun i be, akjan i gung, tugi tung dz, talkiyan i eme be gaifi, cang an hecen i teisu untuhun bade ilifi, meihe erin de tugi sektehe, morin erin de akjan

---

扯碎你的招牌，即時趕出長安城，不許在此惑眾！」先生欣然答道：「這個一定依你，明朝雨後來會。」玉帝旨意上所書時辰及雨數，與那先生所說者毫髮不差，嚇得那龍王魂飛魄散。少頃心中平靜後對眾人說：「塵世上有如此靈人，真個是能通天地之理，我輸給他哩！」次日，領了風伯、雷公、雲童、電母，立於長安城空中。巳時布雲，午時發雷，

扯碎你的招牌，实时赶出长安城，不许在此惑众！」先生欣然答道：「这个一定依你，明朝雨后来会。」玉帝旨意上所书时辰及雨数，与那先生所说者毫发不差，吓得那龙王魂飞魄散。少顷心中平静后对众人说：「尘世上有如此灵人，真个是能通天地之理，我输给他哩！」次日，领了风伯、雷公、云童、电母，立于长安城空中。巳时布云，午时发雷，

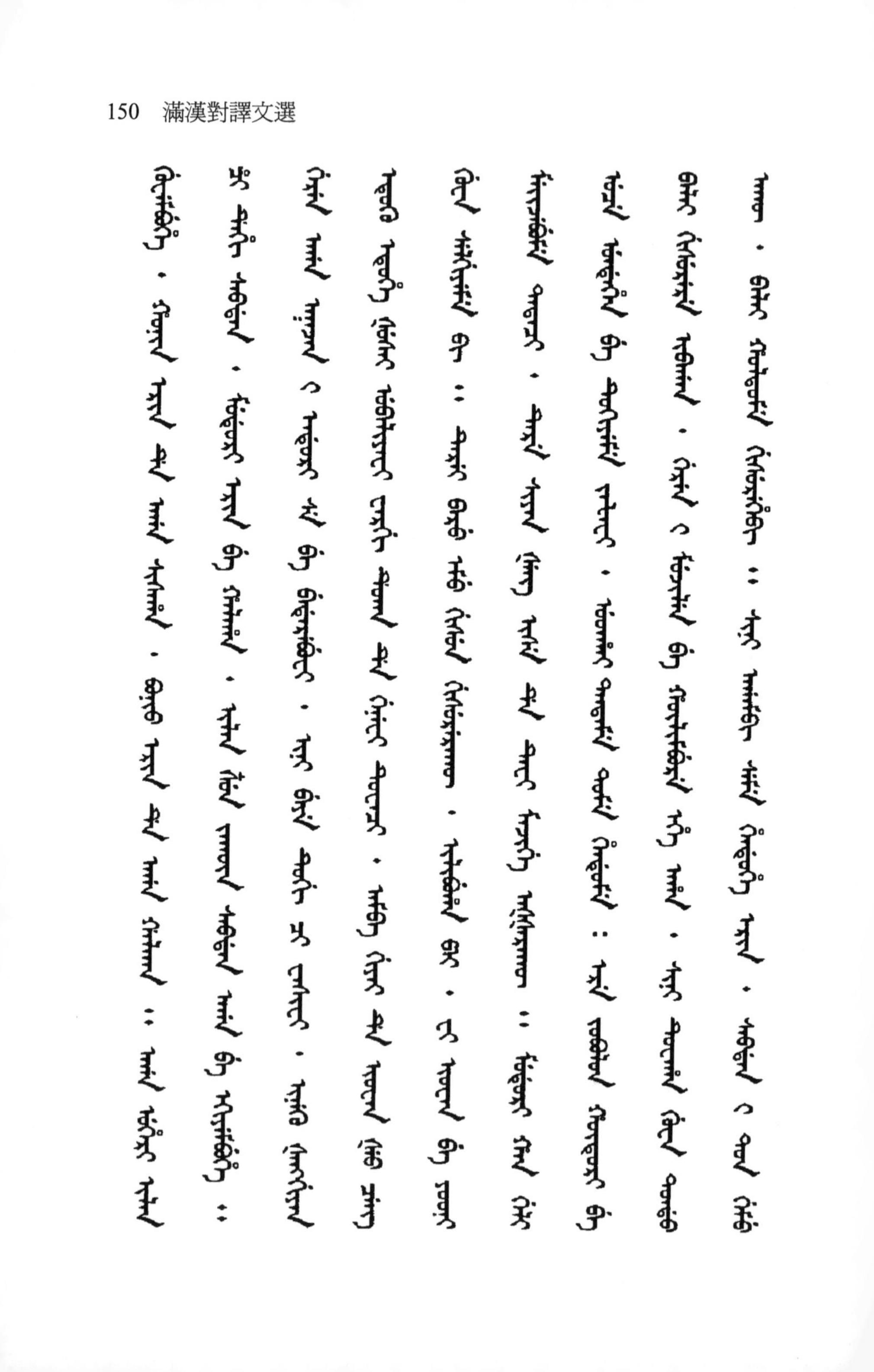

[illegible]

[illegible]

[illegible]

[illegible]

[illegible]

[illegible]

[illegible]

[illegible]

[illegible]

[illegible]

guwembuhe, honin erin de aga sisaha, bonio erin de aga galaka. aga uheri ilan cy dehi sabdan, muduri erin be halaha, ilan ts'un jakūn sabdan aga be ekiyembuhe. geren aga akjan i enduri se be bederebufi, ini beye tugi ci wasifi, ineku šanggiyan etuku etuhe šusai ubaliyafi wargi duka de genefi tuwaci, amba giyai de iowan šeo ceng, guwa selgiyeme bi. terei baru emu gisun gisurerakū, ilibuha pai, fi iowan be yooni meijebume tataci, tere siyan šeng ise de tefi majige aššarakū. muduri han geli uce undehen be tukiyeme jafafi, uthai tantame tome hendume: ere jobolon hūturi be balai gisurere ibagan, geren i mujilen be hūlimbure ehe aha, sini tuwaha guwa tondo akū, balai holtome gisurehebi. sini agambi seme henduhe erin, sabdan i ton gemu

---

未時落雨，申時雨晴，共得雨三尺零四十滴，改了辰時，減了三寸零八滴，雨後令眾雨雷神班師。他自己由雲頭飄下，仍舊變作白衣秀士，到那西門，見袁守誠在大街上卜卦，遂一語不說，就把所立招牌，筆、硯等一齊打碎。那先生坐在椅上，絲毫不動。龍王又輪起門板便打，罵道：「這妄言禍福的妖人，煽惑眾心的惡棍，你看的卦又不靈，言又狂謬，說下雨的時辰，滴數都

未时落雨，申时雨晴，共得雨三尺零四十滴，改了辰时，减了三寸零八滴，雨后令众雨雷神班师。他自己由云头飘下，仍旧变作白衣秀士，到那西门，见袁守诚在大街上卜卦，遂一语不说，就把所立招牌，笔、砚等一齐打碎。那先生坐在椅上，丝毫不动。龙王又轮起门板便打，骂道：「这妄言祸福的妖人，煽惑众心的恶棍，你看的卦又不灵，言又狂谬，说下雨的时辰，滴数都

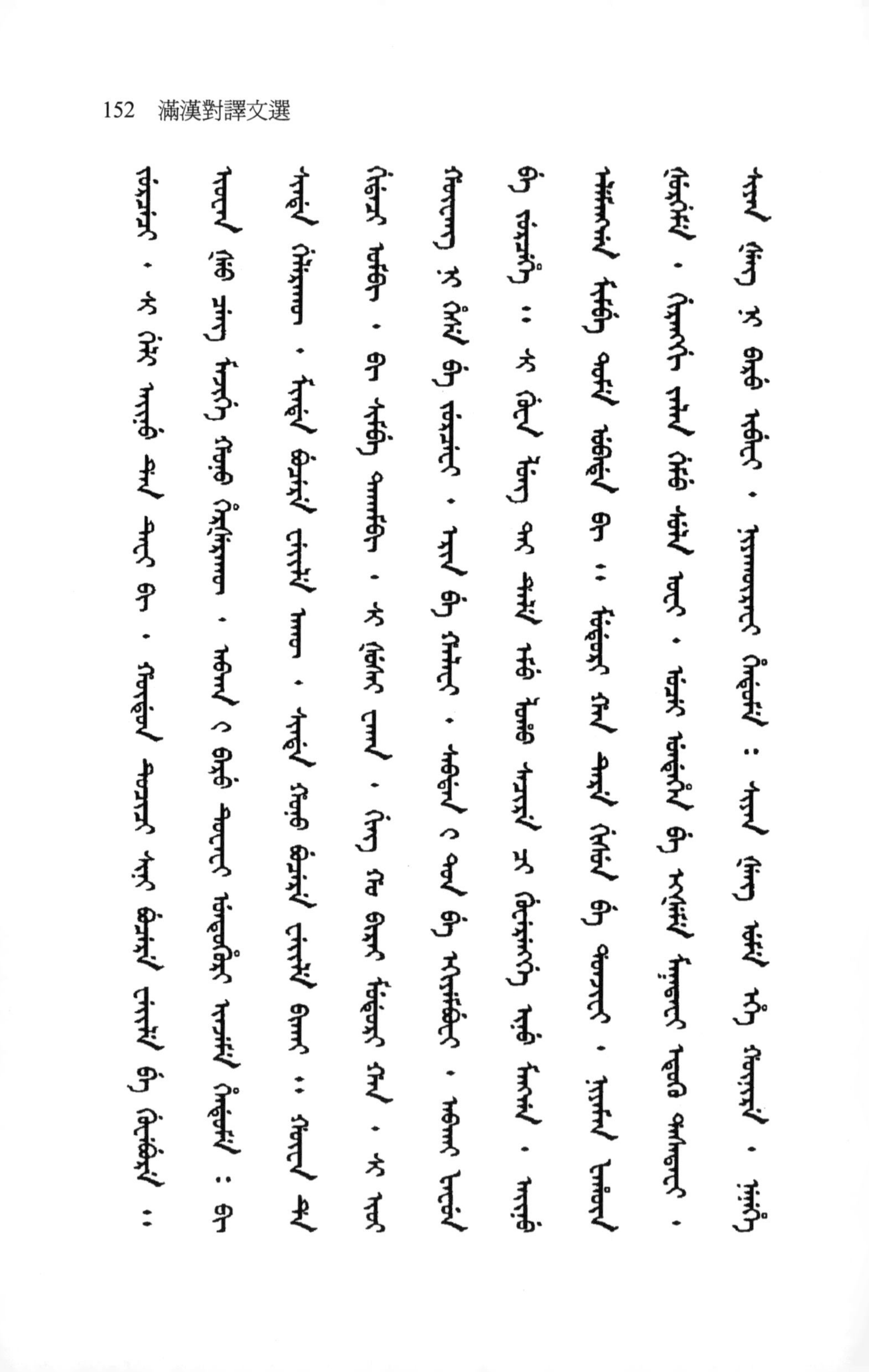

jurceci, si geli ainu den tefi bi, hūdun tucici sini bucere weile be guwebure. iowan šeo ceng majige hono heršerakū, abka i baru tuwafi untuhuri injeme hendume: bi sinde gelerakū, minde bucere weile akū, sinde hono bucere weile bikai. gūwa de gidaci ombi, bi simbe takambi, si šusai waka, ging ho birai muduri han, si ioi hūwang ni hese be jurcefi, erin be halafi, sabdan i ton be ekiyembufi, abkai fafun be jurcehe. si guwa lung tai dele emu loho sacire ci guwerengge inu mangga, ainu elemangga mimbe tome ubade bi. muduri han tere gisun be donjifi, niyaman fahūn šurgeme, giranggi jalan gemu sula ofi, ucei undehen be ekšeme maktafi etuku dasatafi, siyan šeng ni baru ibefi, niyakūrafi hendume: siyan šeng ume ehe gūnire, nenehe

---

不對，你還安然高坐，趁早出去，饒你死罪。」袁守誠還絲毫不懼，仰面朝天冷笑道：「我不怕，我無死罪，只怕你倒有個死罪哩！別人好瞞，我認得你，你不是秀士，是涇河龍王，你違了玉帝旨意，改了時辰，減了滴數，犯了天條，你在那剮龍臺上，也難免一刀，反而在此罵我！」龍王聞其言，心驚膽戰，毛骨悚然，急丟了門板，整理衣服，進前向先生跪下道：「先生休怪，

不对，你还安然高坐，趁早出去，饶你死罪。」袁守诚还丝毫不惧，仰面朝天冷笑道：「我不怕，我无死罪，只怕你倒有个死罪哩！别人好瞒，我认得你，你不是秀士，是泾河龙王，你违了玉帝旨意，改了时辰，减了滴数，犯了天条，你在那剐龙台上，也难免一刀，反而在此骂我！」龙王闻其言，心惊胆战，毛骨悚然，急丢了门板，整理衣服，进前向先生跪下道：「先生休怪，

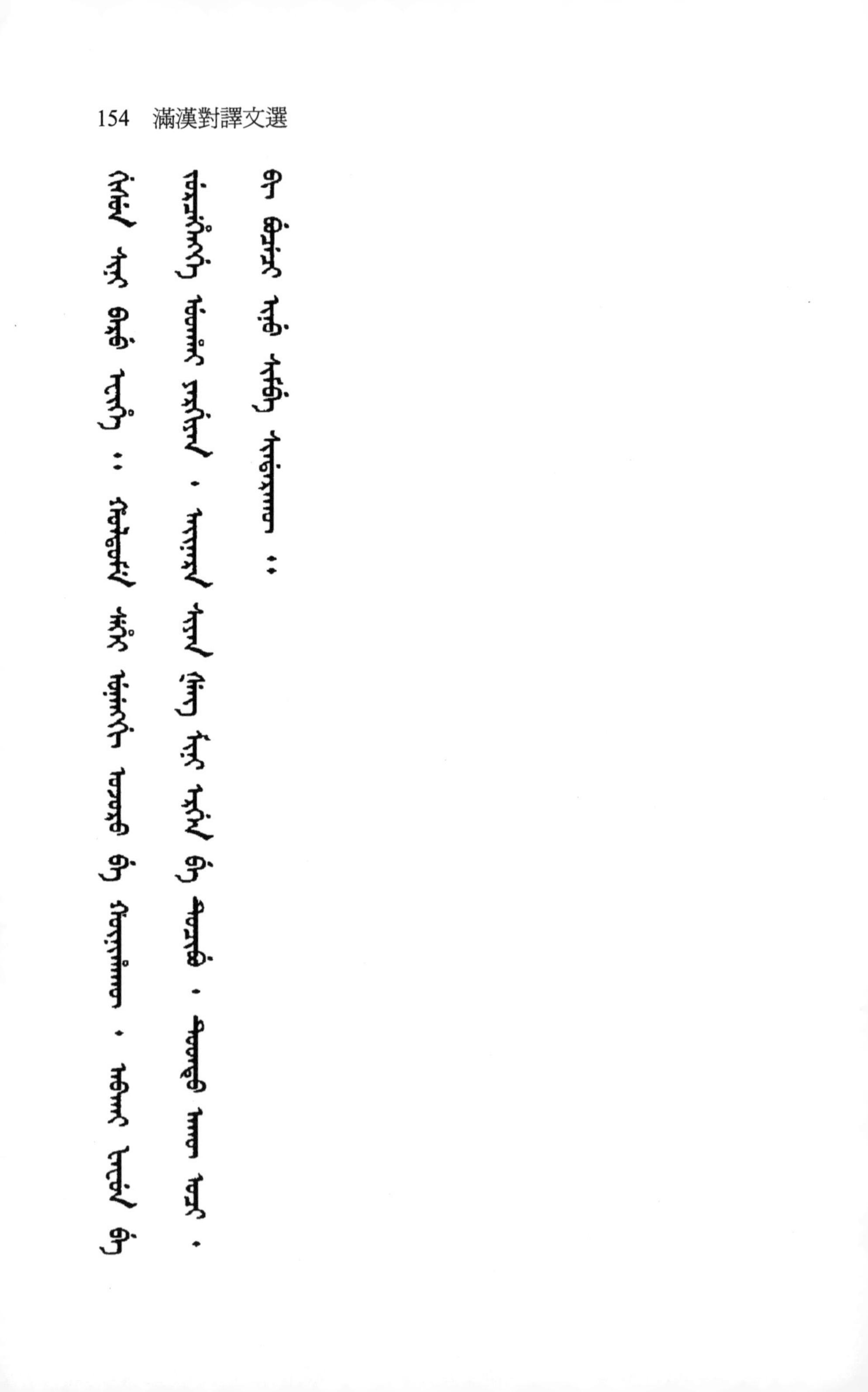

gisun sini baru efihe. holtome sehei unenggi ojoro be gūnihakū, abkai fafun be jurcehengge uthai yargiyan, ainara siyan šeng mini ergen be tucibu, tuttu akū oci, bi buceci inu simbe sindarakū.

前言戲你耳，豈知弄假成真，果然違犯天條，奈何？先生救我命，不然，我死也不放你。」

前言戏你耳，岂知弄假成真，果然违犯天条，奈何？先生救我命，不然，我死也不放你。」

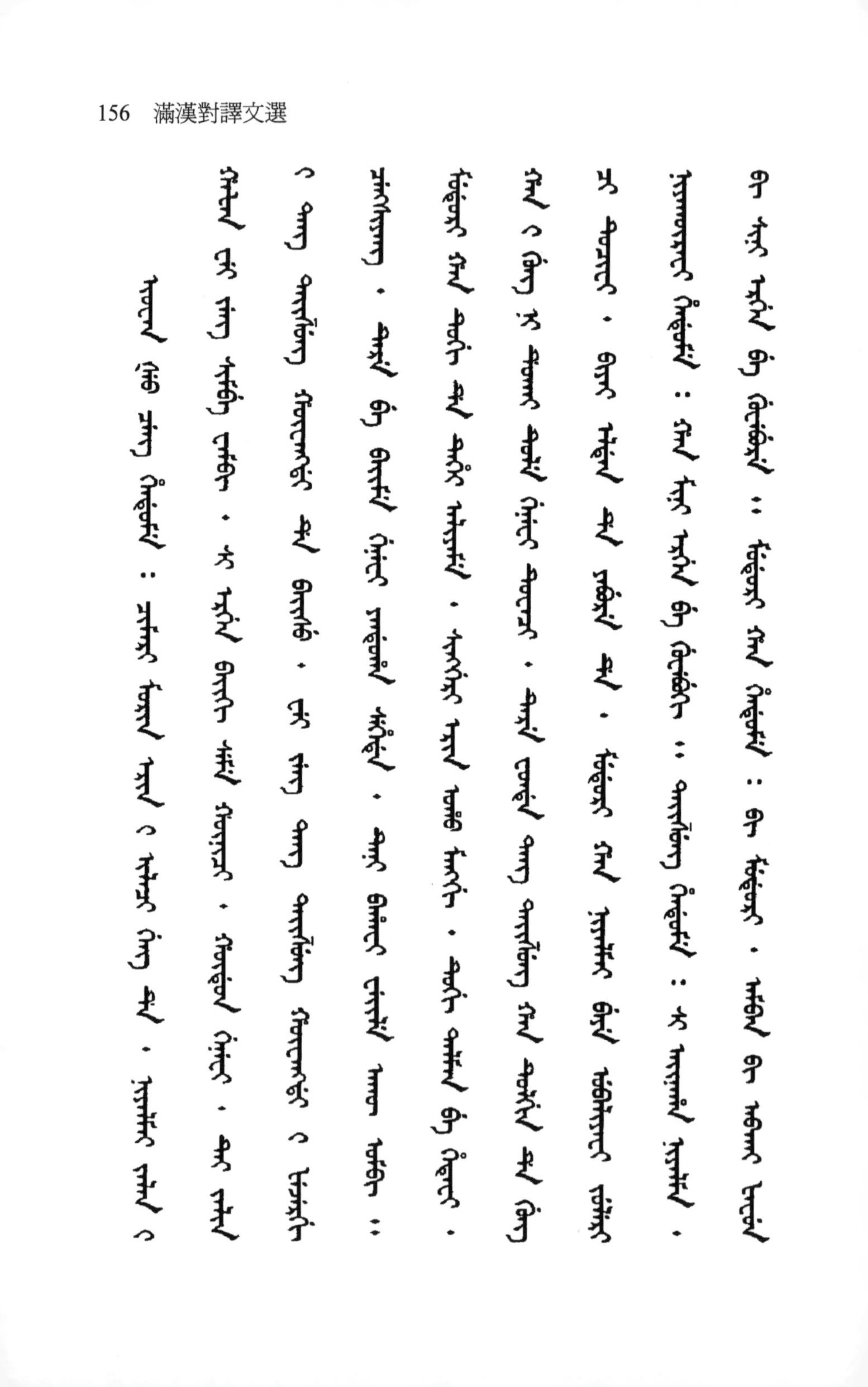

三十一、夢斬龍王

iowan šeo ceng hendume: cimari morin erin i ilaci geng de, niyalmai jalan i hafan wei jeng simbe wambi, si ergen baiki seme gūnici, hūdun genefi, tei jalin i tang taidzung hūwangdi de baisu, wei jeng tang taidzung hūwangdi i fejergi cengsiyang, tere be baime genefi yanduha sehede, teni bahafi weile akū ombi. muduri han tugi de tehei aliyame, singgeri erin oho manggi, tugi talman be hetefi, han i gung ni dukai tule genefi tuwaci, tere fonde tang taidzung han tolgin de gung ci tucifi, biyai elden de yabure de, muduri han niyalmai beye ubaliyafi juleri niyakūrafi hendume: han mini ergen be guwebuki. taidzung hendume: si ainaha niyalma, bi sini ergen be guwebure. muduri han hendume: bi muduri, amban bi abkai fafun

---

袁守誠道：「明日午時三刻，人曹官魏徵斬你，你果要性命，當速往求今世唐太宗皇帝。魏徵是唐太宗皇帝駕下的丞相，去請托他，方保無事。」龍王坐在雲端等候，等到子時，收了雲霧，來到皇宮門外，此時唐太宗皇帝正夢遊出宮門之外，在月光下行走時，龍王變作人身，上前跪拜道：「陛下救我！」太宗道：「你是何人？朕當救你。」龍王道：「我是龍。臣因犯了天條，

袁守诚道：「明日午时三刻，人曹官魏征斩你，你果要性命，当速往求今世唐太宗皇帝。魏征是唐太宗皇帝驾下的丞相，去请托他，方保无事。」龙王坐在云端等候，等到子时，收了云雾，来到皇宫门外，此时唐太宗皇帝正梦游出宫门之外，在月光下行走时，龙王变作人身，上前跪拜道：「陛下救我！」太宗道：「你是何人？朕当救你。」龙王道：「我是龙。臣因犯了天条，

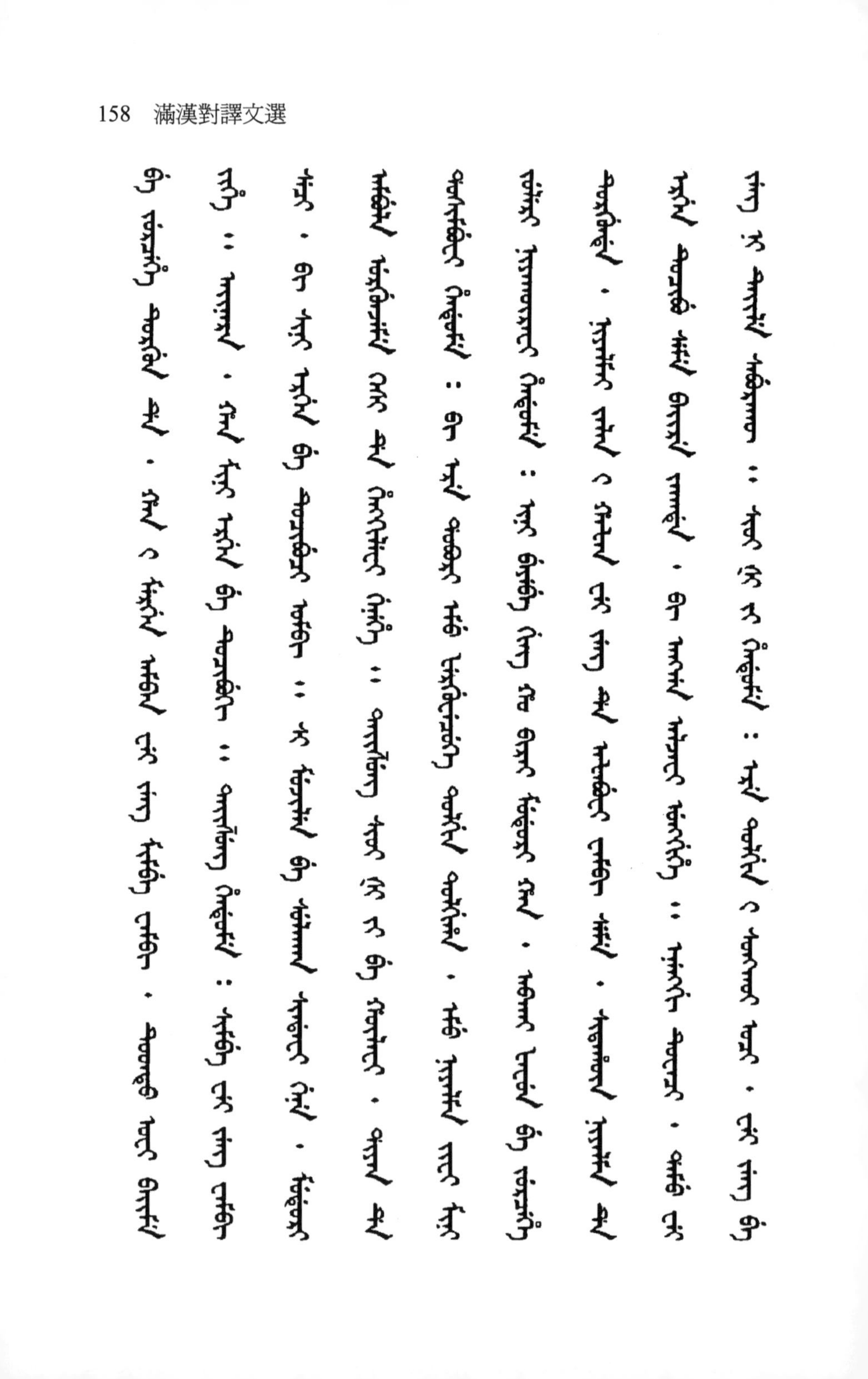

[illegible]

be jurcehe turgun de, han i mergen amban wei jeng mimbe wambi. tuttu ofi baime jihe. ainara, han mini ergen be tucibuki. taidzung hendume: simbe wei jeng wambi seci, bi sini ergen be tucibuci ombi. si mujilen be sulaka sindafi gene, muduri ambula urgunjeme kesi de hengkilefi genehe. taidzung sioi ši ji be hūlafi, diyan de dosimbufi hendume: bi ere dobori emu ferguwecuke tolgin tolgiha, emu niyalma jifi mini juleri niyakūrafi hendume: ini beyebe ging ho birai muduri han, abkai fafun be jurcehe turgunde, niyalmai jalan i hafan wei jeng de afabufi wambi seme, sitahūn niyalma de ergen tucibu seme baire jakade, bi angga aljafi unggihe. enenggi tuwaci, damu wei jeng ni teile saburakū. sioi ši ji hendume: ere tolgin i songkoi oci, wei jeng be

---

陛下賢臣魏徵斬我，故來拜求，奈何，請陛下救我一命！」太宗道：「既是魏徵處斬，朕可以救你。你放心前去。」龍王十分歡喜，叩謝而去。太宗召徐世勣上殿道：「朕夜間得一怪夢，夢見一人前來跪在朕前道：『口稱其本人是涇河龍王，因犯了天條，交人曹官魏徵處斬，拜告寡人救他。』朕已許諾，將他打發去。今日看得，獨不見魏徵。」徐世勣道：「按照此夢，

陛下贤臣魏征斩我，故来拜求，奈何，请陛下救我一命！」太宗道：「既是魏征处斩，朕可以救你。你放心前去。」龙王十分欢喜，叩谢而去。太宗召徐世绩上殿道：「朕夜间得一怪梦，梦见一人前来跪在朕前道：『口称其本人是泾河龙王，因犯了天条，交人曹官魏征处斩，拜告寡人救他。』朕已许诺，将他打发去。今日看得，独不见魏征。」徐世绩道：「按照此梦，

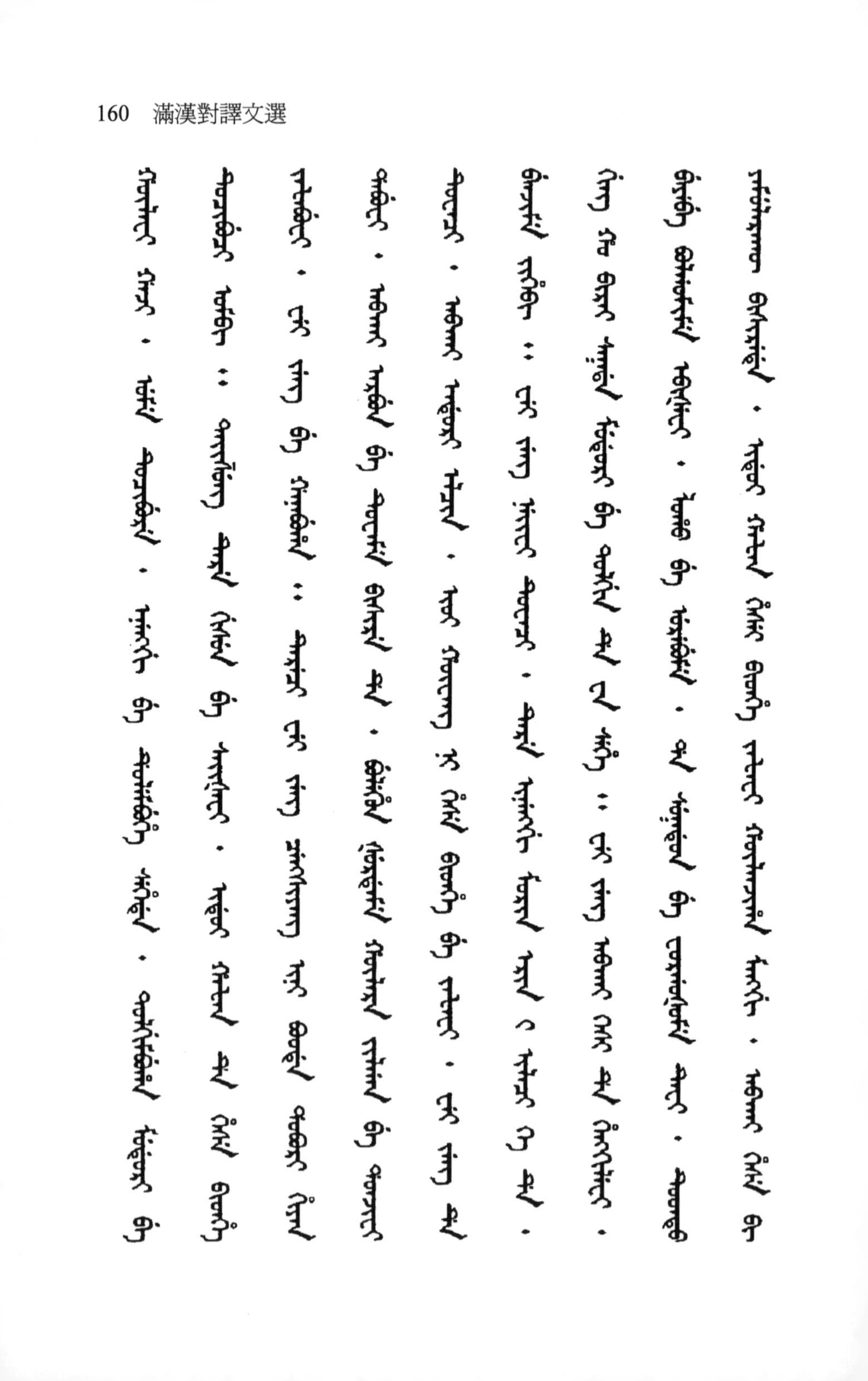

hūlafi gaji, ume tucibure, enenggi be dulembuhe sehede, tolgimbuha muduri be tucibuci ombi. taidzung tere gisun be saišafi, idui hafan de hese bithe jafabufi, wei jeng be ganabuha. tereci wei jeng cengsiyang ini boode dobori hiyan dabufi, abkai arbun be tuwame bisire de, bulehun šurdeme hūlara jilgan be donjifi tuwaci, abkai enduri elcin, ioi hūwang ni hese bithe be jafafi, wei jeng de benjime jihebi. wei jeng neifi tuwaci, tere inenggi morin erin i ilaci ke de, ging ho birai sakda muduri be tolgin de wa sehe. wei jeng abkai kesi de hengkilefi, beyebe bolgomime ebišefi, loho be urebume, da sukdun be forgošome tefi, tutu yamularakū bisirede, idui hafan hesei bithe jafafi hūlanjiha manggi, abkai hese bi

---

須喚魏徵來朝，不放他出去，過了今日，可救夢中之龍。」太宗嘉其言，著當駕官傳旨宣魏徵入朝。却說魏徵丞相在其府，點夜香觀天象時，聞得鶴唳九霄，見天差仙使，捧玉帝敕旨，齎遞魏徵。魏徵啓覽，著他今日午時三刻夢斬涇河老龍。魏徵叩謝天恩，齋戒沐浴，操練刀劍，坐運元氣，故此不曾上朝，當駕官齎旨來宣，

须唤魏征来朝，不放他出去，过了今日，可救梦中之龙。」太宗嘉其言，着当驾官传旨宣魏征入朝。却说魏征丞相在其府，点夜香观天象时，闻得鹤唳九霄，见天差仙使，捧玉帝敕旨，赍递魏征。魏征启览，着他今日午时三刻梦斩泾河老龙。魏征叩谢天恩，斋戒沐浴，操练刀剑，坐运元气，故此不曾上朝，当驾官赍旨来宣，

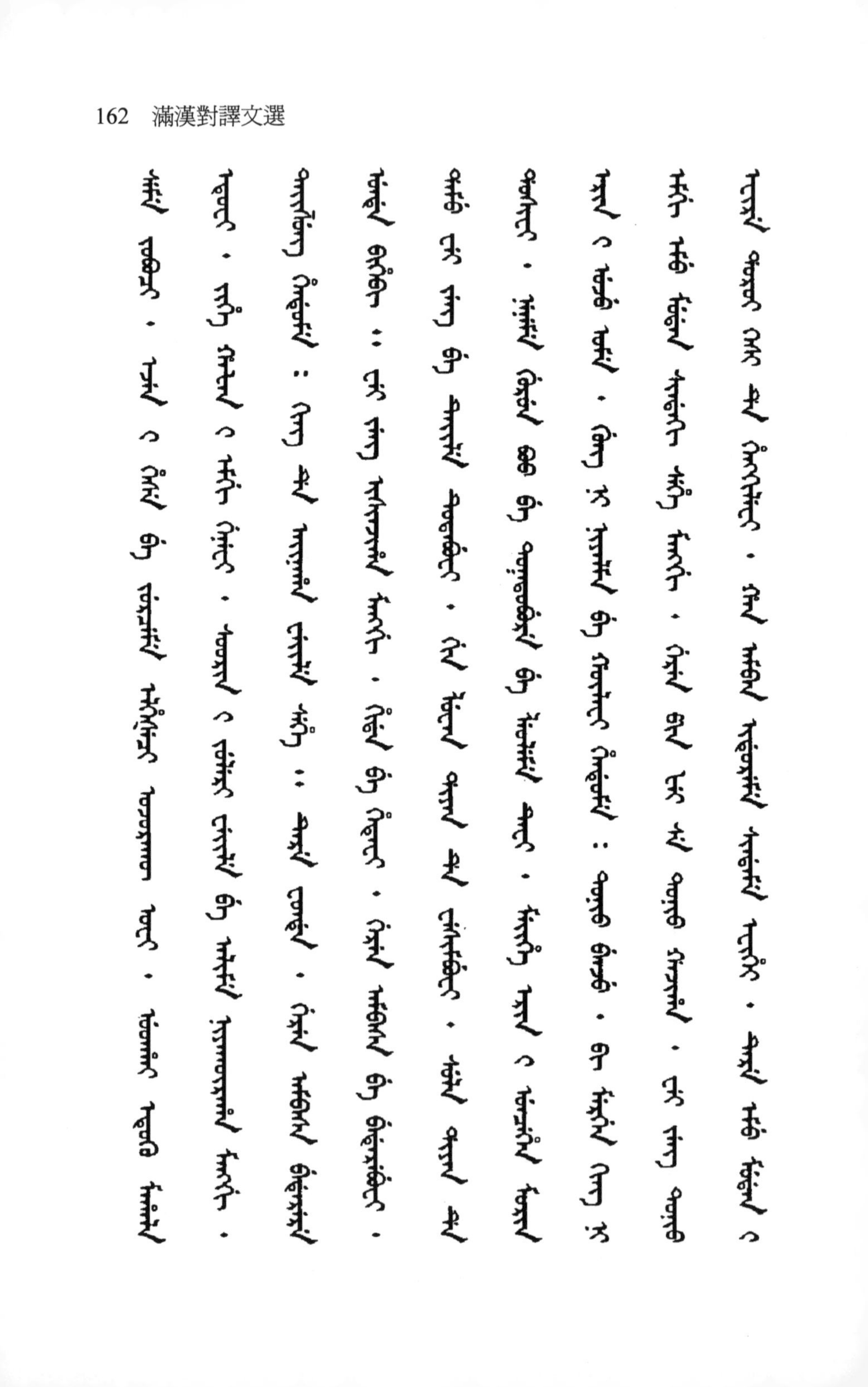

seme joboci, ejen i hese be jurceme elhešeci ojorakū ofi, uthai etuku mahala etufi, jihe hafan i emgi genefi, soorin i juleri weile be alime niyakūraha manggi, taidzung hendume: king de ainaha weile sehe. tere fonde, geren ambasa bederere unde hetefi. wei jeng isinjiha manggi, hida be hetefi, geren ambasa be bederebufi, damu wei jeng be teile tutabufi, gin luwan diyan de wesimbufi, sula diyan de dosifi, neneme gurun boo be toktobure be leoleme tefi, meihe erin i uncehen, morin erin i uju ome, gung ni niyalma be hūlafi hendume: tonio benju, bi mergen king ni emgi emu mudan sindaki sehe manggi, geren pin fei se tonio gajiha, wei jeng tonio efire doroi kesi de hengkilefi, han amban idurame sindame efihei, tere emu mudan i

---

憂心天命，又不敢違遲君命，即穿戴衣帽，同來員前去，在御前叩頭請罪。太宗道：「赦卿無罪。」那時諸臣尚未退朝，魏徵到來後，捲簾命諸臣散朝，獨留魏徵，宣上金鑾殿，召入便殿，先坐談安邦定國之策，將近巳末午初時候，喚宮人道：「取棋來，朕想與賢卿對奕一局。」眾嬪妃隨取棋來，魏徵叩謝奕棋之恩，君臣對奕，一遞一著，那一盤

忧心天命，又不敢违迟君命，即穿戴衣帽，同来员前去，在御前叩头请罪。太宗道：「赦卿无罪。」那时诸臣尚未退朝，魏征到来后，卷帘命诸臣散朝，独留魏征，宣上金銮殿，召入便殿，先坐谈安邦定国之策，将近巳末午初时候，唤宫人道：「取棋来，朕想与贤卿对奕一局。」众嫔妃随取棋来，魏征叩谢奕棋之恩，君臣对奕，一递一着，那一盘

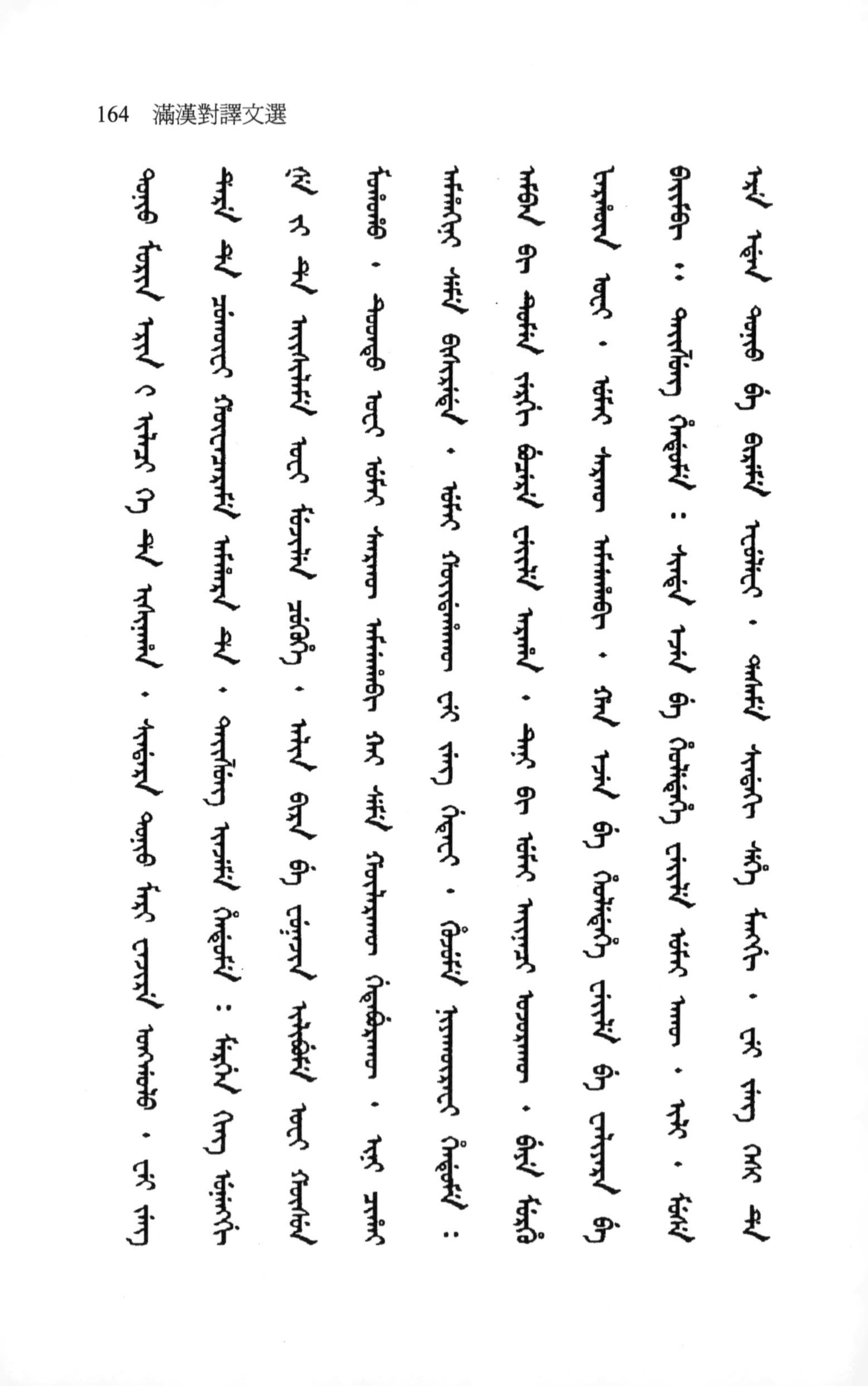

tonio morin erin i ilaci ke de isinaha, sindara tonio mari wajire onggolo, wei jeng dere de cukūfi hūwacarame amhara de, taidzung injeme hendume: mergen king unenggi še ji de aisilame ofi mujilen cukūhe, alin bira be fukjin ilibume ofi hūsun mohoho, tuttu ofi umai sarkū amgahabi kai seme hūlarakū geteburakū, ini cihai amhakini seme bisirede, umai goidahakū wei jeng getefi, hujume niyakūrafi hendume: amban bi tumen jergi bucere weile araha, teni bi umai ainaci ojorakū, beye murhu farhūn ofi, umai sarkū amgahabi, han ejen be heoledehe weile be waliyara be baimbi. taidzung hendume: sinde ejen be heoledehe weile umai akū, ili, muse ere eden tonio be bireme efulefi, dasame sindaki sehe manggi, wei jeng kesi de

---

棋下到午時三刻，一局未終之前，魏徵伏案鼾睡。太宗笑道：「賢卿真是匡扶社稷而心勞累，創立江山而力竭。」所以不覺入睡，故不喚醒他，任他睡著。不多時，魏徵醒來，俯伏在地道：「臣該萬死，方才臣不由自主，身體昏昏沉沉，不覺睡著了，請陛下赦臣慢君之罪。」太宗道：「你並無慢君之罪，且起來。我們都拆了這殘棋，重新再下吧！」魏徵謝了恩，

棋下到午时三刻，一局未终之前，魏征伏案鼾睡。太宗笑道：「贤卿真是匡扶社稷而心劳累，创立江山而力竭。」所以不觉入睡，故不唤醒他，任他睡着。不多时，魏征醒来，俯伏在地道：「臣该万死，方才臣不由自主，身体昏昏沉沉，不觉睡着了，请陛下赦臣慢君之罪。」太宗道：「你并无慢君之罪，且起来。我们都拆了这残棋，重新再下吧！」魏征谢了恩，

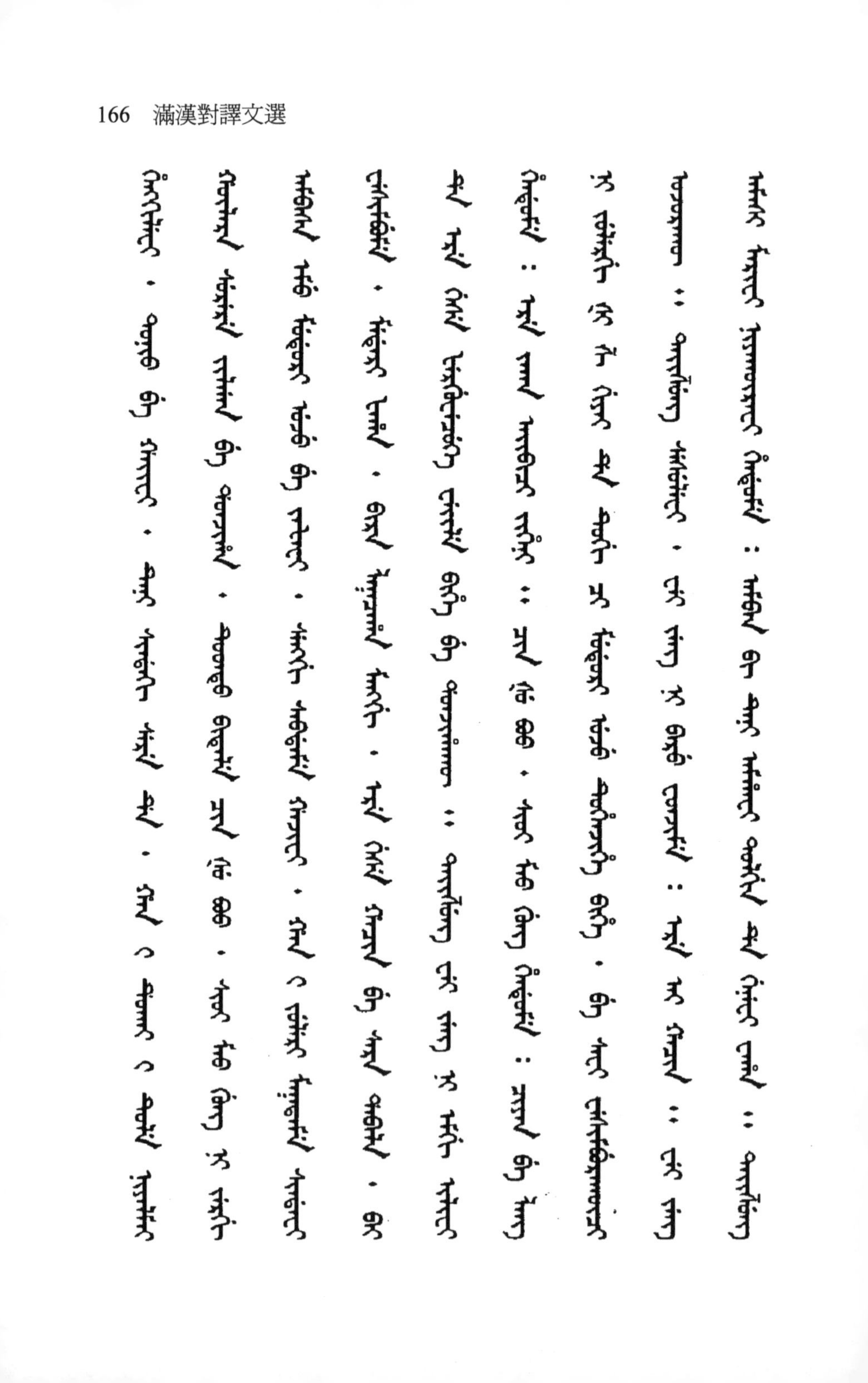

hengkilefi, tonio be gaifi, teni sindaki sere de, han i dukai tule niyalmai hūlara surere jilgan be donjiha. tuttu bitele cin šu boo, sioi mao gung ni jergi ambasa emu muduri uju be jafafi, senggi sabdame gajifi, han i juleri maktame sindafi wesimbume, mederi faha, bira lakcaha manggi, ere gese hacin be sara dabala, bai de ere gese ferguwecuke weile bihe be donjihakū. taidzung wei jeng ni emgi ilifi hendume: ere jaka aibici jiheni? cin šu boo. sioi mao gung hendume: ciyan be lang ni julergi ši dz giyai de tugi ci muduri uju tuhenjihe bihe. be safi wesimburakūci ojorakū. taidzung sesulafi, wei jeng ni baru fonjime: ere ai hacin? wei jeng amasi marifi niyakūrafi hendume: amban bi teni amhafi tolgin de genefi waha. taidzung

---

撚棋纔要放，忽聽得朝門外有人喊叫之聲，原來是秦叔寶。徐茂功等臣提著一個龍頭，血淋淋地擲在帝前奏道：「只知曾有海枯河斷，這般異事却無聞。」太宗與魏徵起身道：「此物何來？」秦叔寶、徐茂功道：「千步廊南，十字街，雲端裡落下龍頭，臣等知悉後不可不奏。」太宗驚問魏徵道：「此是何說？」魏徵轉身叩頭道：「是臣剛纔在睡夢中去斬的。」

捻棋纔要放，忽听得朝门外有人喊叫之声，原来是秦叔宝。徐茂功等臣提着一个龙头，血淋淋地掷在帝前奏道：「只知曾有海枯河断，这般异事却无闻。」太宗与魏征起身道：「此物何来？」秦叔宝、徐茂功道：「千步廊南，十字街，云端里落下龙头，臣等知悉后不可不奏。」太宗惊问魏征道：「此是何说？」魏征转身叩头道：「是臣刚纔在睡梦中去斩的。」

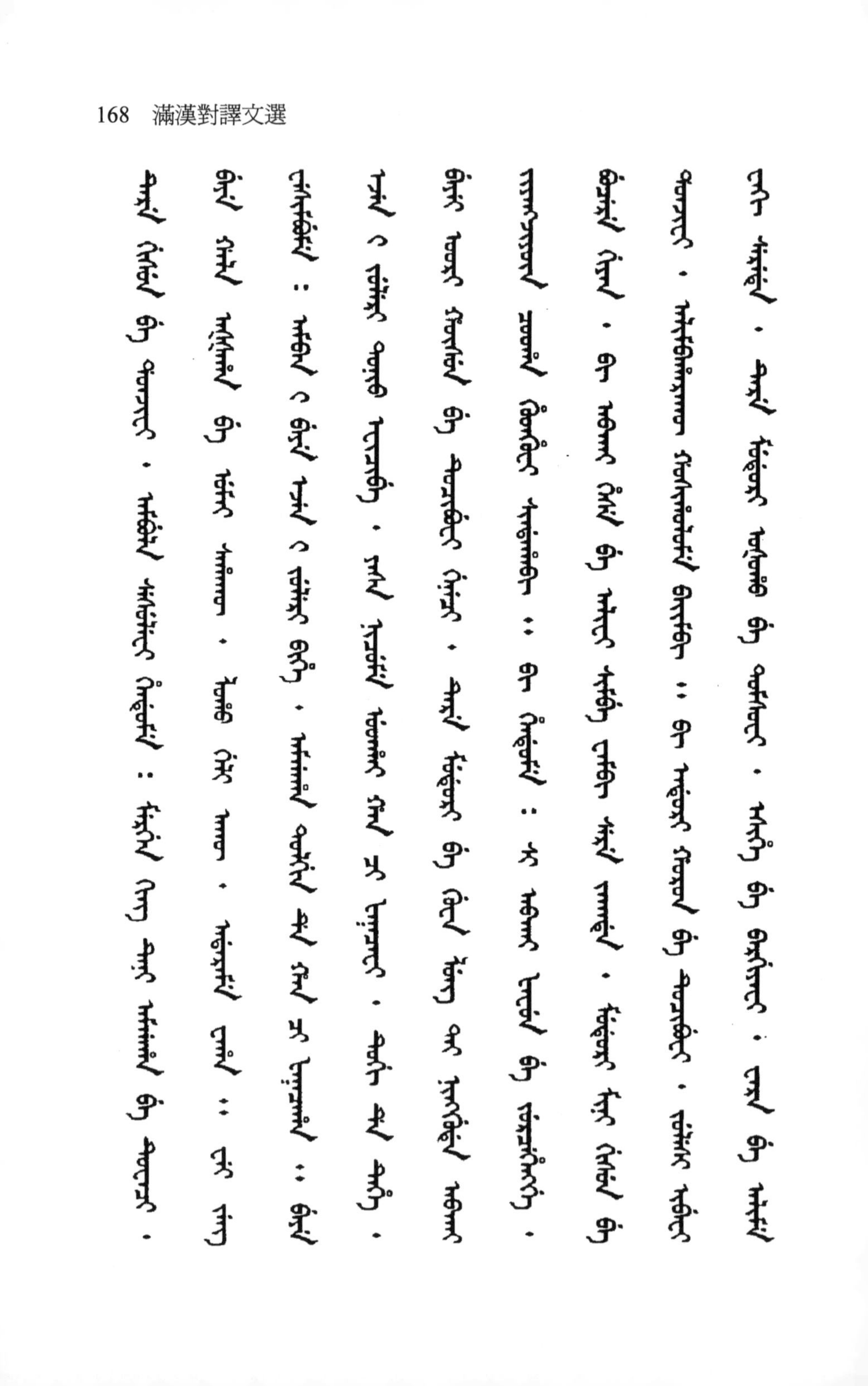

tere gisun be donjifi, ambula sesulefi hendume: mergen king teni amgaha be tuwaci, beye gala aššaha be umai sahakū, loho geli akū, adarame waha? wei jeng wesimbume: amban i beye, ejen i juleri bihe, amgaha tolgin de han ci fakcaha. beye ejen i juleri tonio eficibe, yasa nicume uthai han ci fakcafi, tugi de tehe, beyei oori hūsun be tucibufi geneci, tere muduri be guwa lung tai ninggude abkai jiyangjiyūn cooha huthufi sindahabi. bi hendume: si abkai fafun be jurcehengge, bucere giyan, bi abkai hese be alifi simbe wambi sere jakade, muduri mini gisun be donjifi, alimbaharakū gosiholome baimbi. bi enduri horon be tucibufi, julesi ibefi waki serede, tere muduri ošoho be tomsofi, esihe be bargiyafi, wara be alime

---

太宗聞其言，大驚道：「見賢卿方纔盹睡之時，並不曾見動身動手，又無刀劍，如何斬之。」魏徵奏道：「臣的身在君前，睡夢離陛下，身在君前對奕，合眼朦朧即離陛下乘雲，出魂抖擻。那條龍在剮龍臺上，被天將天兵綁縛置於臺上。臣道：『你犯天條，合當一死，我奉天命斬你。』龍王聞臣言，不勝哀苦，臣使出神威，進前斬之，那龍伏爪收鱗甘受死，

太宗闻其言，大惊道：「见贤卿方纔盹睡之时，并不曾见动身动手，又无刀剑，如何斩之。」魏征奏道：「臣的身在君前，睡梦离陛下，身在君前对奕，合眼朦胧即离陛下乘云，出魂抖擞。那条龙在剐龙台上，被天将天兵绑缚置于台上。臣道：『你犯天条，合当一死，我奉天命斩你。』龙王闻臣言，不胜哀苦，臣使出神威，进前斩之，那龙伏爪收鳞甘受死，

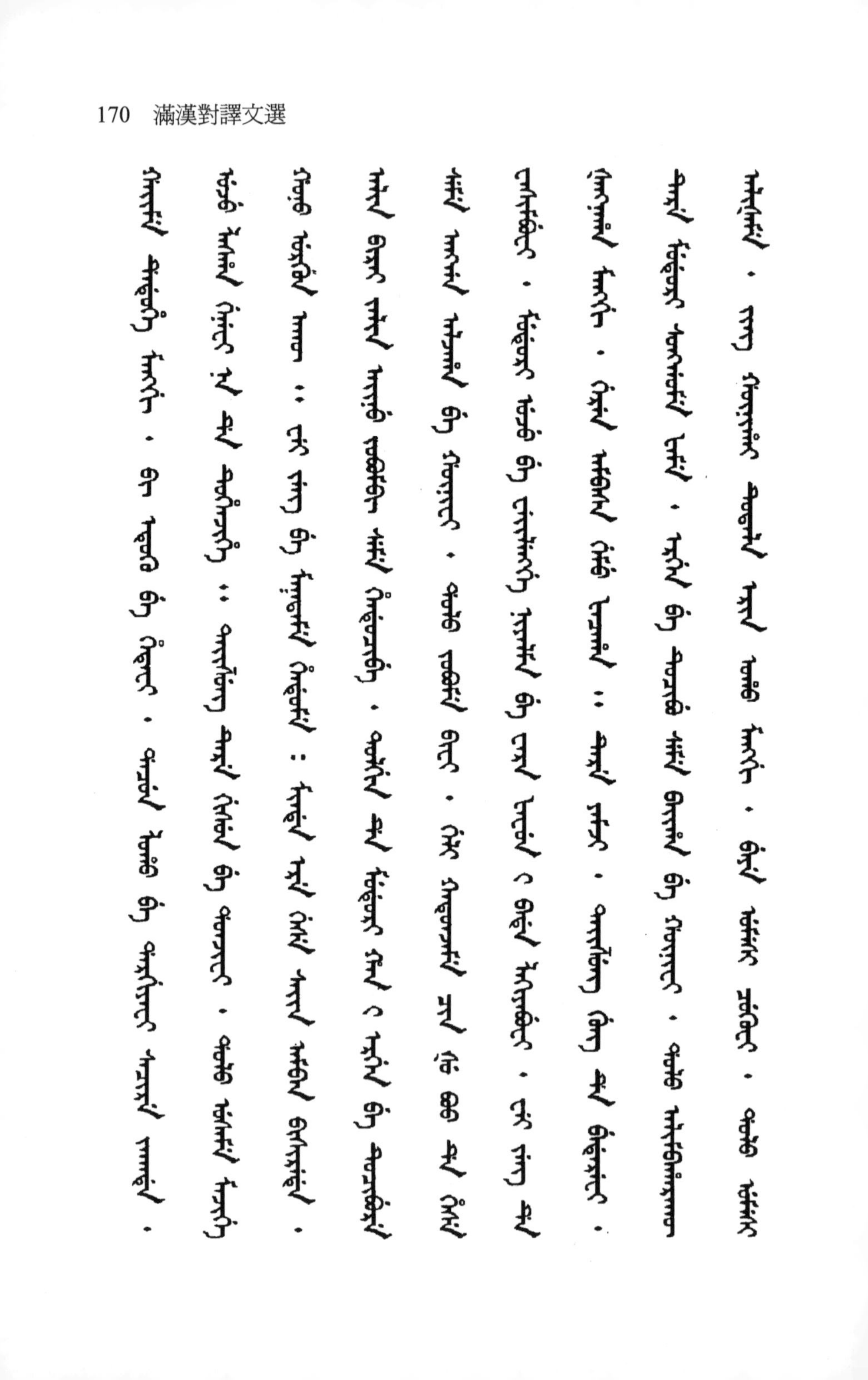

gaime deduhe manggi, bi etuku be hetefi, dacun loho be dargiyafi sacire jakade, uju lasha genefi na de tuhenjihe. taidzung tere gisun be donjifi, dolo usame majige hono urgun akū. wei jeng be maktame hendume: minde ere gese sain amban bisirede, alin birai jalin ainu jobombi seme henducibe, tolgin de muduri han i ergen be tucibure seme angga aljaha be gūnifi, dolo jobome bifi, geli katunjame cin šu boo de hese wasimbufi, muduri uju be weilengge niyalma be wara fafun i bade lakiyabufi, wei jeng de šangnaha manggi, geren ambasa gemu facaha. tere yamji taidzung gung de bederefi, tere muduri songgome fame, ergen be tucibu seme baiha be gūnifi, dolo alimbaharakū ališame, jing gūnihai tutala erin oho manggi, beye umesi cukufi, dolo umesi

---

臣撩衣提快刀斬之，龍頭斷落地上。」太宗聞其言，心中悲傷，毫不喜悅，誇獎魏徵道：「朕有此好臣，何愁江山不穩？」但想起夢中曾口許救龍王，心中愁悶，又強打精神諭秦叔寶將龍頭懸掛市曹，賞了魏徵，眾官都散去。當晚太宗回宮，想那龍哭啼求生，心中不勝憂悶，正思念多時，身體甚爲疲憊，

臣撩衣提快刀斩之，龙头断落地上。」太宗闻其言，心中悲伤，毫不喜悦，夸奖魏征道：「朕有此好臣，何愁江山不稳？」但想起梦中曾口许救龙王，心中愁闷，又强打精神谕秦叔宝将龙头悬挂市曹，赏了魏征，众官都散去。当晚太宗回宫，想那龙哭啼求生，心中不胜忧闷，正思念多时，身体甚为疲惫，

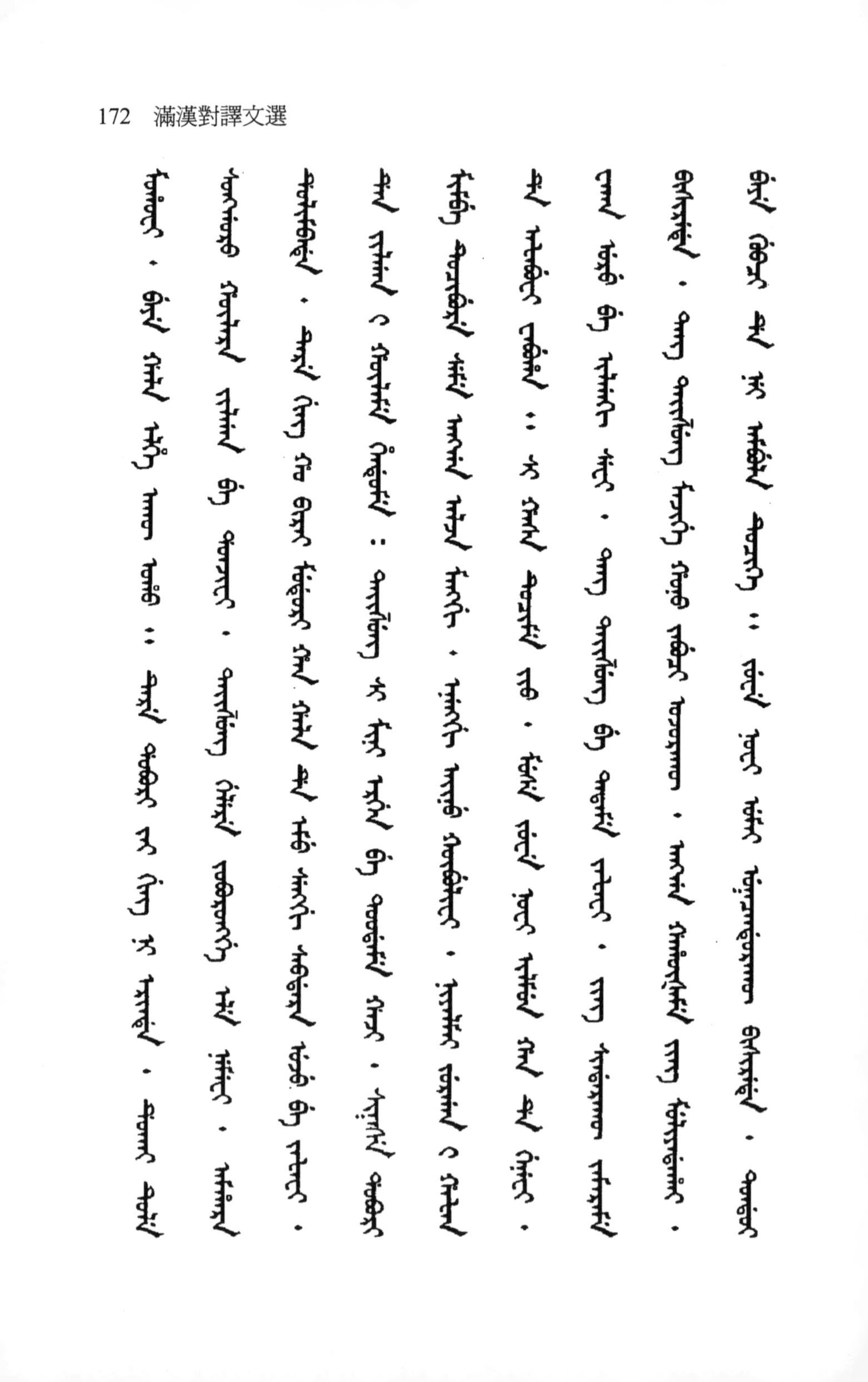

mohofi, beye gala elhe akū oho. tere dobori jai ging ni erinde, dukai tule songgoro hūlara jilgan be donjifi, taidzung gelere joborongge ele nemefi, amhara dulimbade, tere ging ho birai muduri han gala de emu senggi sabdara uju be jafafi, den jilgan i hūlame hendume: taidzung si mini ergen be toodame gaji, sikse dobori mimbe tucibure seme angga alja manggi, enenggi ainu kūbulifi, niyalmai jurgan i hafan de afabufi wabuha. si hasa tucime jio, muse juwe nofi ilmun han de genefi, waka uru be ilgaki sefi, tang taidzung be tatame jafafi, jing sindarakū jamarame bisirede, tang taidzung majige hono jabuci ojorakū, angga gahūšame jing muliyadahai, beye gubci de nei ambula tucike. juwe nofi umai ukcandurakū bisirede, tondoi

---

精神極其倦怠，身手不安。當夜二更時分，只聽得門外有號泣之聲，太宗愈加驚恐，正在睡夢間，見那涇河龍王手上提著一顆血淋淋的首級，高聲叫道：「唐太宗你還我命來！昨夜滿口許諾救我，今日怎麼變心，反宣人曹官來斬我？你快出來，我們倆到閻君處分辨是非！」他扯住唐太宗，正吵鬧不放間，唐太宗絲毫未答，正箝口難言，汗流遍體，兩人正難分難解之時，

精神极其倦怠，身手不安。当夜二更时分，只听得门外有号泣之声，太宗愈加惊恐，正在睡梦间，见那泾河龙王手上提着一颗血淋淋的首级，高声叫道：「唐太宗你还我命来！昨夜满口许诺救我，今日怎么变心，反宣人曹官来斩我？你快出来，我们俩到阎君处分辨是非！」他扯住唐太宗，正吵闹不放间，唐太宗丝毫未答，正箝口难言，汗流遍体，两人正难分难解之时，

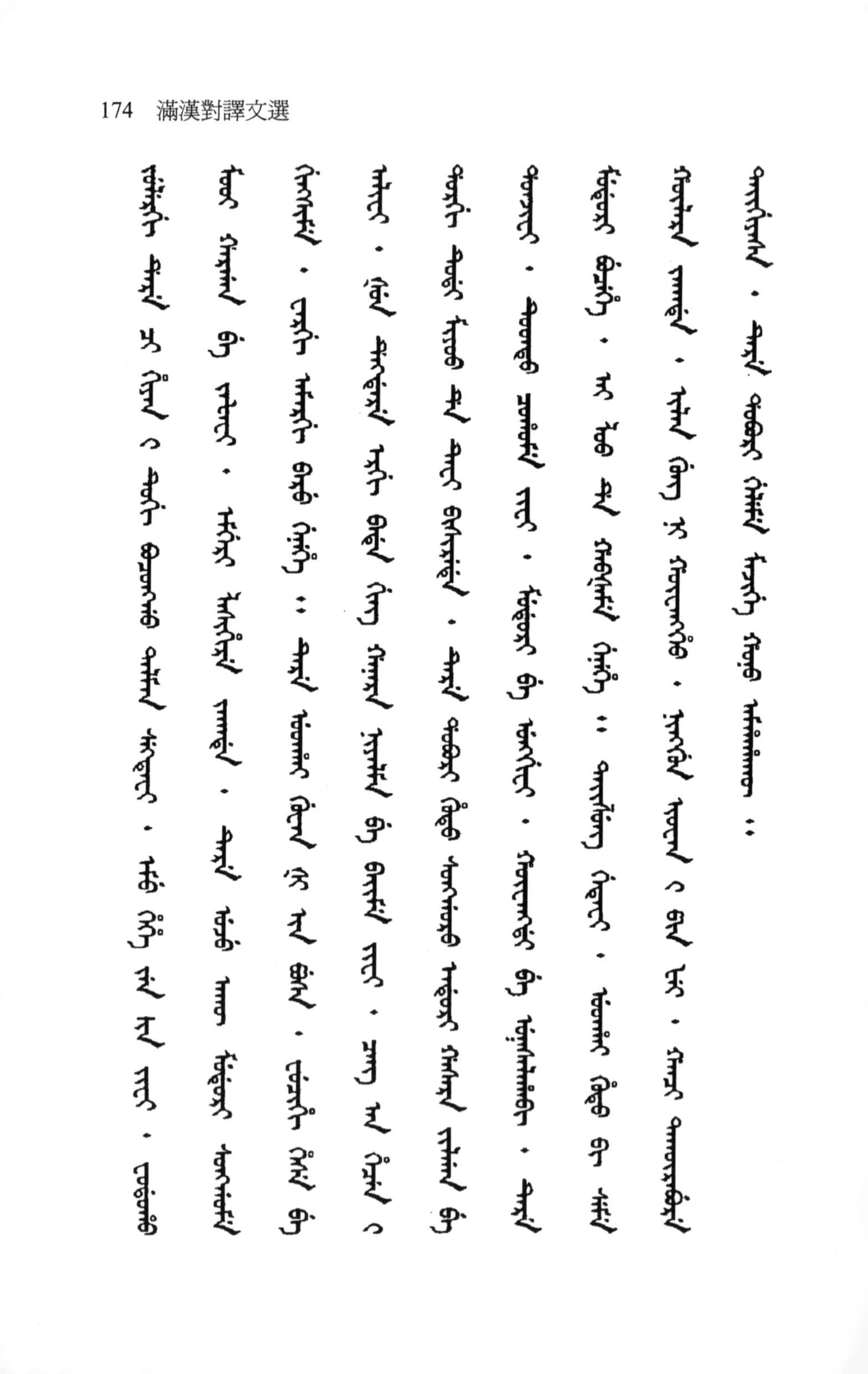

julergi dere ci hiyan i tugi boconggo talman sektefi, emu hehe jen žin jifi, fodoho mooi gargan be jafafi, emgeri lasihire jakade, tere uju akū muduri songgome gingsime, wargi amargi baru genehe. tere uthai guwan ši in pusa, fucihi hese be alifi, šun dekdere ergi bade ging ganara niyalma be baime jifi, cang an hecen i dorgi tudi miyoo de tefi bisirede, tere dobori hutu songgoro enduri gasara jilgan be donjifi, tuttu cohome jifi, muduri be unggifi, hūwangdi be uksalahabi, tere muduri bucehe, nai loo de habšame genehe. taidzung getefi, uthai hutu bi seme hūlara jakade, ilan gung ni hūwangheo, ninggun iowan i pin fei, hanci takūrabure taigiyasa, tere dobori geleme majige hono amhahakū.

只見正南面香雲繚繞，彩霧飄飄，有一女真人前來將柳枝用手一擺，那沒頭的龍，悲悲啼啼往西北而去。她就是觀世音菩薩，領佛旨，上東土，來尋取經人，住長安城內土地廟裡，夜聞鬼泣神號，故特來打發龍王，救脫皇帝。那龍死後到陰司地獄具告。太宗醒來，就叫有鬼，三宮皇后，六院嬪妃，近侍太監，一夜戰戰兢兢絲毫未眠。

只见正南面香云缭绕，彩雾飘飘，有一女真人前来将柳枝用手一摆，那没头的龙，悲悲啼啼往西北而去。她就是观世音菩萨，领佛旨，上东土，来寻取经人，住长安城内土地庙里，夜闻鬼泣神号，故特来打发龙王，救脱皇帝。那龙死后到阴司地狱具告。太宗醒来，就叫有鬼，三宫皇后，六院嫔妃，近侍太监，一夜战战兢兢丝毫未眠。

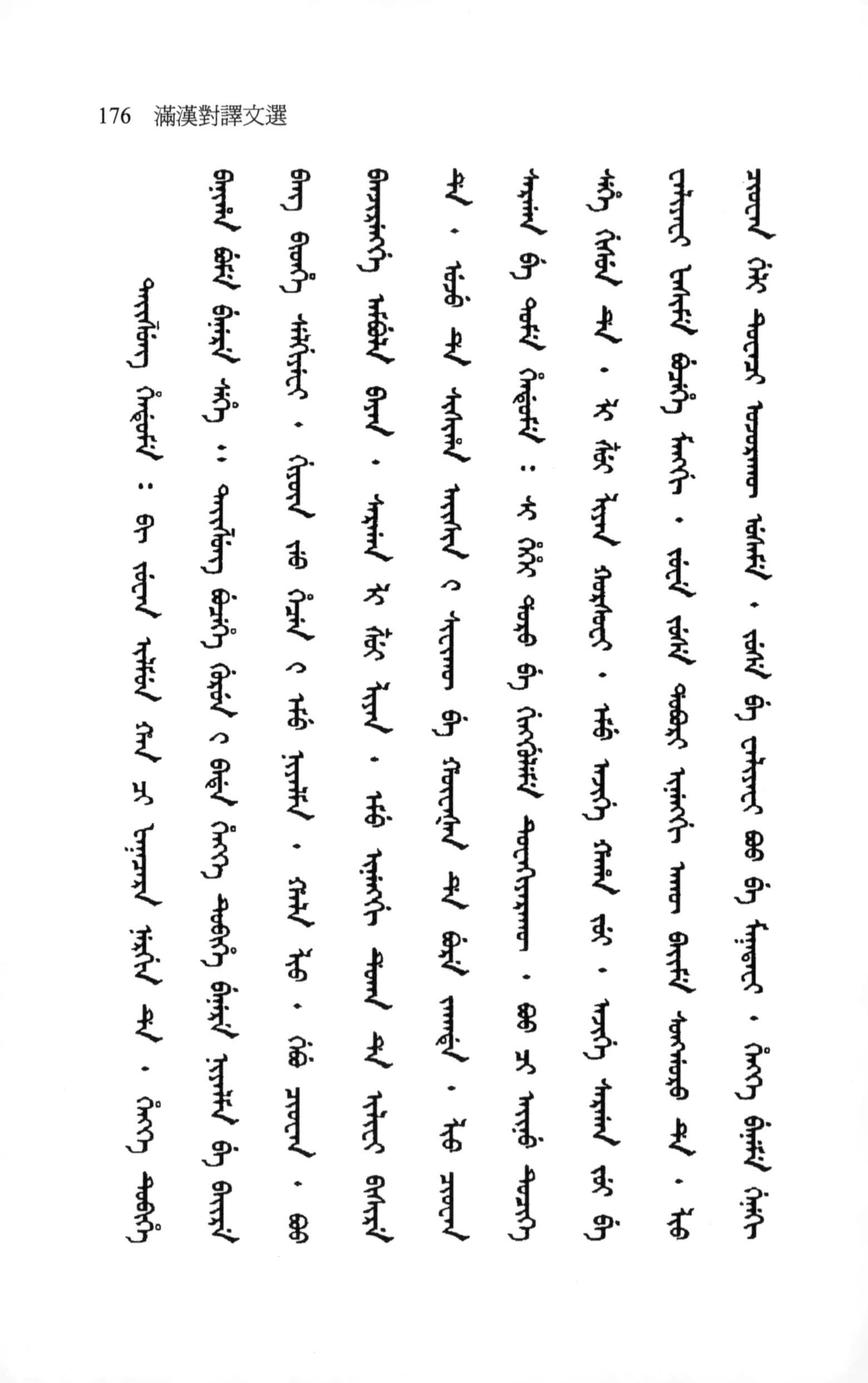

三十二、借屍還魂

taidzung hendume: bi juwan ilmun han ci fakcara nergin de, hengke tubihe baniha bume benere sehe. taidzung bucehe gurun i bade hengke tubihe benere niyalma be baire bang bithe selgiyefi, giyūn jeo hecen i emu niyalma, hala lio, gebu ciowan, boo banjirengge ambula bayan, sargan li ts'ui liyan, emu inenggi duka de ilifi bisire de, uju de sisiha aisin i sifikū be hūwašan de bure jakade, lio ciowan sargan be tome hendume: si hehei doro be ginggulеme tuwakiyarakū, boo ci ainu tucike sehe gisun de, li ts'ui liyan korsofi, emu ajige haha jui, ajige sargan jui be waliyafi fasime bucehe manggi, juwe juse dobori inenggi akū baime songgoro de, lio ciowan geli tuwaci ojorakū usame, juse be waliyafi boo be maktafi, hengke beneme geneki

---

太宗道：「朕與十閻王作別，允了送他瓜果謝恩。」太宗出榜招人進瓜果到陰司裡去。均州人姓劉，名全，家計非常富裕。只因妻李翠蓮有一日在門首拔頭上金釵贈僧。劉全罵妻子道：「你不恪守婦道，擅出閨房。」李翠蓮忍氣不過，撇下一個小男孩、小女孩，自縊而死，兩個孩子晝夜悲啼，劉全不忍見，遂撇了兒女，棄了家庭，情願進瓜，

太宗道：「朕与十阎王作别，允了送他瓜果谢恩。」太宗出榜招人进瓜果到阴司里去。均州人姓刘，名全，家计非常富裕。只因妻李翠莲有一日在门首拔头上金钗赠僧。刘全骂妻子道：「你不恪守妇道，擅出闺房。」李翠莲忍气不过，撇下一个小男孩、小女孩，自缢而死，两个孩子昼夜悲啼，刘全不忍见，遂撇了儿女，弃了家庭，情愿进瓜，

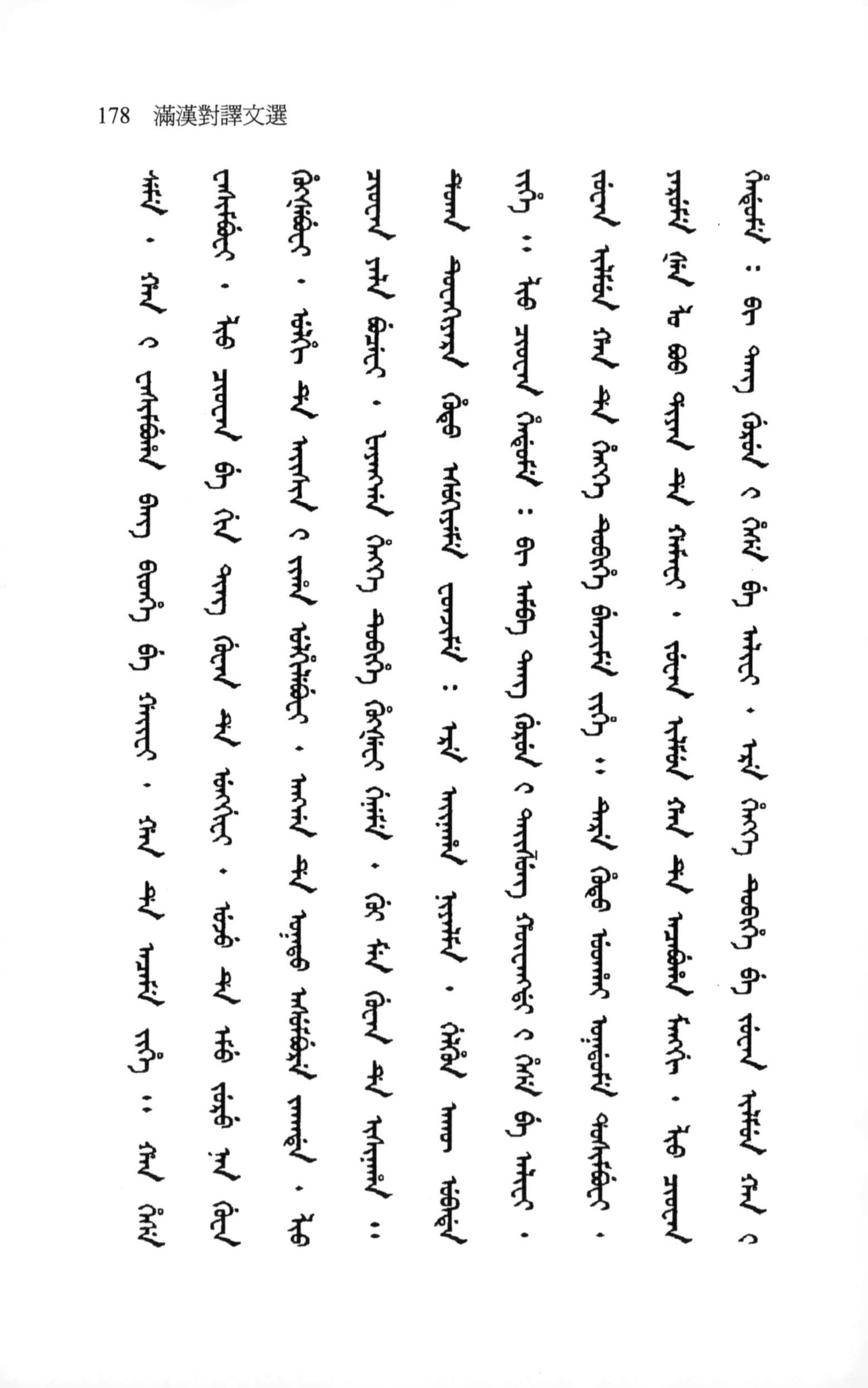

seme, han i wasimbuha bang bithe be gaifi, han de acame jihe. han hese wasimbufi, lio ciowan be gin ting guwan de unggifi, uju de emu juru nan guwa hukšebufi. ulhi de aisin i jiha ulhilebufi, angga de okto asumbure jakade, lio ciowan yala bucefi, fayangga hengke tubihe hukšefi geneme, gui men guwan de isinaha. duka tuwakiyara hutu esukiyeme fonjime: ere ainaha niyalma, gelhun akū ubade jihe. lio ciowan hendume: bi amba tang gurun i taidzung hūwangdi i hese be alifi, juwan ilmun han de hengke tubihe benjime jihe. tere hutu uthai okdome dosimbufi, yarume šen lo boo diyan de gamafi, juwan ilmun han de acabuha manggi, lio ciowan hendume: bi tang gurun i hese be alifi, ere hengke tubihe be juwan ilmun han i

---

將皇榜揭了，來見皇帝。皇帝頒降諭旨，教劉全去金亭館，頭頂一對南瓜，袖帶黃錢，口噙藥物。劉全果然死了，靈魂頂著瓜果，到了鬼門關。把門的鬼使喝問道：「你是什麼人？敢來此處。」劉全道：「我奉大唐太宗皇帝旨意，送來瓜果給十閻王。」那鬼使即迎入，引至森羅寶殿，見了十閻王後，劉全道：「我奉唐皇之命來送瓜果，

将皇榜揭了，来见皇帝。皇帝颁降谕旨，教刘全去金亭馆，头顶一对南瓜，袖带黄钱，口噙药物。刘全果然死了，灵魂顶着瓜果，到了鬼门关。把门的鬼使喝问道：「你是什么人？敢来此处。」刘全道：「我奉大唐太宗皇帝旨意，送来瓜果给十阎王。」那鬼使即迎入，引至森罗宝殿，见了十阎王后，刘全道：「我奉唐皇之命来送瓜果，

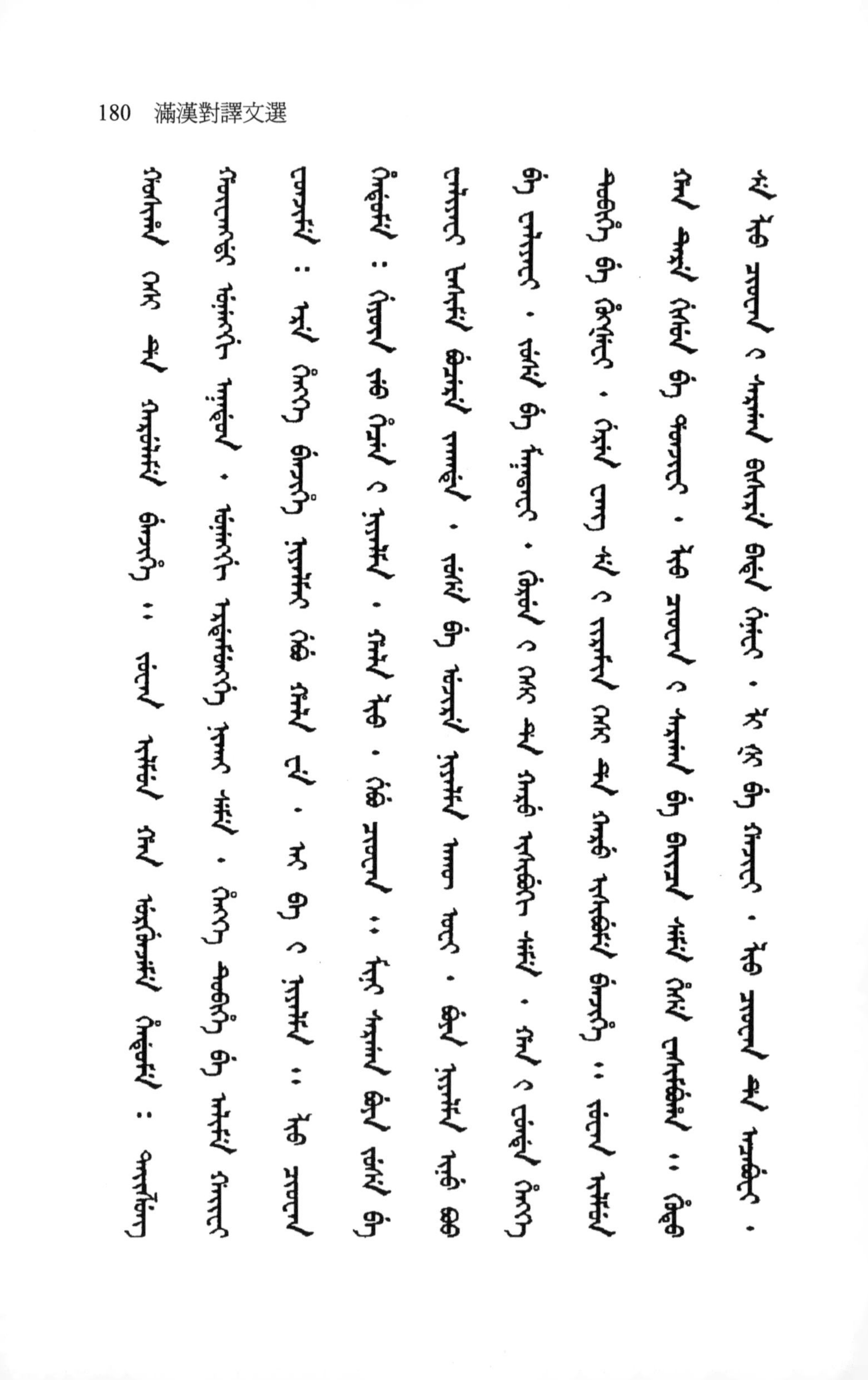

[illegible]

gosiha kesi de karulame benjihe. juwan ilmun han urgunjeme hendume: taidzung hūwangdi unenggi akdun, unenggi erdemungge nikai seme, hengke tubihe be alime gaifi fonjime: ere hengke benjihe niyalmai gebu hala we, ai ba i niyalma. lio ciowan hendume: giyūn jeo hecen i niyalma, hala lio, gebu ciowan. mini sargan buya juse be waliyafi fasime bucere jakade, juse be ujire niyalma akū ofi, buya niyalma inu boo be waliyafi, juse be maktafi, gurun i kesi de karu isibuki seme, han i funde hengke tubihe be hukšefi, geren wang se i jiramin kesi de karu isibume benjihe. juwan ilmun han tere gisun be donjifi, lio ciowan i sargan be baica seme hese wasimbuha. hutu se lio ciowan i sargan bisire bade genefi, li ši be gajifi, lio ciowan de acabufi,

---

以報十閻王仁愛之恩。」十閻王欣喜道：「太宗果真有信，果真有德啊！」遂收了所進瓜果問道，這進瓜的人姓名是什麼！那方人氏？劉全道：「是均州城人，姓劉，名全。因我之妻撇下兒女自縊而死，兒女無人養育，小人捨家棄子，爲報國恩，代替皇帝頂了瓜果，進貢諸王，以報厚恩。」十閻王聞其言，即命查勘劉全之妻，鬼使等前去劉全妻之所在地，取了李氏與劉全相會。

以报十阎王仁爱之恩。」十阎王欣喜道：「太宗果真有信，果真有德啊！」遂收了所进瓜果问道，这进瓜的人姓名是什么！那方人氏？刘全道：「是均州城人，姓刘，名全。因我之妻撇下儿女自缢而死，儿女无人养育，小人舍家弃子，为报国恩，代替皇帝顶了瓜果，进贡诸王，以报厚恩。」十阎王闻其言，即命查勘刘全之妻，鬼使等前去刘全妻之所在地，取了李氏与刘全相会。

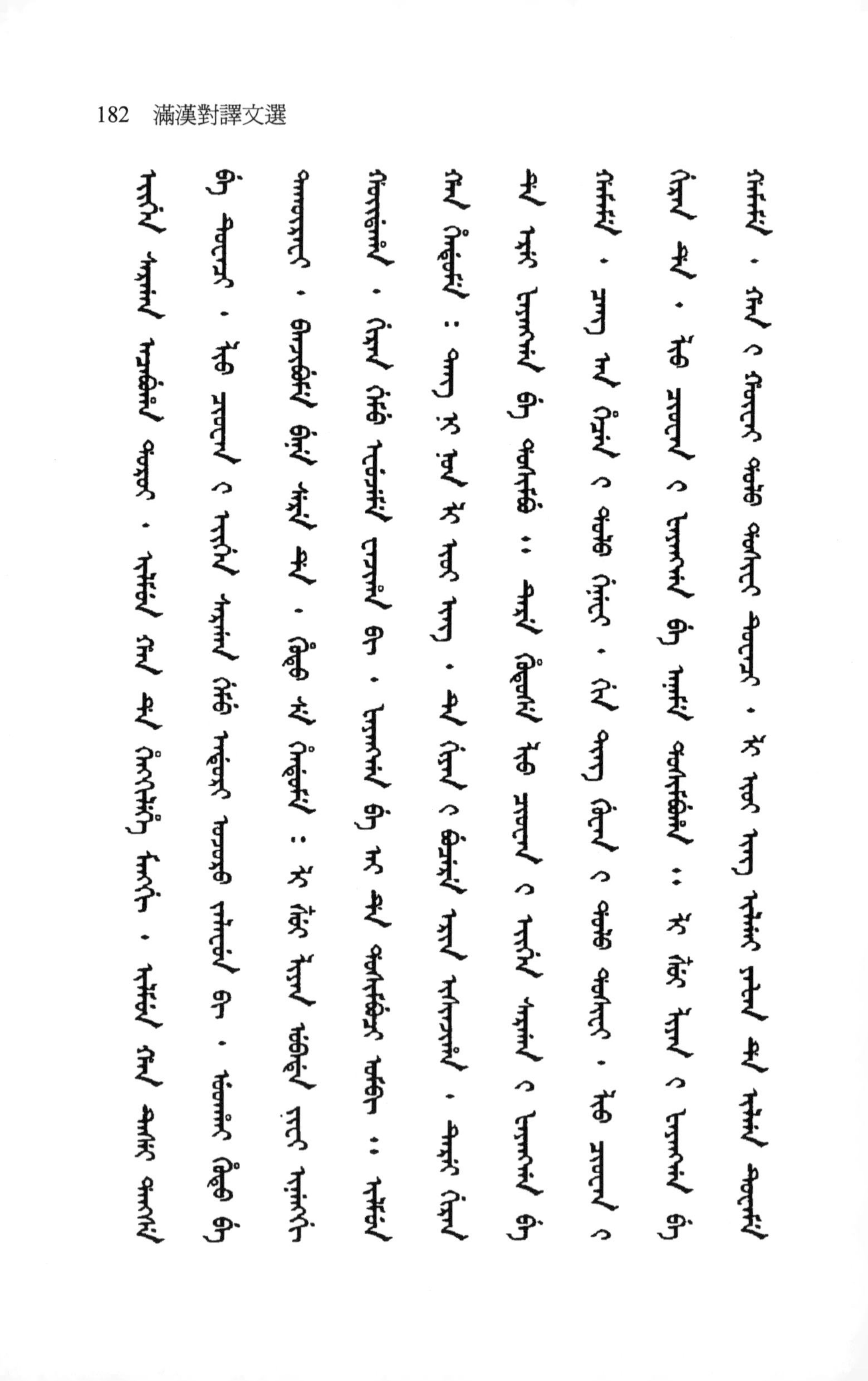

[illegible]

[illegible]

[illegible]

[illegible]

[illegible]

[illegible]

[illegible]

[illegible]

[illegible]

[illegible]

eigen sargan acabuha doroi ilmun han de hengkilehe manggi, ilmun han tesei dangse be tuwaci, lio ciowan i eigen sargan gemu enduri ojoro jalafun bi, uthai hutu be takūrafi, banjibume bene sere de, hutu se hendume: li ts'ui liyan ubade jifi inenggi goidaha, giran gemu efujeme wajiha bi, fayangga be ai de dosimbuci ombi, ilmun han hendume, tang ni non li ioi ing, te giyan i bucere erin isinjiha. terei giran de erei fayangga be dosimbu. tere hutuse lio ciowan i eigen sargan i fayangga be gamame, cang an hecen i dolo genefi, gin ting guwan i dolo dosifi, lio ciowan i giran de, lio ciowan i fayangga be aname dosimbuha. li ts'ui liyan i fayangga be gamame, han i hūwai dolo dosifi tuwaci, li ioi ing ilgai yafan de ilgai tuwame

---

以令夫妻相會禮叩謝閻王後，閻王查看他們的檔子，劉全夫妻都有登仙之壽，即差鬼使送回。鬼使們道：「李翠蓮來此日久，屍首無存，魂將何附？」閻王道：「唐御妹李玉英，今至該死之時，此魂可入其屍首。」那鬼使們帶領劉全夫妻的魂靈，到長安城內，進入金亭館裡，將劉全的魂靈推入劉全的屍首，將李翠蓮的魂靈，帶進皇宮內院，只見李玉英在花園行走看花，

以令夫妻相会礼叩谢阎王后，阎王查看他们的档子，刘全夫妻都有登仙之寿，即差鬼使送回。鬼使们道：「李翠莲来此日久，尸首无存，魂将何附？」阎王道：「唐御妹李玉英，今至该死之时，此魂可入其尸首。」那鬼使们带领刘全夫妻的魂灵，到长安城内，进入金亭馆里，将刘全的魂灵推入刘全的尸首，将李翠莲的魂灵，带进皇宫内院，只见李玉英在花园行走看花，

ᡤᡳᠰᡠᡵᡝᠮᠪᡳ :: ᡨᡝᡵᡝ ᠪᡳᠮᡝ ᡨᡝᠮᡝᡴᡝ ᡨᠠᠴᡳᠪᡠᡥᠠ ᠪᡝ , ᡤᡝᡵᡝᠨ ᡤᡳᠰᡠᠨ ᡨᡝᠨᡳ , ᠶᠠᡥᠠᠩᡤᠠ ᡨᡝᠶᡝᡵᡝ ᡨᡝᠨᡳᡥᡝ ᡳ ᡥᡝᠰᡝᠪᡝ

ᡥᠠᡵᠠᡴᡡ ᠪᡝ ᡝᡵᡝ ᠰᡝ ᡤᡳᠰᡠᠨ ᡤᡳᠰᡠᡵᡝᠨ , ᠶᠠᠪᡠᡵᡝ ᠪᡝ ᡤᡳᠩᡤᡠᠨ ᡥᡝᠰᡝᠪᡝ , ᡨᡝᠨᡳ ᡤᡝᠮᡠ ᠪᡳ :: ᡥᠠᠯᡳᠪᡠᡥᠠ

ᡤᡝᠯᡝ ᡳ ᡨᡝᡵᡝ ᡳ ᡨᡝᠨᡳᡥᡝ ᠶᠠᠪᡠᡵᠠᡴᡡ ᡨᡝᡵᡝᡥᡝ ᠪᠣᡩᠣᡥᠣ :: ᠶᠠᡵᡠ ᠪᡝᡩᡝ ᡤᡳᠰᡠᠨ ᠪᡝ ᡨᡝᡵᡝᠨ ᡨᡝᠨᡳ , ᡥᡠᡵᡠ ᡝᡵᡝ

ᡤᡝᠯᡝ ᠪᡝ ᠰᡠᠸᠠᠮᡝ ᠠᡴᡡᠩᡤᡝ ᡳ ᡨᡝᡵᡝᠪᡠ ᠪᡳ ᡨᡠᠸᠠᠮᡝ ᠠᠰᡠᠪᡠᡵᡝ , ᡥᠠᡵᠠᡴᡡ ᡤᡝᠮᡠᡨᡝ ᡤᡝᡵᡝᠨ ᡨᡝᠨᡳ ᡤᡳᠰᡠᠨ ᠠᡴᡡ , ᡥᠠᠰᡠ

ᡨᡝᡵᡝᠪᡝ ᡤᡝᡵᡝᠪᡠᡥᡝᠩᡤᡝ ᠶᠠᠪᡠᡴᡡᠩᡤᡝ ᡤᡳᠰᡠᡵᡝᡥᡝᠩᡤᡝ :: ᡨᡝᠨᡳ ᡨᠠᡴᡡᡵᠠᡥᠠ ᡨᡝᠮᡠᡥᡝ ᠠᡵᡤᠠᡥᠠ ᡨᡝᠮᡝᡴᡝ ᠠᠮᡳ :: ᠪᡳ ᠶᠠᠪᡠᡥᠠ ᡨᡝᡴᡝᡥᡝ

ᡥᡝᠰᡝᠪᡝ ᡥᠠᠯᡳᠪᡠᡥᡝ ᡤᡝᡵᡝᠩᡤᡝ :: ᡤᡳᠰᡠᡵᡝᠨᡩᡝᠪᡝ ᡨᡝᡵᡝᠮᡝ ᡤᡳᠰᡠᡵᡝᠨ , ᠣᠵᠣᡵᠣᡴᡡ ᡩᡝ ᡨᡝᡵᡝᠨ ᡥᠠᠯᡳᠨ , ᠣᠵᠣᡵᠣᡴᡡ

ᡥᡝᡵᡤᡝᠨ ᡥᠠᠯᡳᠪᡝ ᠪᡳ ᠶᡝ ᡨᡝᠮᡝᠨ ᠪᡳᠰᡳᠨ ᡩᡝ ᠪᡠᠴᡳᡥᡝ , ᡨᡝᡵᡝᠨ ᡥᡝᠰᡝ ᠨᡳ ᡤᡳᠰᡠᡵᡝᠨᡩᡝᠪᡝ ᠰᡝ ᡩᡝ ᡨᡝᠨᡳᡥᡝ ::

ᡥᡝᠰᡝᠪᡝ ᠰᡝ ᡤᡳᠩᡤᡠᠨ :: ᠪᠠᡳᡨᠠᡥᠠ ᠶᠠᠪᡠᠨ ᡩᡝ ᠪᠠᡳᠮᡝ ᡤᡳᠩᡤᡠᠨ ᡥᠠᡵᠠᠨ ᡨᡝᠨᡳ , ᠨᡳ ᡨᡝᡵᡝ ᡨᡝᠨᡳ ᠨᡳ ᠪᠣᡩᠣᡥᠣ

ᠶᠠᠪᡠᠪᡠᡥᠠ :: ᠪᠠᡳᠮᡝ ᡥᡝᠰᡝᠪᡝ ᠰᡝ ᠨᡳ ᠪᡝᠩ ᡨᡝᡵᡝᠨ ᡳ ᡨᡝᡵᡝᡥᡝᠪᡠᡥᡝ ᠪᡝ ᠨᡳ ᡨᡝᡵᡝ ᡨᡝᠨᡳ ᠨᡳ ᡤᡝᡵᡝ ᡩᡝ ᠪᠣᡩᠣᠮᡝᡥᡝᠮᡝ ,

yabumbi. tere hutu se li ts'ui liyan i fayangga be li ioi ing ni beye de dosimbufi, hutu se genehe. tereci yafan de dahame genehe sargan juse, li ioi ing ni tuhefi bucehe mejige be gin luwan diyan de dosifi, ilan gung ni hūwangheo se de alame: gungju tuhefi bucehe. hūwangheo ambula golofi, taidzung de alaha manggi, taidzung uju gehešeme ferguweme hendume: ere weile uthai yargiyan oho nikai. bi juwan ilmun han de sakda asihan i elhe be fonjire jakade , tesei henduhe gisun gemu sain, damu han i non i ergen cinggiya sehe bihe. yala tere gisun de acanaha sefi, gung ni dorgi heo fei se gemu gasaha, yafan de genefi tuwaci, ergen heni bi. taidzung hendume: suwe taka ume songgoro, gungju gelerahū sefi, julesi ibefi uju be tukiyeme

---

那鬼使將李翠蓮的魂靈推入李玉英身體後，鬼使即離去。却說跟隨前往園裡的侍婢，將李玉英跌死的訊息進入金鑾殿報與三宮皇后道：「宮主跌死了。」皇后大驚，告訴太宗後，太宗點頭歎曰：「此事成了事實，朕曾問十閻王老幼之平安？」他們說道：「俱安，但恐御妹命薄壽促，果合其言。」闔宮后妃都悲切，到園裡看時，微微有氣。太宗道：「汝等暫且莫哭，恐驚了宮主。」遂上前扶起頭來

那鬼使将李翠莲的魂灵推入李玉英身体后，鬼使即离去。却说跟随前往园里的侍婢，将李玉英跌死的讯息进入金銮殿报与三宫皇后道：「宫主跌死了。」皇后大惊，告诉太宗后，太宗点头叹曰：「此事成了事实，朕曾问十阎王老幼之平安？」他们说道：「俱安，但恐御妹命薄寿促，果合其言。」阖宫后妃都悲切，到园里看时，微微有气。太宗道：「汝等暂且莫哭，恐惊了宫主。」遂上前扶起头来

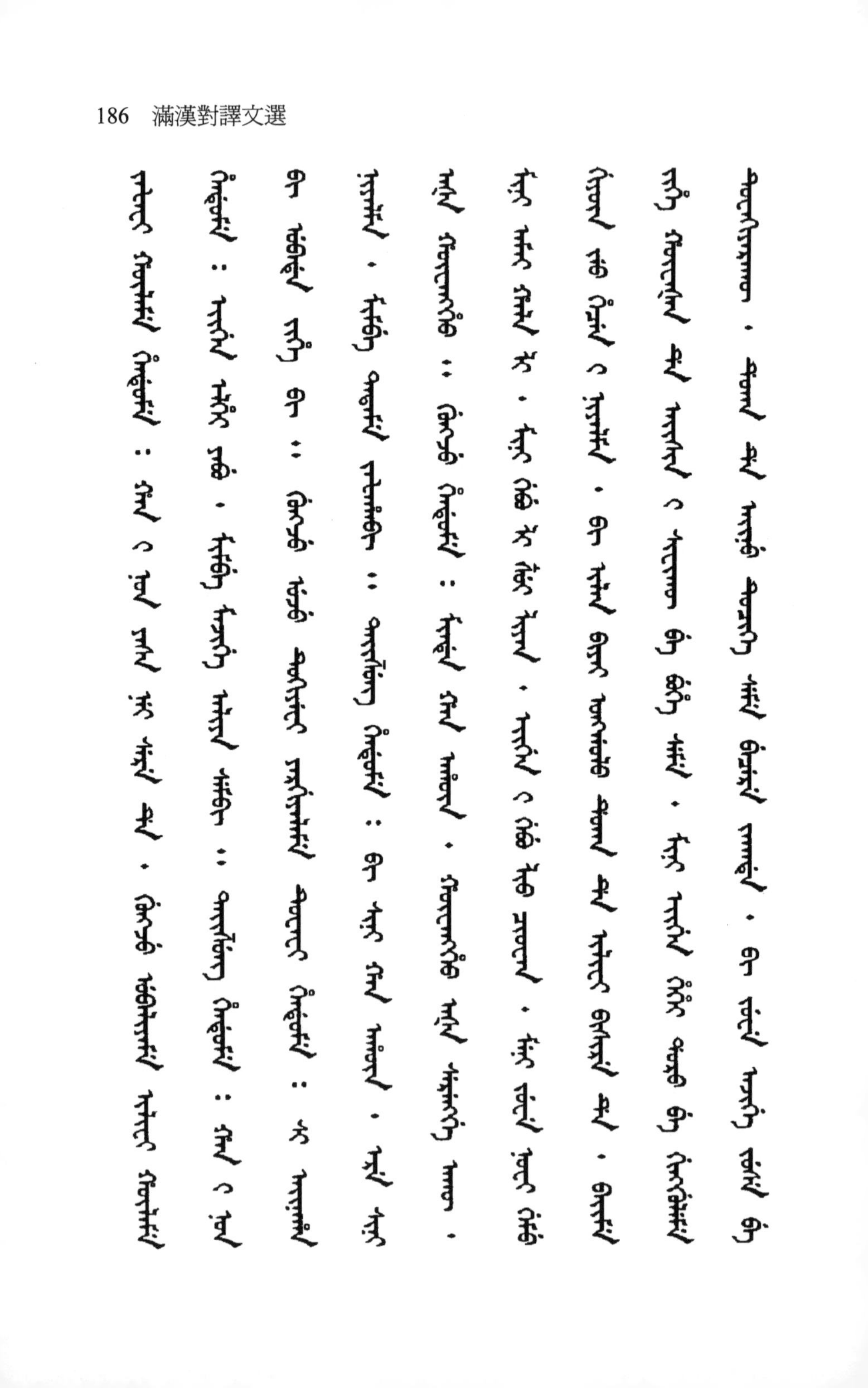

jafafi hūlame hendume: han i non yasa nei sere de, gungju ubaliyame ilifi hūlame hendume: eigen elhei yabu, mimbe majige aliya sembi. taidzung hendume: han i non bi ubade jihe bi. gungju uju tukiyefi yargiyalame tuwafi hendume: si ainaha niyalma, mimbe tatame jafahabi. taidzung hendume: bi sini han ahūn, ere sini aša hūwangheo. gungju hendume: minde han ahūn hūwangheo aša serengge akū, mini amai hala li, mini gebu li ts'ui liyan, eigen i gebu lio ciowan, meni juwe nofi gemu giyūn jeo hecen i niyalma, bi ilan biyai onggolo duka de ilifi bisire de, baime jihe hūwasan de aisin i sifikū be buhe seme, mini eigen hehei doro be gingguleme tuwakiyarakū, duka de ainu tucike seme becere jakade, bi juwe ajige juse be

---

叫道：「御妹睜開眼睛醒醒。」宮主翻身起來叫道：「丈夫慢行，等我一等！」太宗道：「御妹，是我來此。」宮主擡頭驗看道：「你是誰人，拉扯我？」太宗道：「我是你皇兄，這是你皇嫂。」宮主道：「我沒有皇兄、皇嫂。我父親姓李，我的名字叫做李翠蓮，丈夫名叫劉全，我們兩口兒都是均州城人氏。三個月前，我站在門首時，將金釵贈僧，我丈夫責備我不恪守婦道，擅自出門，我撇下兩個小孩，

叫道：「御妹睁开眼睛醒醒。」宫主翻身起来叫道：「丈夫慢行，等我一等！」太宗道：「御妹，是我来此。」宫主抬头验看道：「你是谁人，拉扯我？」太宗道：「我是你皇兄，这是你皇嫂。」宫主道：「我没有皇兄、皇嫂。我父亲姓李，我的名字叫做李翠莲，丈夫名叫刘全，我们两口儿都是均州城人氏。三个月前，我站在门首时，将金钗赠僧，我丈夫责备我不恪守妇道，擅自出门，我撇下两个小孩，

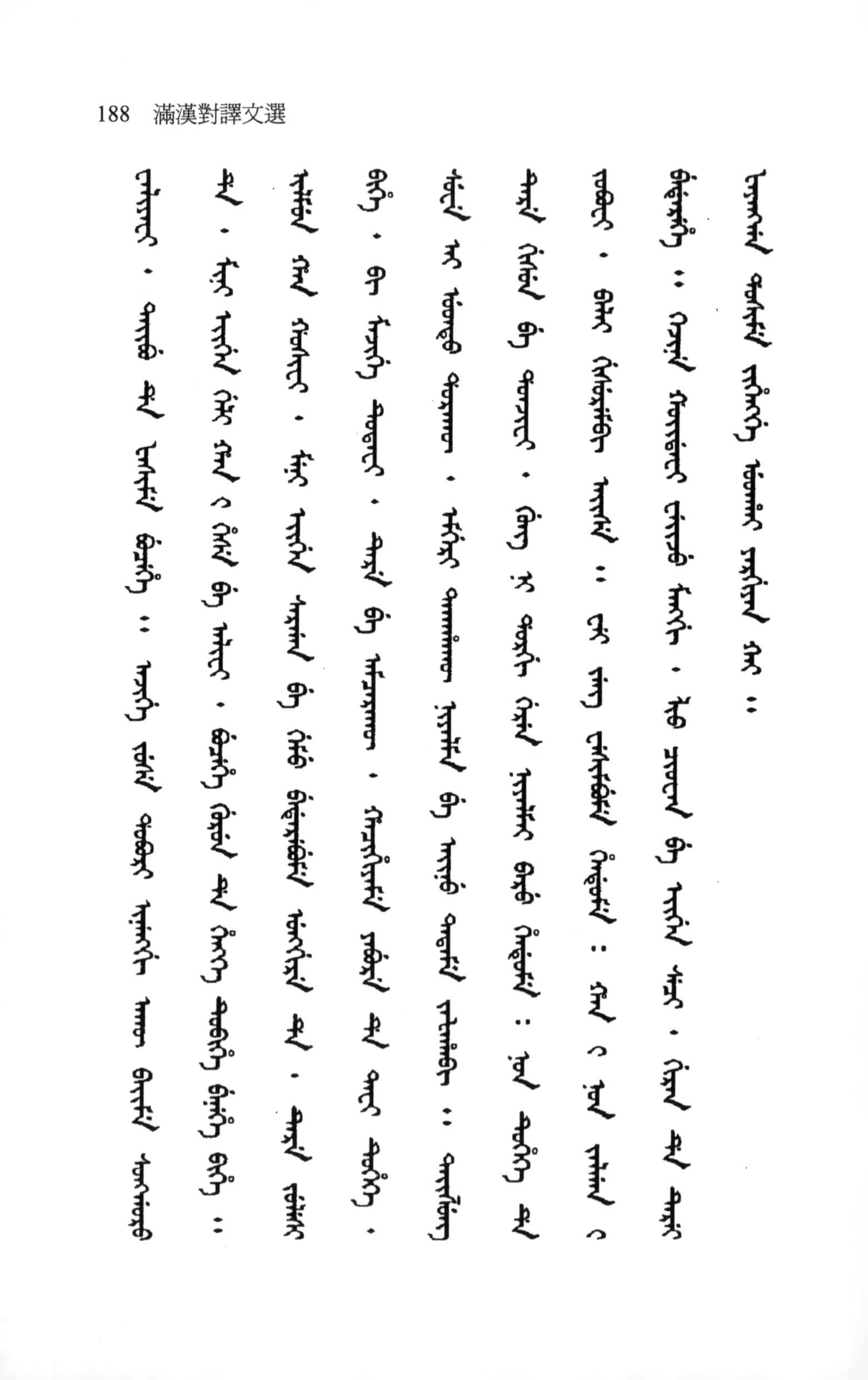

waliyafi, taibu de fasime bucehe. ajige juse dobori inenggi akū baime songgoro de, mini eigen geli han i hese be alifi, bucehe gurun de hengke tubihe benehe bihe. ilmun han gosifi, meni eigen sargan be gemu bederebume unggire de, tere julesi bihe, bi majige tutafi, tere be amcarakū, hacihiyame yabure de tafi tuheke, suwe ai uttu dorakū, emgeri takahakū niyalma be ainu tatame jafahabi. taidzung tere gisun be donjifi, gung ni dorgi geren niyalmai baru hendume: non tuheke de jobofi, balai gisurembi aise. wei jeng wesimbume hendume: han i non jalgan i bederehe. kejine goidafi weiju manggi, lio ciowan be eigen seci, giran de terei fayangga dosime jihengge uthai yargiyan kai !

懸梁縊死，小孩晝夜悲啼。我丈夫奉皇帝敕旨赴陰司進瓜果，閻王憐憫，放我們夫妻都回來時，他在前走。我稍來遲，趕不上他，急著快走時，絆了一跌。你們爲何如此無禮！拉扯不認識的人。」太宗聞其言，對眾宮人道：「想是妹妹跌昏胡說哩！」魏徵奏道：「御妹壽終，須臾甦醒，說劉全是丈夫，乃借屍還魂者是也。」

悬梁缢死，小孩昼夜悲啼。我丈夫奉皇帝敕旨赴阴司进瓜果，阎王怜悯，放我们夫妻都回来时，他在前走。我稍来迟，赶不上他，急着快走时，绊了一跌。你们为何如此无礼！拉扯不认识的人。」太宗闻其言，对众宫人道：「想是妹妹跌昏胡说哩！」魏征奏道：「御妹寿终，须臾苏醒，说刘全是丈夫，乃借尸还魂者是也。」

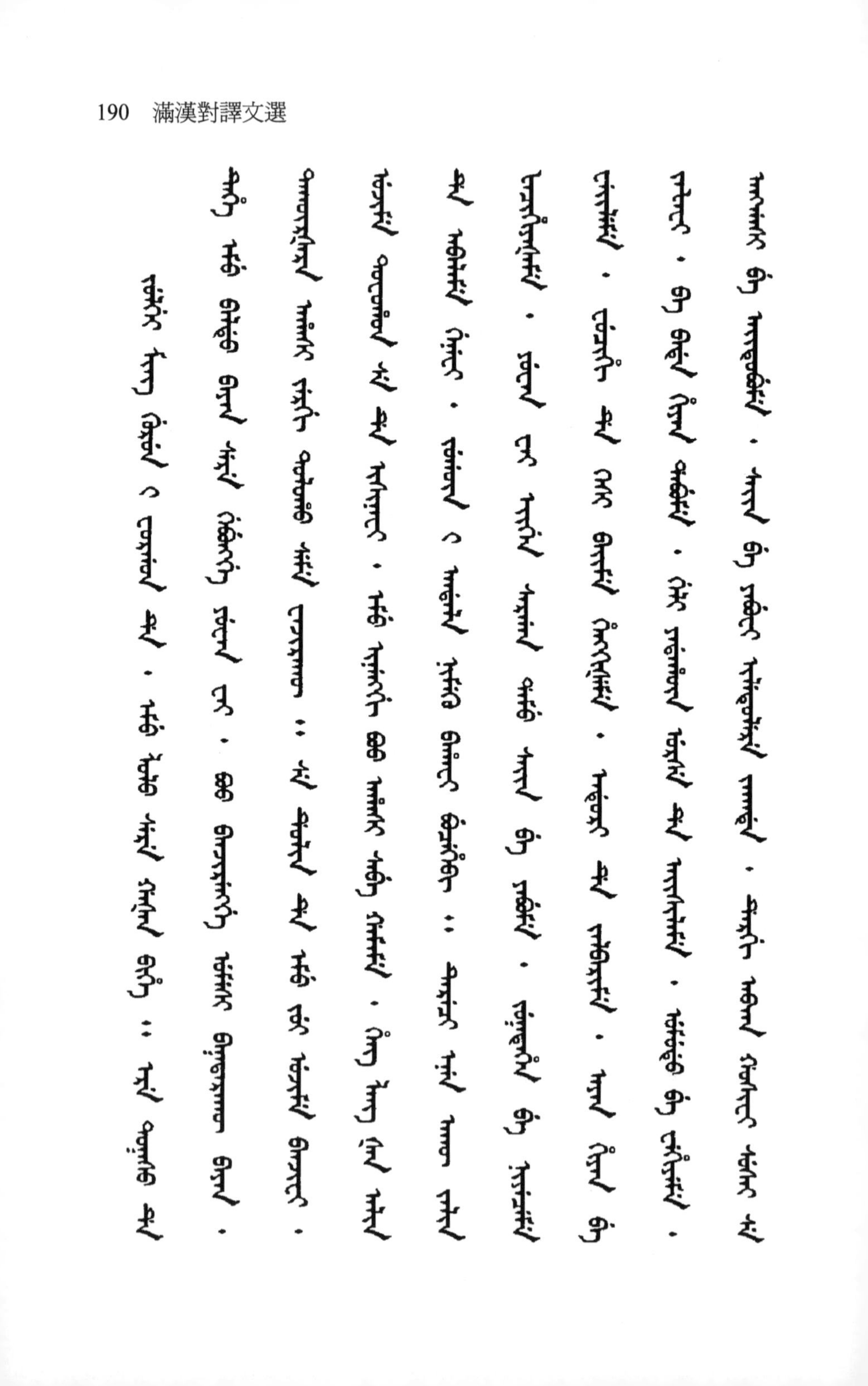

三十三、過陰追魂

julgei ming gurun i forgon de, emu lolo sere gašan bihe. ere tokso de tehe emu baldu bayan sere gebungge yuwan wai, boo banjirengge, umesi baktarakū bayan, takūršara ahasi jergi toloho seme wajirakū. se dulin de emu jui ujime banjifi, ujime tofohon se de isinafi, emu inenggi boo ahasi sabe gamame, heng lang šan alin de abalame genefi, jugūn i andala nimeku bahafi bucehebi. tereci enen akū jalin facihiyašame, yuwan wai eigen sargan damu sain be yabume, juktehen be niyeceme weileme, fucihi de kesi baime hengkišeme, enduri de jalbarime, ayan hiyan be jafafi, ba bade hiyan dabame , geli yadahūn urse de aisilame, umudu be wehiyeme, anggasi be aitubume. sain be yabufi iletulere jakade, dergi abka gosifi susai se

---

從前明朝的時候，有個叫做羅洛的村莊，村裡住著一位名叫巴勒杜巴彥的員外，家計非常富裕，使喚的奴僕等，數也數不完。到了中年時，生了一子，養到十五歲時，有一天，帶著家裡的奴僕們到橫浪山去打獵，途中得病死了。從此，員外夫婦因無子嗣而焦急，但做善事，修造寺廟，拜佛求恩，向神祈禱，拿著芸香，到處燒香，又幫助窮人，扶助孤兒，救護寡婦。因善行彰顯，所以上天憐憫，五十歲時，

从前明朝的时候，有个叫做罗洛的村庄，村里住着一位名叫巴勒杜巴彦的员外，家计非常富裕，使唤的奴仆等，数也数不完。到了中年时，生了一子，养到十五岁时，有一天，带着家里的奴仆们到横浪山去打猎，途中得病死了。从此，员外夫妇因无子嗣而焦急，但做善事，修造寺庙，拜佛求恩，向神祈祷，拿着芸香，到处烧香，又帮助穷人，扶助孤儿，救护寡妇。因善行彰显，所以上天怜悯，五十岁时，

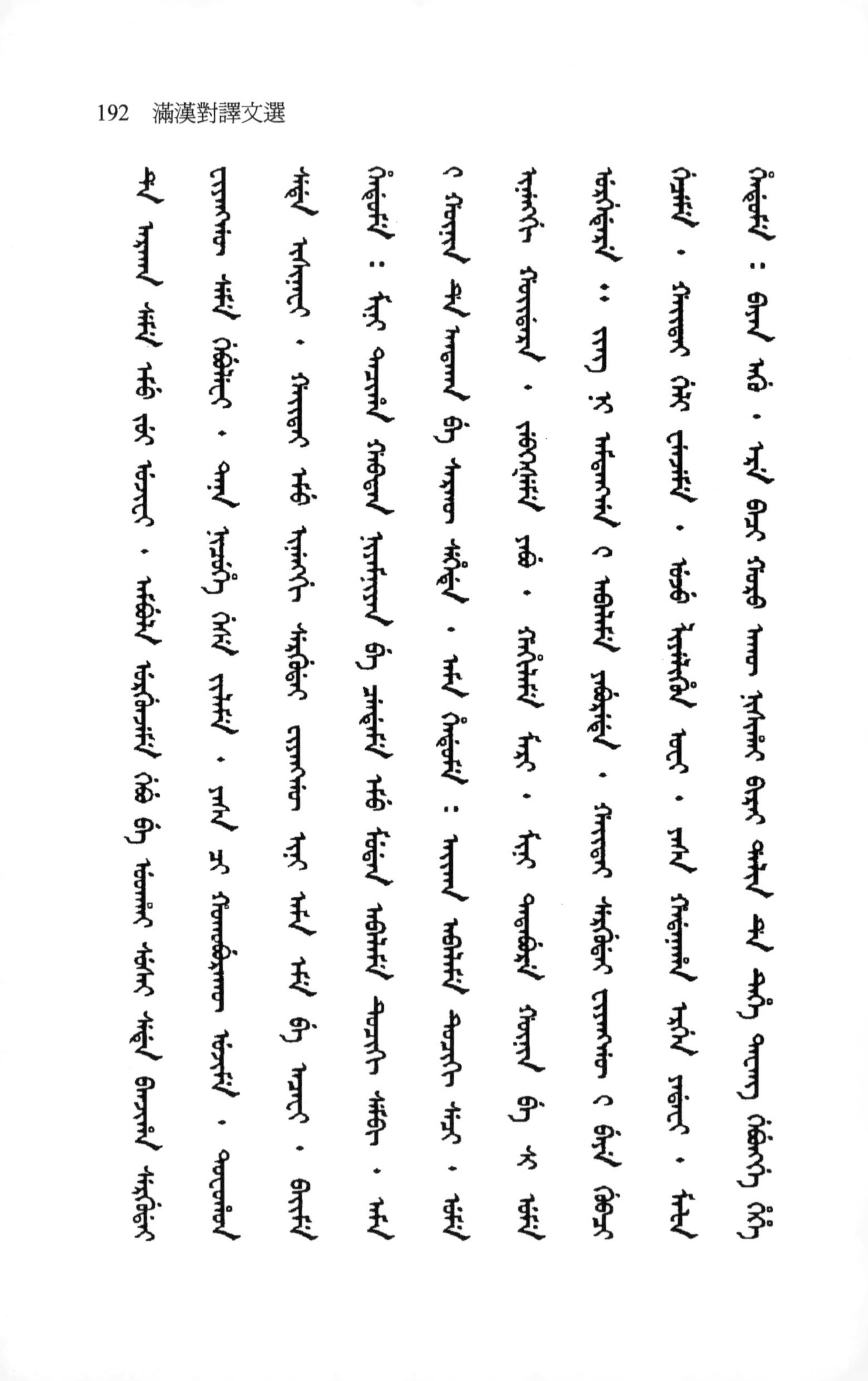

[illegible]

[illegible]

[illegible]

[illegible]

[illegible]

[illegible]

[illegible]

[illegible]

[illegible]

[illegible]

de arkan seme emu jui ujifi, ambula urgunjeme gebu be uthai susai sede banjiha sergudai fiyanggū seme gebulefi, tana nicuhe gese jilame, yasa ci hokoburakū ujime, tofohon sede isinafi, gaitai emu inenggi sergudai fiyanggū ini ama eme be acafi, baime hendume: mini taciha gabtan niyamniyan be cendeme, emu mudan abalame tuciki sembi, ama i gūnin de antaka be sarkū sehede, ama hendume: aika abalame tuciki seci, ume inenggi goidara, jebkešeme yabu, hahilame mari mini tatabure gūnin be si ume urgedere. jing ni amtangga i abalame yaburede, gaitai sergudai fiyanggū i beye gubci geceme, gaitai geli wenjeme, uju liyelihun ofi, yasa hadanaha ergen yadafi, mafa hendume: bayan agu, ere baci goro akū nisihai birai dalin de tehe tawang gebungge hehe

---

好不容易養了個兒子，甚是欣喜，就把名字命名爲五十歲時所生之色爾古岱費揚古，愛如東珠，不讓他遠離視線地養著。到十五歲時，忽然有一天，色爾古岱費揚古來見他的父母，請求說：「我想出去打一次圍，試試看我所學的步射馬箭，不知父親的意思如何？」父親說：「若是想要出去打圍，日子不要過久，謹慎而行，趕緊回來，不要辜負我的牽掛之心。正在興致勃勃打獵時，色爾古岱費揚古突然渾身冰冷，忽又發燒，頭昏眼直，氣斷息絕。老翁說：「巴彥老兄，離這裡不遠尼西海河邊，住有一個名叫塔旺的女

好不容易养了个儿子，甚是欣喜，就把名字命名为五十岁时所生之色尔古岱费扬古，爱如东珠，不让他远离视线地养着。到十五岁时，忽然有一天，色尔古岱费扬古来见他的父母，请求说：「我想出去打一次围，试试看我所学的步射马箭，不知父亲的意思如何？」父亲说：「若是想要出去打围，日子不要过久，谨慎而行，赶紧回来，不要辜负我的牵挂之心。正在兴致勃勃打猎时，色尔古岱费扬古突然浑身冰冷，忽又发烧，头昏眼直，气断息绝。老翁说：「巴彦老兄，离这里不远尼西海河边，住有一个名叫塔旺的女

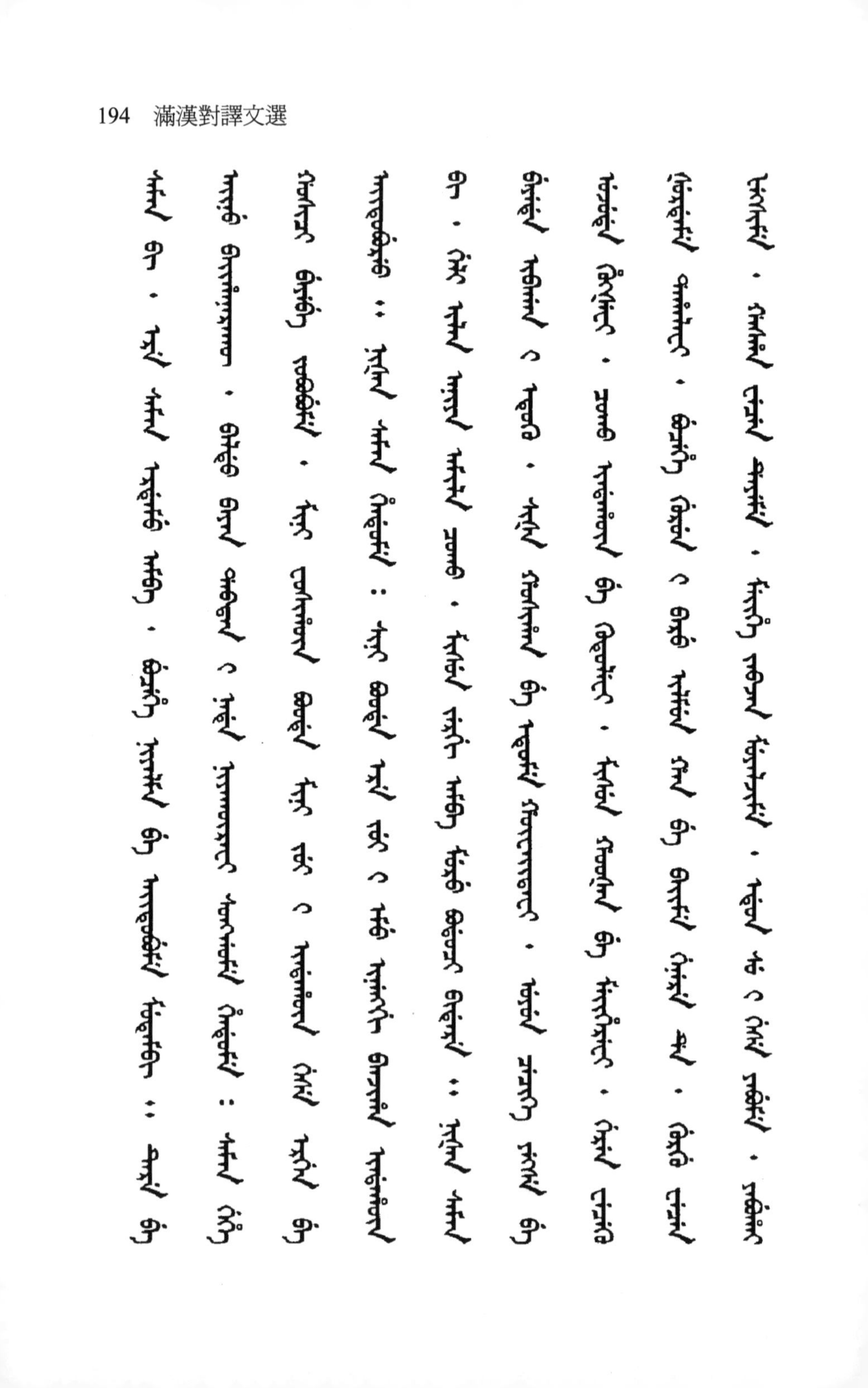

saman bi, ere saman erdemu amba, bucehe niyalma be aitubume mutembi. tere be ainu baihanarakū, baldu bayan dabtan i nade niyakūrafi songgome hendume: saman gehe gosici beyebe jobobume, mini fosihūn boode mini jui i indahūn gese ergen be aitubureo. nišan saman hendume: sini boode ere jui i emu inenggi banjiha indahūn bi, geli ilan aniya amila coko. misun jergi amba muru bodoci bidere. nišan saman beyede ibagan i etuku, siša hosihan be etume hūwaitafi, uyun cecike yekse be ujude hukšefi, coko indahūn be kutulefi, misun hoošan be meiherefi, geren weceku šurdeme dahalafi, bucehe gurun i baru ilmun han be baime genere de, gurgu wecen feksime, gasha wecen deyeme, meihe jabjan muyaljime, edun su i gese yabume, yabuhai

---

薩滿。這個薩滿本事很大，能把死人救活，爲什麼不去請她呢？」巴勒杜巴彥一再跪在地上哭著說道：「倘蒙薩滿格格憐憫，就請勞駕到寒舍去救我犬子的生命吧！」尼山薩滿說道：「你家裡大概會有和這個孩子同日生的狗，還有三年的公雞、醬等東西吧！」尼山薩滿身上穿戴了怪異的衣服、腰鈴、女裙，頭上戴了九雀神帽，牽著雞和狗，扛著醬、紙，各種神祇跟隨在周圍，往冥府去找閻王時，獸神跑著，鳥神飛著，蛇蟒蠕動著，像旋風似的行走，

萨满。这个萨满本事很大，能把死人救活，为什么不去请她呢？」巴勒杜巴彦一再跪在地上哭着说道：「倘蒙萨满格格怜悯，就请劳驾到寒舍去救我犬子的生命吧！」尼山萨满说道：「你家里大概会有和这个孩子同日生的狗，还有三年的公鸡、酱等东西吧！」尼山萨满身上穿戴了怪异的衣服、腰铃、女裙，头上戴了九雀神帽，牵着鸡和狗，扛着酱、纸，各种神祇跟随在周围，往冥府去找阎王时，兽神跑着，鸟神飞着，蛇蟒蠕动着，像旋风似的行走，

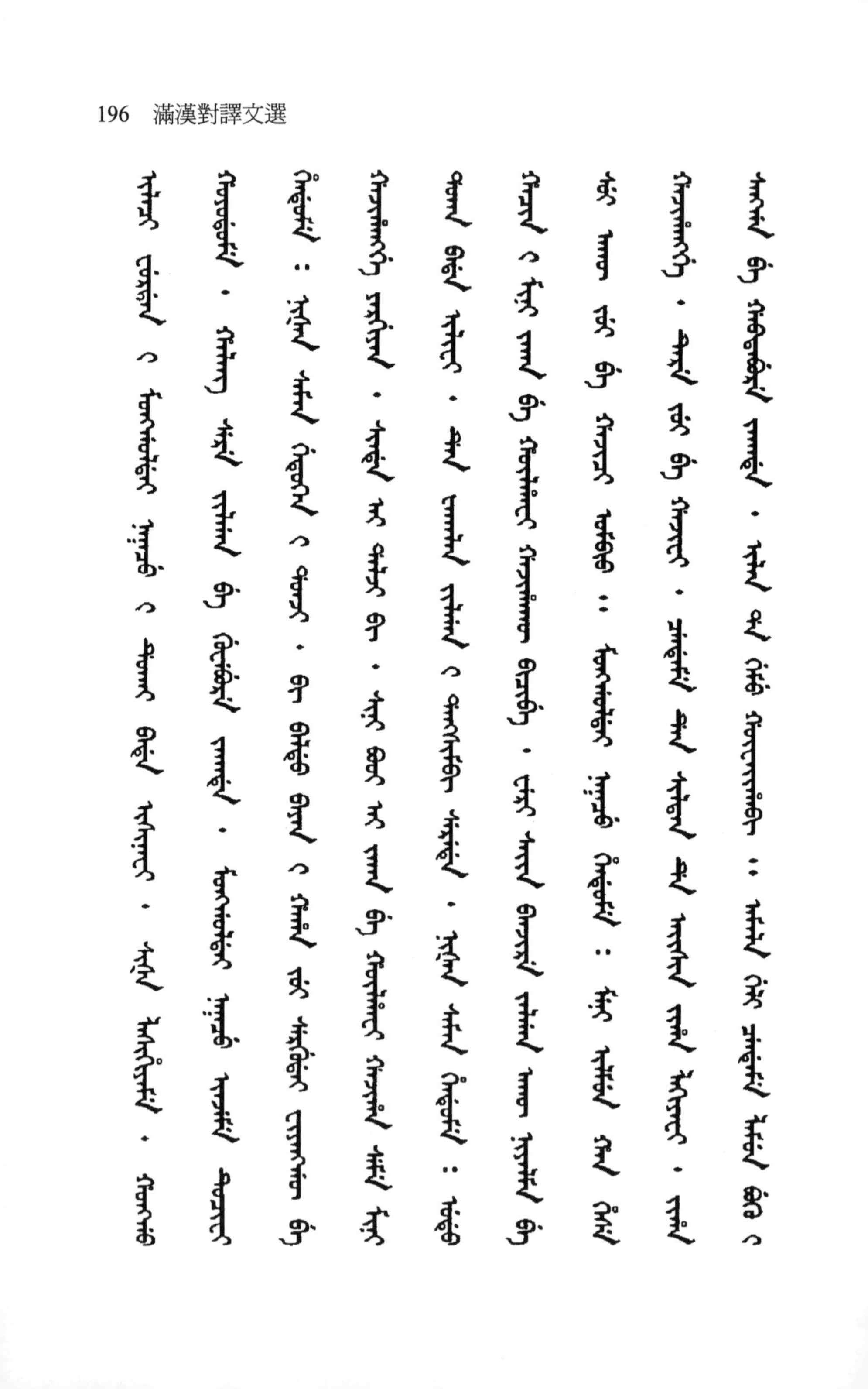

[illegible]

[illegible]

[illegible]

[illegible]

[illegible]

[illegible]

[illegible]

[illegible]

[illegible]

[illegible]

ilaci furdan i monggoldai nakcu i duka bade isinafi, siša lasihiyame, honggo hoyodome, halang sere jilgan be guwebure jakade, monggoldai nakcu injeme tucifi hendume: nišan saman getuken i donji bi baldu bayan i haha jui sergudai fiyanggū be gajihangge yargiyan, sinde ai dalji bi, sini booi ai jaka be hūlhafi gajiha seme mini duka bade ilifi, den wakalan jilgan i dangsimbi serede, nišan saman hendume: udu hacin i mini jaka be hūlhafi gajihakū bicibe, weri sain banjire jalgan akū niyalma be sui akū jui be gajici ombio ? monggoldai nakcu hendume: meni ilmun han hese gajihangge, tere jui be gajifi, cendeme den siltan de aisin jiha lakiyafi, jiha sangga be gabtabure jakade, ilan da gemu gūwaihabi. amala geli cendeme lamun buku i

---

一直走到第三關孟古勒岱舅舅的門口，搖著腰鈴，和著神鈴鏗鏘作響。孟古勒岱舅舅笑著出來說道：「尼山薩滿且聽明白，我把巴勒杜巴彥的兒子色爾古岱費揚古帶來是真的，與你何干？我偷了你家的什麼東西來了？爲何站在我的門口高聲地叫罵呢？」尼山薩滿說道：「雖然沒有偷走我的什麼東西，但是把人家活生生壽限未到的人，無辜的孩子帶了來可以嗎？」孟古勒岱舅舅說道：「這是奉我們閻王的諭旨捉來的。把那個孩子捉來後，在高竿上懸掛了金錢，讓他試射錢孔，三箭都中了。後來又讓他試試與藍翎撩跤人摔跤，

一直走到第三关孟古勒岱舅舅的门口，摇着腰铃，和着神铃铿锵作响。孟古勒岱舅舅笑着出来说道：「尼山萨满且听明白，我把巴勒杜巴彦的儿子色尔古岱费扬古带来是真的，与你何干？我偷了你家的什么东西来了？为何站在我的门口高声地叫骂呢？」尼山萨满说道：「虽然没有偷走我的什么东西，但是把人家活生生寿限未到的人，无辜的孩子带了来可以吗？」孟古勒岱舅舅说道：「这是奉我们阎王的谕旨捉来的。把那个孩子捉来后，在高竿上悬挂了金钱，让他试射钱孔，三箭都中了。后来又让他试试与蓝翎撩跤人摔跤，

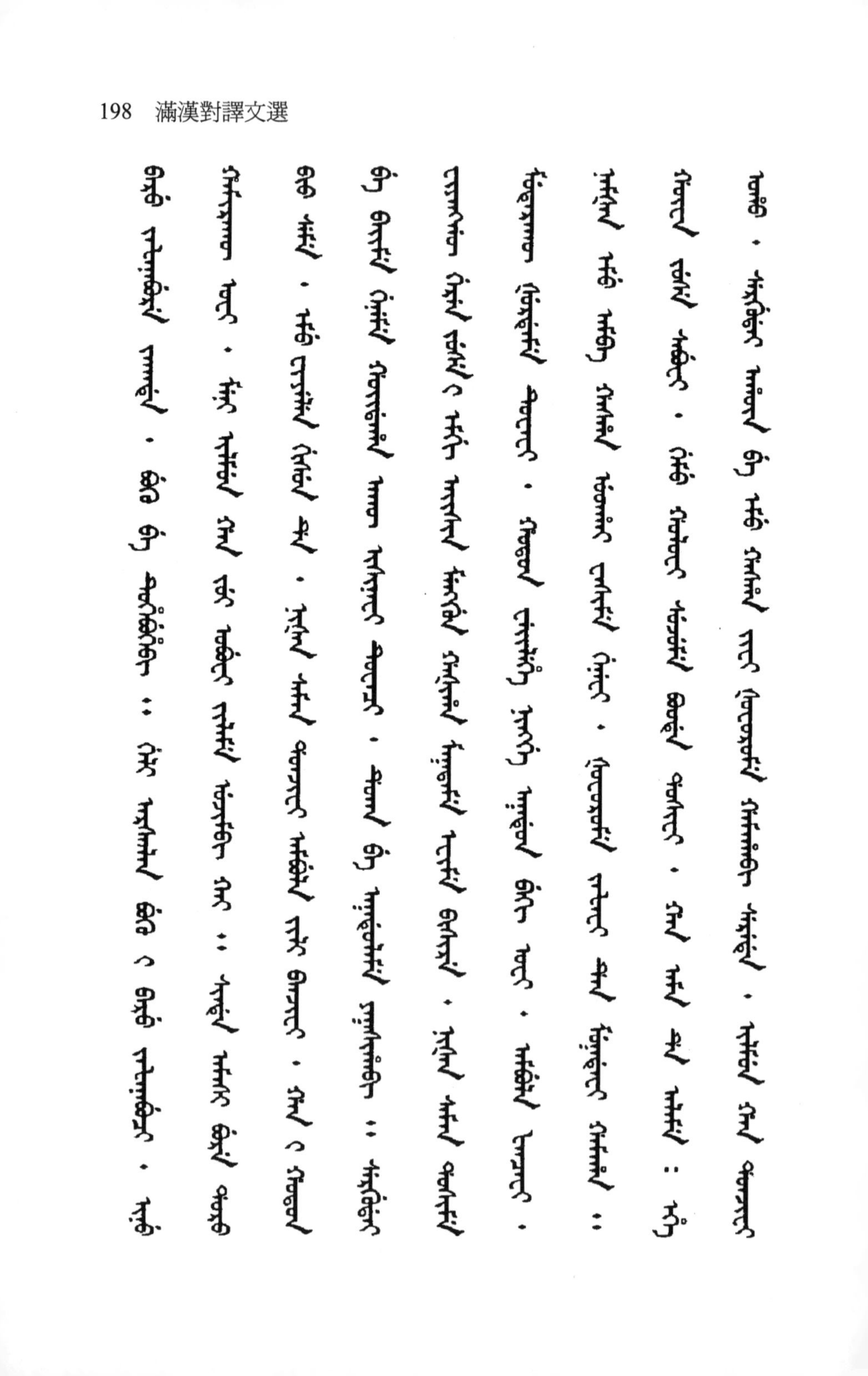

baru jafanabure jakade, buku be tuhebuhebi. geli arsalan buku i baru jafanabuci, inu hamirakū ofi, meni ilmun han jui obufi jilame ujimbi kai. sinde amasi bure doro bio seme, emu fiyelen gisun de, nišan saman donjifi ambula jili banjifi. han i hoton be baime geneme goidaha akū isinafi tuwaci, duka be akdulame yaksihabi. sergudai fiyanggū geren jui i emgi aisin menggun gašiha maktame efime bisire, nišan saman dosime muterakū šurdeme tuwafi, hoton weilehe ningge akdun beki ofi, ambula fancafi, namšan emu amba gasha uthai wasime genefi, šoforome jafafi den mukdefi gamaha: gūwa juse sabufi, gemu golofi sujume boode dosifi, han ama de alame: ehe oho, sergudai ahūn be emu gasha jifi šoforome gamahabi serede, ilmun han donjifi

---

他把撩跤人撩倒了。又與獅子撩跤手摔跤，也不是他的對手。因此，我們閻王把他當作孩子慈養呢！豈有還給你的道理？」尼山薩滿聽了這一席話後，大爲生氣，就去找王城。不久到了一看，城門緊閉。色爾古岱費揚古正在同孩子們一齊拋擲金銀背式骨玩著。尼山薩滿進不去，環視周圍，城牆修築得十分堅固，因而大爲生氣。隨即有一隻大鳥俯衝下來抓住他騰空帶走了。別的孩子們看見了都害怕起來，跑進屋裡向皇父稟告道：「不好了！一隻鳥飛來把色爾古岱哥哥抓走了。」閻王聽了

他把撩跤人撩倒了。又与狮子撩跤手摔跤，也不是他的对手。因此，我们阎王把他当作孩子慈养呢！岂有还给你的道理？」尼山萨满听了这一席话后，大为生气，就去找王城。不久到了一看，城门紧闭。色尔古岱费扬古正在同孩子们一齐抛掷金银背式骨玩着。尼山萨满进不去，环视周围，城墙修筑得十分坚固，因而大为生气。随即有一只大鸟俯冲下来抓住他腾空带走了。别的孩子们看见了都害怕起来，跑进屋里向皇父禀告道：「不好了！一只鸟飞来把色尔古岱哥哥抓走了。」阎王听了

[illegible] ᠈ [illegible] [illegible] [illegible] ᡳ [illegible] [illegible] [illegible] ᠈ [illegible] [illegible] ᠪᡝ [illegible] ᠉ [illegible]

[illegible] ᠈ [illegible] [illegible] [illegible] [illegible] ᠈ [illegible] [illegible] [illegible] [illegible] ᠈ [illegible] [illegible] [illegible]

[illegible] [illegible] [illegible] [illegible] [illegible] ᠪᡝ [illegible] [illegible] ᠈ [illegible] [illegible] ᠪᡝ [illegible] [illegible] [illegible] [illegible]

[illegible] ᠈ [illegible] ᠪᡝ [illegible] [illegible] ᠈ [illegible] [illegible] [illegible] [illegible] ᠈ [illegible] [illegible]

[illegible] ᡳ [illegible] [illegible] [illegible] [illegible] [illegible] [illegible] ᠉ [illegible] [illegible] [illegible] [illegible]

[illegible] ᠈ [illegible] [illegible] [illegible] [illegible] [illegible] [illegible] [illegible] [illegible] [illegible] ᠪᡝ ᠈ [illegible]

[illegible] ᠉ [illegible] [illegible] [illegible] [illegible] ᠈ [illegible] [illegible] ᠪᡝ [illegible] [illegible] ᠈ [illegible] [illegible] [illegible]

[illegible] [illegible] [illegible] [illegible] ᠈ [illegible] [illegible] ᠪᡝ [illegible] [illegible] ᠈ [illegible] [illegible] [illegible]

[illegible] [illegible] ᠈ [illegible] [illegible] [illegible] [illegible] ᠪᡝ [illegible] [illegible] [illegible] ᠈ [illegible] ᠪᡝ

ambula fancafi, nišan saman sergudai fiyanggū be bahara jakade ambula urgunjeme, gala be jafafi kutuleme amasi marifi, fe jugūn be jafame yaburede, monggoldai amargici, amcame hūlame: saman gehe majige aliya, muse giyan be majige gisureki, ekisaka gamara doro bio ? mini beye utala hūsun fayame arkan seme gajime baha sergudai fiyanggū be, si yargiyan i saman de ertufi bai gamaki sembio aise. meni ilmun han fancafi mimbe wakalahabi, te bi adarame jabumbi. mini weile adarame sume mutembi, bairengge saman gehe sini gajiha coko indahūn be minde werifi, mini weile be sume ilmun han de benefi, ini abalara indahūn akū, dobori hūlara coko akū de, meni han urgunjefi oci, emude saman gehe i baita muyahūn ombi, jaide mini weile be sumbi. nišan

---

大爲生氣。尼山薩滿因得到了色爾古岱費揚古，非常高興，牽著手沿著舊路往回走時，孟古勒岱從後面追趕上來喊道：「薩滿格格稍等一下，我們講一講理吧！有悄悄帶走的道理嗎？我自己頗爲費力好不容易得來的色爾古岱費揚古，你倚仗是真薩滿，竟想白白地帶走嗎？我們的閻王生了氣，責怪我，現在我怎麼回答呢？我的罪怎麼能開脫呢？請求薩滿格格把你帶來的雞、狗留給我，送給閻王，以開脫我的罪。他沒有打獵的狗，夜晚沒有鳴啼的雞。我們的王若是歡喜，一則薩滿格格的事可以成全，二則可以開脫我的罪責。」

大为生气。尼山萨满因得到了色尔古岱费扬古，非常高兴，牵着手沿着旧路往回走时，孟古勒岱从后面追赶上来喊道：「萨满格格稍等一下，我们讲一讲理吧！有悄悄带走的道理吗？我自己颇为费力好不容易得来的色尔古岱费扬古，你倚仗是真萨满，竟想白白地带走吗？我们的阎王生了气，责怪我，现在我怎么回答呢？我的罪怎么能开脱呢？请求萨满格格把你带来的鸡、狗留给我，送给阎王，以开脱我的罪。他没有打猎的狗，夜晚没有鸣啼的鸡。我们的王若是欢喜，一则萨满格格的事可以成全，二则可以开脱我的罪责。」

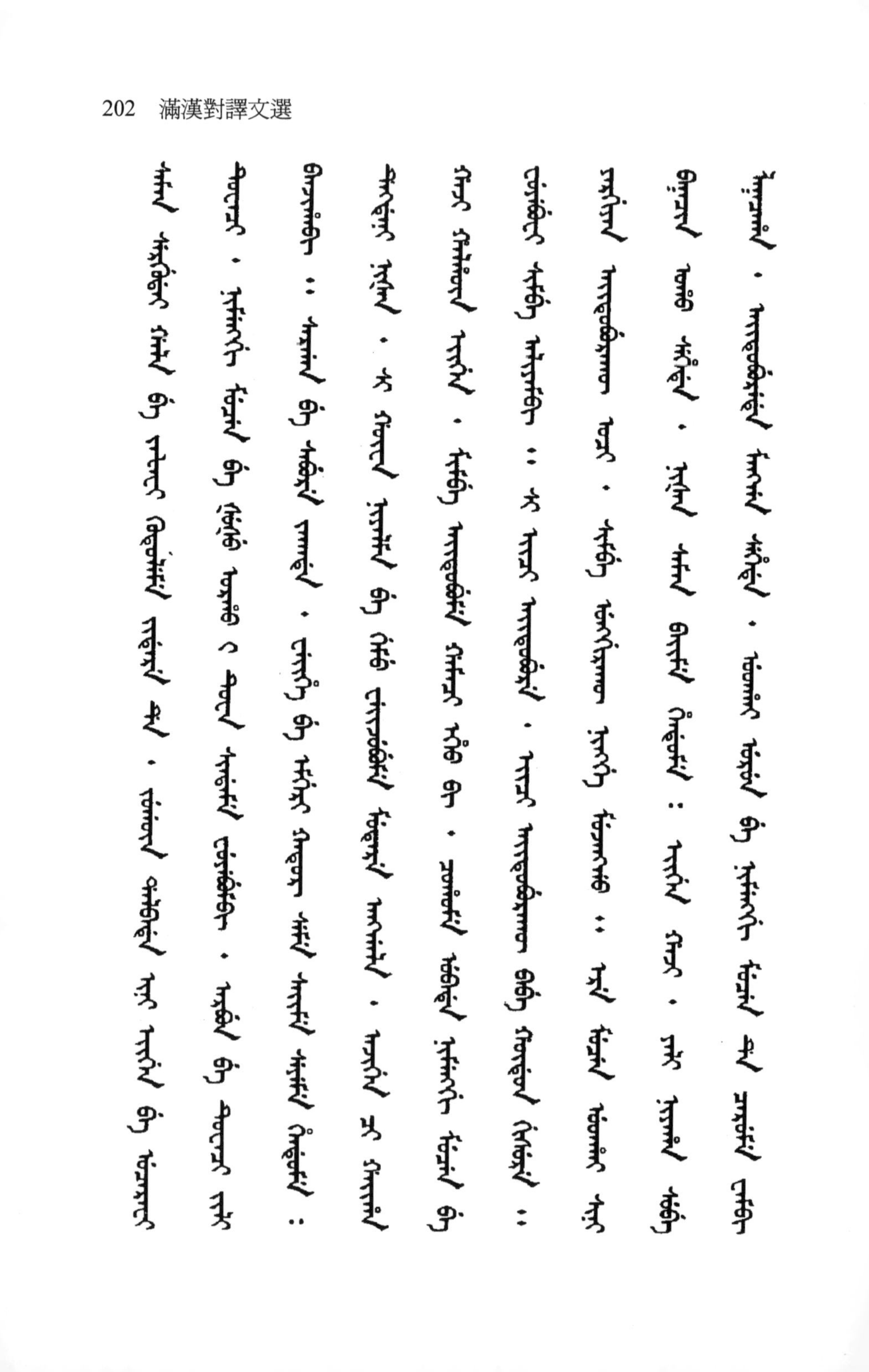

[illegible]

saman sergudai gala be jafafi kutuleme jidere de, jugūn dalbade ini eigen be ucarafi tuwaci, nimenggi mucen be šušu orho i tuwa sindame fuyebumbi, arbun be tuwaci jili banjihabi. sargan be sabure jakade, weihe be emgeri katur seme saime seyeme hendume: dekdeni nišan, si gūwa niyalma be gemu weijubume mutere anggala, ajigen ci gaiha haji halhūn eigen, mimbe aitubume gamaci eheo bi, cohome ubade nimenggi mucen be fuyebufi simbe aliyambi. si eici aitubure, eici aituburakū babe hūdun gisure. yargiyan aituburakū oci, simbe unggirakū ningge mujanggo. ere mucen uthai sini bakcin oho sehede. nišan saman baime hendume: eigen haji, yali niyaha sube lakcaha, aituburede mangga sehede, uthai urun be nimenggi mucen de carume wambi

---

尼山薩滿牽著色爾古岱的手往回走時，在路旁遇到了她的丈夫，只見油鍋用高粱草燒得正滾著，樣子看起來很生氣，一見妻子，嘎吱嘎吱地咬牙切齒，憤恨地說道：「輕佻的尼山，你都能把別人救活過來，何況自幼所嫁的親熱丈夫呢？將我救活帶回去不好嗎？我特地在這裡燒滾油鍋等你，你到底是救活？還是不救活？趕快說吧！若是真的不救活，就真的不讓你走，這鍋子就是你的對頭了。」尼山薩滿央求說道：「親愛的夫君，肉腐爛了，筋斷了，難於救活。」就要把媳婦在油鍋上烹殺，

尼山萨满牵着色尔古岱的手往回走时，在路旁遇到了她的丈夫，只见油锅用高粱草烧得正滚着，样子看起来很生气，一见妻子，嘎吱嘎吱地咬牙切齿，愤恨地说道：「轻佻的尼山，你都能把别人救活过来，何况自幼所嫁的亲热丈夫呢？将我救活带回去不好吗？我特地在这里烧滚油锅等你，你到底是救活？还是不救活？赶快说吧！若是真的不救活，就真的不让你走，这锅子就是你的对头了。」尼山萨满央求说道：「亲爱的夫君，肉腐烂了，筋断了，难于救活。」就要把媳妇在油锅上烹杀，

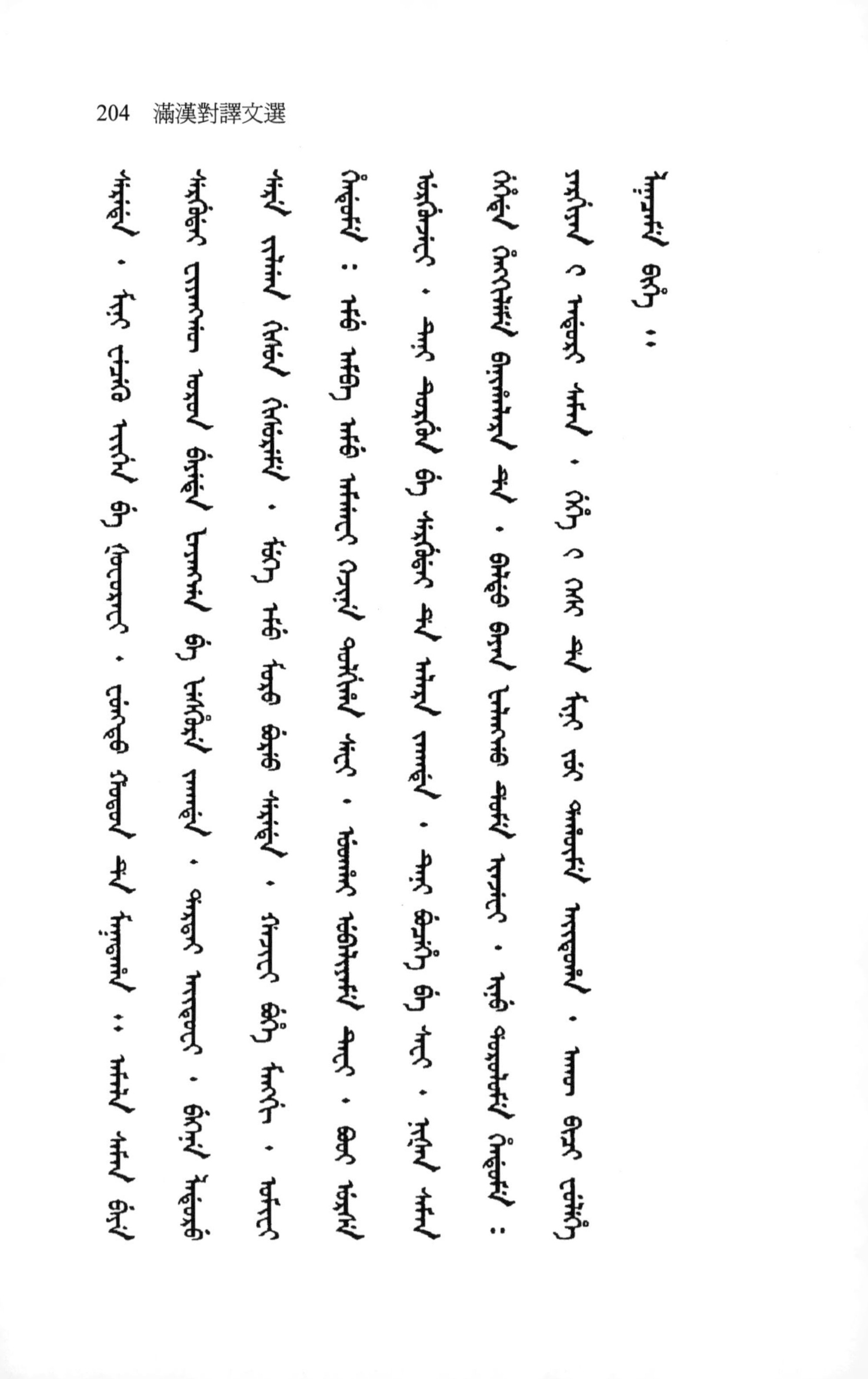

serede, mini weceku eigen be šoforafi, fungtu hoton de maktaha. amala saman beye sergudai fiyanggū oron beyede fayanggū be feshure jakade, dartai aitufi, bekene laduru sere jilgan gisun gisureme, muke emu moro bureo serede, gajifi buhe manggi, omifi hendume: emu amba amu amgafi kejime tolgiha sefi, uthai ubaliyame tefi, booi urse urgunjefi, teni turgun be sergudai de alara jakade, teni bucehe be safi, nišan saman gehede hengkileme banihalara de, baldu bayan falanggo dume injefi, inu dorolome hendume: yargiyan i enduri saman, gehe i kesi de mini jui dahūme aituha, akū bici fulehe lakcame bihe.

我的神祇就抓了夫君拋到酆都城。後來薩滿自己把魂放入色爾古岱費揚古的軀殼裡，不久便活過來了，用含糊的聲音說道：「請給我一碗水吧！」拿來給了後，喝完說道：「睡了一大覺，做了好一會兒的夢。」說完就翻身坐了起來。家人們都非常高興，把緣由告訴色爾古岱後，方知是死了，遂向尼山薩滿格格叩頭道謝。巴勒杜巴彥拍掌歡笑，也行禮說道：「實在是神薩滿，蒙格格恩典，我的孩子復活了，不然的話就斷根了。」

我的神祇就抓了夫君抛到酆都城。后来萨满自己把魂放入色尔古岱费扬古的躯壳里，不久便活过来了，用含糊的声音说道：「请给我一碗水吧！」拿来给了后，喝完说道：「睡了一大觉，做了好一会儿的梦。」说完就翻身坐了起来。家人们都非常高兴，把缘由告诉色尔古岱后，方知是死了，遂向尼山萨满格格叩头道谢。巴勒杜巴彦拍掌欢笑，也行礼说道：「实在是神萨满，蒙格格恩典，我的孩子复活了，不然的话就断根了。」

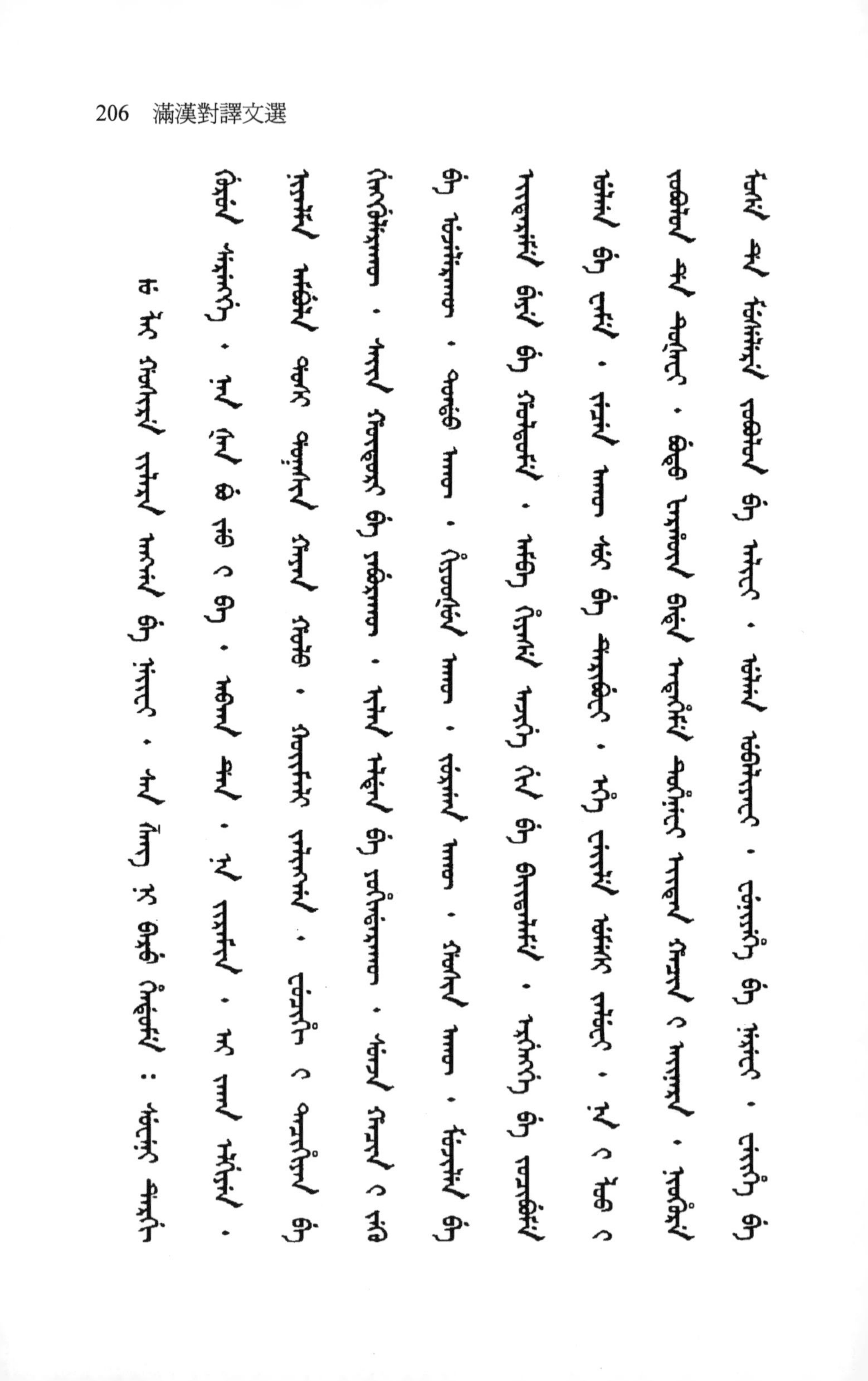

三十四、修真正善

žu lai gosire jilara angga be neifi, san dzang ni baru hendume : suweni dergi gurun serengge, nan šan bu jeo i ba, abka den, na jiramin, ai jaka elgiyen, niyalma ambula dosi doksin hayan holo, koimali jalingga, fucihi i tacihiyan be ginggulerakū, sain hūturi be yaburakū, ilan elden be yohindarakū, sunja hacin i jeku be ujelerakū, tondo akū, hiyoošun akū, jurgan akū, gosin akū, mujilen be eitereme beye be holtome, amba hiyase, ajige gin be baitalame, ergengge be jocibume ulga be wame, jecen akū sui be deribufi, ehe weile umesi jalufi, na i loo i jobolon de tušafi, butu farhūn bade enteheme tuhenefi eiten hacin i ainara, niohure mose de muselere jobolon be alifi, ulga ubaliyafi, funiyehe be nerefi, weihe be

---

如來開憐憫之口，對三藏言曰：「你們東土，乃南贍部洲。只因天高地厚，物廣人稠，多貪多殺，多淫多誑，多欺多詐，不遵佛教，不向善緣，不敬三光，不重五穀；不忠不孝，不義不仁，瞞心昧己，大斗小秤，害命殺生，造下無邊之孽，罪盈惡滿，致有地獄之災；所以永墮幽冥，受那許多碓搗磨舂之苦，變作畜類，有那許多披毛頂角之形，

如来开怜悯之口，对三藏言曰：「你们东土，乃南赡部洲。只因天高地厚，物广人稠，多贪多杀，多淫多诳，多欺多诈，不遵佛教，不向善缘，不敬三光，不重五谷；不忠不孝，不义不仁，瞒心昧已，大斗小秤，害命杀生，造下无边之孽，罪盈恶满，致有地狱之灾；所以永堕幽冥，受那许多碓捣磨舂之苦，变作畜类，有那许多披毛顶角之形，

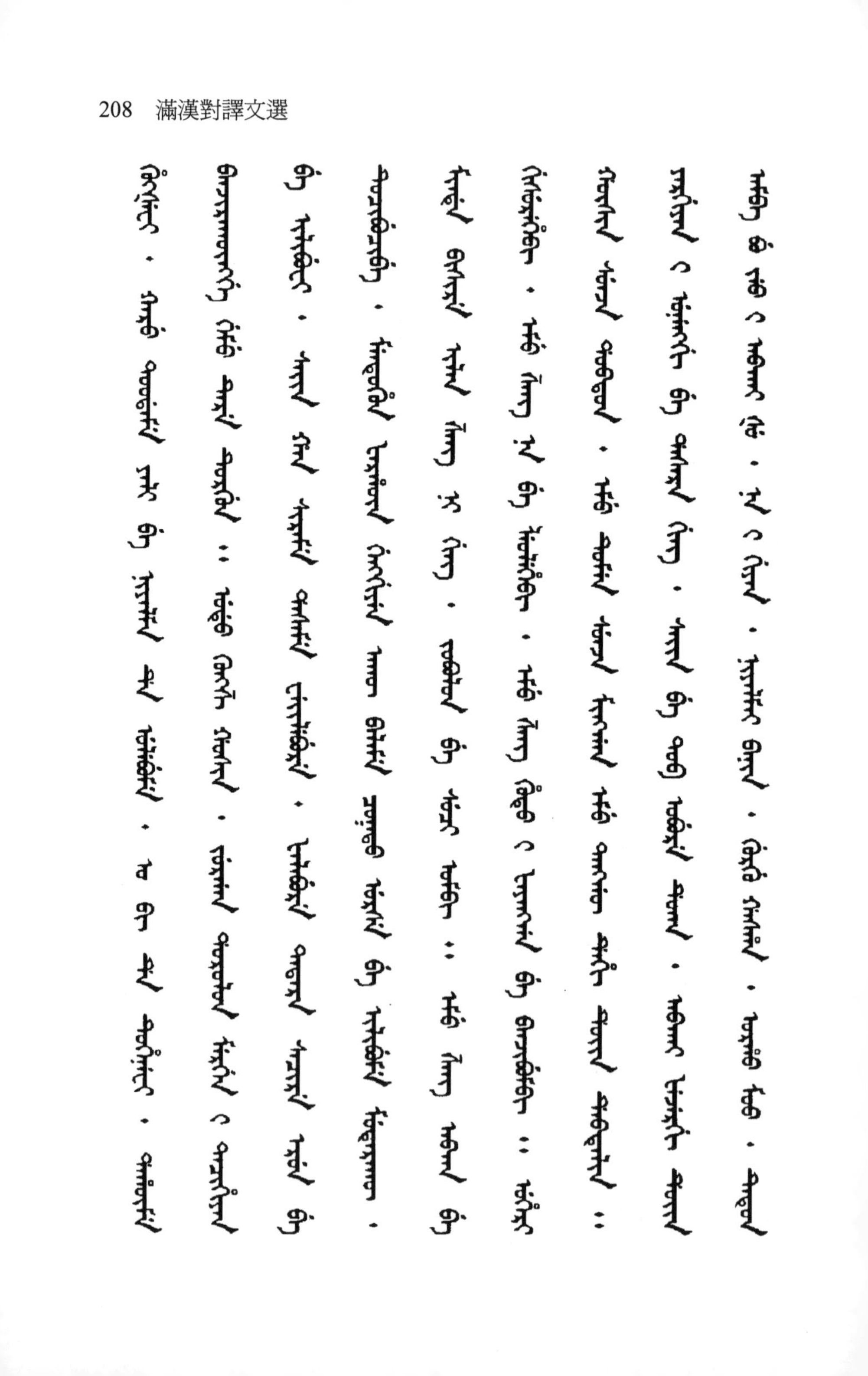

hukšefi, karu toodame yali be niyalma de ulebume, o bi de tuhenefi, dahūme banjirakūngge gemu tere turgun. udu kungdz gosin, jurgan dorolon mergen i tacihiyan be ilibufi, sain han sirame dasame weilebure, falabure tatara sacire erun be tucibucibe, mentuhun farhūn genggiyan akū balame cokto urse be ilibume muterakū, minde bisire ilan dzang ni ging, jobolon be suci ombi. emu dzang abka be gisurehebi, emu dzang na be leolehebi, emu dzang hutu i fayangga be banjibumbi. uheri gūsin sunja dobton, emu tumen sunja minggan emu tanggū dehi duin debtelin. yargiyan i unenggi be dasara ging, sain be tob obure duka, abkai fejergi duin amba bu jeo i abkai šu, na i giyan, niyalmai banin, gurgu gasha, orho moo, tetun

---

將身還債，將肉飼人。其永墮阿鼻，不得超昇者，皆此之故也。雖有孔子立有仁義禮智之教，賢君相繼，治有徒流絞斬之刑，焉能制止其愚昧不明放縱無忌之輩耶？我有經三藏，可以超脫苦惱，解釋災愆。一藏談天，一藏論地，一藏度鬼魂。共計三十五部，一萬五千一百四十四卷，真是修真之經，正善之門。凡天下四大部洲之天文、地理、人物、鳥獸、草木、

将身还债，将肉饲人。其永堕阿鼻，不得超升者，皆此之故也。虽有孔子立有仁义礼智之教，贤君相继，治有徒流绞斩之刑，焉能制止其愚昧不明放纵无忌之辈耶？我有经三藏，可以超脱苦恼，解释灾愆。一藏谈天，一藏论地，一藏度鬼魂。共计三十五部，一万五千一百四十四卷，真是修真之经，正善之门。凡天下四大部洲之天文、地理、人物、鸟兽、草木、

[illegible]

agūra, niyalmai weile akūngge akū.

器用、人事，無般不載。」

器用、人事，无般不载。」

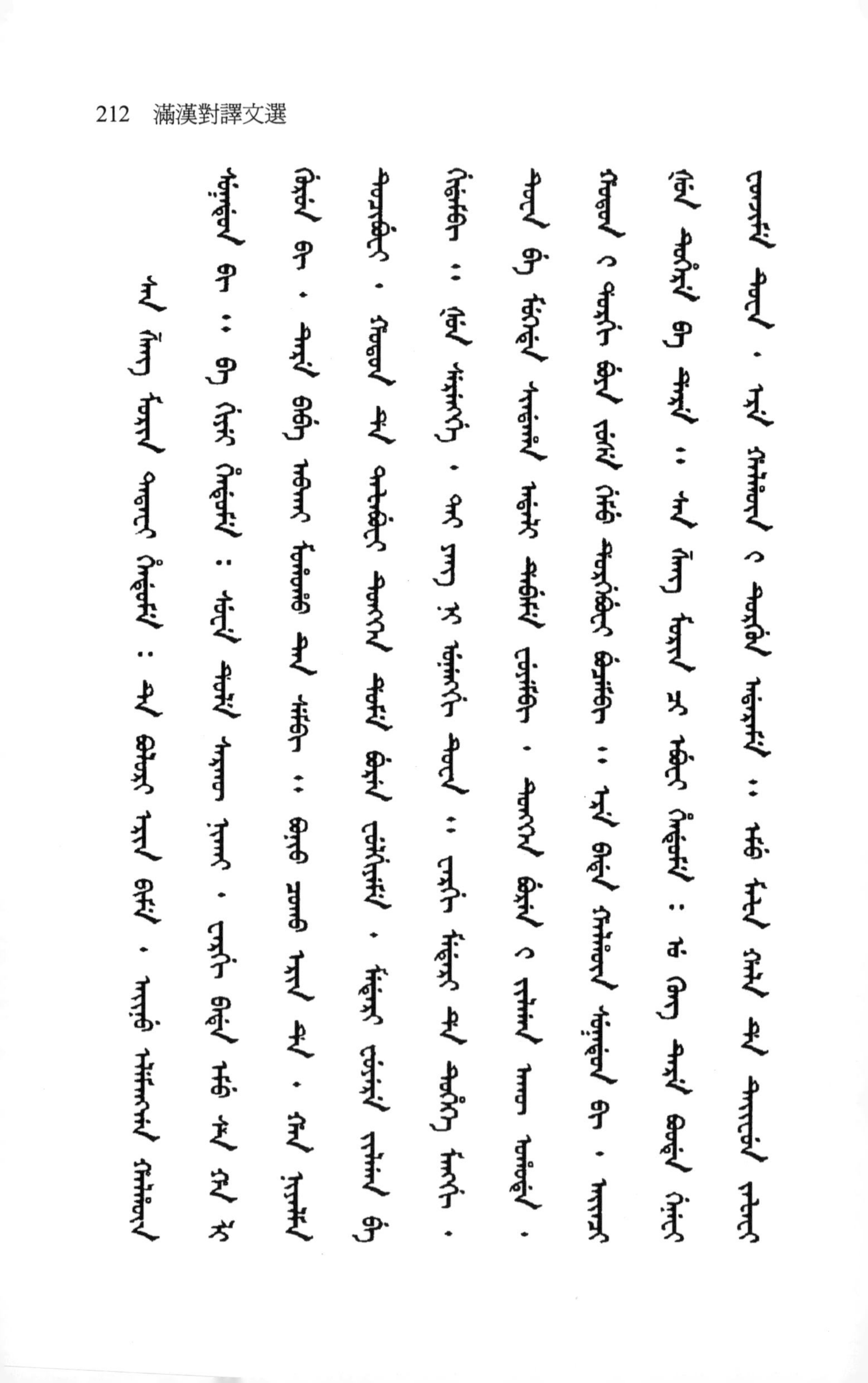

三十五、太陽真火

san dzang morin tatafi hendume: te bolori erin bime, ainu elemangga halhūn sukdun bi? ba giyei hendume: suwe dule sarkū nikai, wargi bade emu sy ha li gurun bi, tere babe abkai mohoho ten sembi. bonio coko erin de, han niyalma tucibufi, hoton de tafabufi tungken dume buren fulgiyeme, mederi fuyere jilgan be gidambi. šun serengge, tai yang ni unenggi tuwa. wargi mederi de tuheke manggi, tuwa be mukede sindaha adali debeme fuyembi, tungken buren i jilgan akū ohode, hoton i dorgi buya juse gemu durgebufi bucembi. ere bade halhūn sukdun bi, ainci šun tuhere ba dere. san dzang morin ci ebufi hendume: u kung tere boode genefi fonjime tuwa, ere halhūn i turgun adarame. emu mafa gala de teifun jafafi

---

三藏勒馬道：「如今正是秋天，卻怎反而有熱氣？」八戒道：「你們原來不知道，西域地方，有個斯哈哩國，那裡叫做天盡頭，到申、酉時，國王差人上城，擂鼓吹號，掩蓋海沸之聲。日乃太陽真火，落於西海後，如火淬水，接聲滾沸，若無鼓號之聲，則城中小兒皆被震死。此處有熱氣，想必是日落之處也。」三藏下馬道：「悟空去那人家問那炎熱之故何也？」一位老者手拄拐杖

三藏勒马道：「如今正是秋天，却怎反而有热气？」八戒道：「你们原来不知道，西域地方，有个斯哈哩国，那里叫做天尽头，到申、酉时，国王差人上城，擂鼓吹号，掩盖海沸之声。日乃太阳真火，落于西海后，如火淬水，接声滚沸，若无鼓号之声，则城中小儿皆被震死。此处有热气，想必是日落之处也。」三藏下马道：「悟空去那人家问那炎热之故何也？」一位老者手拄拐杖

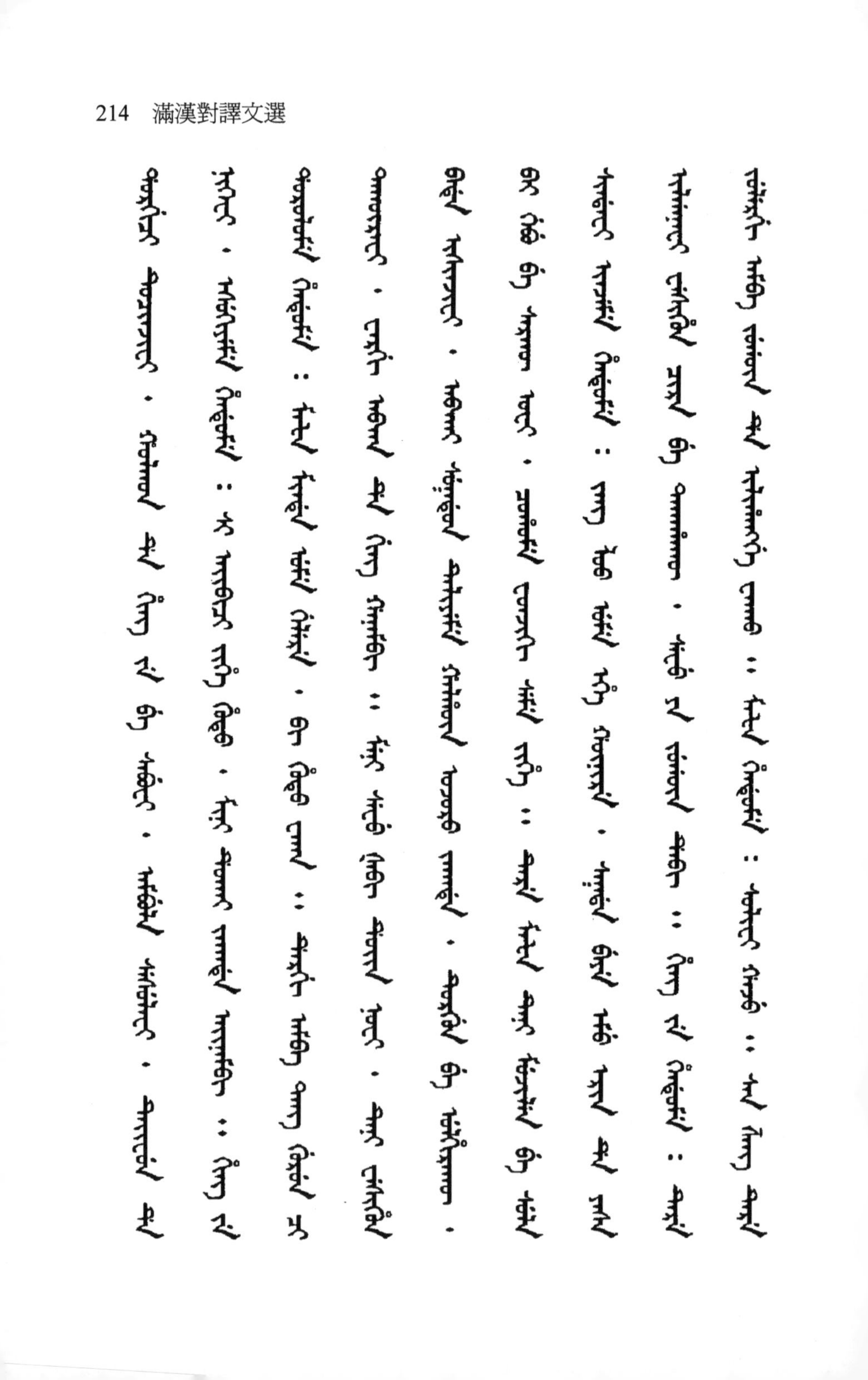

dorgici tucinjifi, holkon de hing je be sabufi, ambula sesulafi, teifun de nikefi, esukiyeme hendume: si aibici jihe hutu, mini dukai jakade ainambi ? hing je dorolome hendume: mafa minde ume gelere, bi hutu waka. dergi amba tang gurun ci takūrafi, wargi abka de ging ganambi. meni sefu šabi duin nofi, teni wesihun bade isinjifi, abkai sukdun teliyeme halhūn ojoro jakade, turgun be ulhirakū, bai gebu be sarkū ofi, cohome fonjiki seme jihe. tere mafa teni mujilen be sula sindafi injeme hendume: jang loo ume ehe gūnire. sakda beye emu erin de yasa ilganafi wesihun cira be takahakū, sefu ya jugūn debi. hing je hendume: tere julergi amba jugūn de ilihangge wakao? mafa hendume: solifi gaju. san dzang tere

---

由門裡走出來，忽然看見行者，大爲吃驚，拄著拐杖，喝道：「你是哪裡來的妖怪？在我這門首何幹？」行者答禮道：「老施者，休怕我，我不是妖怪。乃承東土大唐差遣上西天取經。我們師徒四人，才到貴地，因爲天氣炎熱，不解其故，不知地名，特來請指教。」那老者才放心，笑道：「長老勿罪，老身一時眼花，不識尊顏。師傅在何處？」行者道：「那南首大路上站立的不是？」老者道：「請來。」三藏

由门里走出来，忽然看见行者，大为吃惊，拄着拐杖，喝道：「你是哪里来的妖怪？在我这门首何干？」行者答礼道：「老施者，休怕我，我不是妖怪。乃承东土大唐差遣上西天取经。我们师徒四人，才到贵地，因为天气炎热，不解其故，不知地名，特来请指教。」那老者才放心，笑道：「长老勿罪，老身一时眼花，不识尊颜。师傅在何处？」行者道：「那南首大路上站立的不是？」老者道：「请来。」三藏

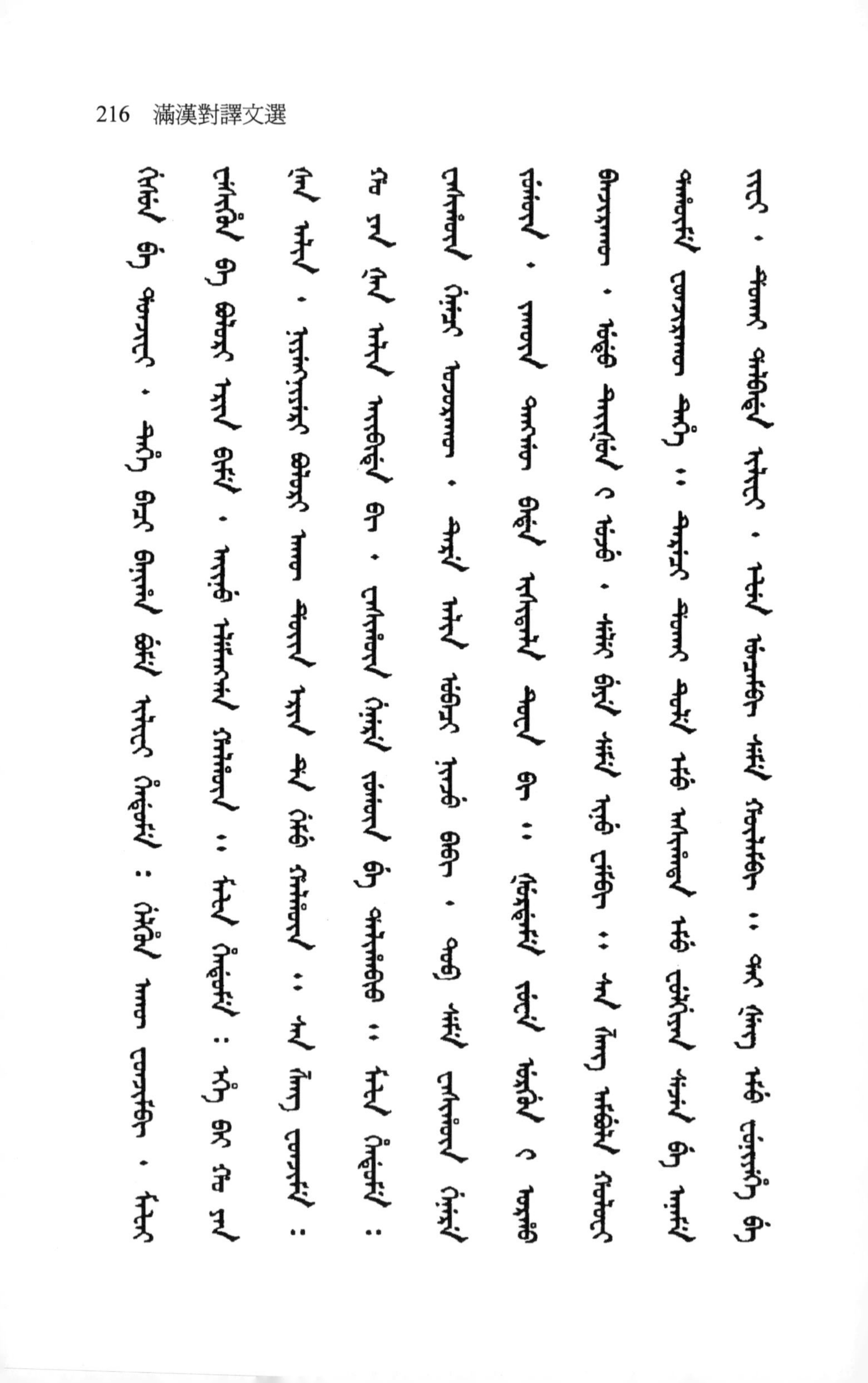

gisun be donjifi, tehe baci baniha bume ilifi hendume: gelhun akū fonjimbi, mafai wesihun ba bolori erin bime, ainu elemangga halhūn? mafa hendume: ehe bai ho yan šan alin, niyengniyeri bolori akū duin erin de gemu halhūn. san dzang fonjime: ho yan šan alin aibide bi? wasihūn genere jugūn be dalihabio? mafa hendume: wasihūn geneci ojorakū. tere alin ubaci ninju babi, tob seme wasihūn genere jugūn, jakūn tanggū bade isitala tuwa bi. šurdeme juwe urgun i orho banjirakū, udu teišun i uju, selei beye seme inu wembi. san dzang ambula golofi dahūme fonjirakū tehe. tereci dukai tule emu asihata emu fulgiyan sejen be aname jifi, dukai dalbade ilifi, efen uncambi seme hūlambi. dai šeng emu funiyehe be

---

聞其言，起身稱謝道：「敢問老施主，貴處遇秋，緣何倒反炎熱？」老者道：「敝地之火焰山，無春無秋，四季皆熱。」三藏問道：「火焰山在哪邊？可阻西去之路嗎？」老者道：「西方卻去不得，那山離此有六十里，正是西去之路，有八百里火焰，周圍寸草不生。雖然是銅頭鐵身，也要熔化。」三藏大驚，不敢再問。只見門外一個少年男子，推著一輛紅車而來，停在門旁，叫聲「賣糕！」大聖拔

闻其言，起身称谢道：「敢问老施主，贵处遇秋，缘何倒反炎热？」老者道：「敝地之火焰山，无春无秋，四季皆热。」三藏问道：「火焰山在哪边？可阻西去之路吗？」老者道：「西方却去不得，那山离此有六十里，正是西去之路，有八百里火焰，周围寸草不生。虽然是铜头铁身，也要熔化。」三藏大惊，不敢再问。只见门外一个少年男子，推着一辆红车而来，停在门旁，叫声「卖糕！」大圣拔

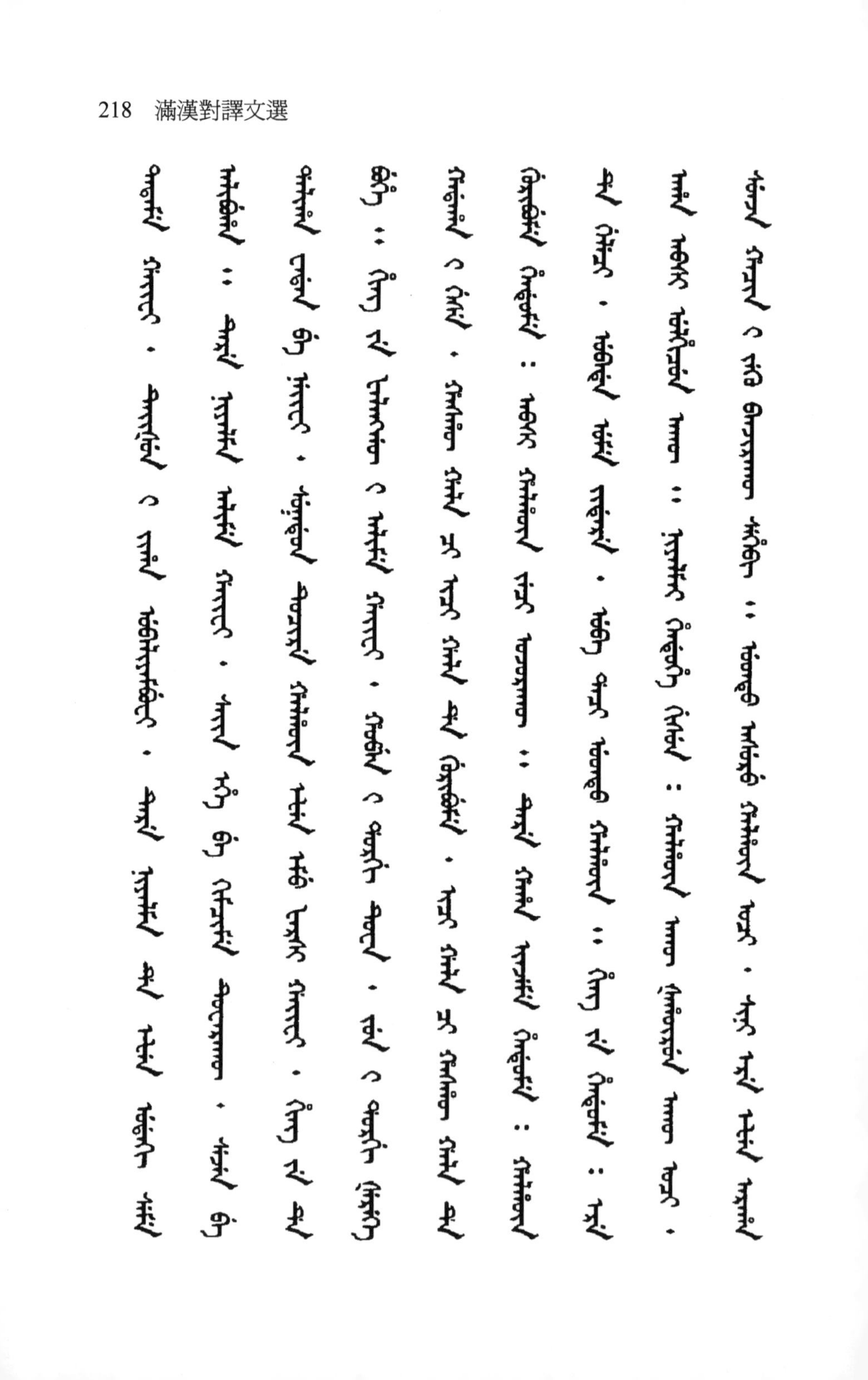

tatame gaifi, teišun i jiha ubaliyabufi, tere niyalma de efen udaki seme alibuha. tere niyalma alime gaifi, sain ehe be kimcime tuwarakū, sejen be daliha wadan be neifi, sukdun tucire halhūn efen emu farsi gaifi, hing je de buhe. hing je falanggū i alime gaifi, hopun i dorgi tuwa, jun i dorgi šereke hadaha i gese, hashū gala ci ici gala de guribume, ici gala ci hashū gala de guribume hendume: absi halhūn jeci ojorakū. tere haha injeme hendume: halhūn de geleci, ubade ume jidere, uba daci uttu halhūn. hing je hendume: ere aha absi ulhicun akū. niyalmai henduhe gisun: halhūn akū šahūrun akū oci, sunja hacin i jeku banjirakū sehebi. uttu asuru halhūn oci, sini ere efen araha

---

根毫毛，變了銅錢，欲向那人買餅。那人接了錢，並不細看好歹，揭開遮車衣裹，熱氣騰騰，拿出一塊餅，給了行者。行者托在掌中，好似火盆裡的火、竈裡的紅釘。從左手挪到右手，從右手挪到左手道：「好熱，吃不得！」那男子笑道：「怕熱，莫來這裡，這裡原來是這樣熱。」行者道：「你這漢子，好不明理。常言道：『不冷不熱，五穀不結。』這等熱得很，你這烙餅的

根毫毛，变了铜钱，欲向那人买饼。那人接了钱，并不细看好歹，揭开遮车衣裹，热气腾腾，拿出一块饼，给了行者。行者托在掌中，好似火盆里的火、灶里的红钉。从左手挪到右手，从右手挪到左手道：「好热，吃不得！」那男子笑道：「怕热，莫来这里，这里原来是这样热。」行者道：「你这汉子，好不明理。常言道：『不冷不热，五谷不结。』这等热得很，你这烙饼的

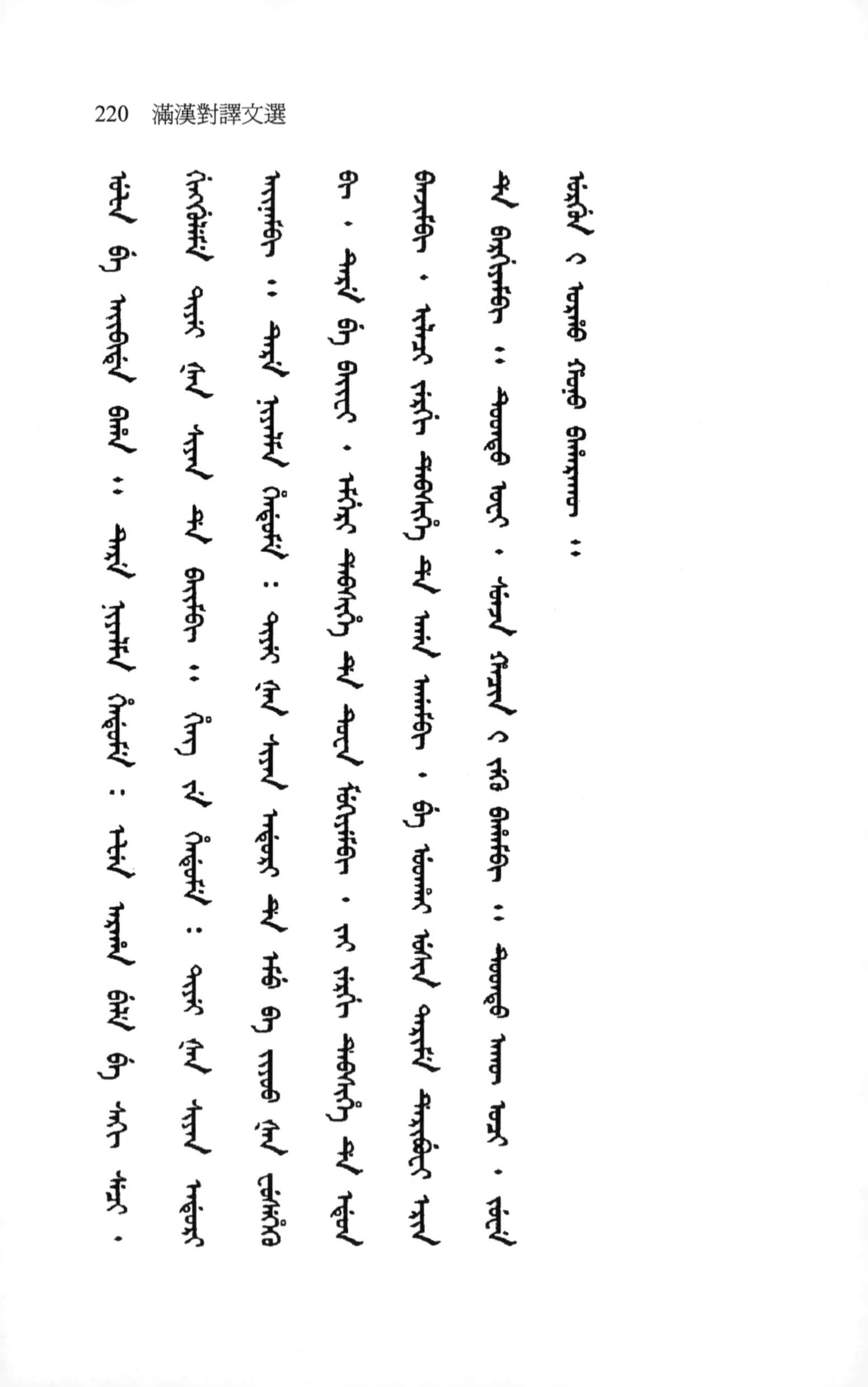

[illegible]

[illegible]

[illegible]

[illegible]

[illegible]

[illegible]

[illegible]

ufa be aibide baha. tere niyalma hendume: efen araha bele be saki seci, gingguleme tiyei šan siyan de baimbi. hing je hendume: tiyei šan siyan enduri ainambi. tere niyalma hendume: tiyei šan siyan i de emu ba jiyoo šan fuseheku bi, tere be baifi, emgeri debsihe de tuwa mukiyembi. jai jergi debsihe de edun banjimbi. ilaci jergi desbsihe de aga agambi. be uthai usin tarime deribufi erin de bargiyambi. tuttu ofi, sunja hacin i jeku bahambi. tuttu akū oci, juwe urgun i orho hono baharakū.

麵粉，從何而來？」那人道：「若要知烙餅的粉米，得敬求鐵扇仙。」行者道：「鐵扇仙怎的？」那人道：「鐵扇仙有柄芭蕉扇。求得它，一搧息火，二搧生風，三搧下雨，我們就開始播種，及時收割，故得五穀，不然，寸草不能生也。」

面粉，从何而来？」那人道：「若要知烙饼的粉米，得敬求铁扇仙。」行者道：「铁扇仙怎的？」那人道：「铁扇仙有柄芭蕉扇。求得它，一搧息火，二搧生风，三搧下雨，我们就开始播种，及时收割，故得五谷，不然，寸草不能生也。」

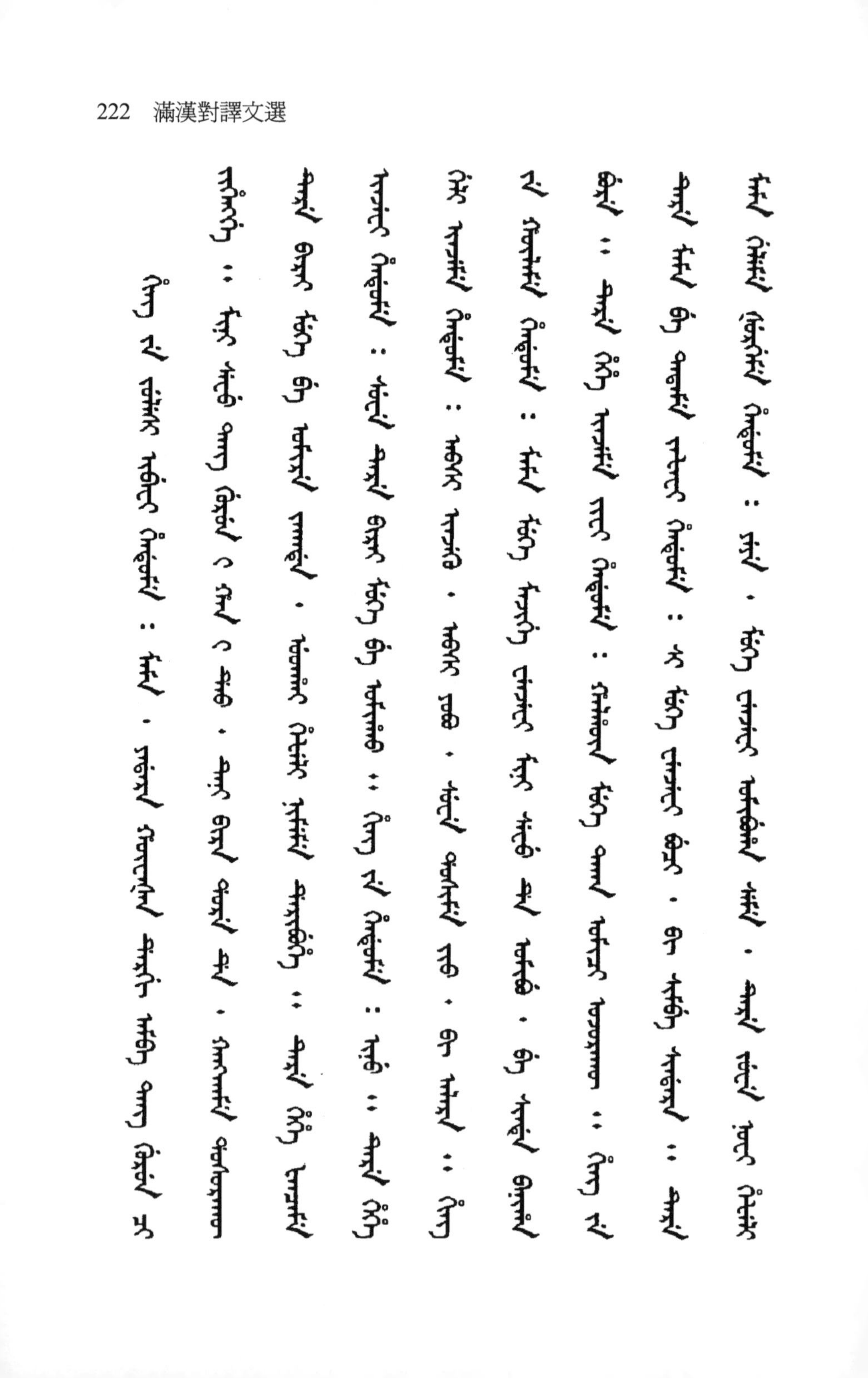

[illegible]

三十六、西梁女國

hing je julesi ibefi hendume: mama, yadara hūwašan dergi amba tang gurun ci jihengge. mini sefu tang gurun i han i deo, teni bira dore de, kangkame dosorakū tere birai muke be omire jakade, uthai hefeli nimeme deribuhe. tere hehe fancame injefi hendume: suwe tere birai muke be omihao? hing je hendume: inu. tere hehe geli injeme hendume: absi injeku, absi yobo, suwe dosime jio, bi alara. hing je hūlame hendume: mama muke majige wenjefi mini sefu de omibu, be sinde baniha bure. tere hehe injeme jifi hendume: halhūn muke taka omici ojorakū. hing je tere mama be tatame jafafi hendume: si muke wenjefi buci, bi simbe sindara. tere mama geleme šurgeme hendume: yeye, muke wenjefi omibuha seme, tere juwe nofi hefeli

---

行者上前道：「婆婆，貧僧是東土大唐來的，我師父是唐朝御弟，方才過河時，因爲口渴難耐喝了那河水，就開始腹疼起來。」那婦人哈哈笑道：「你們喝了那河水嗎？」行者道：「是。」那婦人又笑道：「好可笑！多好笑！你們進來，我可告訴。」行者叫道：「婆婆，且燒些熱湯與我師喝，我們謝你。那婦人笑著前來道：「暫且不可喝熱湯。」行者扯住那婆婆道：「你給燒湯，我可放你。」那婆婆戰戰兢兢的道：「爺爺，燒湯喝了也治不得他兩個肚疼。

行者上前道：「婆婆，贫僧是东土大唐来的，我师父是唐朝御弟，方才过河时，因为口渴难耐喝了那河水，就开始腹疼起来。」那妇人哈哈笑道：「你们喝了那河水吗？」行者道：「是。」那妇人又笑道：「好可笑！多好笑！你们进来，我可告诉。」行者叫道：「婆婆，且烧些热汤与我师喝，我们谢你。那妇人笑着前来道：「暂且不可喝热汤。」行者扯住那婆婆道：「你给烧汤，我可放你。」那婆婆战战兢兢的道：「爷爷，烧汤喝了也治不得他两个肚疼。

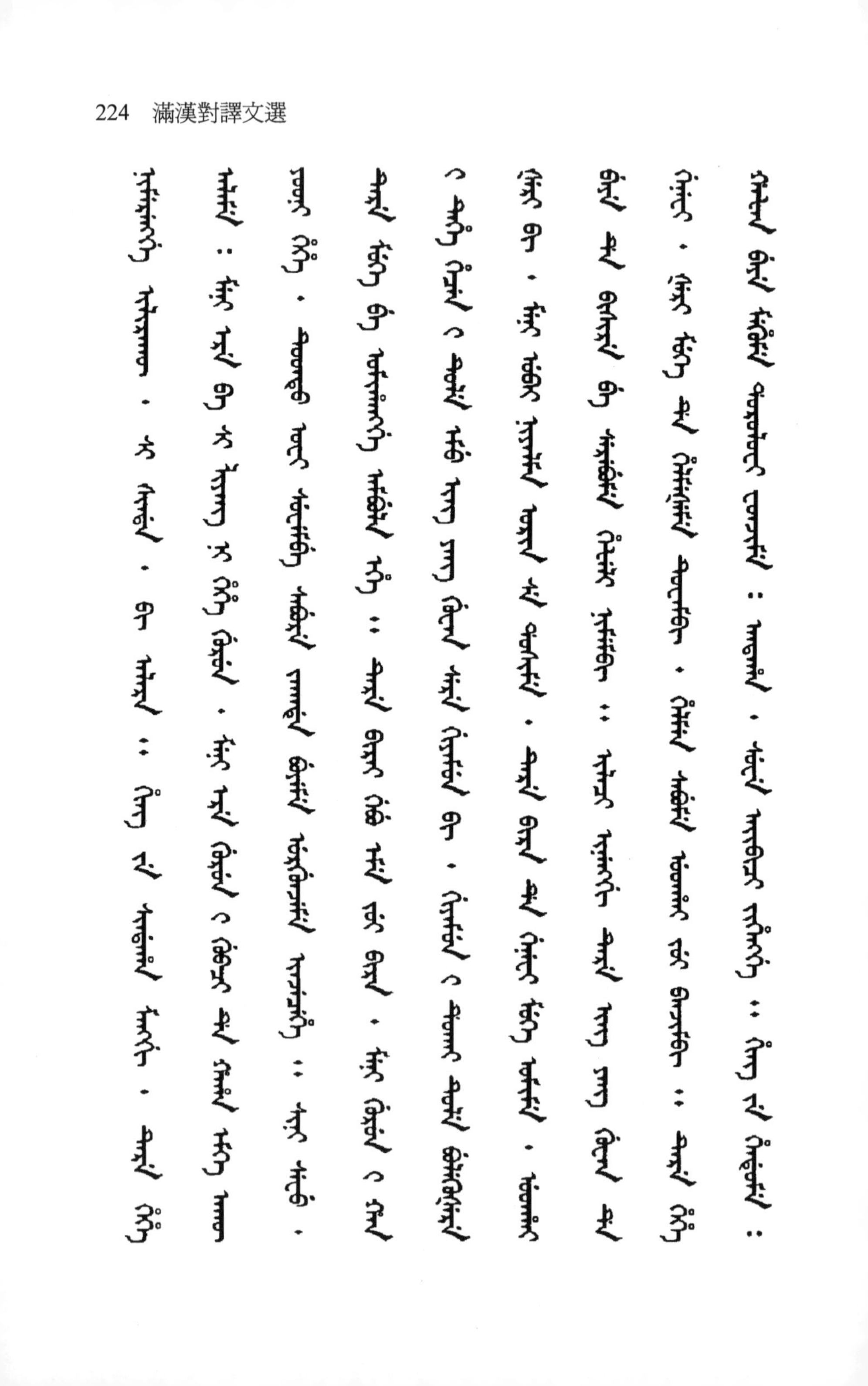

nimerengge ilirakū, si sinda, bi alara. hing je sindaha manggi, tere hehe alame: meni ere ba si liyang ni hehe gurun, meni ere gurun i gubci de haha emke akū yooni hehe, tuttu ofi suwembe sabure jakade buyeme urgunjeme injecehe. sini sefu, tere muke be omihangge ambula ehe, tere birai gebu eme jui bira, meni gurun i han i tehe hecen i tule emu ing yang guwan sere giyamun bi, giyamun i dukai tule bulekušere šeri bi, meni ubai niyalma orin se dosime, tere bira de genefi muke omime, uthai beye de bisire be serebume hefeli nimembi. ilaci inenggi tere ing yang guwan de genefi, šeri muke de helmešeme tuwambi, helmen sabume uthai jui banjimbi. tere hehe hafan beye mehume dorolofi fonjime: antaha, suwe aibici jihengge? hing je hendume:

你放了我，我說。」行者放了後，那婦人說：「我們這裡乃是西梁女國，我們這一國盡是女人，無一男子，故此見了你們歡笑，你師父喝了那水很是不好，那條河喚做子母河，我國王城外有一座迎陽館驛，驛門外有照鏡泉。我們這裡人年登二十歲以上，到那河裡去喝水就有了胎覺得腹痛。三日之後，到那迎陽館泉水邊照看影子，看見影子就降生孩兒。」那女官欠身行禮問道：「使客何來？」行者道：

你放了我，我说。」行者放了后，那妇人说：「我们这里乃是西梁女国，我们这一国尽是女人，无一男子，故此见了你们欢笑，你师父喝了那水很是不好，那条河唤做子母河，我国王城外有一座迎阳馆驿，驿门外有照镜泉。我们这里人年登二十岁以上，到那河里去喝水就有了胎觉得腹痛。三日之后，到那迎阳馆泉水边照看影子，看见影子就降生孩儿。」那女官欠身行礼问道：「使客何来？」行者道：

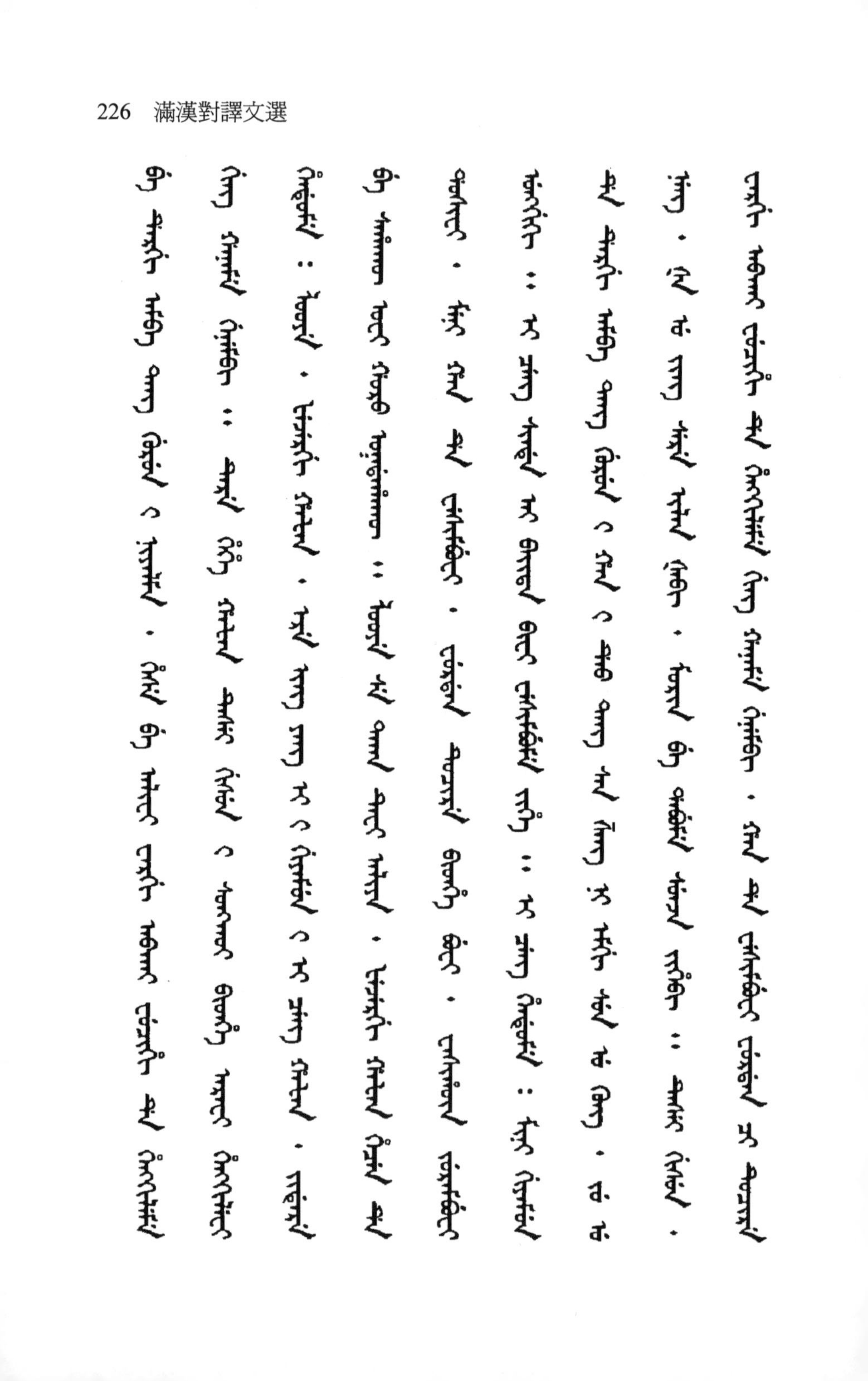

be dergi amba tang gurun i niyalma, hese be alifi wargi abkai fucihi de hengkileme ging ganame genembi. tere hehe hafan tesei gisun i songkoi bithe arafi hengkilefi hendume: looye, fejergi hafan, ere ing yang i i giyamun i i ceng hafan, jidere be sahakū ofi goro okdahakū. looye se taka tefi aliya, fejergi hafan hecen de dosifi, meni han de wesimbufi, furdan tucire bithe bufi, wasihūn jurambufi unggiki. i ceng sinde ai baita bifi wesimbume jihe. i ceng hendume: mini giyamun de dergi amba tang gurun i han i deo tang san dzang ni emgi sun u kung, ju u neng, ša u jing sere ilan šabi , morin be dabume sunja jihebi. tesei gisun, wargi abkai fucihi de hengkileme ging ganame genembi, han de wesimbufi furdan ci

---

「我們是東土大唐人，奉旨上西天拜佛取經。」那女官照他們的話執筆寫文書叩頭道：「老爺，下官是迎陽驛驛丞，因不知前來未曾遠迎，老爺們寬坐等候，待下官進城啓奏我王，頒給出關憑證，令啓程西進。」「驛丞有何事來奏？」驛丞道：「微臣在驛，接得東土大唐御弟唐三藏帶有孫悟空、豬悟能、沙悟淨三個徒弟，連馬五口來此。他們說要上西天拜佛取經，特來啓奏主公，許他以出關憑證。」

「我们是东土大唐人，奉旨上西天拜佛取经。」那女官照他们的话执笔写文书叩头道：「老爷，下官是迎阳驿驿丞，因不知前来未曾远迎，老爷们宽坐等候，待下官进城启奏我王，颁给出关凭证，令启程西进。」「驿丞有何事来奏？」驿丞道：「微臣在驿，接得东土大唐御弟唐三藏带有孙悟空、猪悟能、沙悟净三个徒弟，连马五口来此。他们说要上西天拜佛取经，特来启奏主公，许他以出关凭证。」

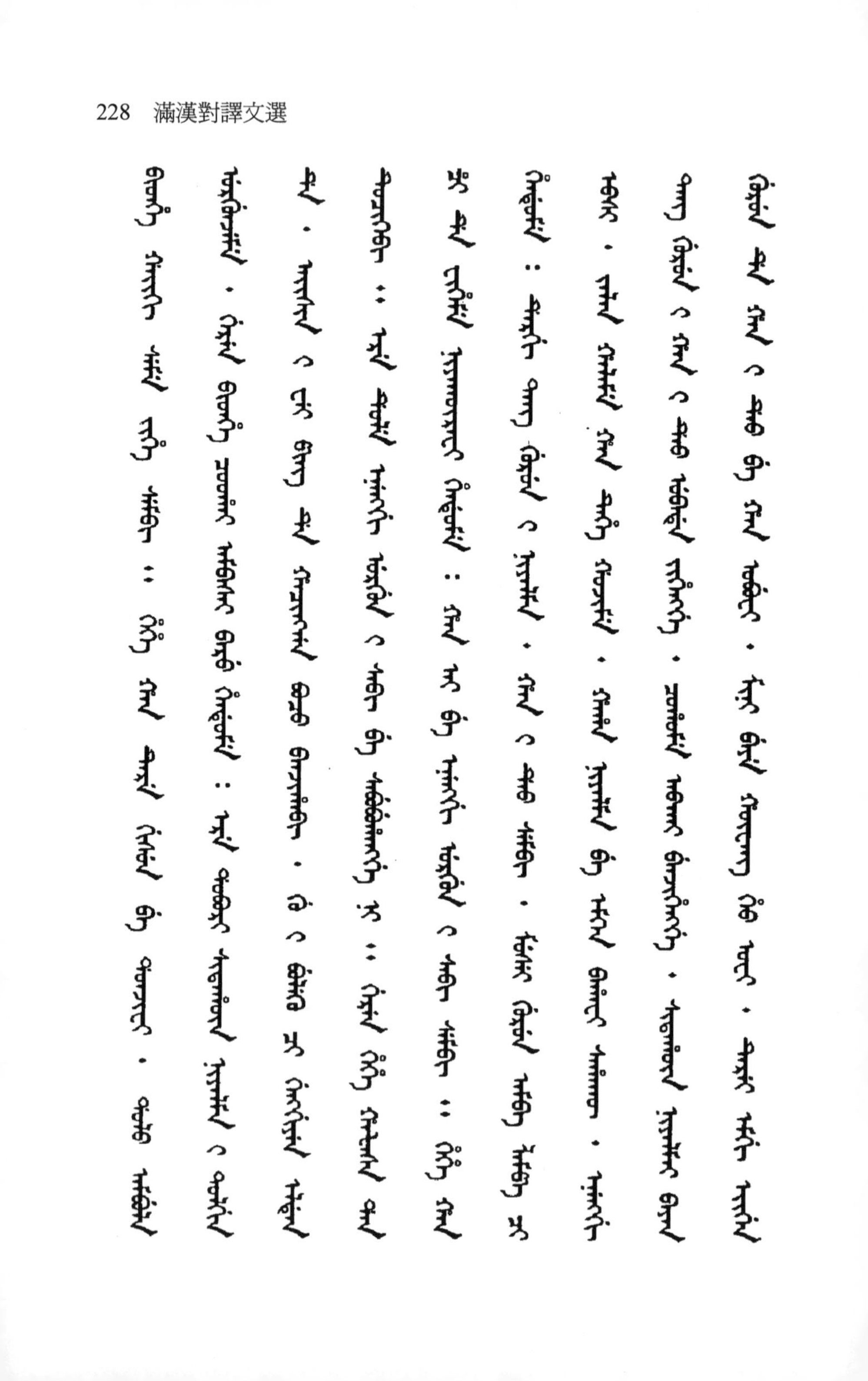

tucire bithe gaiki seme jihe sembi. hehe han tere gisun be donjifi, dolo ambula urgunjeme, geren bithe coohai ambasai baru hendume: ere dobori sitahūn niyalma i tolgin de, aisin i wei ping de hacingga boco banjihabi, gu i buleku ci genggiyen elden tucikebi. ere dule enenggi urgun i sabi be sabubuhangge ni. geren hehe hafasa dan c'y de fiheme niyakūrafi hendume: han ai be enenggi urgun i sabi sembi. hehe han hendume: dergi tang gurun i niyalma, han i deo sembi, musei gurun amba lampa ci ebsi, jalan halame han tehe gojime, haha niyalma be emken bahafi sahakū, enenggi tang gurun i han i deo ubade jihengge, cohome abkai benjihengge, sitahūn niyalmai bayan gurun de han i deo be han obufi, mini beye hūwang heo ofi, terei emgi eigen

---

女王聞其言，滿心歡喜，對眾文武道：「寡人夜來夢見金圍屏生彩艷，玉鏡展明光，原來是今日之喜兆也！」眾女官擁拜丹墀道：「主公，怎見得是今日之喜兆？」女王道：「東土唐人，乃是御弟，我國自混沌開闢以來，累代帝王，更不曾見一個男人，幸今唐朝御弟來到此地，是上天特別送來的。寡人以一國之富，願以御弟爲王，我自己爲皇后，

女王闻其言，满心欢喜，对众文武道：「寡人夜来梦见金围屏生彩艳，玉镜展明光，原来是今日之喜兆也！」众女官拥拜丹墀道：「主公，怎见得是今日之喜兆？」女王道：「东土唐人，乃是御弟，我国自混沌开辟以来，累代帝王，更不曾见一个男人，幸今唐朝御弟来到此地，是上天特别送来的。寡人以一国之富，愿以御弟为王，我自己为皇后，

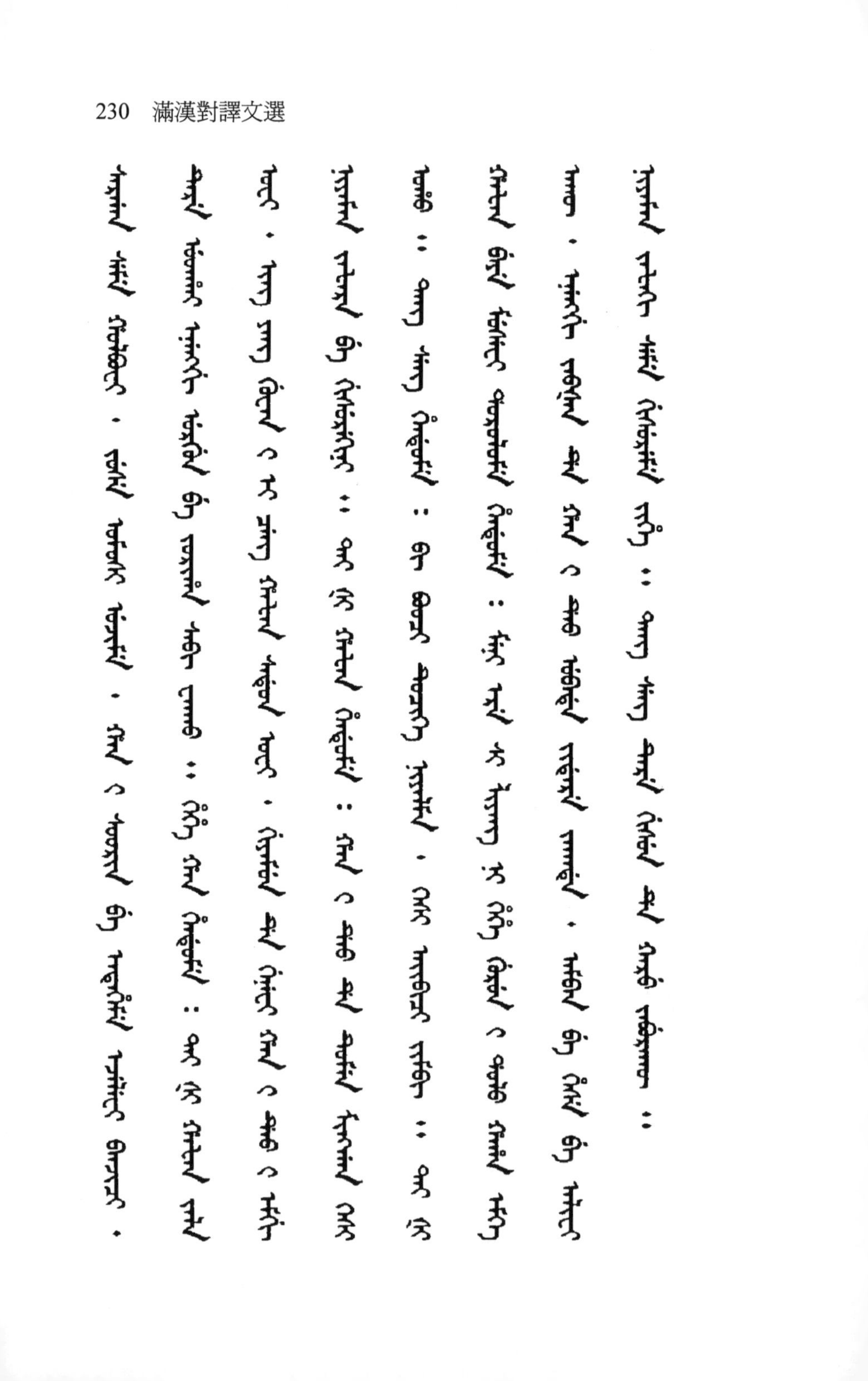

sargan seme holbofi, juse omosi ujime, han i soorin be enteheme ejelefi banjici, tere uthai enenggi urgun be joriha sabi wakao? hehe han hendume: tai ši hafan jala ofi, ing yang guwan i i ceng hafan sadun ofi, giyamun de genefi han i deo i emgi niyaman jafara be gisurekini. tai ši hafan hendume: han i deo de tumen minggan kesi oho. tang seng hendume: bi booci tucike niyalma, kesi aibici jimbi? tai ši hafan beye musefi dorolome hendume: meni ere si liyang ni hehe gurun i dolo haha emke akū, enenggi jabšan de han i deo ubade jidere jakade, amban be hese be alifi niyaman jafaki seme gisureme jihe. tang seng tere gisun de karu jaburakū.

與他結爲夫妻，生子生孫，永傳帝業，那不就是今日之喜兆嗎？」女王道：「著太師作媒，迎陽驛丞親家，去驛中與御弟求親。」太師道：「御弟萬千之喜了！」唐僧道：「我出家人，喜從何來？」太師躬身道：「我們這西梁女國中沒個男子，今幸御弟來到此地，臣等奉旨前來求親。」唐僧聞言不答。

与他结为夫妻，生子生孙，永传帝业，那不就是今日之喜兆吗？」女王道：「着太师作媒，迎阳驿丞亲家，去驿中与御弟求亲。」太师道：「御弟万千之喜了！」唐僧道：「我出家人，喜从何来？」太师躬身道：「我们这西梁女国中没个男子，今幸御弟来到此地，臣等奉旨前来求亲。」唐僧闻言不答。

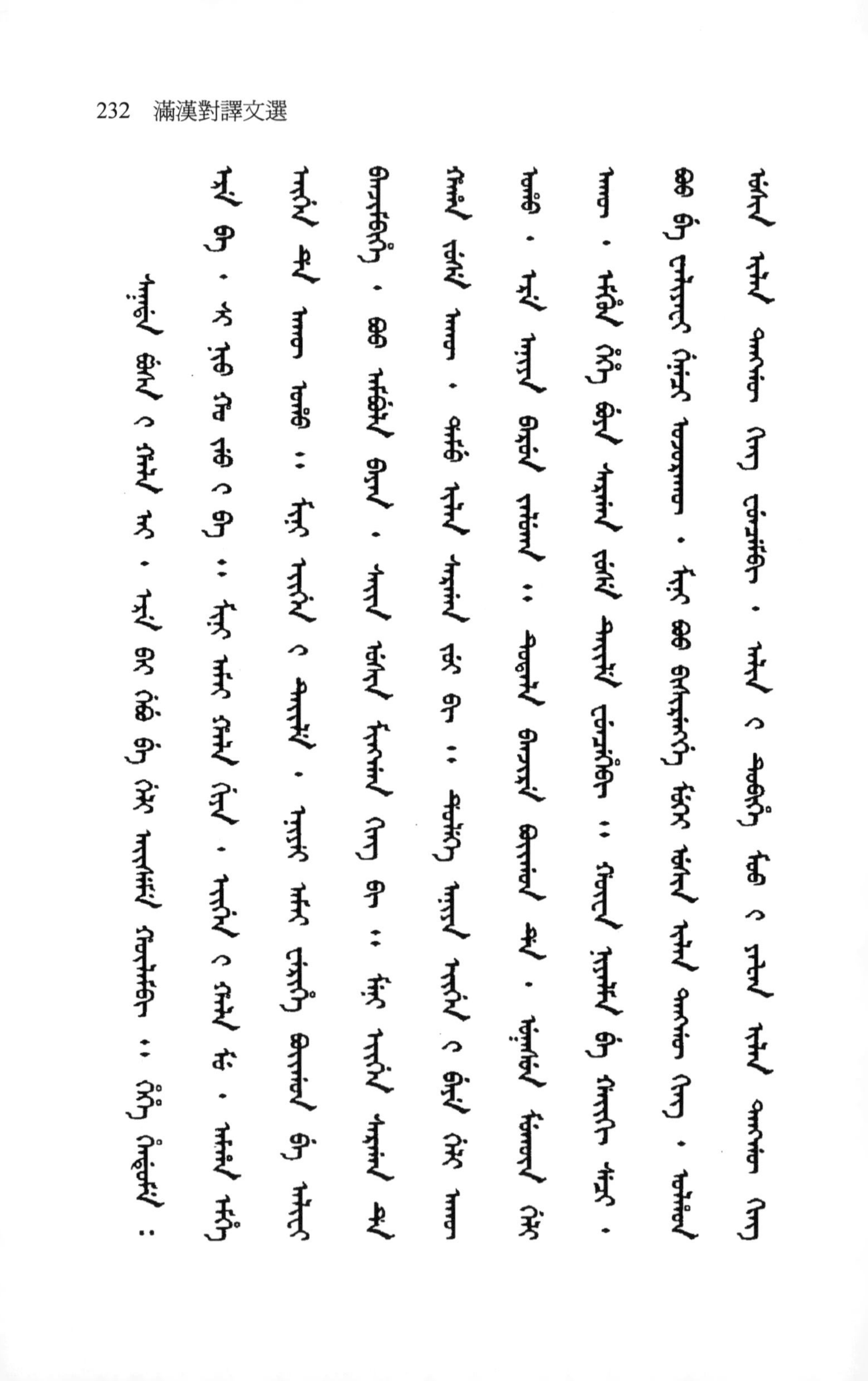

三十七、自我介紹

sakda pusa ihala ai, ere bai gebu be geli aiseme hūlambi? hehe hendume: ere ba, si nio ho jeo i ba. mini amai hala giya, eigen i hala mu, amga emhe eigen te akū oho. mini eigen i teile, eniyei amai werihe boigon be alifi banjimbihe, boo ambula bayan, sain usin minggan king bi. meni eigen sargan de haha juse akū, damu ilan sargan jui bi. duleke aniya eigen i beye geli akū oho. ere aniya barun jaluka. tutala banjire boigon de, uksun mukūn geli akū, emhun hehe buya sargan juse teile funcehebi. gūwa niyalma be gaiki seci, boo be waliyafi geneci ojorakū, mini boo bisirengge mukei usin ilan tanggū king, olhon usin ilan tanggū king funcembi, alin i tubihe moo i yafan ilan tanggū king

「老菩薩，貴姓？此地又是什麼地名？」婦人道：「此處乃西牛賀州之地，我娘家姓賈，夫家姓莫。公姑早亡，我丈夫獨承父母遺留下來的家產，家計甚爲富裕，有良田千頃。我們夫妻無兒子，只有三個女兒。去年又喪了丈夫，今歲服滿，遺下許多家業，又無眷族親人，只剩寡婦小女，欲嫁他人，又難捨家業。舍下有水田三百頃、旱田三百餘頃、山場果園三百餘頃、

「老菩萨，贵姓？此地又是什么地名？」妇人道：「此处乃西牛贺州之地，我娘家姓贾，夫家姓莫。公姑早亡，我丈夫独承父母遗留下来的家产，家计甚为富裕，有良田千顷。我们夫妻无儿子，只有三个女儿。去年又丧了丈夫，今岁服满，遗下许多家业，又无眷族亲人，只剩寡妇小女，欲嫁他人，又难舍家业。舍下有水田三百顷、旱田三百余顷、山场果园三百余顷、

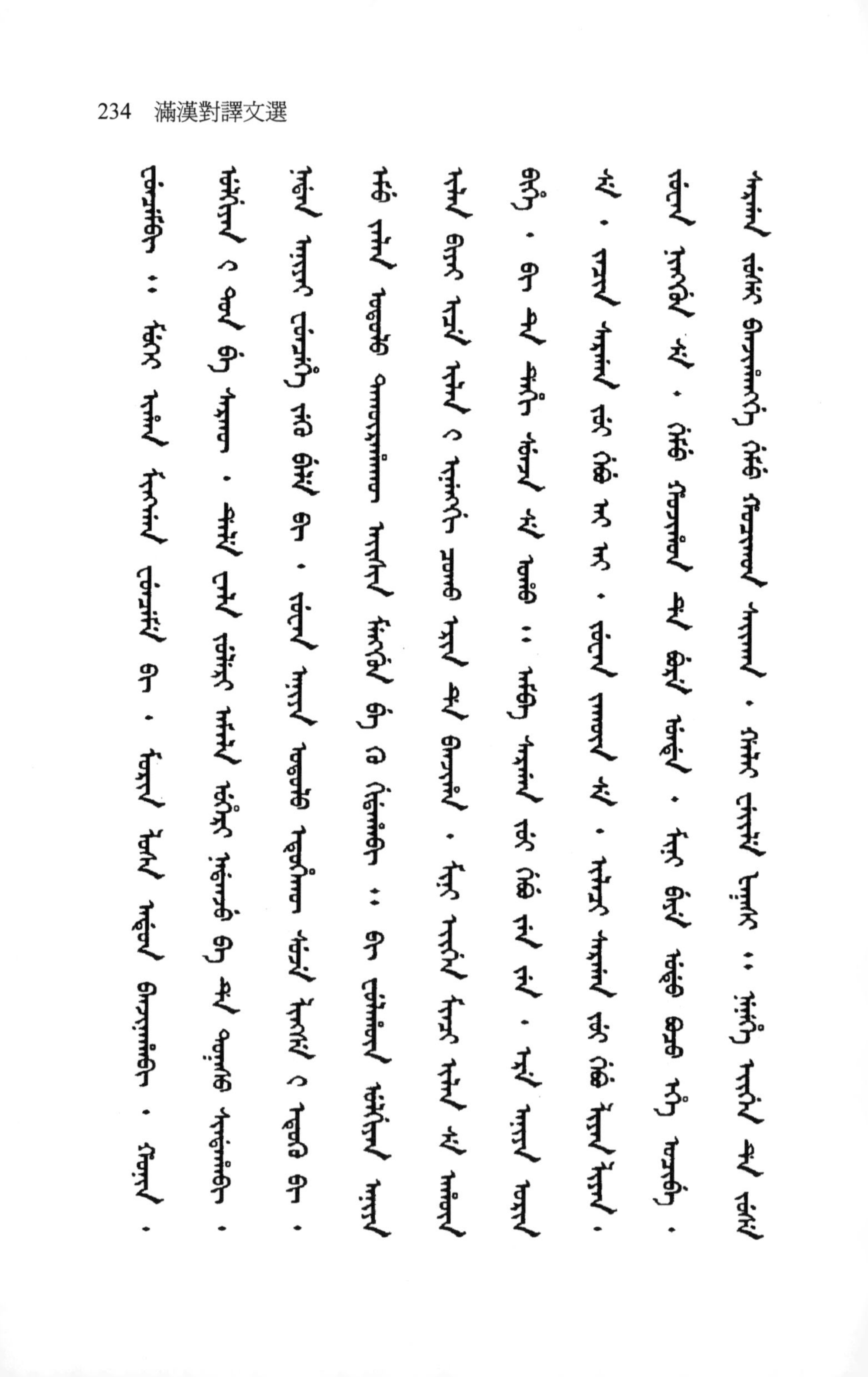

[illegible]

funcembi. mukei ihan minggan funceme bi, morin losa adun banjinahabi, honin, ulgiyan i ton be sarkū, dele wala juleri amala uheri nadanju ba de tokso sindahabi, nadan aniyai funcehe jeku bele bi, juwan aniya otolo etuhekū suje lingse i etuku bi, emu jalan otolo takūrahakū aisin menggun be ku gidahabi. bi fulahūn ulgiyan aniya ilan biyai ice ilan i inenggi coko erin de banjiha. mini eigen minci ilan se ahūn bihe, bi te dehi sunja se oho. amba sargan jui gebu jen jen, ere aniya orin se, jacin sargan jui gebu ai ai, juwan jakūn se, ilaci sargan jui gebu liyan liyan, juwan ninggun se, gemu hojihon de bure unde, mini beye udu boco ehe ocibe, sargan jusei banjihangge gemu hocikon saikan, galai weile faksi. nenehe eigen de juse

---

水牛千餘頭、騾馬成群、豬羊無數。東南西北莊園共七十處，有七年剩餘的米穀、十多年穿不著的綾羅，有一輩使不完的壓庫金銀。我是丁亥年三月初三酉時生，我丈夫比我大三歲，我今年四十五歲。大女兒名真真，今年二十歲，次女兒名愛愛，十八歲。三女兒名憐憐，十六歲。俱不曾許配人家。我自己雖然醜陋，但女兒們長得都有幾分顏色，女工甚巧。先夫因無子，

水牛千余头、骡马成群、猪羊无数。东南西北庄园共七十处，有七年剩余的米谷、十多年穿不着的绫罗，有一辈使不完的压库金银。我是丁亥年三月初三酉时生，我丈夫比我大三岁，我今年四十五岁。大女儿名真真，今年二十岁，次女儿名爱爱，十八岁。三女儿名怜怜，十六岁。俱不曾许配人家。我自己虽然丑陋，但女儿们长得都有几分颜色，女工甚巧。先夫因无子，

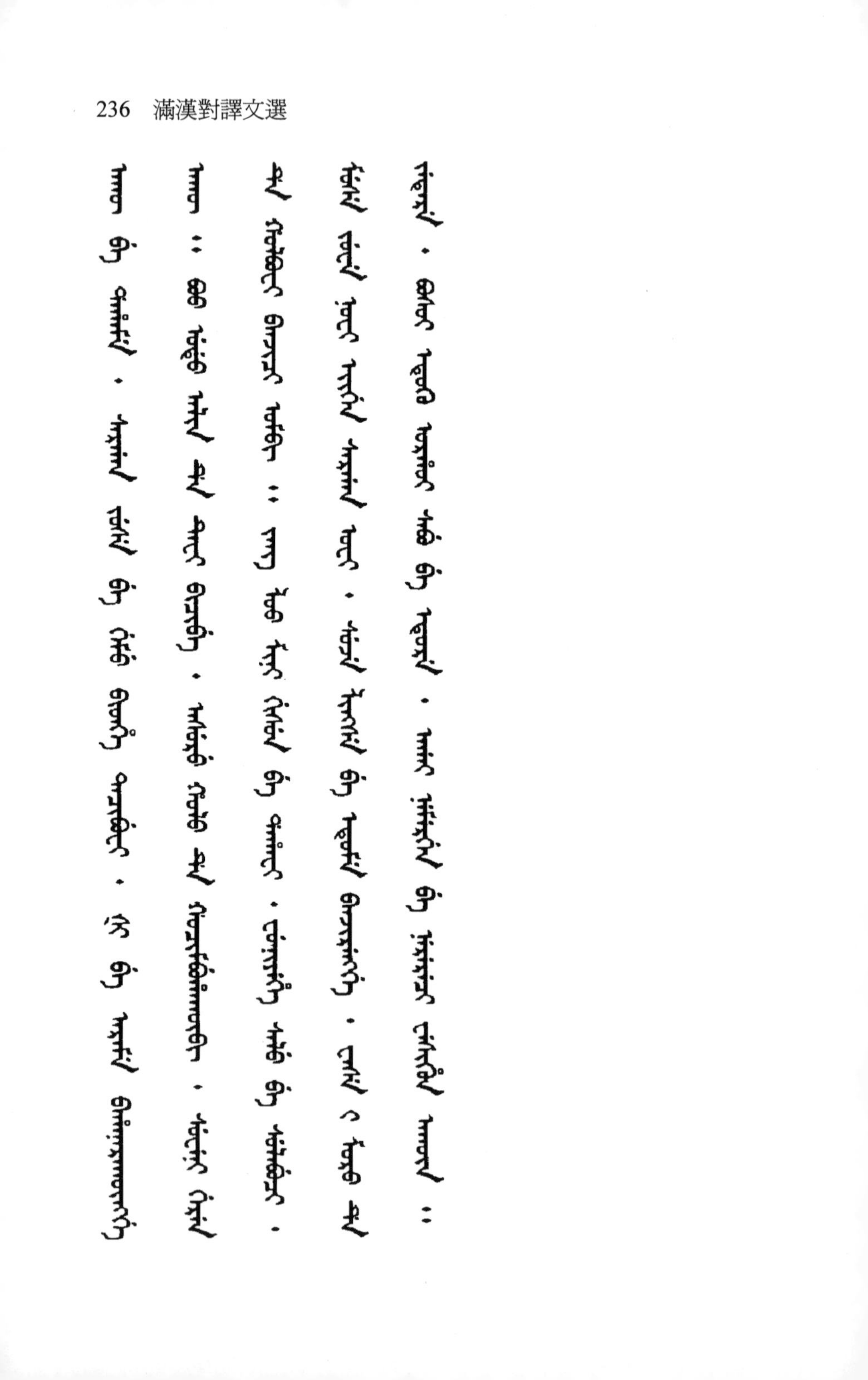

akū be dahame, sargan juse be gemu bithe tacibufi, ši be arame bahanarakūngge akū. boo udu alin de tefi bicibe, asuru holo de gocimbuhakūbi, suweni geren de holbofi banjici ombi. jang loo mini gisun be dahafi, funiyehe salu be sulabuci, muse juwe nofi eigen sargan ofi, suje lingse be etume banjirengge, wase i moro de jetere, bosoi etuku orhoi sabu be eture, agai nemergen be nerereci wesihun akūn?

女兒都曾讀書，吟詩作對沒有不會的。雖然居住山莊，也不十分粗俗，可配得列位。長老若依我言，長髮留頭，我們倆結爲夫妻，穿綾著錦，不比瓦缽緇衣、芒鞋雲笠強乎？」

女儿都曾读书，吟诗作对没有不会的。虽然居住山庄，也不十分粗俗，可配得列位。长老若依我言，长发留头，我们俩结为夫妻，穿绫着锦，不比瓦钵缁衣、芒鞋云笠强乎？」

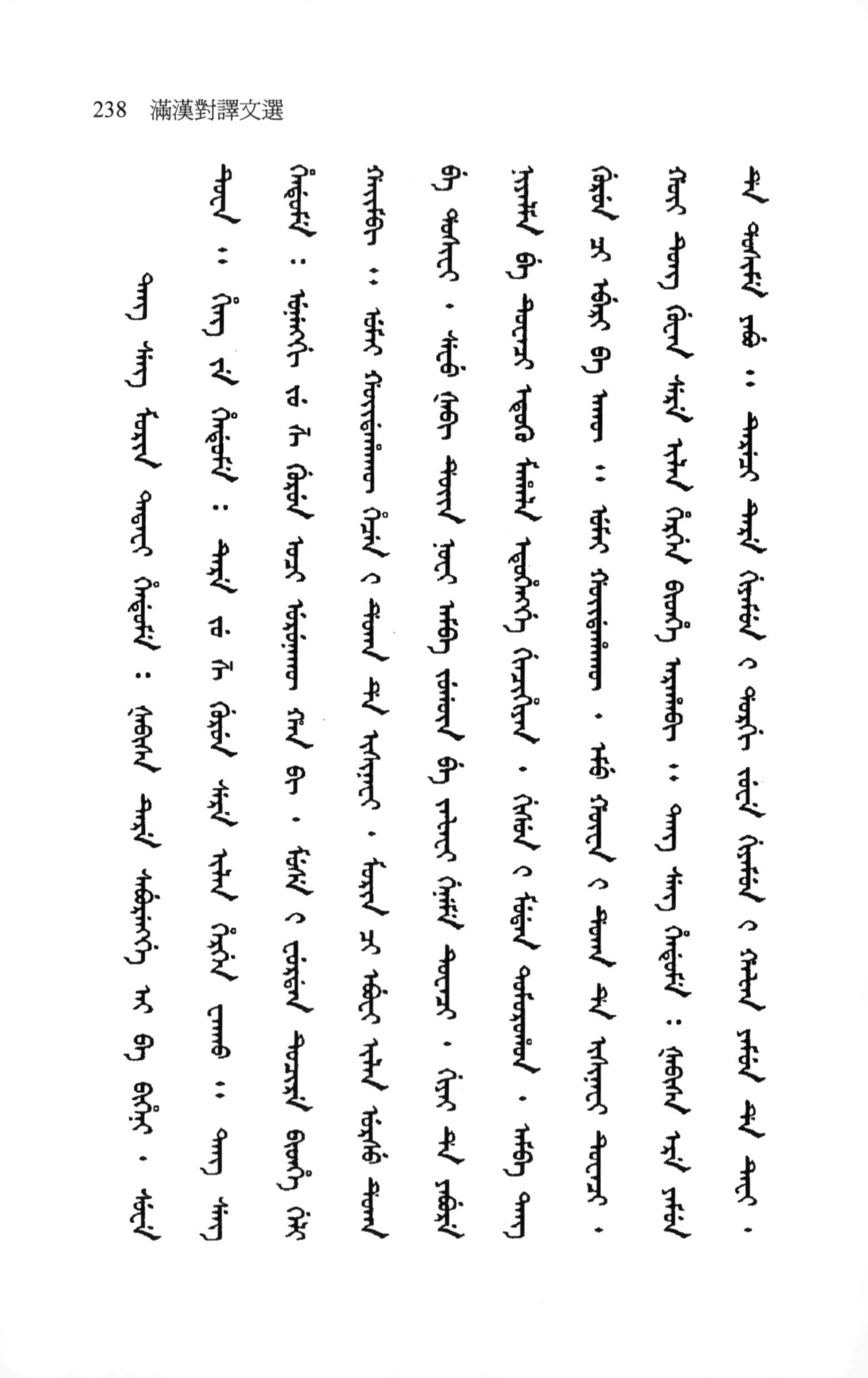

三十八、油鹽醬醋

tang seng morin tatafi hendume: šabisa tere saburengge ai ba biheni? suwe tuwa. hing je hendume: tere ju dz gurun sere ilan hergen wakao? tang seng hendume: unenggi ju dz gurun oci urunakū han bi, muse i furdan tucire bithe geli gaimbi. umai goidahakū hecen i duka de isinafi, morin ci ebufi ilan ursu duka be dosifi, sefu šabi duin nofi amba jugūn be jafafi geneme tuwaci, giyai de yabure niyalma be tuwaci etuku mahala etuhengge gincihiyan, gisun i mudan tomorohon, amba tang gurun ci eberi ba akū. umai goidahakū, emu hūwa i duka de isinafi tuwaci, hūi tung guwan sere ilan hergen bithe arahabi. tang seng hendume: šabisa ere yamun de dosime yabu. tereci tere giyamun i dorgi juwe giyamun i hafan yamun de tefi,

---

唐僧勒馬道：「徒弟們，你們看那是什麼去處？」行者道：「那不是朱紫國三字嗎？」唐僧道：「果是朱紫國，必有國王，我們又要出關文書。」不多時，到城門下馬，進入三層門裡。師徒四人在大路上行走時，但見街上行人衣冠華麗，言語清朗，不亞大唐國家。不多時到一座門牆，寫著「會同館」三字。唐僧道：「徒弟們，進這衙門去。」卻說那驛館中有兩個驛丞坐在廳上，

唐僧勒马道：「徒弟们，你们看那是什么去处？」行者道：「那不是朱紫国三字吗？」唐僧道：「果是朱紫国，必有国王，我们又要出关文书。」不多时，到城门下马，进入三层门里。师徒四人在大路上行走时，但见街上行人衣冠华丽，言语清朗，不亚大唐国家。不多时到一座门墙，写着「会同馆」三字。唐僧道：「徒弟们，进这衙门去。」却说那驿馆中有两个驿丞坐在厅上，

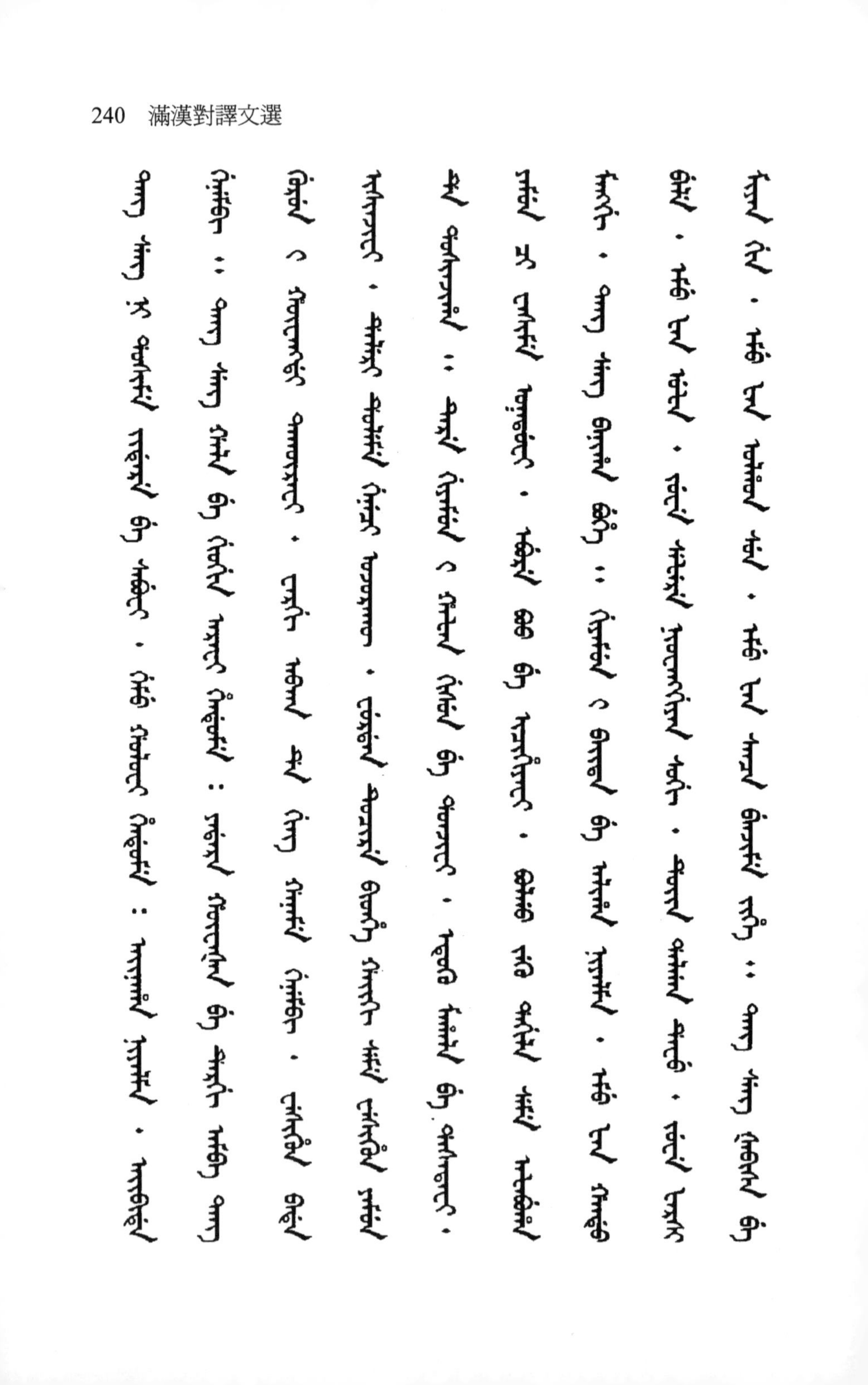

tang seng ni dosime jidere be sabufi, gemu golofi hendume: ainaha niyalma, aibide genembi ? tang seng gala be giogin arafi hendume: yadara hūwašan be dergi amba tang gurun i hūwangdi takūrafi, wargi abka de ging ganame genembi, wesihun bade isinjifi, deleri duleme geneci ojorakū, furdan tucire bithe gaiki seme wesihun yamun de dosinjiha. tere giyamun i hafan gisun be donjifi, etuku mahala be dasatafi, yamun ci wasime okdofi, ebure boo be icihiyafi, bolgo jeku dagila seme afabuha manggi, tang seng baniha buhe. giyamun i baita be aliha niyalma, emu fan handu bele, emu fan ufa, juwe sefere niowanggiyan sogi, duin dalgan defu, juwe farsi miyan gin, emu fan olhon sun, emu fan sanca benjime jihe. tang seng šabisa be

---

見唐僧來到，都驚道：「是什麼人？要往哪裡去？」唐僧合掌道：「貧僧乃東土大唐皇帝差往西天取經者，來到貴地，不敢強行通過，欲取出關文書，故進貴衙門來。」那驛丞聽言，整理衣帽，下廳相迎，打掃下榻房間，吩咐備辦清素後，唐僧謝了。承辦驛館事務的人送來一盤白米，一盤白麵，兩把青菜，四塊豆腐，兩片麵筋，一盤乾筍，一盤木耳。唐僧叫徒弟們

见唐僧来到，都惊道：「是什么人？要往哪里去？」唐僧合掌道：「贫僧乃东土大唐皇帝差往西天取经者，来到贵地，不敢强行通过，欲取出关文书，故进贵衙门来。」那驿丞听言，整理衣帽，下厅相迎，打扫下榻房间，吩咐备办清素后，唐僧谢了。承办驿馆事务的人送来一盘白米，一盘白面，两把青菜，四块豆腐，两片面筋，一盘干笋，一盘木耳。唐僧叫徒弟们

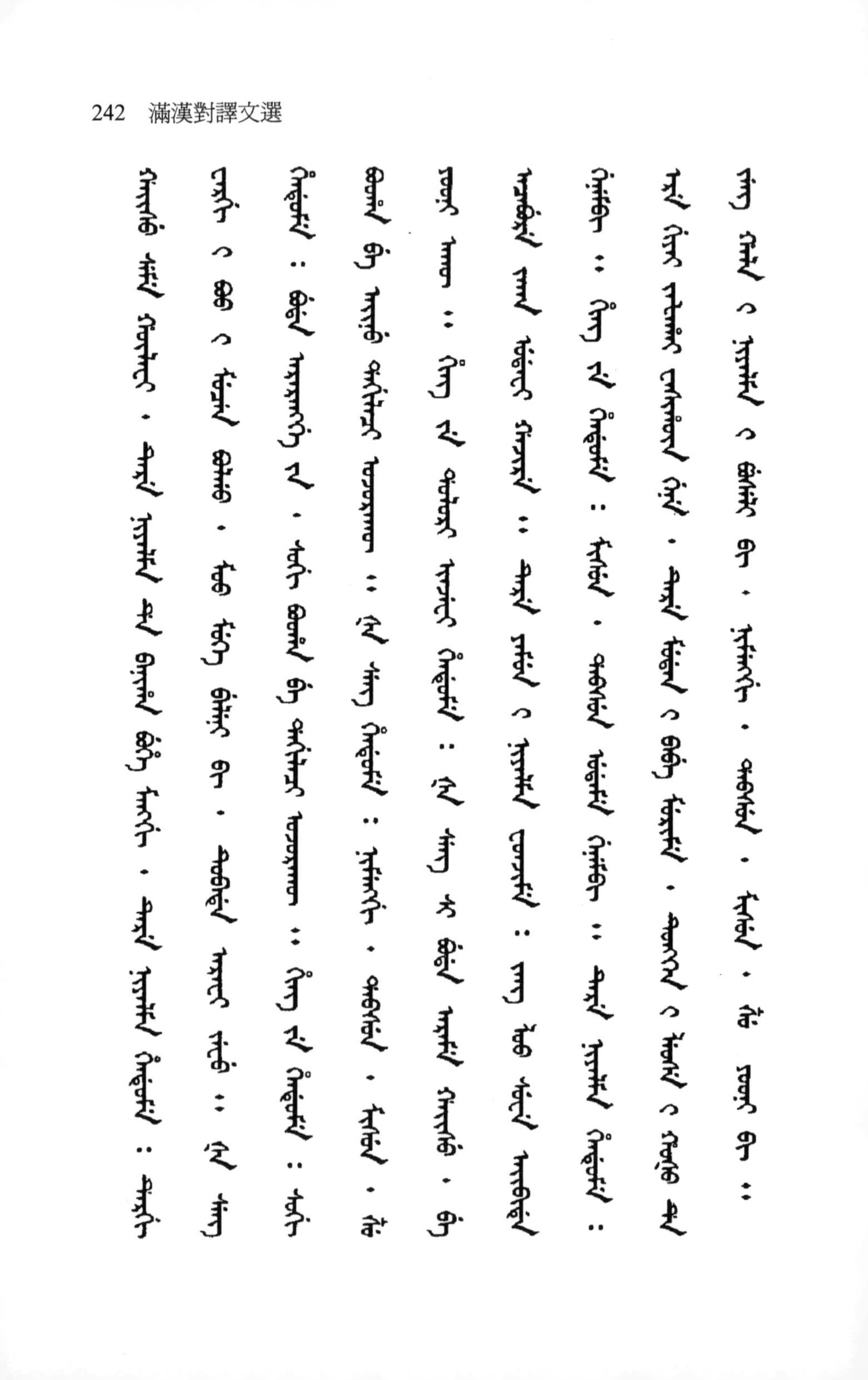

gaisu seme hūlafi, tere niyalma de baniha buhe manggi, tere niyalma hendume: dergi wargi i boo i mucen bolgo, moo muke beleni bi. tubade arafi jefu. ša seng hendume: buda ararangge ja, sogi booha be dagilaci ojorakū. hing je hendume: sogi booha be ainu dagilaci ojorakū. ša seng hendume: nimenggi, dabsun, misun, ts'u yooni akū. hing je dolori injefi hendume: ša seng si buda arame gaisu, be acabure jaka udafi gajire. tere yamun i niyalma fonjime: jang loo suwe aibide genembi? hing je hendume: misun, dabsun udame genembi. tere niyalma hendume: ere giyai jafahai wasihūn gene, tere mudan i babe murime, tungken i leose i hošo de jeng hala i niyalma i puseli bi, nimenggi, dabsun, misun, ts'u yooni bi.

收了，謝了那人。那人道：「左西房裡有乾淨的鍋竈，柴水現成，請在那裡做飯吃。」沙僧道：「白飯易做，菜餚不好安排。」行者道：「菜餚如何不好安排？」沙僧道：「油、鹽、醬、醋俱無也。」行者暗笑道：「沙僧你好生做飯，我們去買調料來。」那衙門的人問道：「長老你們要去哪裡？」行者道：「去買醬、鹽。」那人道：「沿這條街往西去，轉過拐角，鼓樓角有鄭家雜貨店，油、鹽、醬、醋俱有。」

收了，谢了那人。那人道：「左西房里有干净的锅灶，柴水现成，请在那里做饭吃。」沙僧道：「白饭易做，菜肴不好安排。」行者道：「菜肴如何不好安排？」沙僧道：「油、盐、酱、醋俱无也。」行者暗笑道：「沙僧你好生做饭，我们去买调料来。」那衙门的人问道：「长老你们要去哪里？」行者道：「去买酱、盐。」那人道：「沿这条街往西去，转过拐角，鼓楼角有郑家杂货店，油、盐、酱、醋俱有。」

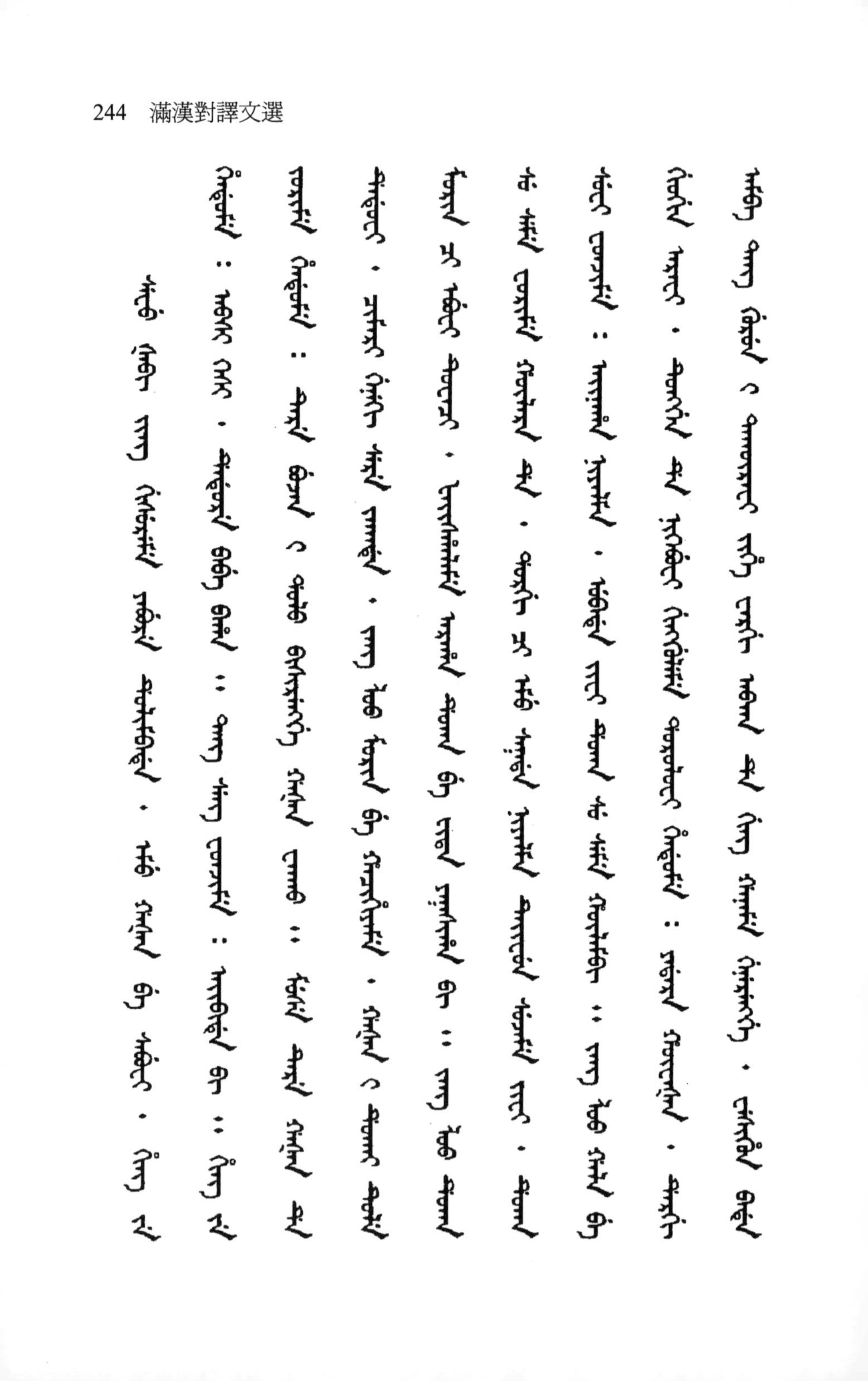

[illegible]

[illegible]

[illegible]

[illegible]

[illegible]

[illegible]

[illegible]

[illegible]

[illegible]

三十九、七絕柿樹

sefu šabi jing gisureme yabure dulimbade, emu gašan be sabufi, hing je hendume: absi kesi, dedure babe baha. tang seng fonjime: aibide bi ? hing je jorime hendume: tere bujan i dolo bisirengge gašan wakao ? muse tere gašan de dedufi, cimari geneki sere jakade, jang loo morin be hacihiyame, gašan i dukai tule morin ci ebufi tuwaci, faishalame araha duka be fita yaksiha bi. jang loo duka su seme forime hūlara de, dorgi ci emu sakda niyalma teifun sujame jifi, duka sufi fonjime: ainaha niyalma, ubade jifi duka su seme hūlambi. jang loo gala be giogin arafi, tunggen de nikebufi gingguleme dorolofi hendume: yadara hūwašan, dergi amba tang gurun i takūrafi jihe wargi abka de ging ganame generengge, wesihun bade

---

師徒正在行走講論間，見一村莊。行者道：「好不造化，有宿處了！」唐僧問道：「在何處？」行者指道：「那樹林裡的不是村莊嗎？我們到那村莊借宿，明早趕路。」長老催著馬，至村莊門外下馬，只見那柴扉緊閉。長老敲門呼叫開門時，裡面有一老者手拄拐杖來開了門問道：「是什麼人來到這裡呼叫開門？」長老在胸前合掌躬身施禮道：「貧僧乃東土大唐差往西天取經者，來到貴地，

师徒正在行走讲论间，见一村庄。行者道：「好不造化，有宿处了！」唐僧问道：「在何处？」行者指道：「那树林里的不是村庄吗？我们到那村庄借宿，明早赶路。」长老催着马，至村庄门外下马，只见那柴扉紧闭。长老敲门呼叫开门时，里面有一老者手拄拐杖来开了门问道：「是什么人来到这里呼叫开门？」长老在胸前合掌躬身施礼道：「贫僧乃东土大唐差往西天取经者，来到贵地，

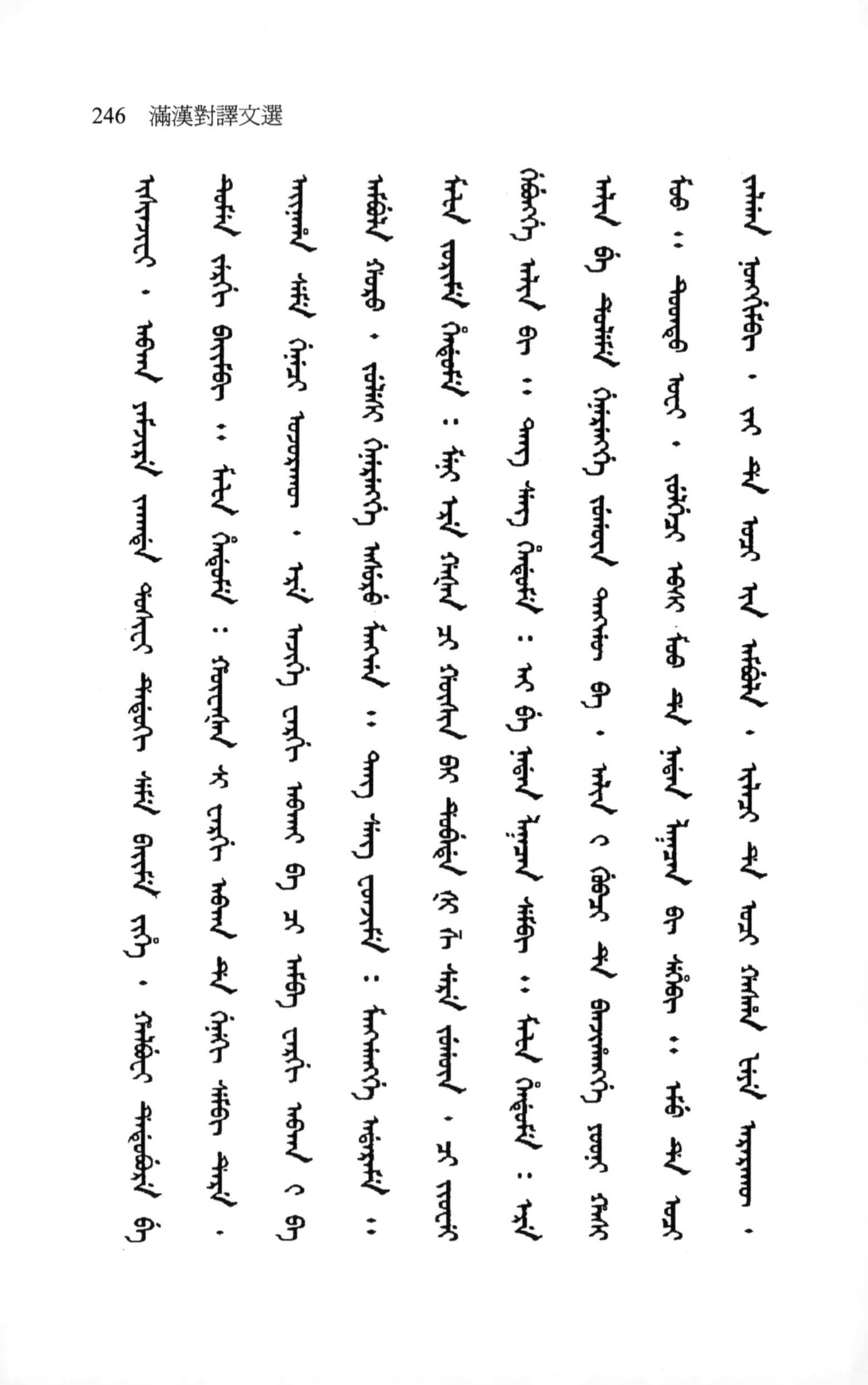

[illegible]

[illegible]

[illegible]

[illegible]

[illegible]

[illegible]

[illegible]

[illegible]

[illegible]

isinjifi, abka yamjire jakade dosifi deduki seme baime jihe, halbufi dedubure be tumen jergi baimbi. mafa hendume: hūwašan si wargi abka de geneki sembi dere, ainaha seme geneci ojorakū, ere ajige wargi abkai ba ci amba wargi abka i ba ambula goro, julesi generengge asuru mangga. tang seng fonjime: manggangge adarame ? mafa jorime hendume: meni ere gašan ci gūsin bai dubede ši dz sere jugūn, ci jiowei gebungge alin bi. tang seng hendume : ai be nadan lakcan sembi? mafa hendume: ere alin be duleme generengge jugūn tanggū ba, alin i gubci de banjihangge yooni hasi moo. tuttu ofi, julgeci ebsi moo de nadan lakcan bi sehebi. emu de oci jalgan nonggimbi, jai de oci in ambula, ilaci de oci gasha feye ararakū,

---

因天色已晚，所以進來想借宿一宵，萬請容留借宿。」老者道：「和尚，你要到西天去，絕對去不得。從這小西天到大西天，路途甚遠，前去甚艱難。」唐僧問道：「怎麼艱難？」老者指道：「從我們這村莊西去三十里，有柿子路，山名七絕。」唐僧道：「何爲七絕？」老者道：「經過這山有百里路，滿山長的俱是柿果，因此自古以來有七絕之稱：一則益壽，二則多陰，三則無鳥巢，

因天色已晚，所以进来想借宿一宵，万请容留借宿。」老者道：「和尚，你要到西天去，绝对去不得。从这小西天到大西天，路途甚远，前去甚艰难。」唐僧问道：「怎么艰难？」老者指道：「从我们这村庄西去三十里，有柿子路，山名七绝。」唐僧道：「何为七绝？」老者道：「经过这山有百里路，满山长的俱是柿果，因此自古以来有七绝之称：一则益寿，二则多阴，三则无鸟巢，

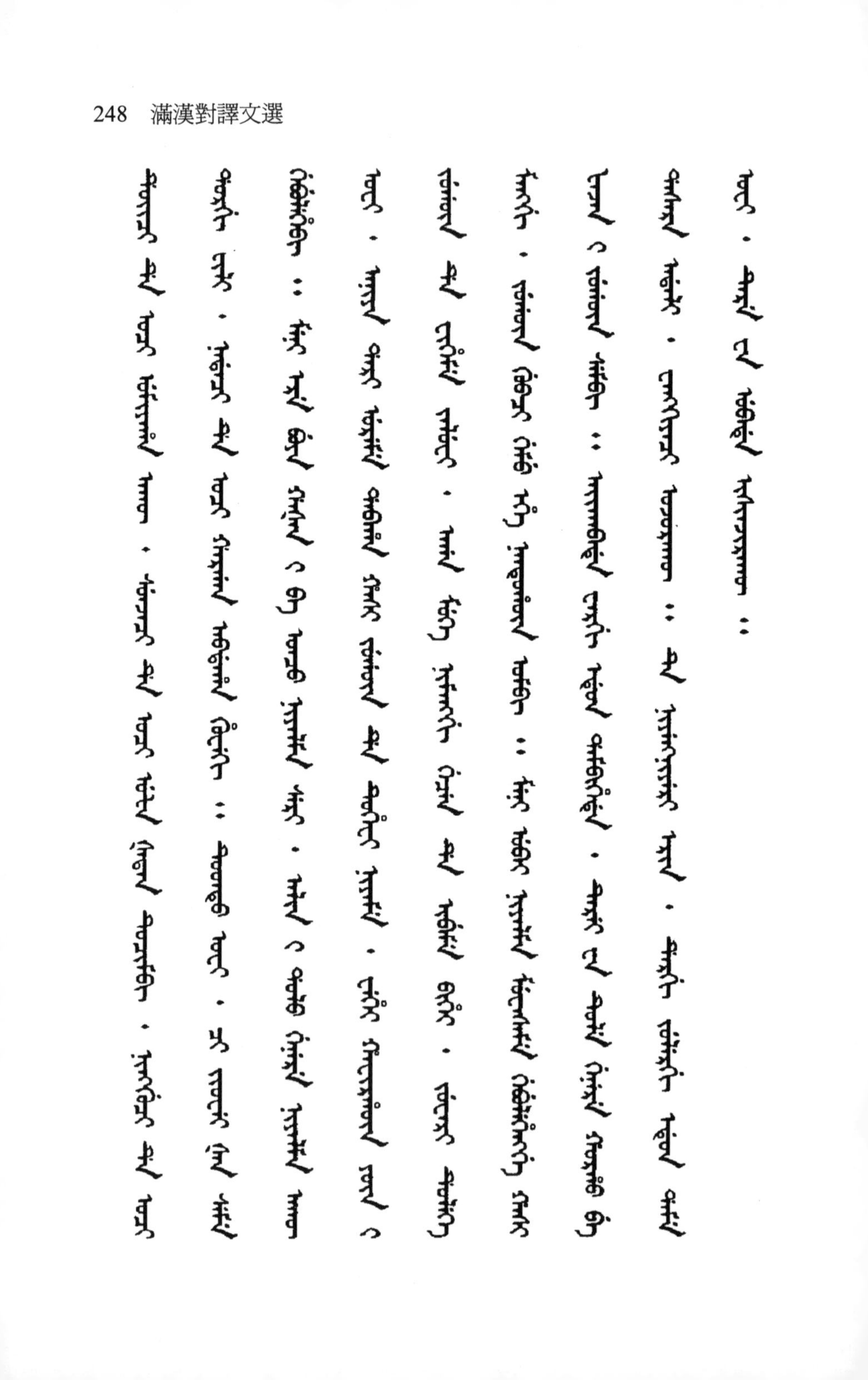

[illegible]

[illegible]

[illegible]

[illegible]

[illegible]

[illegible]

[illegible]

[illegible]

[illegible]

duici de oci umiyaha akū, sunjaci de oci ufa šatan tucimbi, ningguci de oci dorgi fili. nadaci de oci gargan abdaha huweki. tuttu ofi, ci jiowei šan seme gebulehebi. meni ere buya gašan i ba onco niyalma seri, alin i dolo genere niyalma akū ofi, aniya dari ureme dabaha hasi jugūn de tuhefi niyame, wehei hafirhūn yūn i jugūn de fiheme jalufi, aga muke nimanggi gecen de ibeme bihei, juwari duleke manggi, jugūn gubci gemu ehe nantuhūn ombi. meni ubai niyalma muwasame gebulehengge hasi fajan i jugūn sembi. aikabade wargi edun dambihede, terei wa tule genere horho be dasara adali, wangkiyaci ojorakū. te niyengniyeri erin, dergi julergi edun dame ofi, tere wa ubade isinjirakū.

四則無蟲，五則產麵糖，六則嘉實，七則枝葉繁茂，故名七絕山。我們這小村地闊人稀，因無人到山裡，故每年熟爛柿子落在路上，將一條石板窄道盡皆填滿，又經雨露雪霜，過了夏天，整條路都污穢。我們這裡的人俗呼為柿屎路。若刮西風，其味如同淘廁般惡臭難嗅。如今春時，因刮東南風，所以其味不到此地。」

四则无虫，五则产面糖，六则嘉实，七则枝叶繁茂，故名七绝山。我们这小村地阔人稀，因无人到山里，故每年熟烂柿子落在路上，将一条石板窄道尽皆填满，又经雨露雪霜，过了夏天，整条路都污秽。我们这里的人俗呼为柿屎路。若刮西风，其味如同淘厕般恶臭难嗅。如今春时，因刮东南风，所以其味不到此地。」

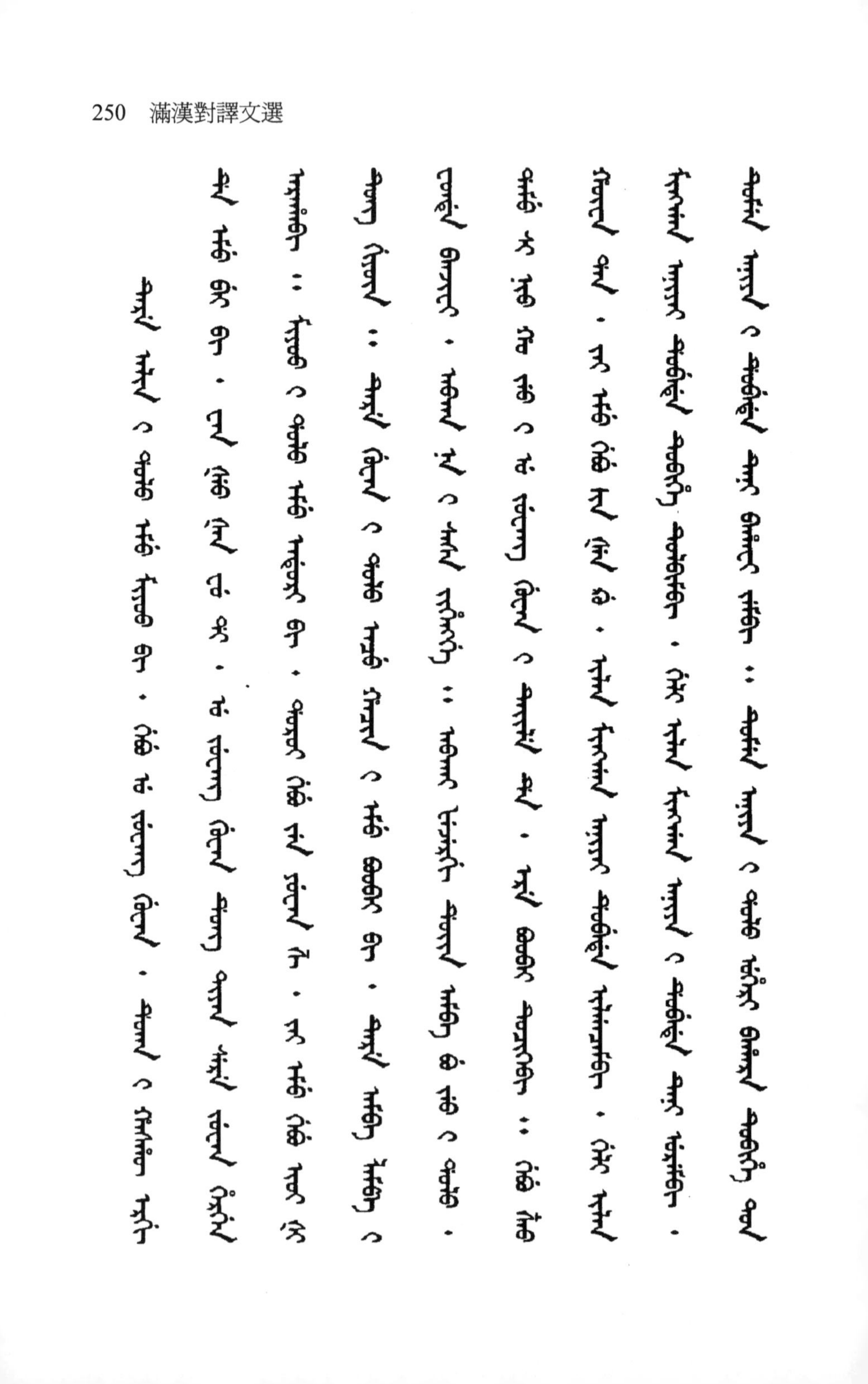

[illegible]

[illegible]

[illegible]

[illegible]

[illegible]

[illegible]

[illegible]

[illegible]

[illegible]

四十、人參仙果

tere alin i dolo emu miyoo bi, gebu u juwang guwan, duka i hashū ergi de emu bei bi, wan šeo šan fu di, u juwang guwan dung tiyan sere juwan hergen arahabi. miyoo i dolo emu enduri bi, doroi gebu jen yuwan dz, jai emu gebu ioi ši tung giyūn. tere guwan i dolo encu hacin i emu boobai bi, tere amba lampa i fonde banjifi, abka na i sasa jihengge. abkai fejergi duin amba bu jeo i dolo, damu si nio ho jeo i u juwang guwan i teile de, ere boobai tucikebi. gebu ts'ao hūwan dan, jai emu gebu žin šen g'o, ilan minggan aniyai dubede ilgacambi, geli ilan minggan aniyai dubede tubihe tulbimbi, geli ilan mingga aniya i dubede teni urembi. tumen aniya i dubede teni bahafi jembi. tumen aniya i dolo uheri bahara tubihe ton

---

那山中有一座廟，名五莊觀，門左邊有一碑，寫著「萬壽山福地，五莊觀洞天」十字。廟裡有一尊仙，道號鎮元子，又名與世同君。那觀裡有一種異寶，它產於混沌之時，與天地同來。天下四大部洲內，惟西牛賀洲五莊觀出有此寶，喚名「草還丹」，又名「人參果」。三千年一開花，又三千年一結果，再三千年才得熟，一萬年方得吃，萬年之內總共只結得

那山中有一座庙，名五庄观，门左边有一碑，写着「万寿山福地，五庄观洞天」十字。庙里有一尊仙，道号镇元子，又名与世同君。那观里有一种异宝，它产于混沌之时，与天地同来。天下四大部洲内，惟西牛贺洲五庄观出有此宝，唤名「草还丹」，又名「人参果」。三千年一开花，又三千年一结果，再三千年才得熟，一万年方得吃，万年之内总共只结得

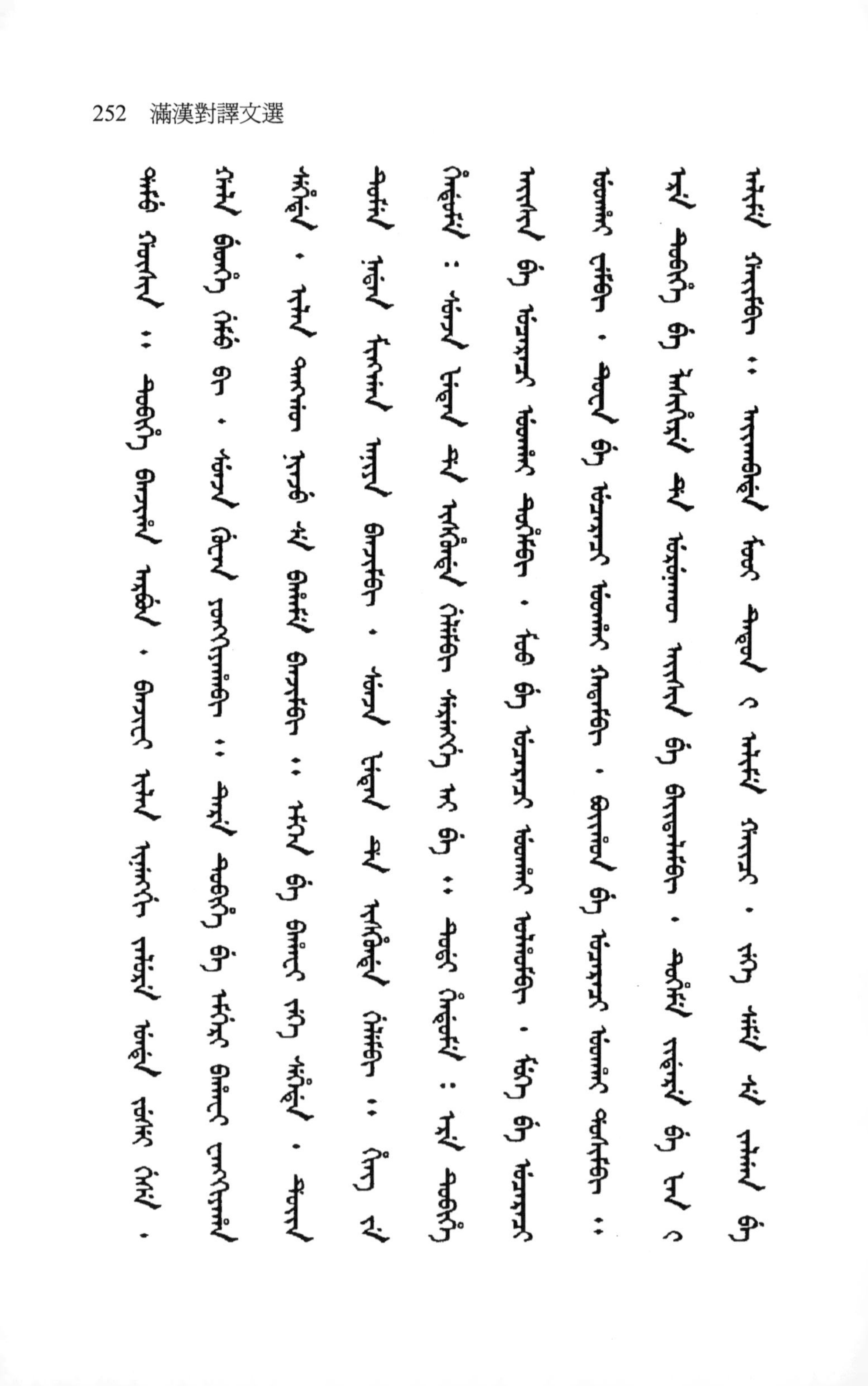

[illegible]

[illegible]

[illegible]

[illegible]

[illegible]

[illegible]

[illegible]

[illegible]

[illegible]

damu gūsin. tubihe banjiha arbun, banjifi ilan inenggi jalure unde jusei gese, gala bethe gemu bi. sunja guwan yongkiyahabi. tere tubihe be emgeri bahafi wangkiyaha sehede, ilan tanggū ninju se bahame banjimbi. emken be bahafi jeke sehede, duin tumen nadan minggan aniya banjimbi. sunja feten de ishunde gelembi. hing je hendume: sunja feten de ishunde gelembi serengge ai be? tudi hendume: ere tubihe aisin be ucaraci uthai tuhembi, moo be ucaraci uthai olhombi, muke be ucaraci uthai wembi, tuwa be ucaraci uthai katambi, boihon be ucaraci uthai dosimbi. ere tubihe be lasihire de urunakū aisin be baitalambi, tuheme jidere be fan i alime gaimbi. aikabade mooi tetun i alime gaici, jeke seme se jalgan be

---

三十個果子。果子的長像，猶如生下未滿三天的小孩，手足俱全，五官咸備。得那果子嗅一嗅，就活三百六十歲；吃一個，就活四萬七千年，只與五行相畏。行者道：「怎麼與五行相畏？」土地道：「這果子遇金即落，遇木即枯，遇水即化，遇火即焦，遇土即入。搖此果時，必用金器，方得下來，用盤兒接，倘若以木器接，就吃也不得增壽。

三十个果子。果子的长像，犹如生下未满三天的小孩，手足俱全，五官咸备。得那果子嗅一嗅，就活三百六十岁；吃一个，就活四万七千年，只与五行相畏。行者道：「怎么与五行相畏？」土地道：「这果子遇金即落，遇木即枯，遇水即化，遇火即焦，遇土即入。摇此果时，必用金器，方得下来，用盘儿接，倘若以木器接，就吃也不得增寿。

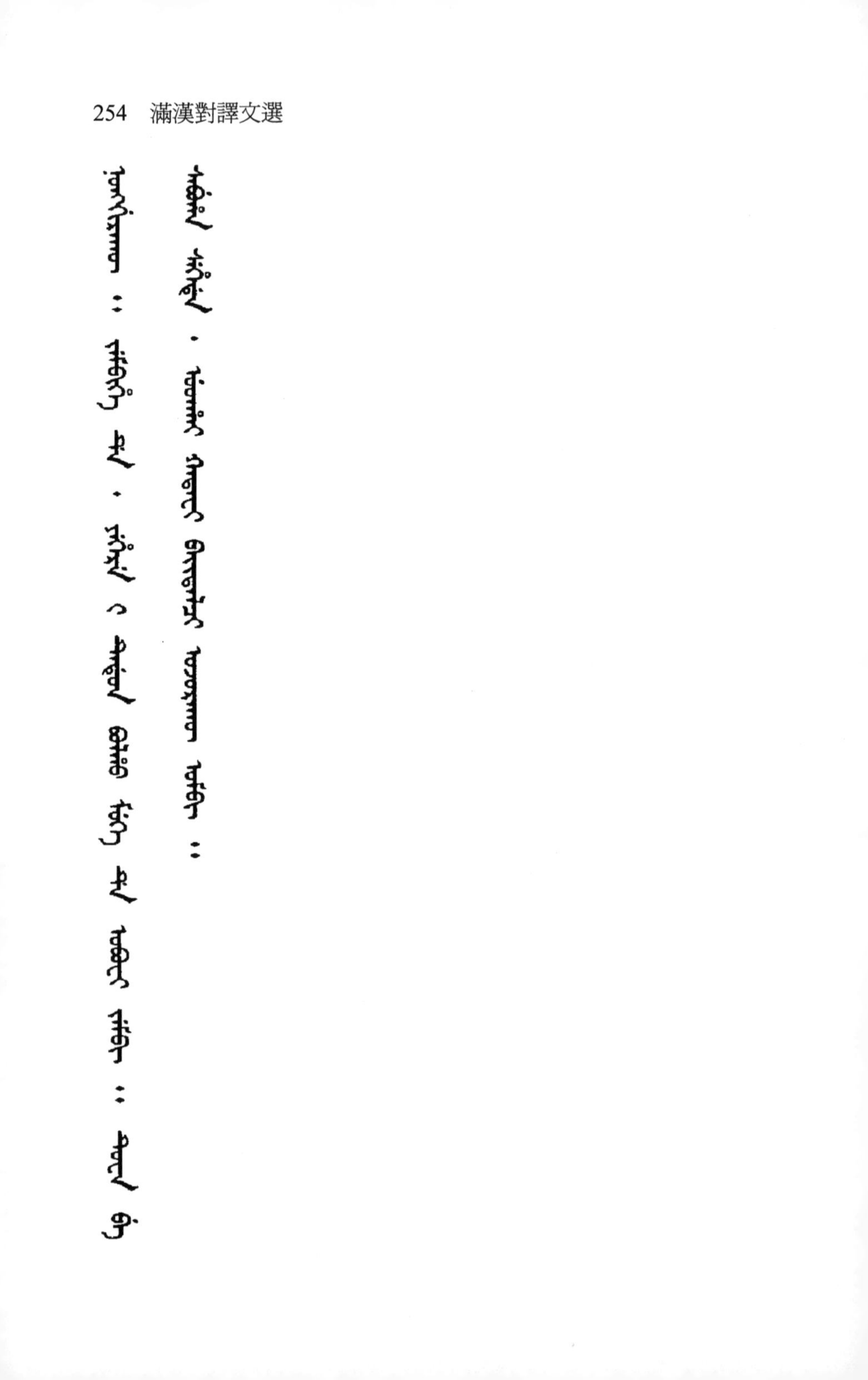

nonggirakū. jembihe de, yehere i tetun bolho muke de obofi jembi. tuwa be sabuha sehede, uthai katafi baitalaci ojorakū ombi.

吃時須用磁器，清水化開食用。見火即焦而無用。」

吃时须用磁器，清水化开食用。见火即焦而无用。」

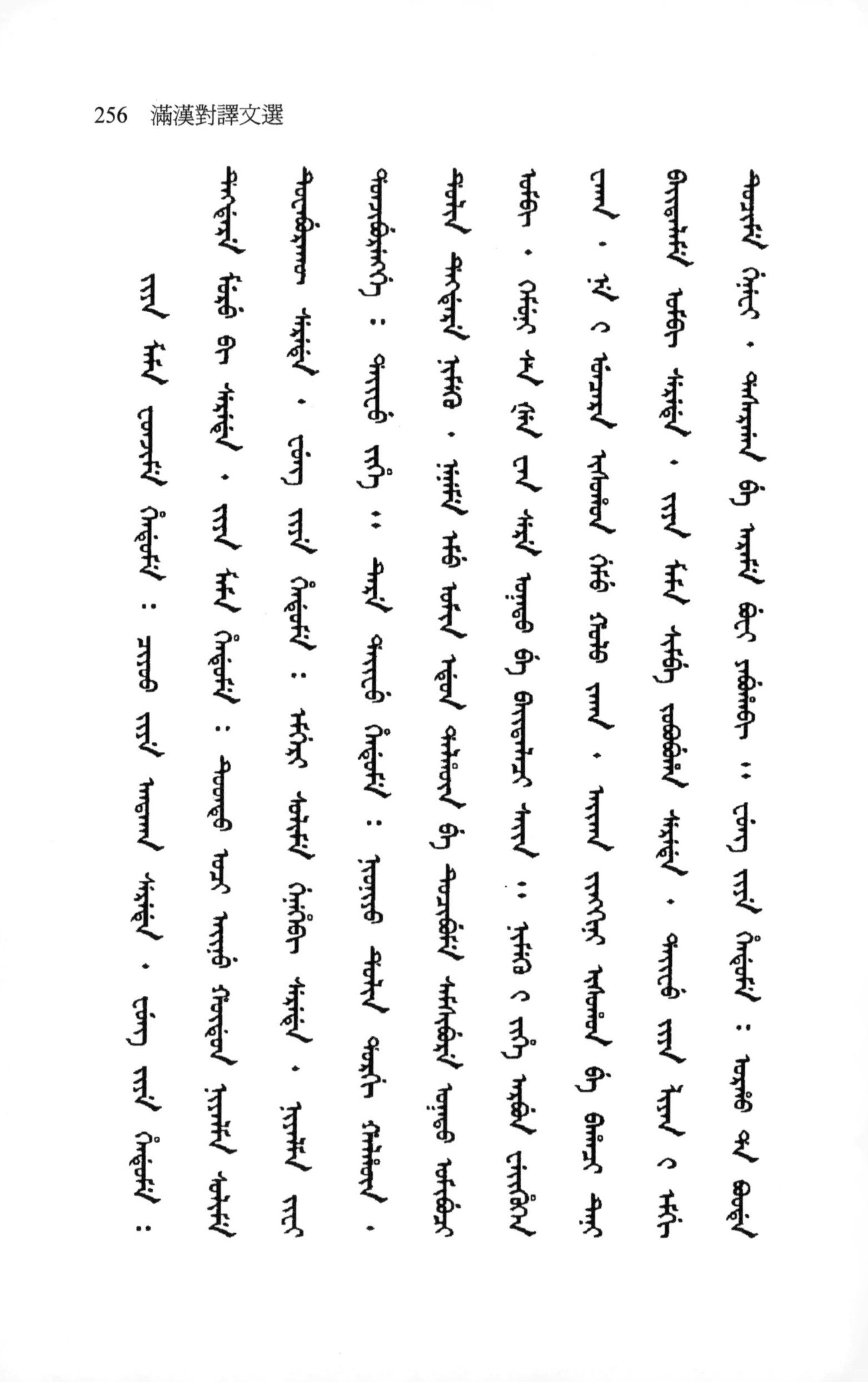

[illegible]

[illegible]

[illegible]

[illegible]

[illegible]

[illegible]

[illegible]

[illegible]

[illegible]

四十一、內熱驚風

jiya mama fonjime hendume: “ciyoo jiye antaka?” serede, fung jiye hendume: “dekdere muru bi. ” serede, jiya mama hendume: “tuttu oci ainu hūdun niyalma solime tuwaburakū? ” serede, fung jiye hendume: “emgeri solime genehebi.” serede, niyalma jifi donjiburengge: “daifu jihe.” tere daifu hendume: “nionio dulin dorgi halhūn, dulin dekdere nimeku, neneme emu omin edun dalhūn be tucibume samsibure okto omibuci ombi. kemuni sy šen wan sere okto be baitalaci sain. nimeku i jihe arbun weihuken waka, ne i uncara isohon gemu holo jaka, aika jingkini isohon be bahaci teni baitalame ombi.” serede, jiya mama simbe jobobuha serede, daifu jiya liyan i emgi tucime genefi, dasargan be arame bufi yabuhabi. fung jiye hendume: “orho da boode

---

賈母問道：「巧姐兒怎麼樣？」鳳姐道：「是搐風的來頭。」賈母道：「這麼著還不快請人來瞧！」鳳姐道：「已經請去了。」人來回道：「大夫來了。」那大夫道：「妞兒一半是內熱，一半是驚風。須先用一劑發散風痰藥，還要用四神丸散才好，因病勢來得不輕。如今賣的牛黃都是假的東西，要是找到真的牛黃方用得。」賈母說你辛苦了。那大夫同賈璉出去開了方子去了。鳳姐道：「人蔘家裡

贾母问道：「巧姐儿怎么样？」凤姐道：「是搐风的来头。」贾母道：「这么着还不快请人来瞧！」凤姐道：「已经请去了。」人来回道：「大夫来了。」那大夫道：「妞儿一半是内热，一半是惊风。须先用一剂发散风痰药，还要用四神丸散才好，因病势来得不轻。如今卖的牛黄都是假的东西，要是找到真的牛黄方用得。」贾母说你辛苦了。那大夫同贾琏出去开了方子去了。凤姐道：「人蔘家里

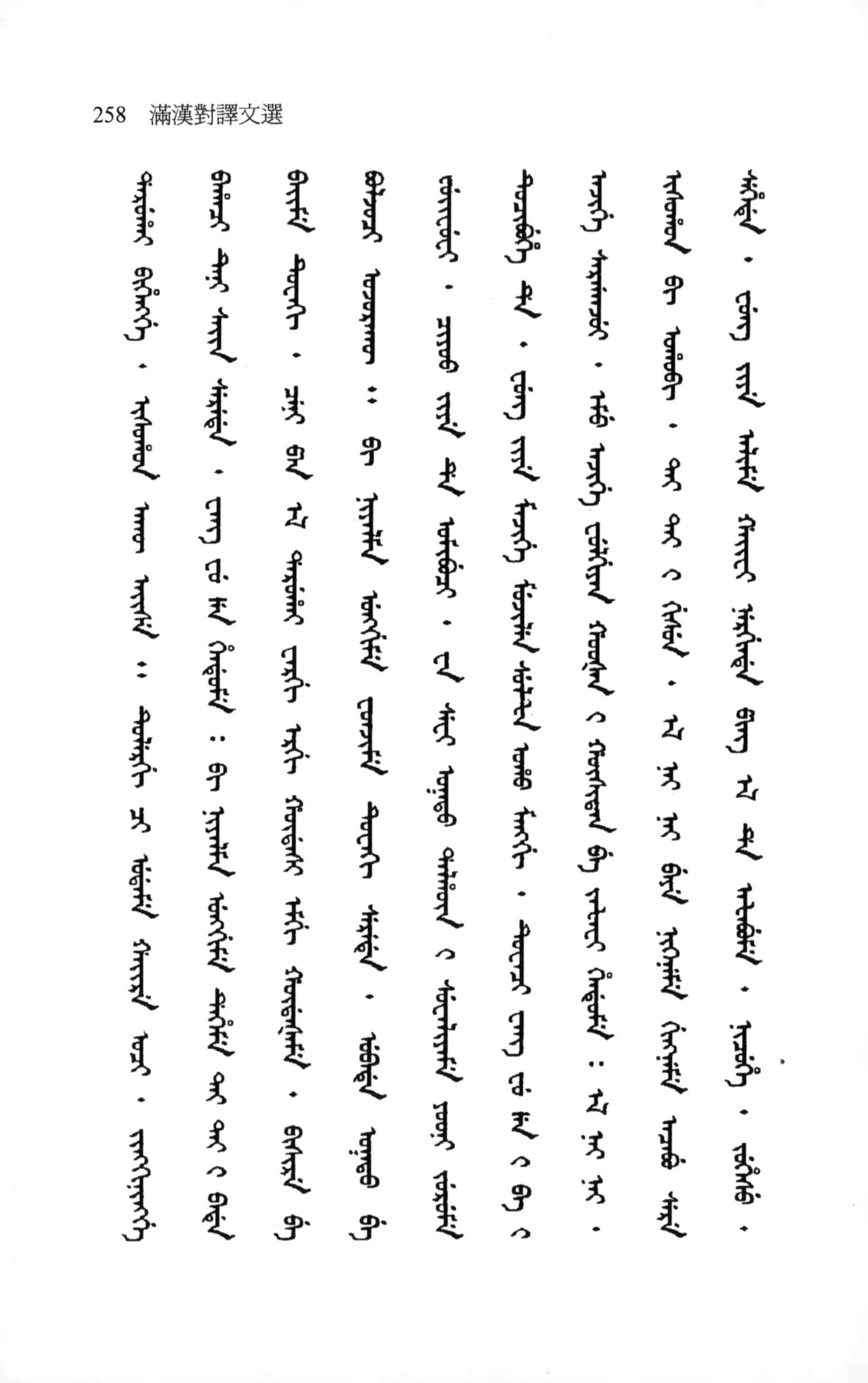

daruhai bihengge, isohon akū aise? tulergi ci udame gaire oci, jingkiningge bahaci teni sain. ”serede, wang fu žen hendume: “bi niyalma unggime deheme tai tai i bade baime tuwaki, ceni pan el daruhai wargi ergi hūdasi emgi hūdašame, bisire be boljoci ojorakū. bi niyalma unggime fonjime tuwaki, ” serede, ubade okto be fuifufi, ciyoo jiye de omibuci, wa sefi okto dalhūn i suwaliyame yooni jurume tucibuhe de, fung jiye majige mujilen sulfa oho manggi, tuwaci wang fu zen i ba i ajige sarganjui, emu ajige fulgiyan hoošan i hūsitan be jafafi hendume: “el nai nai, isohon bi ohobi, tai tai i gisun, el nai nai beye nikeneme gingneme acabu sere sehede.” fung jiye alime gaifi nerginde ping el de afabume, nicuhe. juhesu.

常有，牛黃未必有？外頭買來，要是真的才好。」王夫人道：「等我打發人到姨太太那邊去找找看。他家蟠兒是向與西客們做買賣，或者有也未可知。我叫人去問問看。」這裡煎了藥給巧姐兒喝了下去，哇的一聲，連藥帶痰全都吐了出來，鳳姐才略放了一點兒心。只見王夫人那邊的小丫頭拿著一點兒的小紅包兒說道：「二奶奶，牛黃有了。太太說了，叫二奶奶親自把分兩對準。」鳳姐答應著接過來，便叫平兒配齊了真珠、冰片、

常有，牛黄未必有？外头买来，要是真的才好。」王夫人道：「等我打发人到姨太太那边去找找看。他家蟠儿是向与西客们做买卖，或者有也未可知。我叫人去问问看。」这里煎了药给巧姐儿喝了下去，哇的一声，连药带痰全都吐了出来，凤姐才略放了一点儿心。只见王夫人那边的小丫头拿着一点儿的小红包儿说道：「二奶奶，牛黄有了。太太说了，叫二奶奶亲自把分两对准。」凤姐答应着接过来，便叫平儿配齐了真珠、冰片、

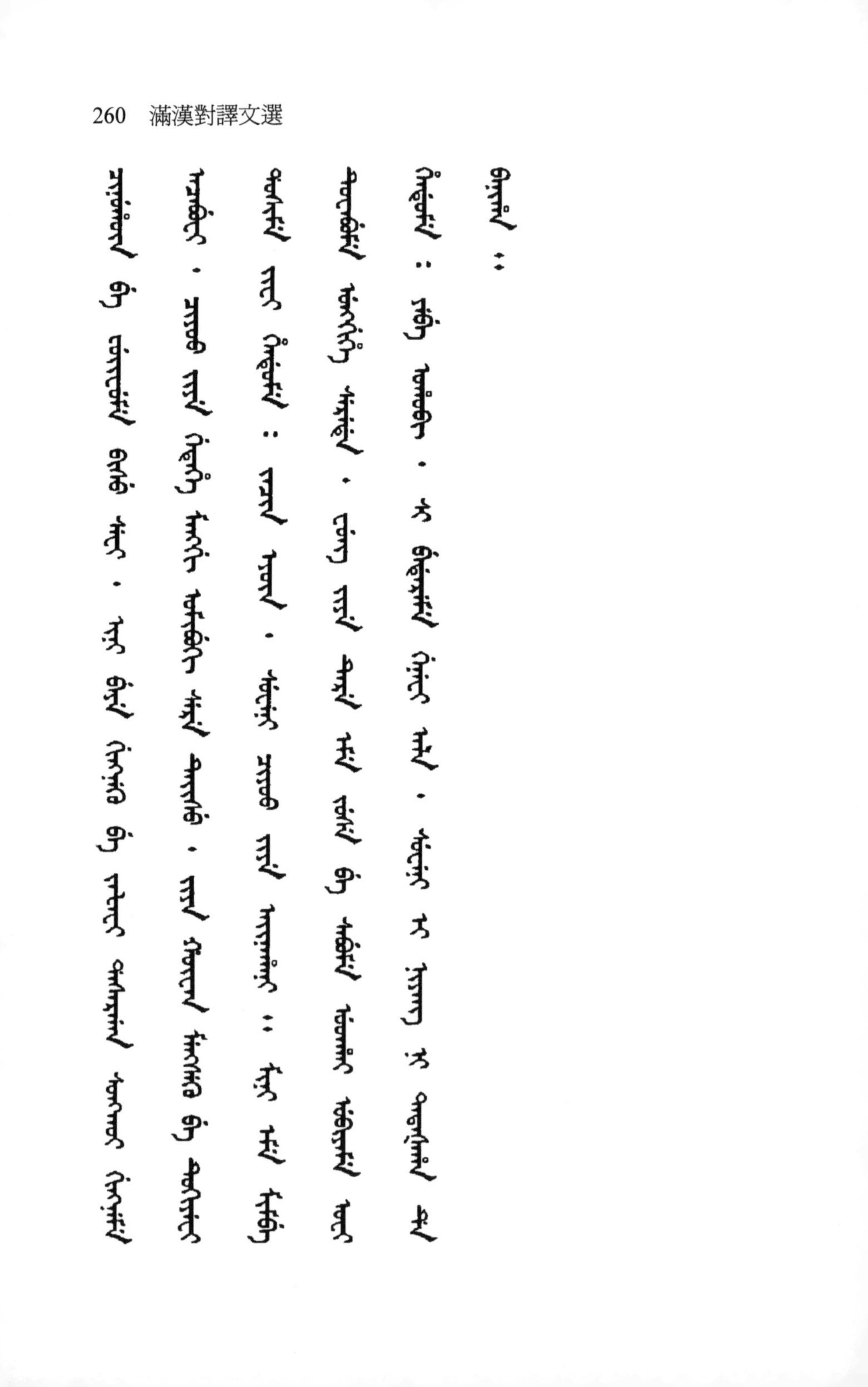

cinuhūn be fuifume bisu sefi, ini beye gingneku be jafafi dasargan songkoi gingneme acabufi, ciyoo jiye getehe manggi omibuki sere teisu. jiya hūwan mengseku be tukiyefi dosime jifi hendume: “jacin eyun, suweni ciyoo jiye ainahani? mini eme mimbe tuwabume unggihe.” serede, fung jiye tere eme juse be sabume uthai ubiyame ofi hendume: “yebe ohobi, si bedereme genefi ala, suweni i niyang ni tatašaha de baniha.”

朱砂快煎熬起來。她自己用戥子按方秤了，攙在裡面，等巧姐兒醒了好給她吃。只見賈環掀簾進來說：「二姐姐，你們巧姐兒怎麼了？我的媽媽叫我來瞧瞧她。」鳳姐兒見了他母子便討厭，說：「好些了。你回去說，感謝你們姨娘惦記著。」

朱砂快煎熬起来。她自己用戥子按方秤了，搀在里面，等巧姐儿醒了好给她吃。只见贾环掀帘进来说：「二姐姐，你们巧姐儿怎么了？我的妈妈叫我来瞧瞧她。」凤姐儿见了他母子便讨厌，说：「好些了。你回去说，感谢你们姨娘惦记着。」

ᡥᠠᠩᡤᡳ ᡳ ᡥᡝᠩᡴᡳᠯᡝᠮᡝ : ᠪᡳ ᠪᡳᡨᡥᡝ ᡤᡳᠰᡠᡵᡝᠨᡝᡴᡠ ᠠᡴᡡ · ᡨᡠᠸᠠᠴᡳ ᠮᡠᠰᡝᡳ ᠵᡠᡵᡤᠠᠨ ᡩᡝ ᠸᡝᡵᡳᡥᡝ · ᠸᡝᠰᡳᡥᡠᠨ
ᠠᠨ ᡳ ᠸᡝᡳᠯᡝᠨ ᠪᡝ ᡳᠯᡝᡨᡠ ᠨᡝᡳᡤᡝᠯᡝᠨ ᡨᡠᡨᡳᡥᡝᠩᡤᡝ · ᡤᡝᡵᡝᠨ ᠸᡝᠰᡳᠪᡠ ᡩᠣᠰᡳᠮᠪᡠᡵᡝ ᡨᡠᠸᠠᡵᡝ · ᠸᡝᠰᡳᡥᡠᠨ
ᡨᡠᠸᠠᡵᠠ ᡤᡳᠰᡠᡵᡝᡵᡝ ᡩᡝ ᡨᡠᡴᡳᠶᡝᠮᠪᡳ ᡨᡠᠪᡳᡥᡝ ᠪᡳ · ᡝᡵᡝ ᠸᡝᠰᡳᠨ ᡝᡵᡳᠨ ᡳᠨᡝᠩᡤᡳ ᡨᡠᠸᠠᠴᡳ ᡨᡠᡥᡝ ᡨᡠᠪᡳ :: ᡨᡠᠪᡝ
ᠰᡝ ᠰᡝᠮᡝ ᡨᡠᡵᡤᡠᠨ ᡨᡠᡴᡳᠶᡝᠩᡤᡝ ᡳ ᠪᡝᠶᡝ ᡤᡳᠰᡠᡵᡝᡴᡝ ᡨᡠᠸᡝᠨ · ᠸᠠᡴᡳᠯᠠᠨ ᠰᡝᡵᡝᠩᡤᡝ ᡩᡝ ᠰᡝᠴᡝᠮᠪᡳ :: ᡝᠮᡠ ᠰᡝ
ᠰᡝᠮᡝ ᡝᡵᡳᠨ ᠪᡳᡥᡝ ᡤᡳᠰᡠᠨ ᠸᠠᠰᡳᠮᡝᠮᡝ · ᡝᡵᡳᠨᡝᡵᡝ ᡤᡳᠰᡠᠨ ᠪᡳᡨᡥᡝ ᡤᡳᠰᡠᠨ ᡩᡝ ᠸᡝᠰᡳᠮᠪᡳ :: ᡨᡝᡥᡝᡵᡝ ᠰᡝ
ᠰᡝᠮᡝ ᡳᠨᡳᠪᡳ ᡳ ᠰᡝᡵᡝᠮᡝ ᡨᡠᡥᡝᠪᡝ ᡨᡠᠨᡳᠶᡝᠩᡤᡝ ᡨᡠᠮᡝ · ᡝᠮᡠ ᡩᡝ ᡳᡵᡤᡝᠪᡳ · ᡝᠮᡠ ᡩᡝ ᡨᡠᠸᠠᡵᡝᠪᡳ ᡥᡝᠰᡝ ᡨᡠᠸᠠᡵᡝᠪᡳ ::
ᠰᡝᠮᡝᡵᡝ ᠰᡝ ᡨᡝᡵᡝ ᡨᡠᡤᡝᡵᡝ ᡩᡝ ᡝᡵᡝᠨᡝᡵᡝ · ᡨᡠᡵᡤᡠᠨ ᡨᡝᡵᡤᡠᠸᡝᠨ ᠸᠠᠴᡳᠮᡝ ᠰᡝᡵᡝ ᡩᡝ ᡨᡠᠸᠠᠮᠪᡳ :: ᠪᡳ
ᠰᡝᠴᡝᠮᡝᠩᡤᡝ ᠸᡝᡵᡝᠮᡝᠩᡤᡝ · ᡝᠮᡠ ᡨᡠᠸᠠᠮᡝᠩᡤᡝ ᡤᡳᠰᡠᡵᡝᠩᡤᡝ ᡨᡠᡵᡝ · ᡝᠮᡠ ᠪᡳᡩᡝ ᠰᡝᠴᡝᡵᡝ · ᡨᡝᡵᡝ ᡩᡝ
ᡨᡠᠸᠠᠮᠪᡳ :: ᠰᡝᠮᡝ ᡤᡳᠰᡠᠨ ᠪᡠᠴᡝᠮᡝ ᠵᡠᠸᡝᡥᡝ ᡳ ᡤᡳᠰᡠᡵᡝᠨ ᡳ ᠸᡝᠰᡳᠪᡠ · ᡝᠮᡠ ᡝᠮᡠ ᠵᡠᠸᡝᠨ ᡳ ᡤᡳᠰᡠᡵᡝᠨ ᡨᡠᠪᡝ

四十二、雙鳥失群

hing je hendume: bi balai gisurerengge waka, suwe mini alara be donji, daifu sa i dasara fa asuru narhūn somishūn, mujilen dolo forhošome tuwara, donjire fonjire kimcire be oyonggo obuha bi, ere duin emken akū oci eden ombi. uju de terei oori sukdun i boco gincihiyan olhon, tarhūn turha be tuwambi. jai de terei jilgan bolgo gisun tomorhon, yargiyan gisun balai gisun be donjimbi. ilaci de terei nimeku i turgun udu inenggi oho, ai be jembi, ai be omimbi seme fonjimbi. duici de siren sudala be jafafi, oilo irushūn doko tuku be ilgambi. bi tuwarakū donjirakū, jai fonjirakū kimcirakū oci, ai babe tuwaci, elhe be sambi. tere geren bithe cooha i hafasa i dolo, tai i yuwan i hafasa inu

---

行者道：「我不是胡說，你們聽我道來。醫門理法至微玄，大要心中有旋轉。以望聞問切爲要，此四般缺一即不備其全：第一望他精氣之潤枯肥瘦起；第二聞他聲音之清濁，言語之真僞；三問病原經幾日，如何飲食；四纔切脈明經絡，浮沉表裏是何般。我若不望聞並問切又看何處可知安好耶？」今生莫想得安然。那兩班文武叢中，亦有太醫院官，

行者道：「我不是胡说，你们听我道来。医门理法至微玄，大要心中有旋转。以望闻问切为要，此四般缺一即不备其全：第一望他精气之润枯肥瘦起；第二闻他声音之清浊，言语之真伪；三问病原经几日，如何饮食；四纔切脉明经络，浮沉表里是何般。我若不望闻并问切又看何处可知安好耶？」今生莫想得安然。那两班文武丛中，亦有太医院官，

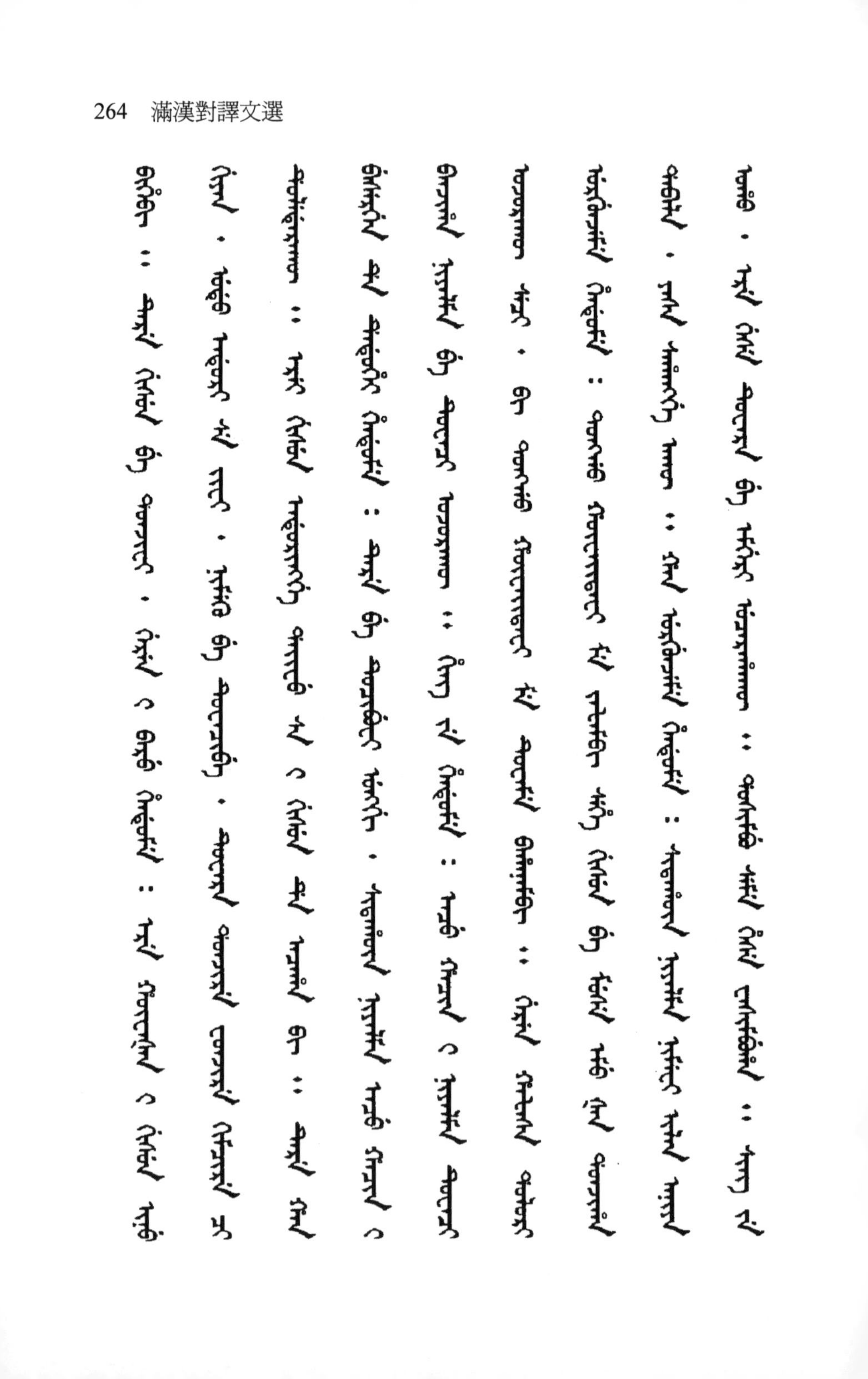

bihebi. tere gisun be donjifi, geren i baru hendume: ere hūwašan i gisun inu giyan, udu enduri se jifi, nimeku be tuwacibe, tuwara donjire fonjire kimcire ci dulederakū. erei gisun enduringge daifu sa i gisun de acaha bi. tere han besergen de deduhei hendume: tere be tucibufi unggi, sitahūn niyalma encu hacin i banjiha niyalma be tuwaci ojorakū. hing je hendume: encu hacin i niyalma tuwaci ojorakū seci, bi tonggo hūwaitafi me tuwame bahanambi. geren hafasa dolori urgunjeme hendume: tonggo hūwaitafi me jafambi sehe gisun be muse emu šan donjiha dabala, yasa sahangge akū. han urgunjeme hendume: sitahūn niyalma nimefi ilan aniya oho, ere gese tuwara be emgeri ucarahakū. dosimbu seme hese wasimbuha. sing je

---

一聞此言，對眾人道：「這和尚說得也有理。雖然是神仙們來看病，也不過望聞問切，此言合著神醫之語也。那國王躺在床上道：「叫他去罷！寡人見不得生人面。」行者道：「若說不能叫生人看，則我會懸絲診脈。眾官暗喜道：「懸絲診脈云云，我等都只是耳聞而已，不曾眼見。」國王喜道：「寡人病了三年，似此診脈，未曾一試，宣他進來。行者

一闻此言，对众人道：「这和尚说得也有理。虽然是神仙们来看病，也不过望闻问切，此言合着神医之语也。那国王躺在床上道：「叫他去罢！寡人见不得生人面。」行者道：「若说不能叫生人看，则我会悬丝诊脉。众官暗喜道：「悬丝诊脉云云，我等都只是耳闻而已，不曾眼见。」国王喜道：「寡人病了三年，似此诊脉，未曾一试，宣他进来。行者

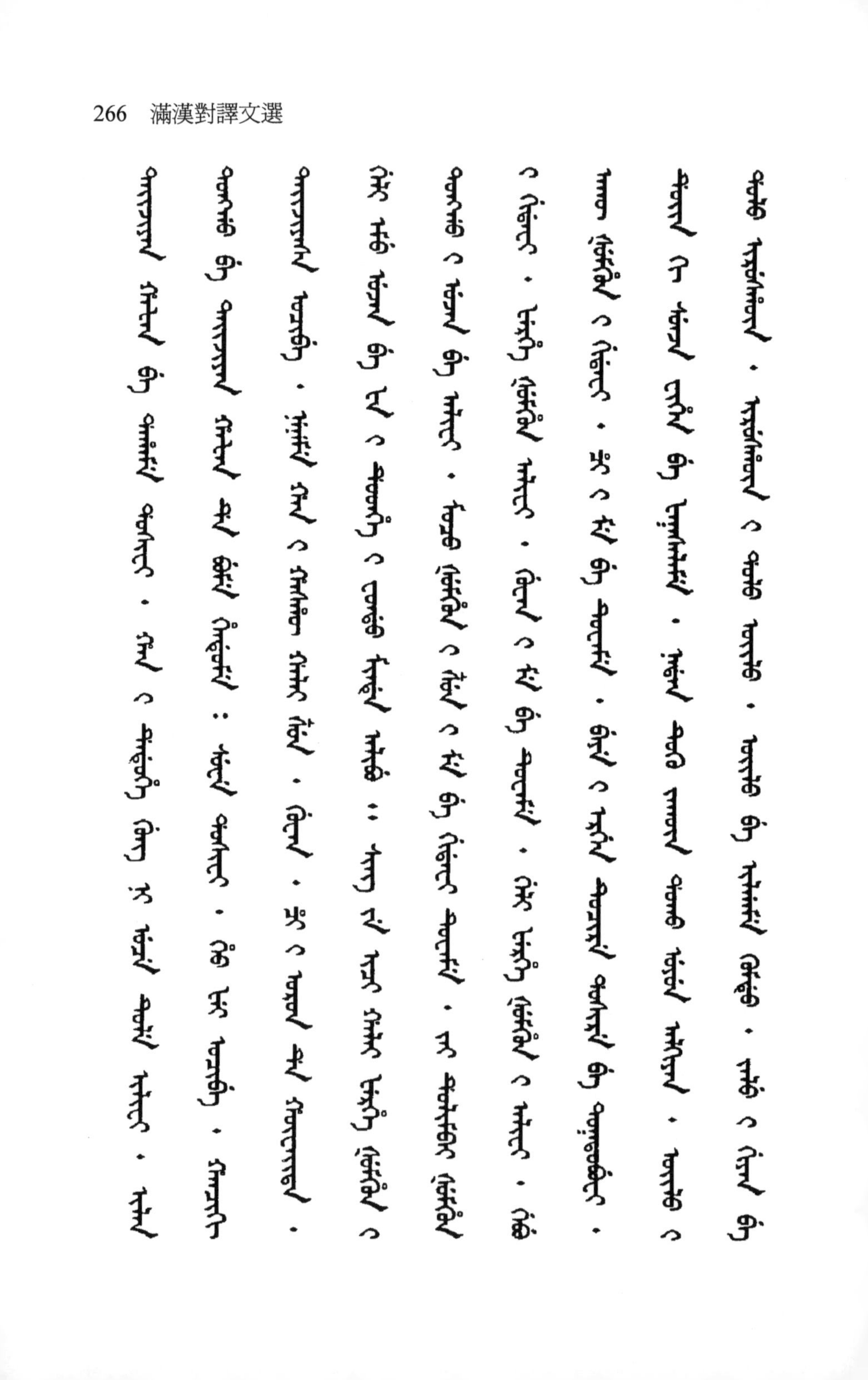

taijiyan hafan be dahame dosifi, han i deduhe gung ni uce tule ilifi, ilan tonggo be taijiyan hafan de bume hendume: suwe dosifi, heo fei ocibe, hanciki taijiyasa ocibe, neneme han i hashū galai ts'un, guwan, c'y i oron de hūwaita, geli emu ujan be fa I duthe i fondo minde alibu. sing je ici galai ferhe šumhun i tonggo i ujan be alifi, moco šumhun i ts'un i me be gidafi tuwame, jai dulimbai šumhun i gidafi, ferhe šumhun alifi, guwan i me be tuwame, geli ferhe šumhun i alifi, gebu akū šumhun i gidafi, c'y i me be tuwame, beye i ergen tucire dosire be toktobufi, duin ki sunja fihen be faksalame, nadan tuku jakūn doko uyun alkiyan, oilo i dolo irushūn, irushūn i dolo oilo, oilo be ilgame kumdu, jalu i giyan be

---

隨太監進入國王寢宮門外立定，將三條金線給與太監道：「汝等進去，無論后妃，還是近侍太監，先繫在國王左手寸、關、尺部位，卻將線頭從窗櫺兒穿出給我。」行者以右手大指托著線頭，以食指按寸脈看；次將中指按大指，看了關脈；又將大指托著無名指，看了尺脈。調停自身的呼吸，分定四氣五鬱七表八裏九候，浮中沉，沉中浮，辨明了虛實之端，

随太监进入国王寝宫门外立定，将三条金线给与太监道：「汝等进去，无论后妃，还是近侍太监，先系在国王左手寸、关、尺部位，却将线头从窗棂儿穿出给我。」行者以右手大指托着线头，以食指按寸脉看；次将中指按大指，看了关脉；又将大指托着无名指，看了尺脉。调停自身的呼吸，分定四气五郁七表八里九候，浮中沉，沉中浮，辨明了虚实之端，

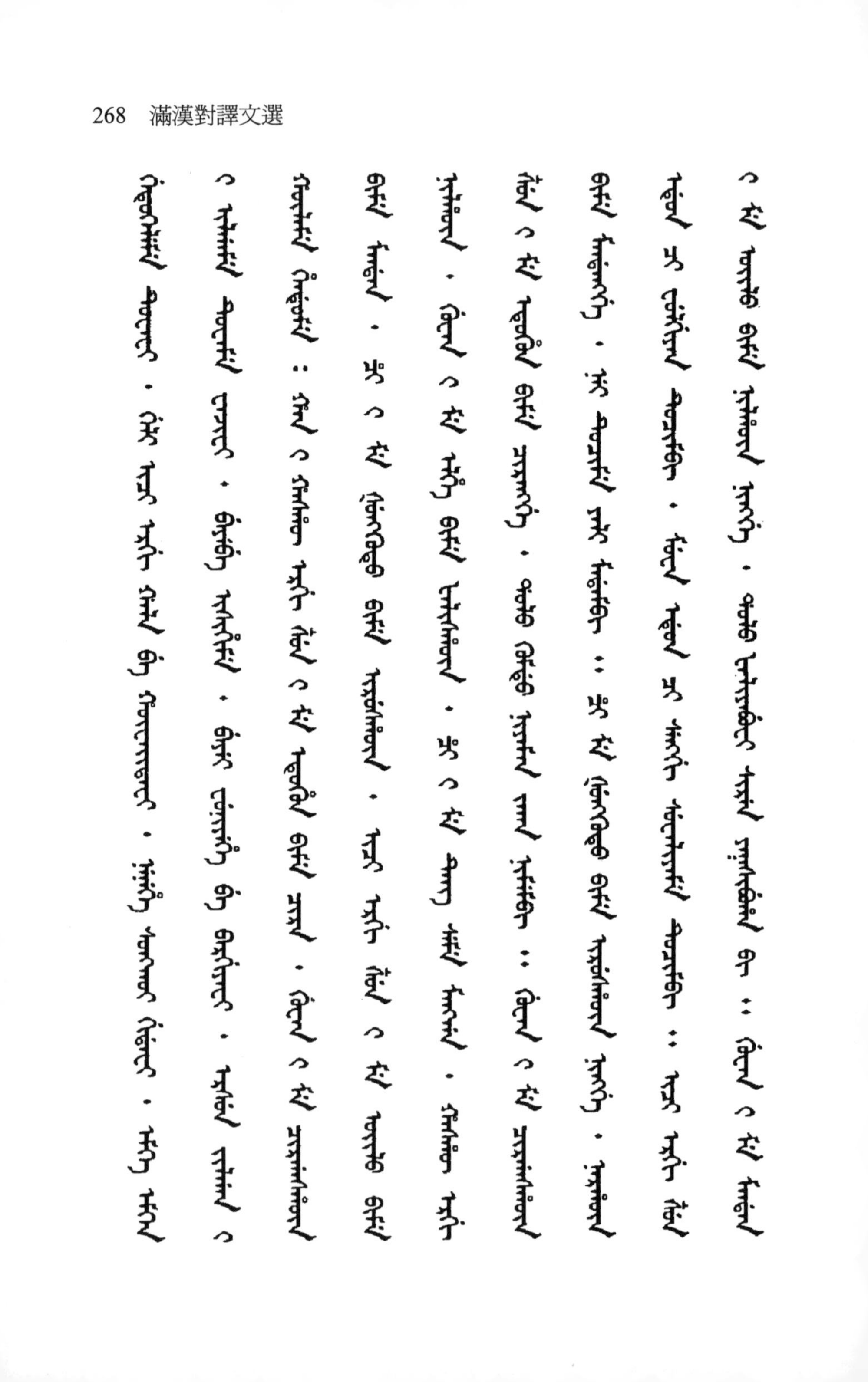

getukeleme tuwafi, geli ici ergi gala be hūwaitafi, nenehe songkoi gidafi, emke emken i ilgame tuwame wajifi, beyebe isihime, beyei funiyehe be bargiyafi, ersun jilgan i hūlame hendume: han i hashū ergi ts'un i me etuhun bime cira, guwan i me cirgashūn bime mandan, c'y i me šungkutu bime irushūn, ici ergi ts'un i me oilo bime nilhūn, guwan i me elhe bime falishūn, c'y i me teng seme mangga, hashū ergi ts'un i me etuhun bime cirangge, dolo kumdu niyaman jaka nimembi. guwan i me cirgashūn bime mandangge, nei tucime yali madambi. c'y me šungkutu bime irushūn ningge, narhūn edun ci fulgiyan tucimbi, muwa edun ci senggi suwaliyame tucimbi. ici ergi ts'un i me oilo bime nilhūn ningge, dolo falibufi siren yaksibuha bi. guwan i me mandan

---

依前繫在右手，一一辨視畢，將身抖了一抖，收了身毛，厲聲高呼道：「陛下左手寸脈強而緊，關脈濇而緩，尺脈芤且沉，右手寸脈浮而滑，關脈遲而結，尺脈數而牢。左手寸脈強而緊者，中虛心痛也；關脈濇而緩者，汗出肌痳也；尺脈芤而沉者，小便赤而大便帶血也。右手寸脈浮而滑者，內結經閉也；關脈遲

依前系在右手，一一辨视毕，将身抖了一抖，收了身毛，厉声高呼道：「陛下左手寸脉强而紧，关脉濇而缓，尺脉芤且沉，右手寸脉浮而滑，关脉迟而结，尺脉数而牢。左手寸脉强而紧者，中虚心痛也；关脉濇而缓者，汗出肌麻也；尺脉芤而沉者，小便赤而大便带血也。右手寸脉浮而滑者，内结经闭也；关脉迟

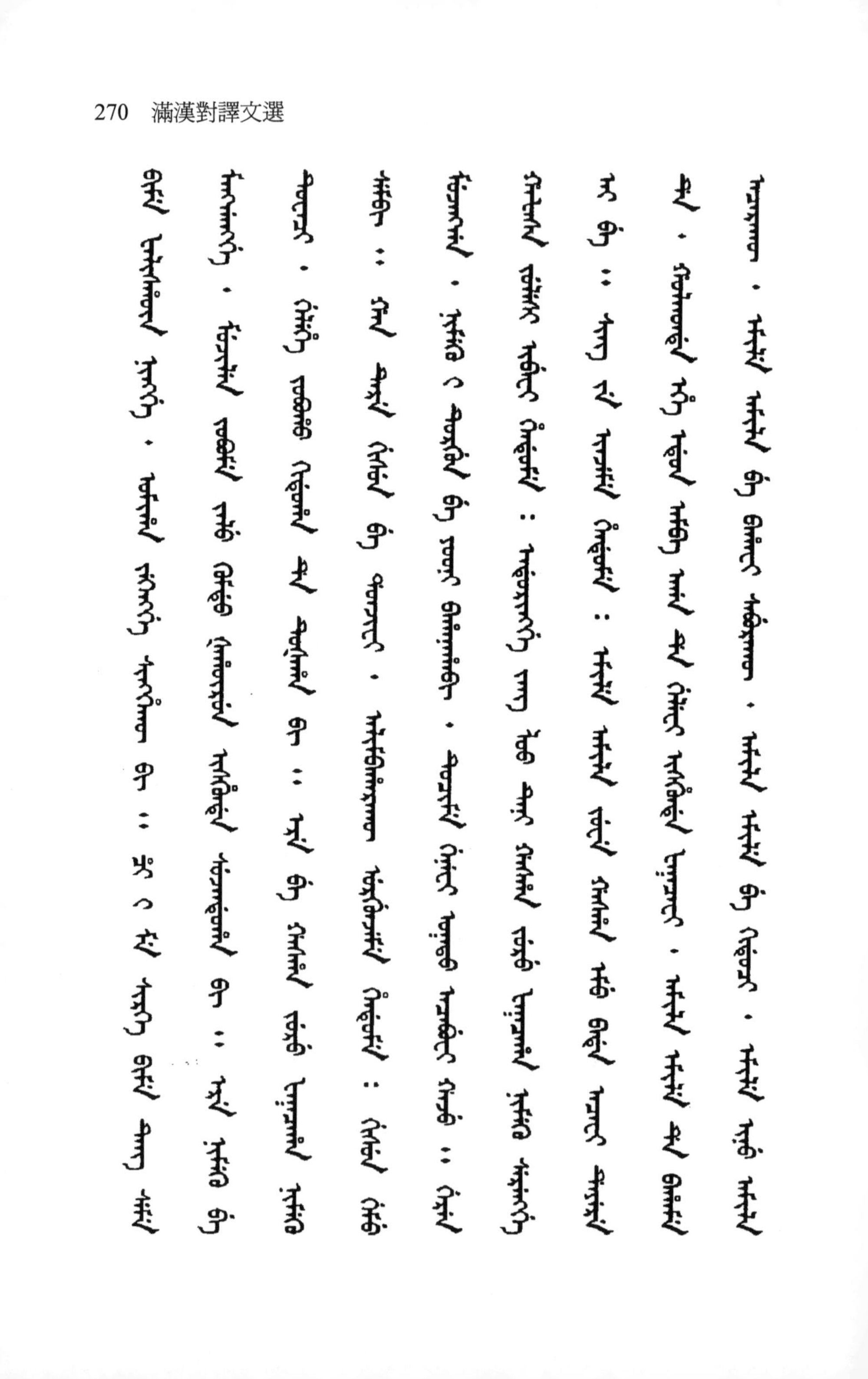

bime falishūn ningge, omiha jekengge singhekū bi. c'y i me sirke bime teng seme manggangge, mujilen jobome jalu kumdu šahūrun ishunde sujanduha bi. ere nimeku be tuwaci, gelehe joboho kiduha de tušaha bi. ere be gasha juru fakcaha nimeku sembi. han tere gisun be donjifi, alimbaharakū urgunjeme hendume: gisun gemu mujangga, nimeku i turgun be yooni bahanahabi, tucime genefi okto acabufi gaju. geren hafasa julesi ibefi hendume: enduringge jang loo teni gasha juru fakcaha nimeku serengge ai be? sing je injeme hendume: emile amila juwe gasha emu bade acafi deyere de, holkonde ehe edun amba aga de gelefi ishunde fakcafi, amila emile de bahame acarakū, emile amila be bahafi saburakū, amila emile be kiduci, emile inu amila

---

而結者，宿食留飲也。尺脈數而牢者，煩滿虛寒相持也。觀此病，在於驚恐憂思，這叫做雙鳥失群之症。」國王聞其言，不勝歡喜道：「話皆真，病情俱合，請出外面配藥來！」眾官上前道：「神僧長老，適纔說雙鳥失群之症何也？」行者笑道：「有雌雄二鳥，原在一處同飛，忽被暴風驟雨驚散，雄不見雌，雌不見雄，雄乃想雌，雌亦想雄，

而结者，宿食留饮也。尺脉数而牢者，烦满虚寒相持也。观此病，在于惊恐忧思，这叫做双鸟失群之症。」国王闻其言，不胜欢喜道：「话皆真，病情俱合，请出外面配药来！」众官上前道：「神僧长老，适纔说双鸟失群之症何也？」行者笑道：「有雌雄二鸟，原在一处同飞，忽被暴风骤雨惊散，雄不见雌，雌不见雄，雄乃想雌，雌亦想雄，

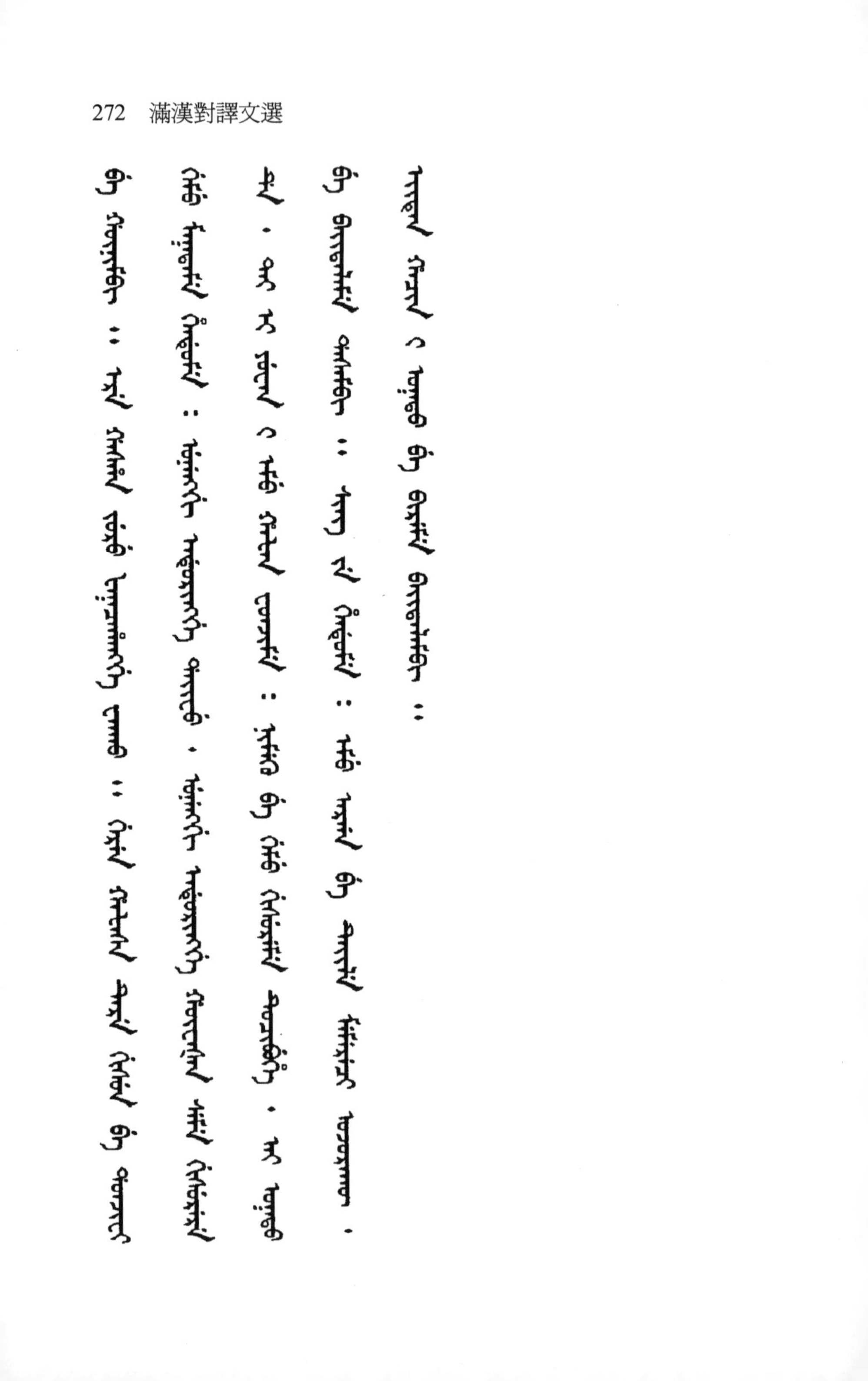

be gūnimbi. ere gasha juru fakcahangge wakao? geren hafasa tere gisun be donjifi gemu maktame hendume: unenggi enduringge daifu, unenggi enduringge hūwašan seme gisurere de, tai i yuwan i emu hafan fonjime: nimeku be gemu gisureme tucibuhe, ai okto be baitalame dasambi? sing je hendume: emu arga be teile memereci ojorakū, eiten hacin i okto be bireme baitalambi.

這不是雙鳥失群嗎？」眾官聞其言，皆喝采道：「真是神醫！真是神僧！」正在說著時，有一太醫院官道問：「病症已斷，但不知用何藥治之？」行者道：「不必執方，見藥就要。」

这不是双鸟失群吗？」众官闻其言，皆喝采道：「真是神医！真是神僧！」正在说着时，有一太医院官道问：「病症已断，但不知用何药治之？」行者道：「不必执方，见药就要。」

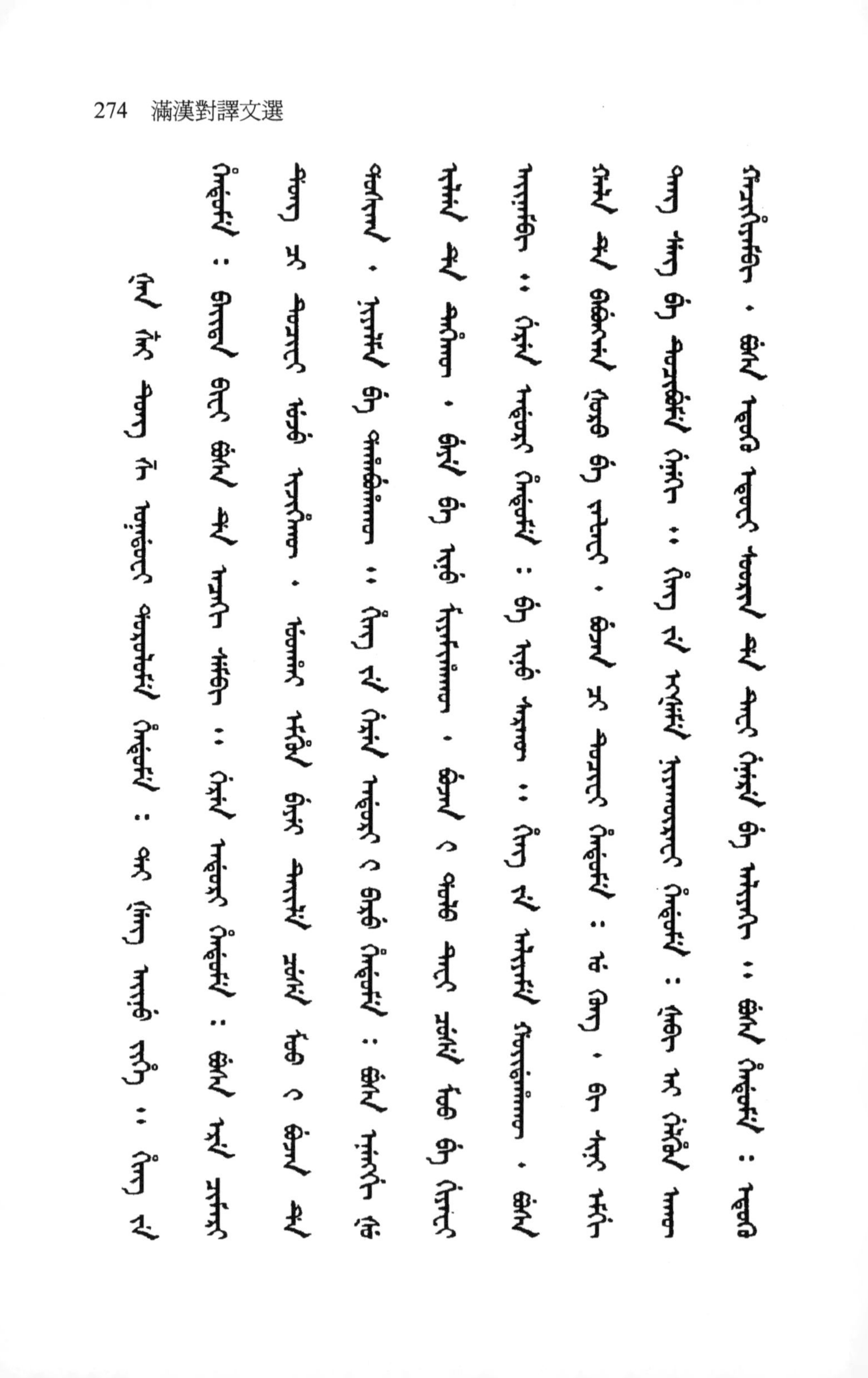

[illegible]

四十三、魚籃觀音

šan ts'ai tung dz okdofi dorolome hendume: dai šeng ainu jihe ? hing je hendume: baita bifi pusa de acaki sembi. geren enduri hendume: pusa ere cimari dung ci tucifi uju ijihekū, uthai emhun beyei teile cuse moo i bujan de dosika, niyalma be dahabuhakū. hing je geren enduri i baru hendume: pusa enenggi šu ilga de tehekū, beye be inu miyamihakū, bujan i dolo tefi cuse moo be giyafi ainambi. geren enduri hendume: be inu sarkū. hing je aliyame goidahakū. puse gala de babungga šoro be jafafi, bujan ci tucifi hendume: u kung, bi sini emgi tang seng be tucibume geneki. hing je ekšeme niyakūrafi hendume: šabi ai gelhun akū hacihiyambi, pusa etuku etufi soorin de tefi genere be aliyaki. pusa hendume: etuku

---

善財童子迎著施禮道：「大聖何來？」行者道：「有事要見菩薩。」眾神道：「菩薩今早出洞，未曾梳妝即獨自進入竹林裡，不許人隨。」行者對眾神道：「菩薩今日不坐蓮臺，也不妝飾，坐在竹林裡削竹子做什麼？」眾神道：「我們也不知道。」行者等候不多時，菩薩手提紫竹籃出林道：「悟空我與你救唐僧去。」行者慌忙跪下道：「弟子不敢催促，且等菩薩著衣登座。」菩薩道：

善财童子迎着施礼道：「大圣何来？」行者道：「有事要见菩萨。」众神道：「菩萨今早出洞，未曾梳妆即独自进入竹林里，不许人随。」行者对众神道：「菩萨今日不坐莲台，也不妆饰，坐在竹林里削竹子做什么？」众神道：「我们也不知道。」行者等候不多时，菩萨手提紫竹篮出林道：「悟空我与你救唐僧去。」行者慌忙跪下道：「弟子不敢催促，且等菩萨着衣登座。」菩萨道：

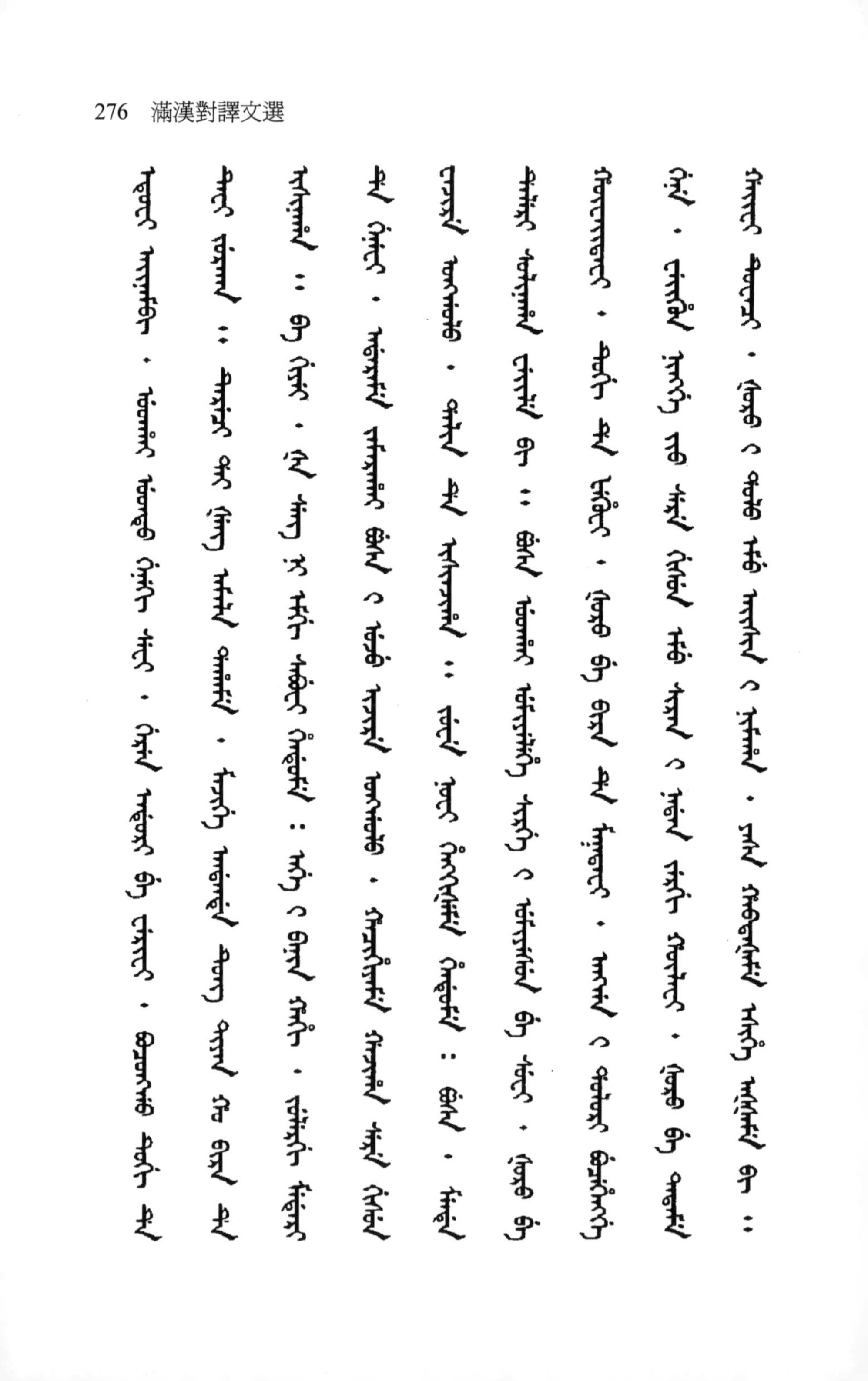

etufi ainambi, uthai uttu geneki sefi, geren enduri be werifi, boconggo tugi de tefi juraka. tereci dai šeng amala dahame, majige andande tung tiyan ho bira de isinaha. ba giyei, ša seng ni emgi sabufi hendume: age i banin hahi, julergi mederi de genefi, adarame jamarahai pusa i uju ijire onggolo, hacihiyame gajiha sere gisun wajire onggolo, dalin de isinjiha. juwe nofi hengkišeme hendume: pusa, mende deleri solinaha weile bi. pusa uthai umiyelehe sirge i umiyesun be sufi, šoro be hūwaitafi, tugi de fehufi, šoro be bira de maktafi, angga i dolori bucehengge gene, weihun ningge jio sere gisun emu siran i nadan jergi hūlafi, šoro be tatame gaifi tuwaci, šoro i dolo emu aisin i nimaha, yasa habtašame esihe aššame bi.

「著衣做什麼？就此去也。」留下眾神，坐上彩雲而去，卻說大聖相隨，頃刻間，到了通天河。八戒與沙僧看見道：「師兄性急，不知去南海怎麼嚷鬧，把未梳妝的菩薩逼了來？」話未說完，到了河岸，二人拜道：「我們越分擅請，有罪。」。菩薩當即解下一根束襖的絲縧，拴了籃子，踩在雲上，把籃子拋在河中，口中默唸「死的去，活的來！」一連唸了七遍，拉起籃子，但見藍裡有一尾金魚，還眨眼動鱗。

「着衣做什么？就此去也。」留下众神，坐上彩云而去，却说大圣相随，顷刻间，到了通天河。八戒与沙僧看见道：「师兄性急，不知去南海怎么嚷闹，把未梳妆的菩萨逼了来？」话未说完，到了河岸，二人拜道：「我们越分擅请，有罪。」。菩萨当即解下一根束袄的丝绦，拴了篮子，踩在云上，把篮子抛在河中，口中默念「死的去，活的来！」一连念了七遍，拉起篮子，但见蓝里有一尾金鱼，还眨眼动鳞。

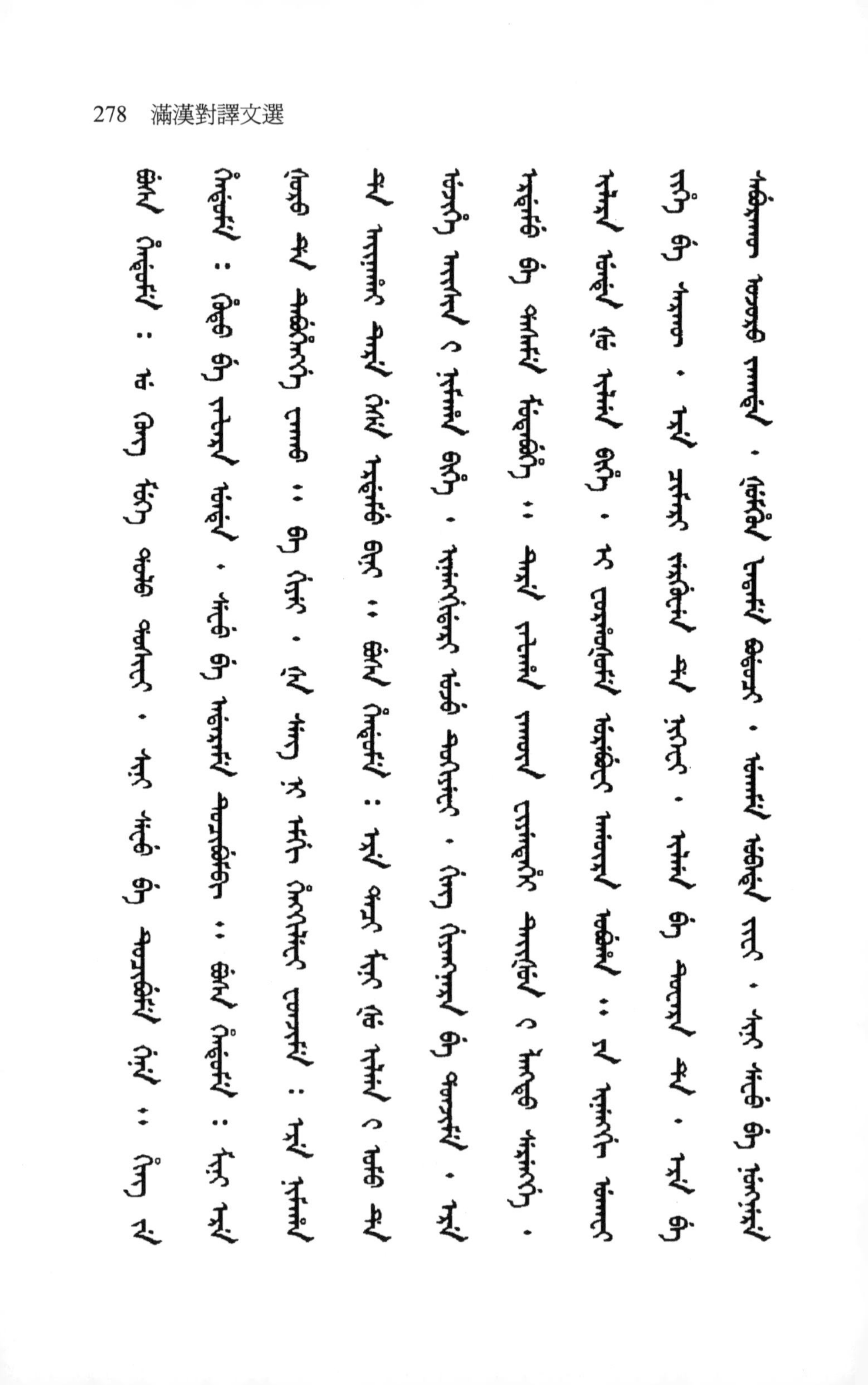

pusa hendume: u kung muke dolo dosifi, sini sefu be tucibume gene. hing je hendume: hutu be jafara unde, sefu be adarame tucibumbi. pusa hendume: mini ere šoro de tebuhengge wakao? ba giyei, ša seng ni emgi hengkilefi fonjime: ere nimaha de ainahai tere gese erdemu bini? pusa hendume: ere daci mini šu ilga i omo de ujihe aisin i nimaha bihe, inenggidari uju tukiyefi, ging giyangnara be donjime, ere erdemu be dasame mutebuhe. tere jafaha jakūn fiyentehei teišun i langtu serengge, ilara unde šu ilga bihe, i forhošome urebufi agūra obuha. ya inenggi ukafi jihe be sarkū, ere cimari jerguwen de nikefi, ilga be tuwara de, ere be saburakū ojoro jakade, šumhun fatame bodoci, ukame ubade jifi, sini sefu be nungnere

---

菩薩道：「悟空下水救你師父去！」行者道：「未曾拿住妖怪，怎麼救得師父？」菩薩道：「我這籃兒裡裝的不是嗎？」八戒與沙僧拜問道：「這魚兒怎生有那等手段呢？」菩薩道：「這本是我蓮花池裡養的金魚。每日抬頭聽聞講經，修成這手段，他所持八瓣銅鎚，乃是未開的蓮花，被運鍊成兵器。不知是哪一日逃來。今早扶欄看花時，因不見這廝掐指算著逃來此地，害你師父，

菩萨道：「悟空下水救你师父去！」行者道：「未曾拿住妖怪，怎么救得师父？」菩萨道：「我这篮儿里装的不是吗？」八戒与沙僧拜问道：「这鱼儿怎生有那等手段呢？」菩萨道：「这本是我莲花池里养的金鱼。每日抬头听闻讲经，修成这手段，他所持八瓣铜锤，乃是未开的莲花，被运炼成兵器。不知是哪一日逃来。今早扶栏看花时，因不见这厮掐指算着逃来此地，害你师父，

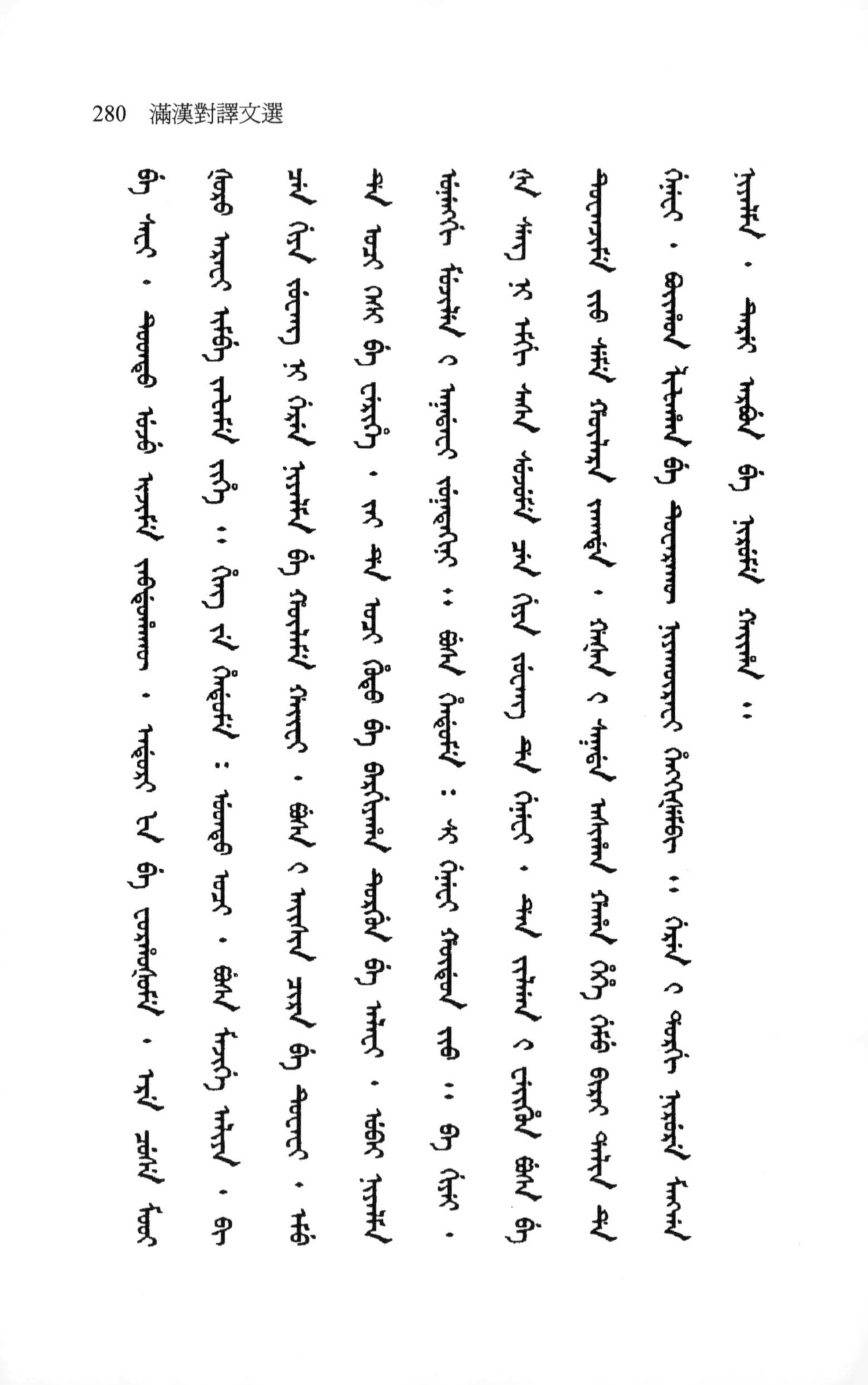

be safi, tuttu uju ijime jabduhakū, enduri fa be forhošome, ere cuse mooi šoro arafi imbe jafame jihe. hing je hendume: uttu oci, pusa majige aliya, bi cen giya juwang ni geren niyalma be hūlame gaifi, pusa i aisin cira be tuwafi, emu de oci kesi be werihe, jai de oci hutu be bargiyaha turgun be alafi, ubai niyalma unenggi mujilen i akdafi juktekini. pusa hendume: si genefi hūdun jio. ba giyei, ša seng ni emgi sasa sujume cen giya juwang de genefi, den jilgan i weihun puse be tuwanjime jio seme hūlara jakade, gašan i sakda asihan haha hehe gemu birai dalin de genefi, boihon lifahan be tuwarakū niyakurafi hengkišembi. geren i dorgi nirure mangga niyalma, terei arbun be nirume gaiha.

所以未及梳妝，運神功，織個竹籃來擒他。」行者道：「既然如此，菩薩且待片時，我叫陳家莊眾人來看看菩薩的金面，一則留恩，二來說收怪之事，好叫此地人誠心供養。」菩薩道：「你快去快來。」八戒與沙僧一齊跑到陳家莊去，高聲呼叫道：「都來看活觀音菩薩！」一莊老幼男女，都到河邊去，也不顧爛泥，都跪下磕頭禮拜。眾人內有善圖畫者，畫下祂的形象。

所以未及梳妆，运神功，织个竹篮来擒他。」行者道：「既然如此，菩萨且待片时，我叫陈家庄众人来看看菩萨的金面，一则留恩，二来说收怪之事，好叫此地人诚心供养。」菩萨道：「你快去快来。」八戒与沙僧一齐跑到陈家庄去，高声呼叫道：「都来看活观音菩萨！」一庄老幼男女，都到河边去，也不顾烂泥，都跪下磕头礼拜。众人内有善图画者，画下祂的形象。

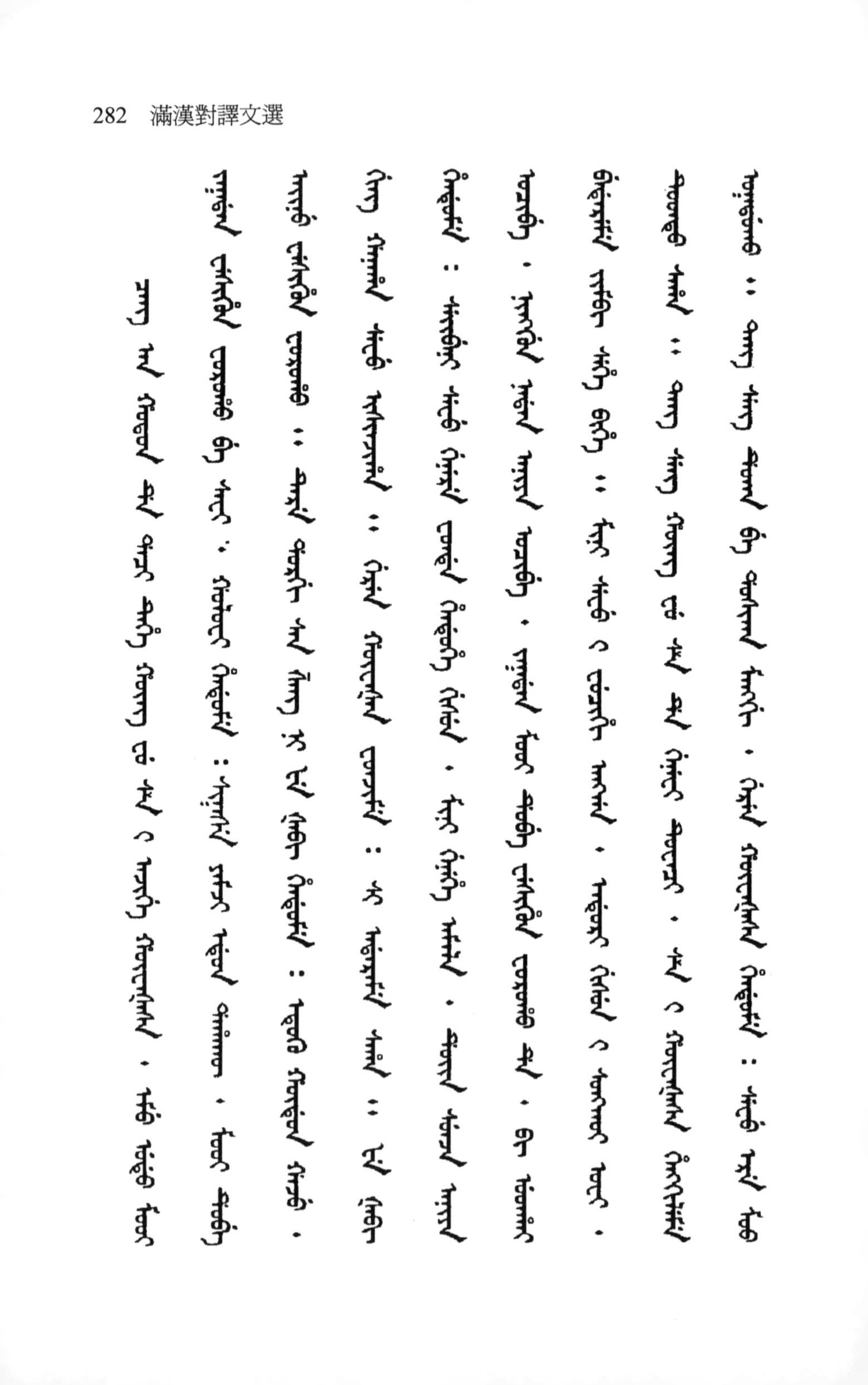

四十四、樹頭東向

cang an hoton de daci tehe hūng fu sy i ajige hūwašasa, emu udu mooi jakdan wesihun foroho be safi, golofi hendume: sikse yamji edun dahakū, mooi dube ainu wesihun foroho. tere dorgi san dzang ni fe šabi hendume: etuku hūdun gaju, ging ganaha sefu isinjiha. geren hūwašan fonjime: si adarame saha? fe šabi hendume: seibeni sefu genere fonde henduhe gisun, mini genehe amala, duin sunja aniya ocibe, ninggun nadan aniya ocibe, jakdan mooi dube wesihun foroho de, bi uthai bedereme jimbi sehe bihe. mini sefu i fucihi angga, enduri gisun i songkoi ofi, tuttu saha. tang seng hūng fu sy de genefi tuwaci, sy i hūwašasa hengkileme okdoko, tang seng duka be dosika manggi, geren hūwašasa hendume: sefu ere moo

---

原住長安城洪福寺的小僧人，看見幾株松樹俱轉向東邊，驚訝道：「昨夜未曾刮風，如何這樹頭都轉向東邊了？」其中三藏的舊徒說道：「快取衣服來！取經去的師父來了！」眾僧問道：「你何以知之？」舊徒曰：「當年師父去時，曾有言道：『我去之後，或四五年，或六七年，但看松樹枝頭若是東向，我即回來。』我師父佛口聖言，故此知之。」唐僧前往洪福寺，只見寺僧磕頭迎接。唐僧進門後，眾僧說道：「師父，這樹

原住长安城洪福寺的小僧人，看见几株松树俱转向东边，惊讶道：「昨夜未曾刮风，如何这树头都转向东边了？」其中三藏的旧徒说道：「快取衣服来！取经去的师父来了！」众僧问道：「你何以知之？」旧徒曰：「当年师父去时，曾有言道：『我去之后，或四五年，或六七年，但看松树枝头若是东向，我即回来。』我师父佛口圣言，故此知之。」唐僧前往洪福寺，只见寺僧磕头迎接。唐僧进门后，众僧说道：「师父，这树

i dube enenggi cimari erde gemu wesihun fororo jakade, be sefu i gisun be ejefi, hūdun tucime okdoci, yala isinjiha mujangga.

頭兒今早都向東，我們記得師父之言，故速速出來迎接，果然到了。」

头儿今早都向东，我们记得师父之言，故速速出来迎接，果然到了。」

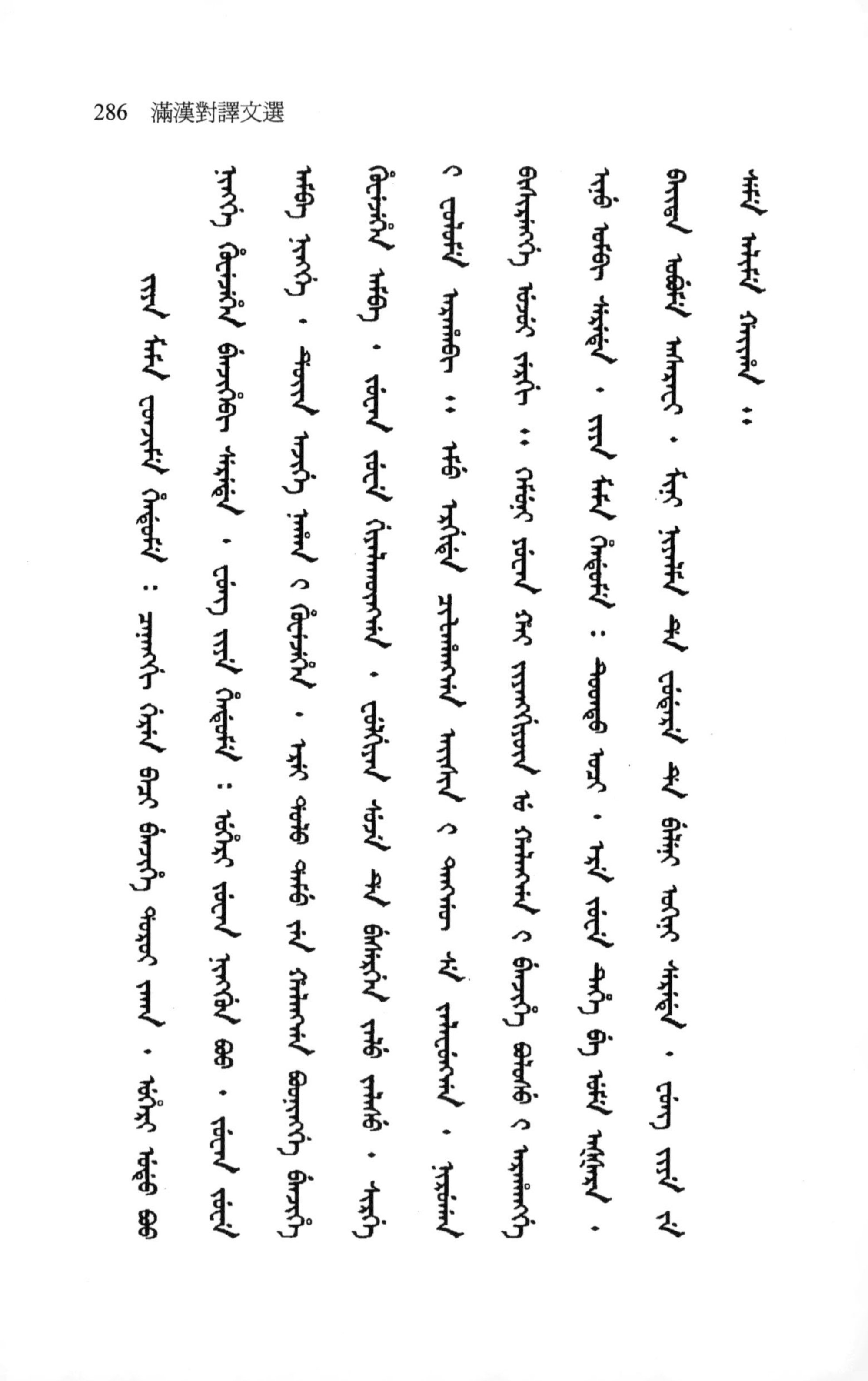

四十五、陳設藝術

jiya mama fonjime hendume :"cananggi geren baci benjihe doroi jaka, uheri udu boo ningge huwejehen benjihebi?" serede, fung jiye hendume:" uheri juwan ninggun boo, juwan juwe amba ningge, duin ajige nahan i huwejehen, erei dolo damu jen halangga booningge benjihe huwejehen amba, juwan juwe giyalakūngga, fulgiyan suje de" besergen jalu jalasu", sirge i folome arahabi. emu ergide cifahangga aisin i "tanggū se jalafungga,"nirugan bisirengge ujui jergi. kemuni yuwan hai jiyanggiyūn u halangga i benjihe bolosu i arahangge inu ombi "serede, jiya mama hendume:"tuttu oci, ere juwe tehe be ume aššara, baita obume asarafi, mini niyalma de fudere de beleni okini"serede, fung jiye“je” seme alime gaiha.

賈母問道：「前兒各地送來的禮物，共有幾家送來圍屏？」鳳姐道：「共有十六家，十二架大的，四架小的炕屏。內中只有甄家送來一架大圍屏十二扇，大紅緞子緙絲『滿床笏』，一面是泥金『百壽圖』的，是頭等的。還有粵海將軍鄔家送來的玻璃，製作的還罷了。」賈母道：「既這樣，這兩架別動，好生收著，我要現成送人。」鳳姐說聲：「是」答應了。

贾母问道：「前儿各地送来的礼物，共有几家送来围屏？」凤姐道：「共有十六家，十二架大的，四架小的炕屏。內中只有甄家送来一架大围屏十二扇，大红缎子缂丝『满床笏』，一面是泥金『百寿图』的，是头等的。还有粤海将军邬家送来的玻璃，制作的还罢了。」贾母道：「既这样，这两架别动，好生收着，我要现成送人。」凤姐说声：「是」答应了。

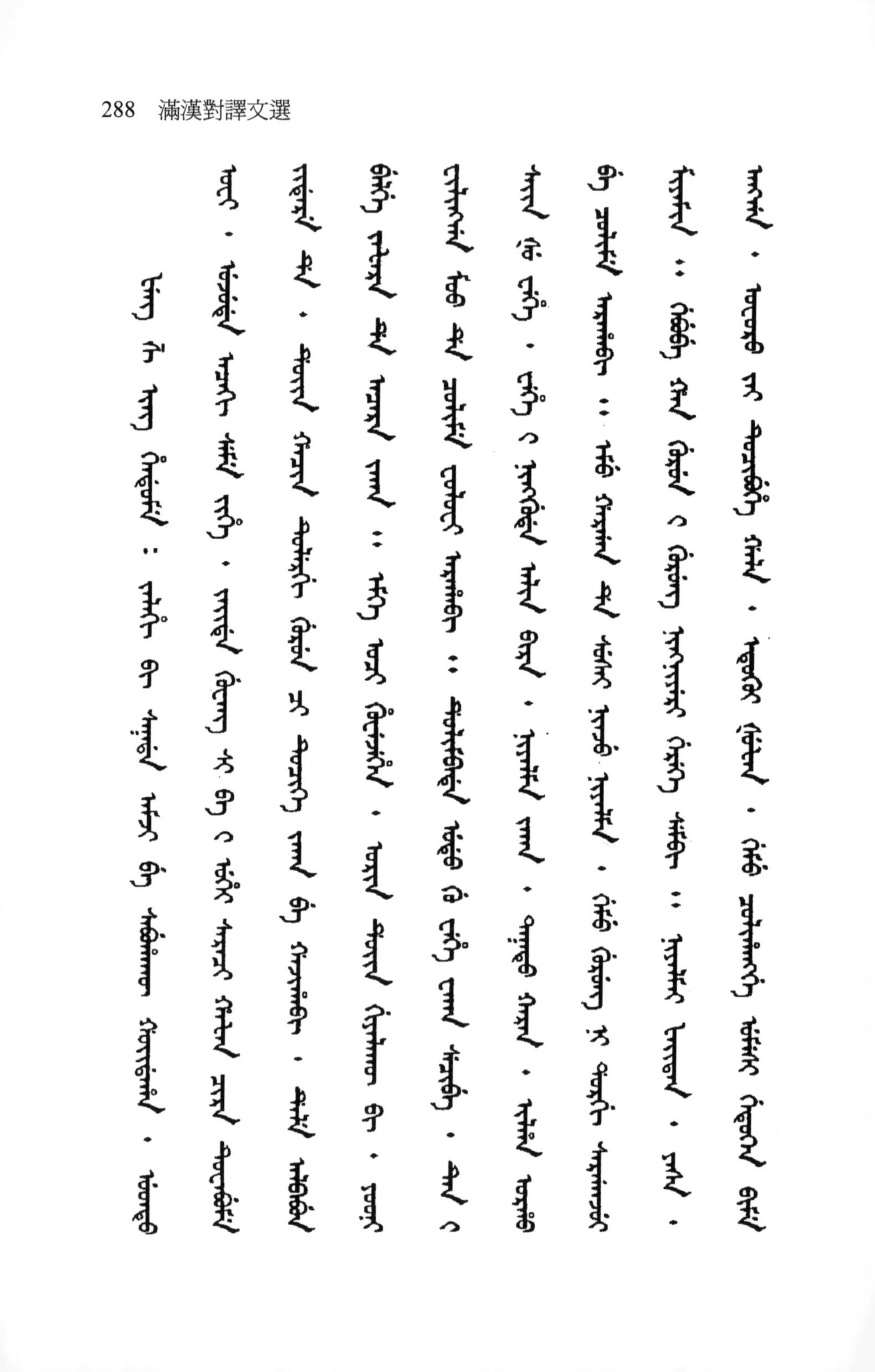

四十六、漢宮春曉

feng dz ing hendume:" jalahi bi sakda amji be sabuhakū goidaha, uttu ofi, ujude acaki seme jihe, jaide guwang si ba i uhei saraci hafan cira tuwabume jidere de, duin hacin tulergi gurun ci tucike jaka be gajihabi, dele albabun belge jafara de acara jaka. emke oci huwejehen, orin duin giyalakū bi, yooni filingga moo de colime folofi arahabi. dulimbade udu gu wehe waka secibe, ten i sain šu wehe, wehe i ninggude alin bira, niyalma jaka, taktu karan, ilha orho be colime arahabi. emu gargan de susai ninju niyalma, gemu gurung ni dorgi sarganjui miyamin. gebube" han gurun i gurung niyengniyeri gereke" sembi. niyalmai faitan, yasa, angga. oforo jai tucibuhe gala, etukui šufan, gemu colihangge umesi getuken bime

---

馮子英道：「小侄與老伯久不見面，故此一來會會，二來因廣西地方的同知來引見，帶了四種洋貨，是可以進貢的物件。一件是圍屏，有二十四扇槅子，全是紫檀雕刻的。中間雖說不是玉石，卻是極好的硝子石，石上鏤出山水、人物、樓臺、花草等物。一扇上有五、六十人，都是宮妝的女子，名爲《漢宮春曉》。人的眉、目、口、鼻以及出手、衣褶，都刻的很清楚，

冯子英道：「小侄与老伯久不见面，故此一来会会，二来因广西地方的同知来引见，带了四种洋货，是可以进贡的对象。一件是围屏，有二十四扇槅子，全是紫檀雕刻的。中间虽说不是玉石，却是极好的硝子石，石上镂出山水、人物、楼台、花草等物。一扇上有五、六十人，都是宫妆的女子，名为《汉宫春晓》。人的眉、目、口、鼻以及出手、衣褶，都刻的很清楚，

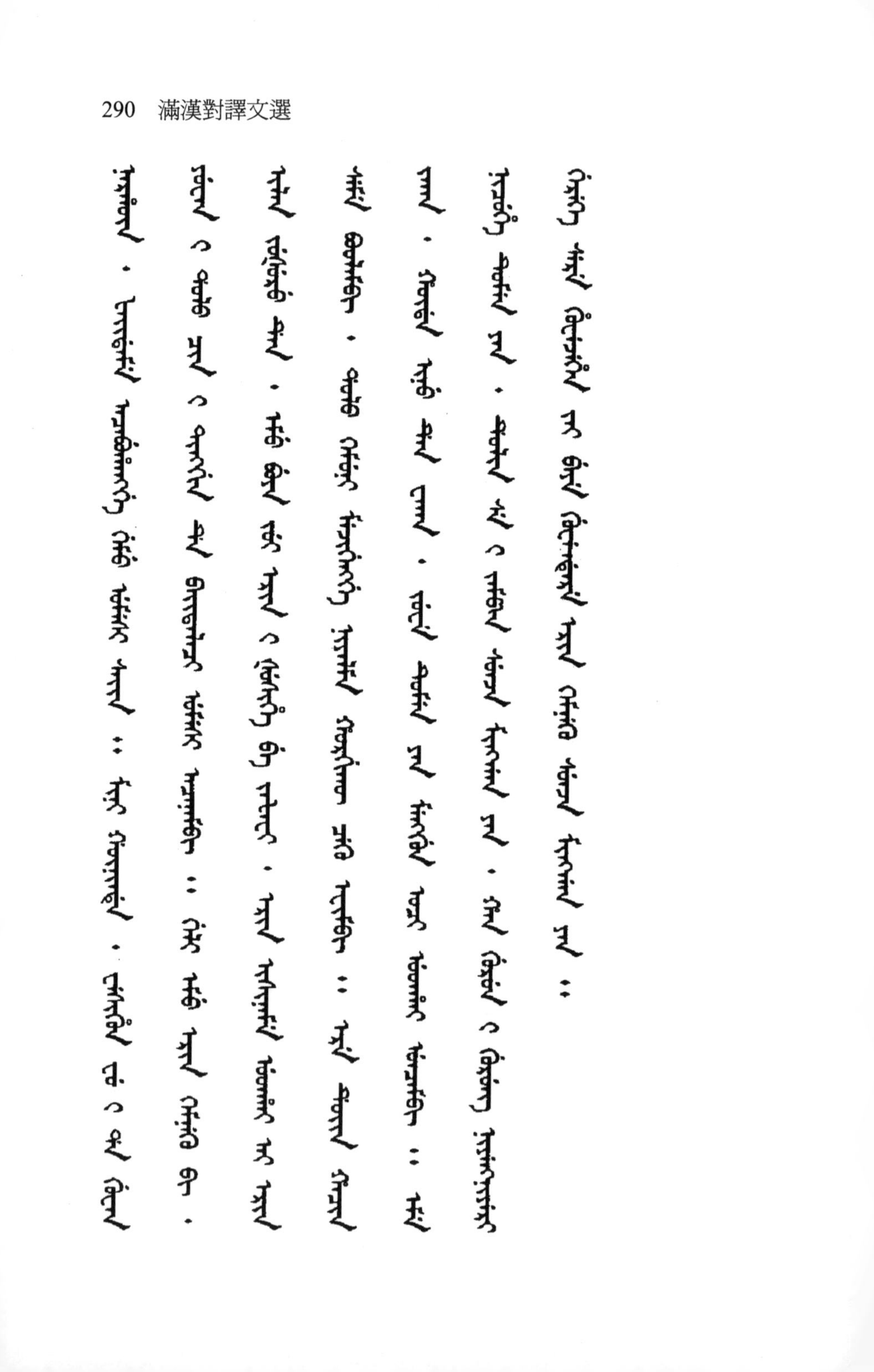

narhūn. faidame acabuhangge gemu umesi sain. mini gūninde, wesihun fu i da guwan yuwan i dolo cin i tinggin de baitalaci umesi acanambi. geli emu erin kemneku bi, ilan jušuru den, emu buya jui erin i šusihe be jafafi, erin isiname uthai ai erin seme boolambi, dolo kemuni mejigengge niyalma horgikū ceku efimbi. ere duin hacin jaka, hūda inu den waka, juwe tumen yan menggun oci uthai uncambi. eme nicuhe tumen yan, dulin se i jampan sunja minggan yan, han gurun i gurung niyengniyeri gereke sere huwejehen jai beye guwendere erin kemneku sunja minggan yan."

又細膩。點綴佈置，都是很好的。我想尊府大觀園中正廳上很是用得著。還有一個鐘表，有三尺高，有一個小童兒拿著時辰牌，到了什麼時候，就報什麼時辰。裡頭還有些人在打十番。這四件東西，價兒也不貴，兩萬銀就賣。母珠萬兩，鮫綃帳五千兩，《漢宮春曉》圍屏與自鳴鐘五千兩。」

又细腻。点缀布置，都是很好的。我想尊府大观园中正厅上很是用得着。还有一个钟表，有三尺高，有一个小童儿拿着时辰牌，到了什么时候，就报什么时辰。里头还有些人在打十番。这四件东西，价儿也不贵，两万银就卖。母珠万两，鲛绡帐五千两，《汉宫春晓》围屏与自鸣钟五千两。」

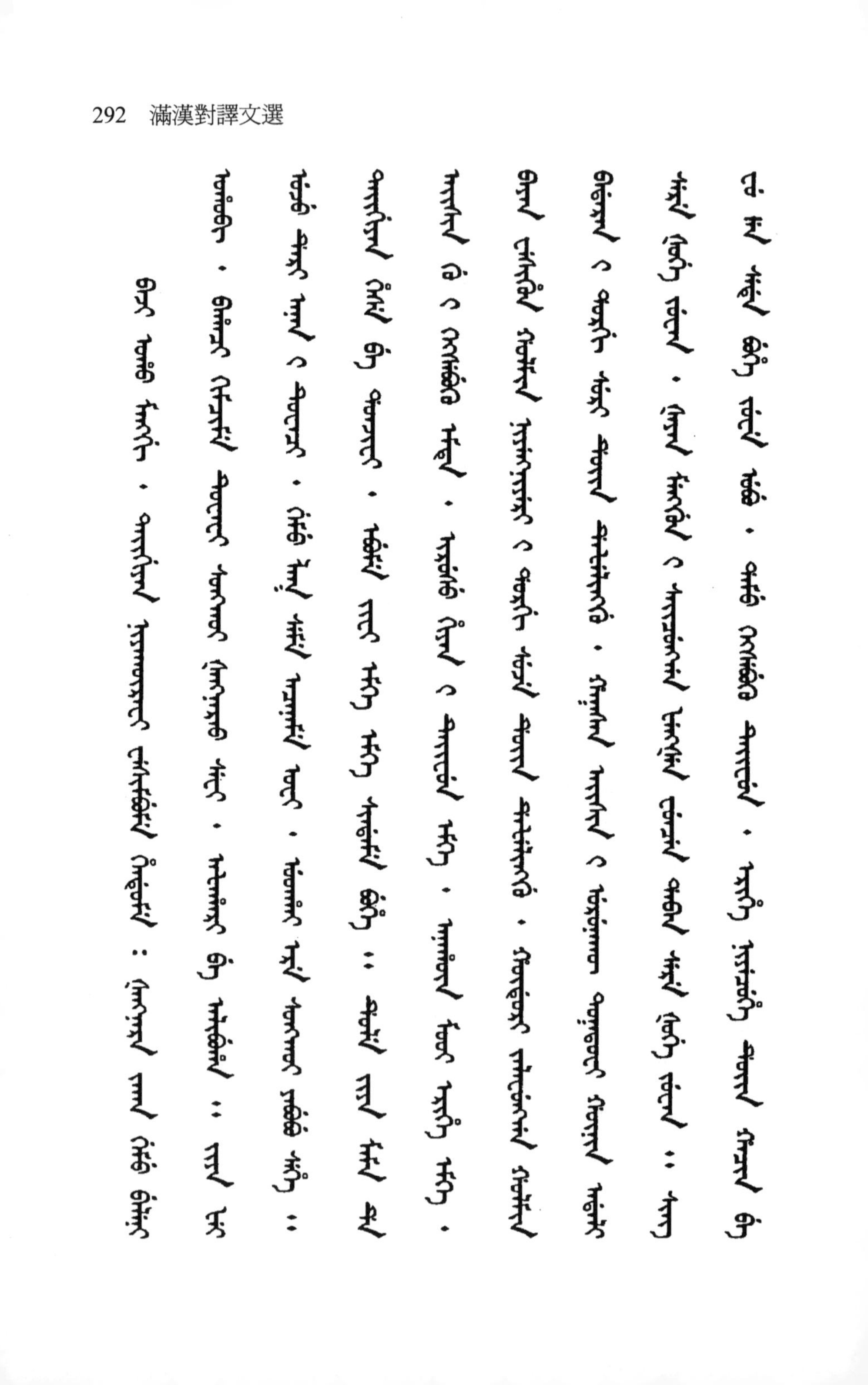

[illegible]

[illegible]

[illegible]

[illegible]

[illegible]

[illegible]

[illegible]

[illegible]

[illegible]

四十七、吉慶有餘

baji oho manggi, taigiyan niyakūrafi wesimbume hendume:" šangnara jaka gemu beleni ohobi, bahaci kimcime tuwafi songkoi šangnarao!" sefi afahari be alibuha. jiya fei uju deri anan i tuwaci, gemu lak seme acaname ofi, uthai ere songkoi yabubu sehe. taigiyan hese be donjifi, ebume jifi emke emke sindame buhe. dule jiya mama de aisin gu i keksebuku emte, irusu hiyan i teifun emke, anahūn mooi erihe emke," bayan wesihun golmin niyengniyeri " i dorgi suje duin defelinggu, "hūturi jalafungga golmin badaran" i dorgi suri duin defelinggu, haksan aisin i urunakū " toktofi gūnin adali " sere šoge juwan, šayan menggun i saicungga fengšen funcen daban " sere šoge juwan. sing fu žen sede buhe juwe ubu, damu keksebuku teifun, erihe nicuhe duin hacin be

---

少時，太監跪啓道：「賜物俱齊，請檢視照例賞賜！」乃呈上略節。賈妃從頭挨次看了，俱甚妥協，即命照此遵行。太監聽諭，下來一一發放。原來賈母的是金、玉如意各一柄，沉香拐拄一根，伽楠唸珠一串，「富貴長春」宮緞四疋，「福壽綿長」宮綢四疋，紫金「筆錠如意」錁十錠，「吉慶有魚」銀錁十錠，邢夫人等二分，只減了如意、拐拄、珍珠四樣。

少时，太监跪启道：「赐物俱齐，请检视照例赏赐！」乃呈上略节。贾妃从头挨次看了，俱甚妥协，即命照此遵行。太监听谕，下来一一发放。原来贾母的是金、玉如意各一柄，沉香拐拄一根，伽楠念珠一串，「富贵长春」宫缎四疋，「福寿绵长」宫绸四疋，紫金「笔锭如意」锞十锭，「吉庆有鱼」银锞十锭，邢夫人等二分，只减了如意、拐拄、珍珠四样。

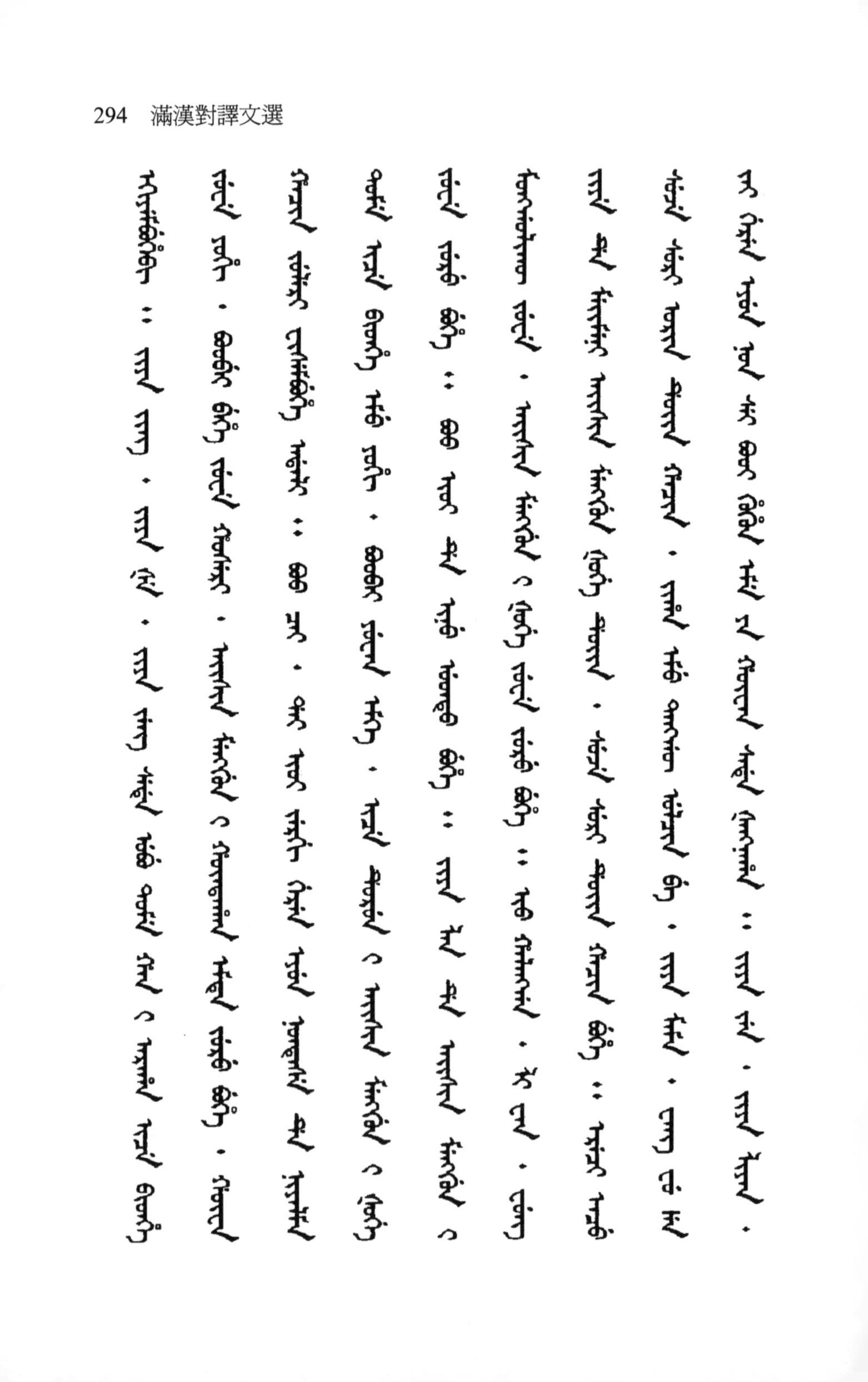

[illegible]

[illegible]

[illegible]

[illegible]

[illegible]

[illegible]

[illegible]

[illegible]

[illegible]

ekiyembuhebi. jiya jing, jiya še, jiya jeng sede ubu tome han i araha ice bithe juwe yohi, boobei behe juwe hoseri, aisin menggun i hūntahan emte juru buhe, gūwa hacin juleri fisembuhe adali. boo cai, dai ioi jergi geren eyun nontese de niyalma tome ice bithe emu yohi, boobai yuwan emke, ice durun i aisin menggun i šoge juwe juru buhe. boo ioi de inu uttu buhe. jiya lan de aisin menggun i monggolikū juwe, aisin menggun i šoge juwe juru buhe. io halangga, li wan, fung jiye de meimeni aisin menggun šoge duin, suje suri duin hacin buhe. ereci encu suje suri orin duin hacin, jiha emu tanggū ulcin be, jiya mama, wang fu žen jai geren eyun non sei booi huhun eme ya hūwan sade šangnaha. jiya jen, jiya liyan,

---

賈敬、賈赦、賈政等，每分御製新書二部，寶墨二盒，金、銀爵各一對，其餘表禮按前。寶釵、黛玉諸姊妹等，每人新書一部，寶硯一方，新樣格式金銀錁二對。寶玉亦同此給了。賈蘭則是金銀項圈二個，金銀錁二對。尤氏、李紈、鳳姐等，金銀錁各四錠，綢緞四端，另有綢緞二十四端，錢一百串，是賜給賈母、王夫人及諸姊妹房中奶娘丫鬟的。賈珍、賈璉、

贾敬、贾赦、贾政等，每分御制新书二部，宝墨二盒，金、银爵各一对，其余表礼按前。宝钗、黛玉诸姊妹等，每人新书一部，宝砚一方，新样格式金银锞二对。宝玉亦同此给了。贾兰则是金银项圈二个，金银锞二对。尤氏、李纨、凤姐等，金银锞各四锭，绸缎四端，另有绸缎二十四端，钱一百串，是赐给贾母、王夫人及诸姊妹房中奶娘丫鬟的。贾珍、贾琏、

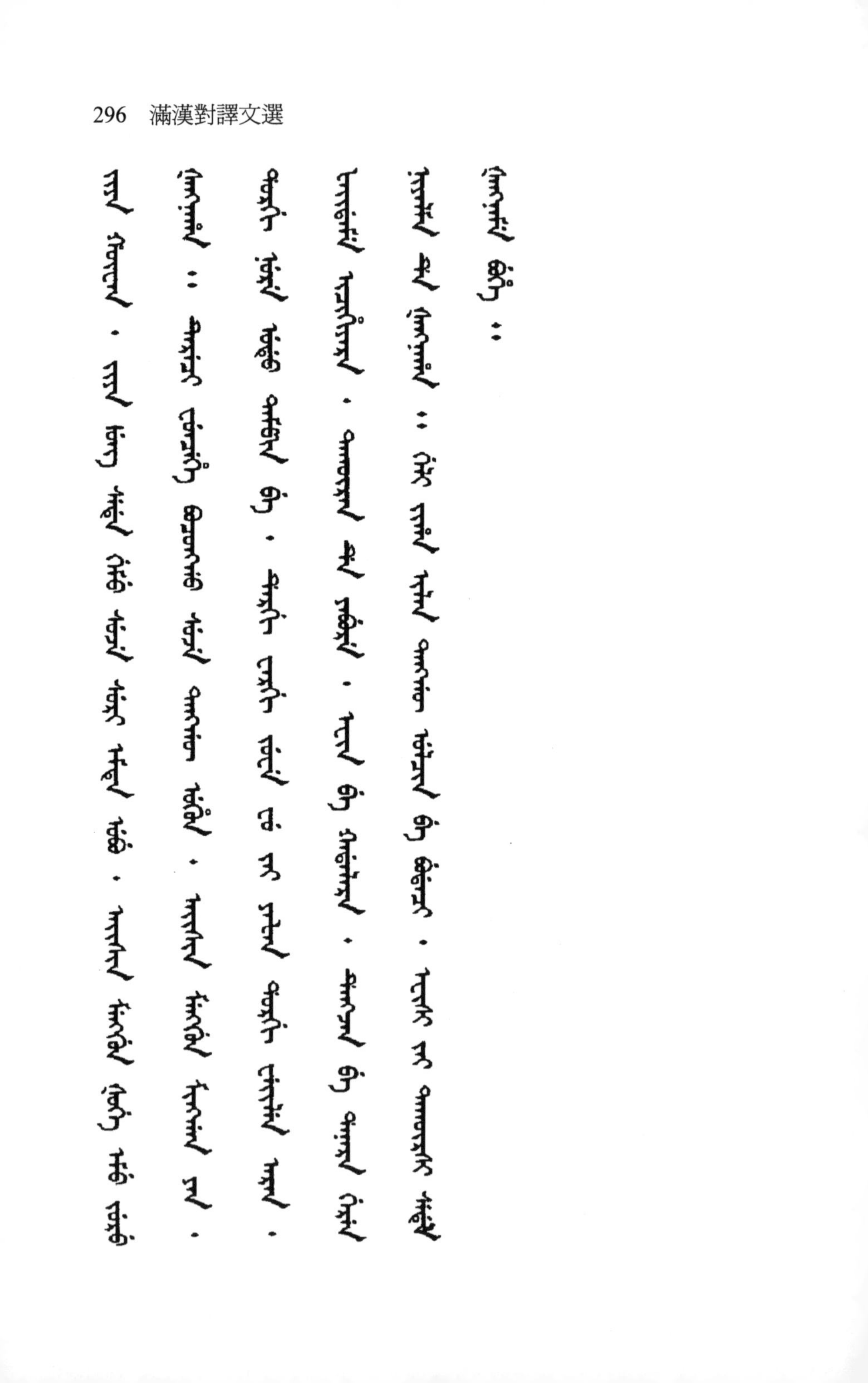

jiya hūwan, jiya žung sede gemu suje suri emte ubu, aisin menggun šoge emu juru šangnaha. tereci funcehe boconggo suje tanggū uhun, aisin menggun minggan yan, dorgi nure udu tampin be, dergi wargi juwe fu jai yafan dorgi weilen aran, faidame icihiyara, takūran de yabure, efin be kadalara, dengjan be danara geren niyalma de šangnaha. geli jiha ilan tanggū ulcin be budaci, efisi jai takūrsi sede šangname buhe.

賈環、賈蓉等，皆是綢緞各一分，金銀錁一雙。其餘彩緞百端，金銀千兩，御酒二壺，是賜給東西兩府及園中管理工程、陳設、答應、司戲、掌燈諸人的。又有錢三百串，是賜給廚役、優伶及雜行人丁的。

贾环、贾蓉等，皆是绸缎各一分，金银锞一双。其余彩缎百端，金银千两，御酒二壶，是赐给东西两府及园中管理工程、陈设、答应、司戏、掌灯诸人的。又有钱三百串，是赐给厨役、优伶及杂行人丁的。

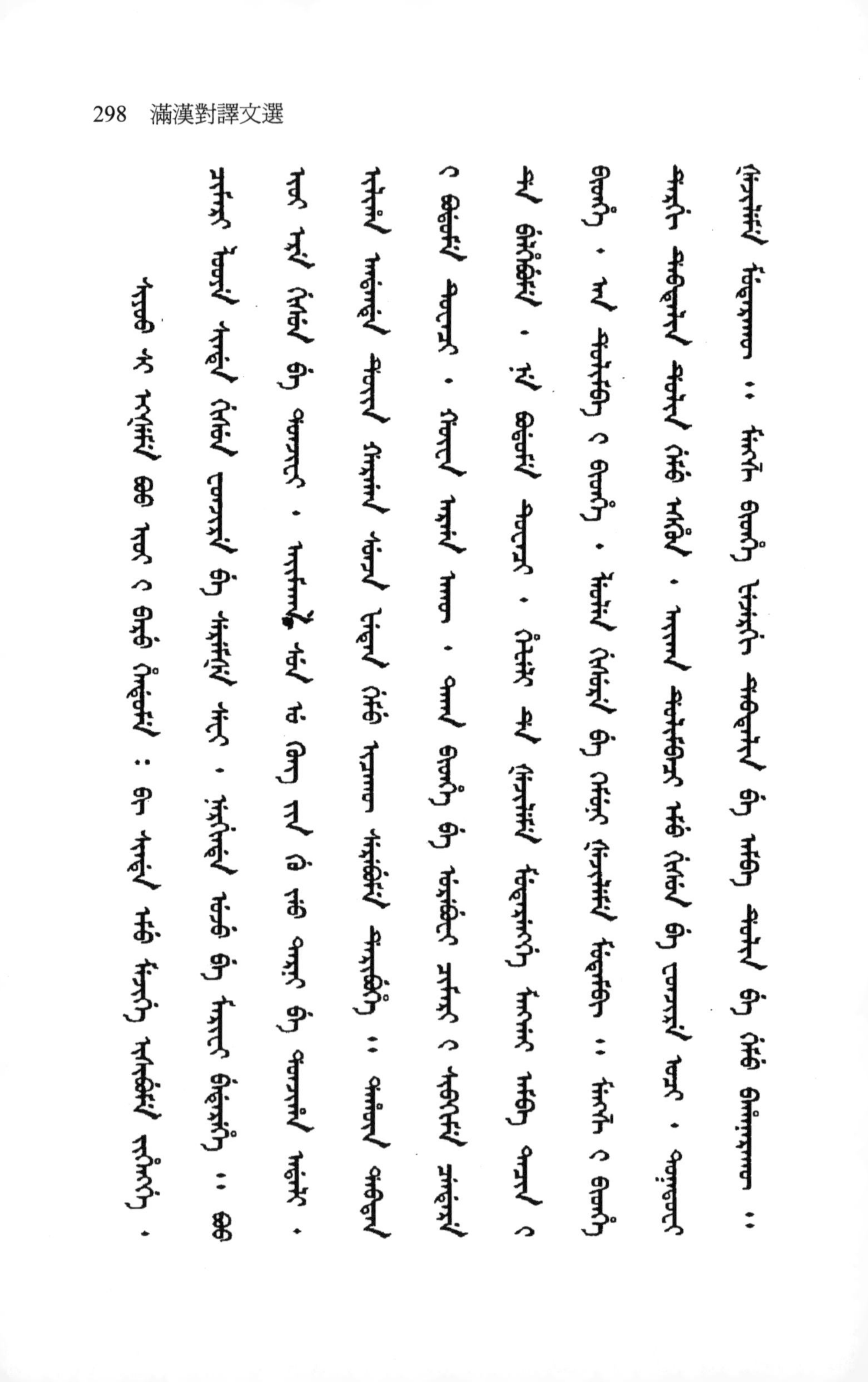

[illegible]

四十八、潛心玩索

siyoo si ekšeme boo ioi i baru hendume:" bi sinde emu mejige isibume jihengge, cimari looye sinde gisun fonjire be seremše" sefi, nerginde uju be marifi bederehe. boo ioi ere gisun be donjifi, aimaka sun u kung" jin gu jeo tarni " be donjiha adali, iliha andande duin gargan sunja feten gemu icakū serebume deribuhe. dahūn dabtan i bodome tuwaci, gūwa arga akū, taka bithe be urebufi cimari i sibkime cendere de belhebume, ne bodome tuwaci, hefeli de šejileme muterengge manggai《amba tacin》i bithe《an dulimba》i bithe, leolen gisure be kemuni šejileme mutembi.《mengdz i bithe》dergi debtelin dulin gemu eshun, aika dulimbaci emu gisun be fonjire oci, toktofi šejileme muterakū.《mengdz i bithe》fejergi debtelin be amba dulin be gemu bahanarakū.

小鵲急忙向寶玉道：「我來告訴你一個信兒。仔細明兒老爺問你話。」說著回頭就回去了。寶玉聽了這話，便如孫悟空聽見了『緊箍咒』一般，登時四肢五內都感覺不自在起來。想來想去，別無他法，暫且溫熟了書，預備明兒盤考。如今想想看，肚子內能背誦的，不過只有《大學》、《中庸》、《論語》。《孟子》上本有一半都是生的，若從中憑空問一句，一定不能背的。至《孟子》下本，就有一大半都不會。

小鹊急忙向宝玉道：「我来告诉你一个信儿。仔细明儿老爷问你话。」说着回头就回去了。宝玉听了这话，便如孙悟空听见了『紧箍咒』一般，登时四肢五内都感觉不自在起来。想来想去，别无他法，暂且温熟了书，预备明儿盘考。如今想想看，肚子内能背诵的，不过只有《大学》、《中庸》、《论语》。《孟子》上本有一半都是生的，若从中凭空问一句，一定不能背的。至《孟子》下本，就有一大半都不会。

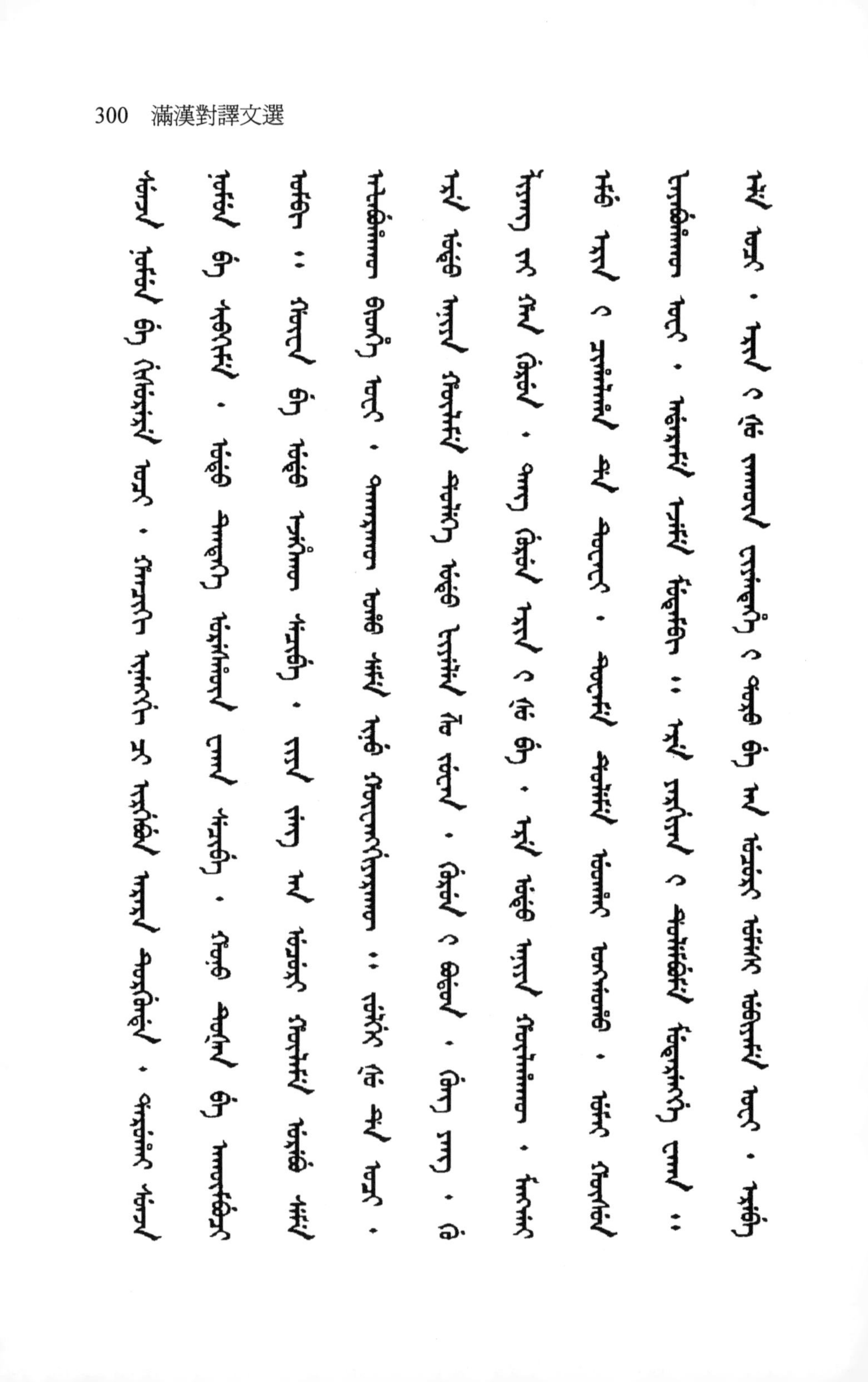

《sunja nomun》 be gisurere oci, hanciki inenggi ci irgebun arara turgunde, daruhai sunja nomun be sibkime, udu tenteke ureshūn waka secibe, hono tušan be akūmbuci ombi. gūwa be udu ejehekū secibe, jiya jeng an ucuri hūlame urebu seme afabuhakū bithe ofi, takarakū oho seme inu hūwanggiyarakū. julgei šu de oci, ere udu aniya hūlame duleke udu fiyelen 《dzo juwan》, 《gurun i bodon》,《gung yang》,《gu liyang》 jai han gurun, tang gurun erin i šu be, ere udu aniya hūlahakū, manggai emu erin i cihalaha de tuwafi, tuwame duleme uthai onggoho, umai hūsun fayabuhakū ofi, adarame ejeme mutembi? ere yargiyan i dulembume muterengge waka. ele oci, erin i šu jakūn fiyentehe i doro be an ucuri umesi ubiyame ofi, erebe

---

說起《五經》來，因近日作詩，常把《五經》研讀，雖不甚精熟，還可塞責。別的雖不記得，素日賈政也幸未吩咐熟讀的書，縱不知，也還不妨。至於古文，這是那幾年所讀過的幾篇，連《左傳》、《國策》、《公羊》、《穀梁》及漢、唐等文，這幾年竟未曾唸，不過一時之興，隨看隨忘，未下苦工夫，如何能記得？這是斷難塞責的。更有時文八股一道，因平素深惡此道，

说起《五经》来，因近日作诗，常把《五经》研读，虽不甚精熟，还可塞责。别的虽不记得，素日贾政也幸未吩咐熟读的书，纵不知，也还不妨。至于古文，这是那几年所读过的几篇，连《左传》、《国策》、《公羊》、《谷梁》及汉、唐等文，这几年竟未曾念，不过一时之兴，随看随忘，未下苦工夫，如何能记得？这是断难塞责的。更有时文八股一道，因平素深恶此道，

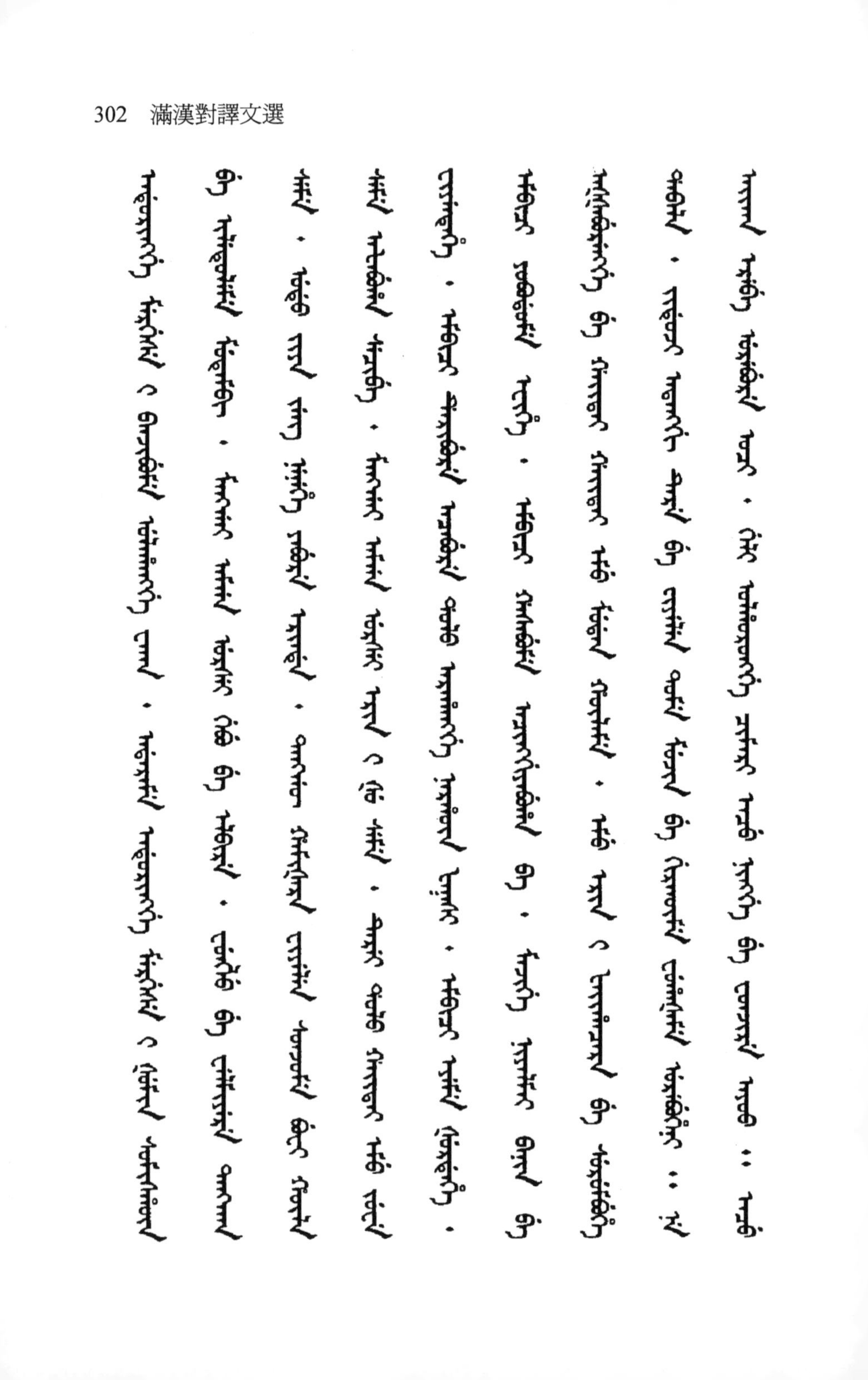

enduringge mergese i banjibume ulahangge waka, adarame enduringge mergese i šumin somishūn be iletuleme mutembi, manggai amga ursei gebu be elbire, funglu be welmiyere tangkan seme, udu jiya jeng nenehe yabure erinde, tanggū hamišara fiyelen sonjome bufi hūla seme afabuha secibe, manggai amga ursei erin i šu seme, terei dolo gaitai emu juwe fiyentehe, embici deribure acabure dolo arahangge narhūn faksi, embici eyeme šurdehe, embici yobodome efihe, embici gasabume acinggiyabuha ba, majige niyalmai banin be aššaburengge be gaitai gaitai emu mudan hūlame, emu erin i faihacara be surumbuhe dabala, jiduji atanggi tere be fiyelen tome mujin be girkūme fuhašame urebuheni? ne aika erebe urebure oci, geli olhorongge cimari encu ningge be fonjire ayoo. encu

---

原非聖賢之製撰，焉能闡發聖賢之微奧，不過作後人餌名釣祿之階。雖賈政當日起身時選了將近百篇命他讀的，不過是後人時文，偶見其中或一二股內，或承起之中，有作的或精緻，或流蕩、或遊戲、或悲感，稍能動人性者，偶一讀之，不過供一時之興趣罷了，究竟何曾成篇潛心玩索。如今若溫習這個，又恐明日盤詰那個；

原非圣贤之制撰，焉能阐发圣贤之微奥，不过作后人饵名钓禄之阶。虽贾政当日起身时选了将近百篇命他读的，不过是后人时文，偶见其中或一二股内，或承起之中，有作的或精致，或流荡、或游戏、或悲感，稍能动人性者，偶一读之，不过供一时之兴趣罢了，究竟何曾成篇潜心玩索。如今若温习这个，又恐明日盘诘那个；

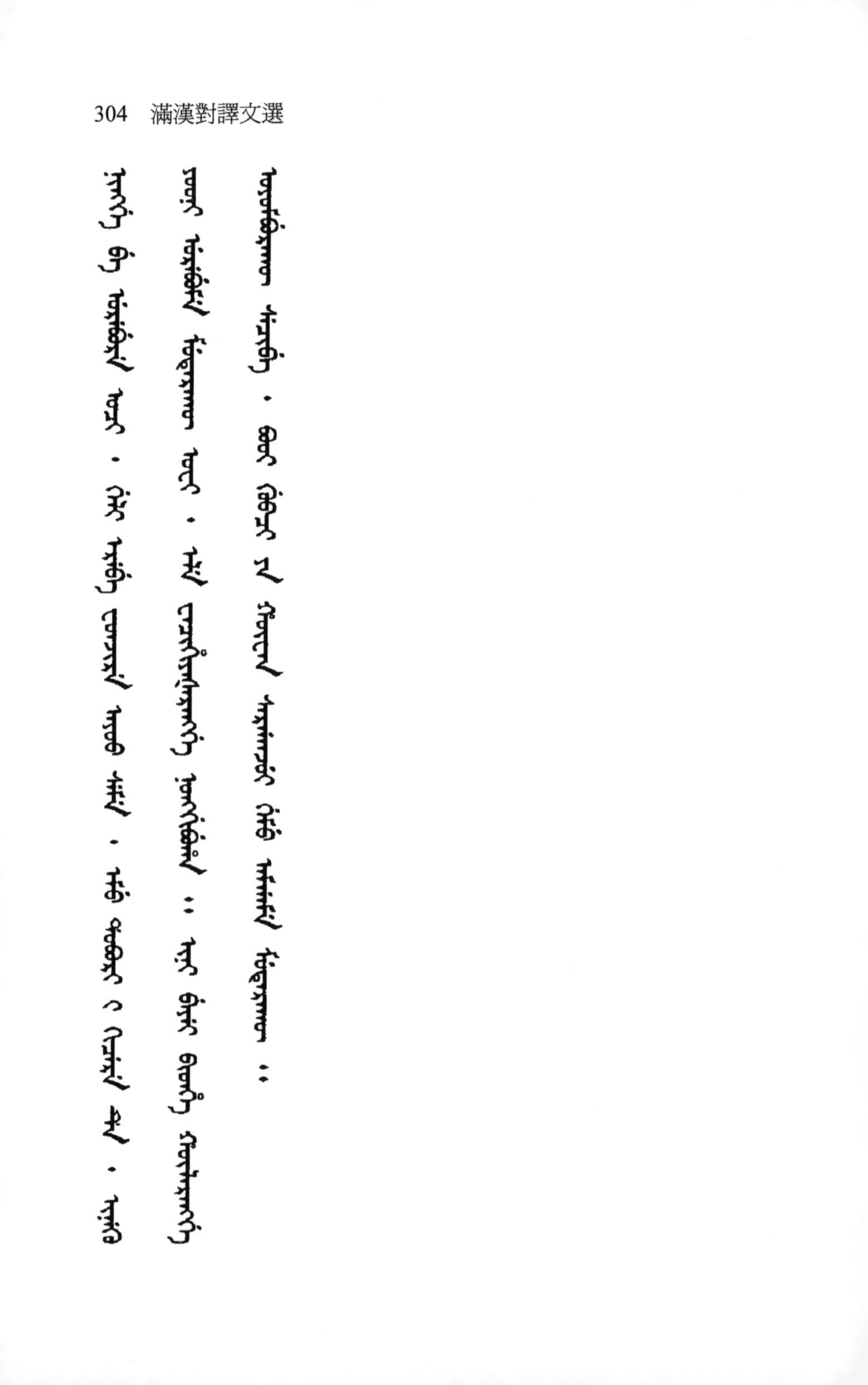

ningge be urebure oci, geli erebe fonjire ayoo seme, emu dobori i kicere de, ineku yooni urebume muterakū ofi, ele facihiyašarangge nonggibuha. ini beyei bithe hūlarangge oyomburakū secibe, booi gubci ya hūwan sarganjui gemu amgame muterakū.

若溫習那個，又恐盤駁這個。況一夜之功，同樣不能全然溫習，因此，越添加焦燥。他自己讀書雖不緊要，卻帶累著全家丫鬟們都不能睡。

若温习那个，又恐盘驳这个。况一夜之功，同样不能全然温习，因此，越添加焦燥。他自己读书虽不紧要，却带累着全家丫鬟们都不能睡。

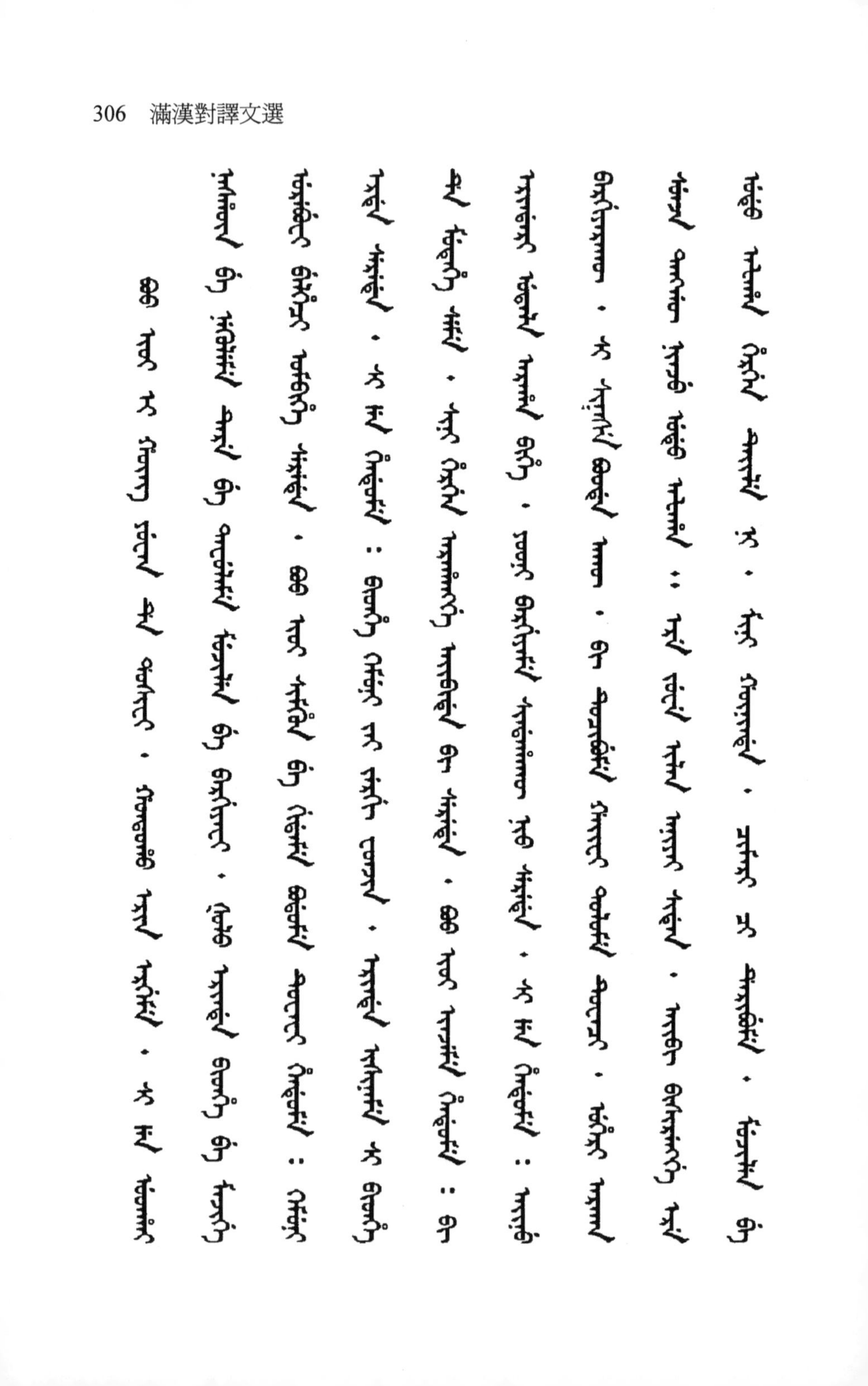

[illegible]

四十九、恭楷臨帖

boo ioi i hūng yuwan de dosifi, hontoho erin ergeme, si žen uthai nashūn be nekuleme tere be tafulame mujilen be bargiyafi, šolo erinde bithe be majige urebufi belheci ombihe serede, boo ioi simhun be gidame bodome tuwafi hendume:" kemuni erde " serede, si žen hendume:" bithe kemuni jai jergi fonjin, erinde isiname si bithe de mutehe seme, sini hergen arahangge aibide bi?" serede, boo ioi injeme hendume:"bi erindari utala araha bihe, yooni bargiyame sindahakū nio?" serede, si žen hendume: "ainu bargiyarakū? si sikse boode akū. bi tucibume gaifi tolome tuwaci, uheri araka sunja tanggū ninju udu afaha. ere juwe ilan aniyai siden, aibi bisirengge ere udu afaha hergen teile ni? mini gūninde, cimari ci deribume, mujilen be

---

寶玉進入怡紅院，歇了半刻，襲人便乘機勸他收一收心，閑時把書稍加溫習預備著。寶玉屈指算一算說：「還早呢！」襲人道：「書還是第二個問題，到那時你縱然有了書，但是你的字寫在哪裡呢？」寶玉笑道：「我時常也有寫的好些，難道都沒有收著嗎？」襲人道：「何曾沒收著？你昨兒不在家，我就拿出來數數看，共寫了五百六十幾篇。這二、三年的工夫，難道只有這幾張字不成。我想，從明日起，

宝玉进入怡红院，歇了半刻，袭人便乘机劝他收一收心，闲时把书稍加温习预备着。宝玉屈指算一算说：「还早呢！」袭人道：「书还是第二个问题，到那时你纵然有了书，但是你的字写在哪里呢？」宝玉笑道：「我时常也有写的好些，难道都没有收着吗？」袭人道：「何曾没收着？你昨儿不在家，我就拿出来数数看，共写了五百六十几篇。这二、三年的工夫，难道只有这几张字不成。我想，从明日起，

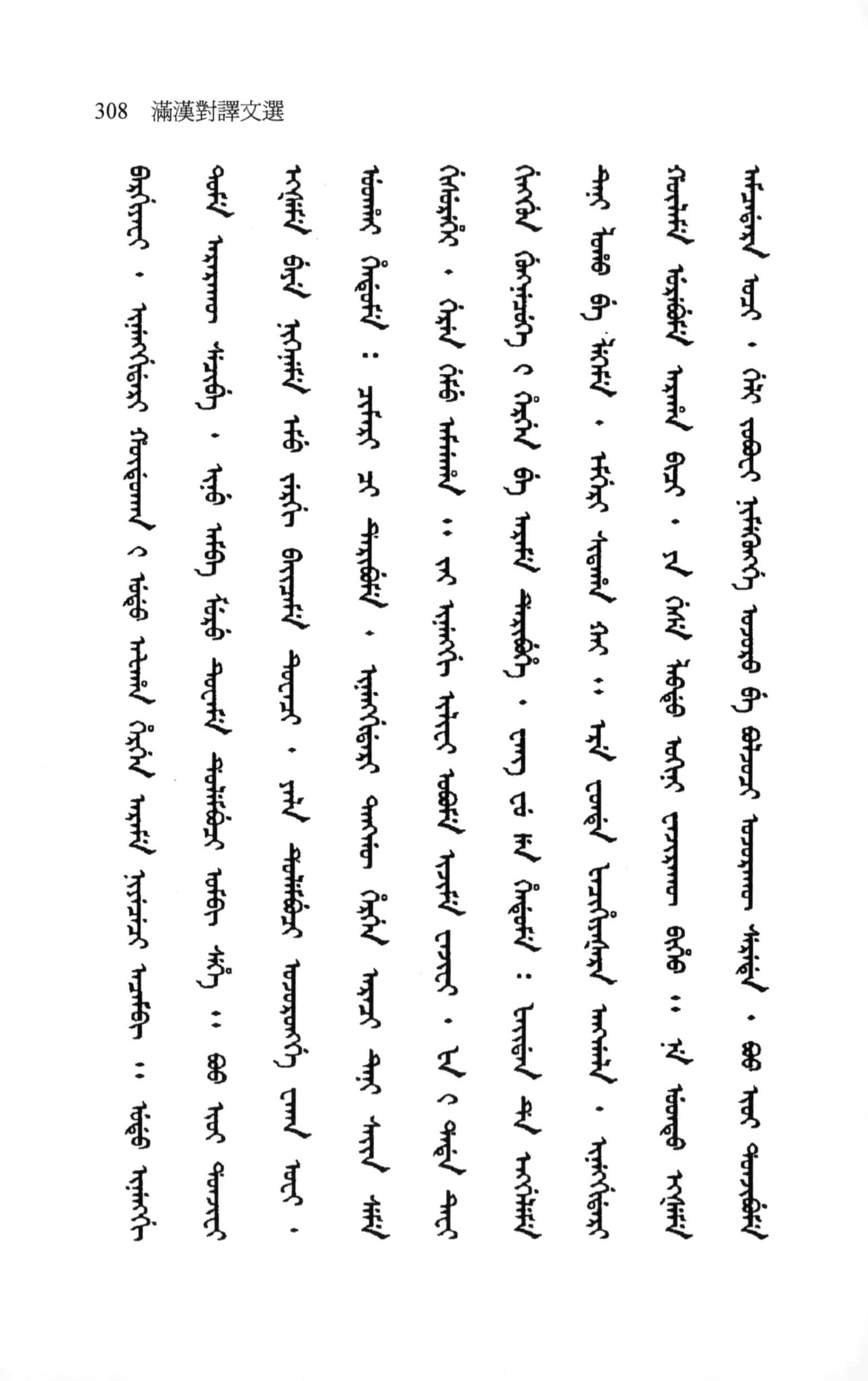

[illegible]

[illegible]

[illegible]

[illegible]

[illegible]

[illegible]

[illegible]

[illegible]

[illegible]

bargiyafi, inenggidari hūdukan i udu afaha hergen arame niyececi acambi. udu inenggi tome ararakū secibe, inu amba muru tuwame dulembuci ombi." sehe. boo ioi donjifi ekšeme beye nikeneme emu jergi baicame tuwaci, yala dulembuci ojorongge waka ofi, uthai hendume:"cimari ci deribume, inenggidari tanggū hergen araci teni sain" seme gisurehei, geren gemu amgaha. jai inenggi ilifi obome ijime wajifi, fa i dade tefi ginggun gungnecuke i hergen be arame deribuhe, wang fu žen hendume:"faidan de enggeleme teni loho be lekeme, emgeri sitaha kai! ere fonde facihiyašara anggala, inenggidari hūlame urebume araha bici, ya gese labdu okini wajirakū biheo? ne uttu ekšeme amcadara oci, geli jobofi nimekungge ojoro be boljoci ojorakū serede, boo ioi donjibume

---

把心收起來，天天快臨幾張字補上。雖然不能每日寫，也要大概看得過去。」寶玉聽了，忙著自己又親檢了一遍，實在過不去，便說：「明日爲始，一天寫一百字才好。」說話時，大家都睡了。次日起來梳洗完了，便坐在窗下開始恭楷臨帖。王夫人道：「臨陣磨槍，已經遲了啊！這會子著急，天天寫寫唸唸，有多少完不了的？如今這樣急著趕，又憂心趕出病來也料不定。」寶玉聽了

把心收起来，天天快临几张字补上。虽然不能每日写，也要大概看得过去。」宝玉听了，忙着自己又亲检了一遍，实在过不去，便说：「明日为始，一天写一百字才好。」说话时，大家都睡了。次日起来梳洗完了，便坐在窗下开始恭楷临帖。王夫人道：「临阵磨枪，已经迟了啊！这会子着急，天天写写念念，有多少完不了的？如今这样急着赶，又忧心赶出病来也料不定。」宝玉听了

ᠣᡵᡳᠨ ᠨᡳᠮᡝᡴᡠ ᡤᡳᠶᠠᠨᠠᡴᡡ ᠠᠮᡠᡨᡠᠨ ᡨᡠᠸᠠᠮᠪᡳ ::

ᡳᠨᡝᠩᡤᡳᡩᠠᡵᡳ ᠮᡠᠰᡝ ᠠᠮᠠᠯ ᠠᠮᠠᡵᡳ ᠪᡝᡵᡝ · ᡨᡠᠸᠠᠮᡝ ᡨᡝ ᠨᡳ ᡤᡳᠰᡠᡵᡝᠨ ᠰᡝᠮᡝ ᠰᡝᡵᡝ ᠠᡴᡡᠮᠪᡳ · ᠠᠮᠠᡵᡳ

ᠠᠮᠠᠯ · ᠪᡝᠶᡝ ᠪᡝ ᡨᠣᠪ ᡨᡝᡵᡝ ᠪᠣᠯᡤᠣᠮᡝ ᡨᡠᠸᠠᠮᠪᡳ ᠰᡝᡵᡝ · ᡤᡡᠨᡳᠨ ᠪᡝ ᠪᠣᠯᠣᡴᠣᠨ ᠪᠣᠯᡤᠣ :: ᠪᡝ

ᡤᡡᠨᡳᠮᡝ :: ᡤᡡᠨᡳᠨ ᠪᡝ ᠠᠯᡳᠷᠠᡴᡡ :: ᠪᠣᠪᠣ ᠰᡝᡵᡝ · ᠣᡵᠣ ᠮᡠᠰᡝ ᡨᡝ ᡤᡝᡵᡝ ᠠᠮᠠᡵᡳ ᡤᡡᠨᡳᠮᡝ :: ᠣᡳ ᠣᡳ ᠰᡝᠮᡝ

hendume:"hūwanggiyarakū". boo cai、 tan cun se gemu injeme hendume:"tai tai ume akara, bithe be udu funde orolome muterakū secibe, hergen be oroloci ombi, be inenggidari emu afaha arame bufi, ujude loo ye jilidara ten de isinarakū, jaide tere inu hafirabume nimekungge ojorakū."

道：「不妨」。寶釵、探春等都笑道：「太太不用急，書雖替他不得，但字卻替得的。我們每日臨一篇給他，一則老爺不至於生氣；二則他也急不出病來。」

道：「不妨」。宝钗、探春等都笑道：「太太不用急，书虽替他不得，但字却替得的。我们每日临一篇给他，一则老爷不至于生气；二则他也急不出病来。」

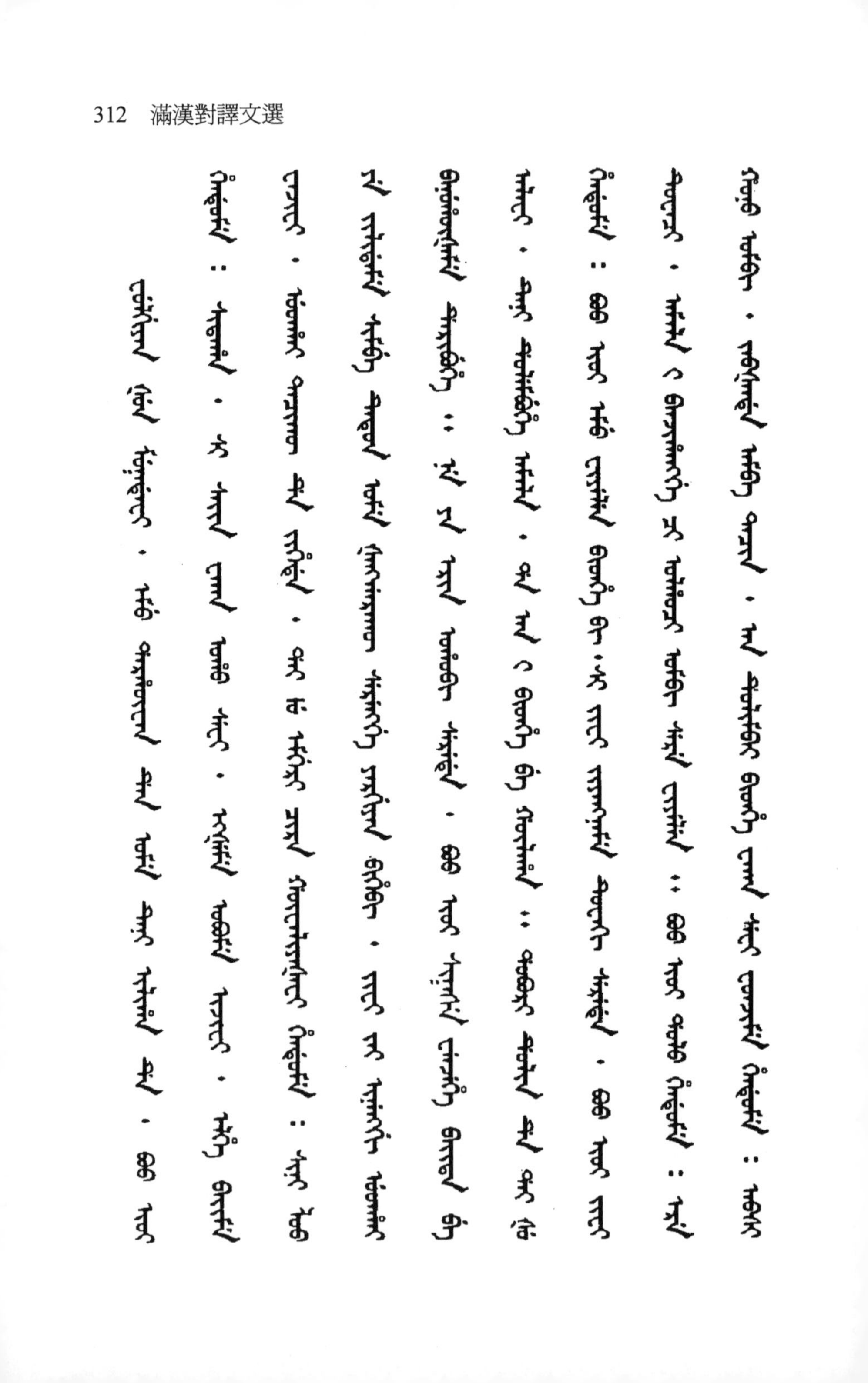

[illegible]

[illegible]

[illegible]

[illegible]

[illegible]

[illegible]

[illegible]

[illegible]

[illegible]

五十、後生可畏

fulgiyan šun mukdefi, emu darhūwan den ome teni iliha de, boo ioi hendume : " sitaha, si sain waka oho " sefi, ekšeme obome ijifi, elhe baime wajifi, uthai tacikū de jihede, dai žu emgeri cira gūwaliyašafi hendume:" sini loo ye jilidame, simbe tetun ome šanggarakū serengge yargiyan bihebi. jifi jai inenggi uthai banuhūšame deribuhe. ne ya erin ohobi?"serede, boo ioi sikse wenjehe baita be alafi, teni dulembuhe amala, da an i bithe be hūlaha. dobori dulin de dai žu hendume:"boo ioi emu fiyelen bithe bi, si jifi jiyangname tuwaki." serede, boo ioi jifi tuwaci, amala i banjihangge ci olhoci ombi." sere fiyelen. boo ioi dolo hendume:"ere hono ombi! jabšande《amba tacin》、《an dulimbai》bithe waka." sefi fonjime hendume:"absi

---

紅日高升一桿方才起來，寶玉道：「晚了，不好了！」急忙梳洗，問了安，就往學堂來了。代儒變臉道：「你老爺生氣，說你不成器，是真的。來了第二天就懶惰起來了，現在已經是什麼時候了？」寶玉把昨天發燒的事說了，方過去了，照舊唸書。到了半夜，代儒道：「寶玉，有一書，你來講講看。」寶玉過來一看，是「後生可畏」章。寶玉心上說：「這還好！幸虧不是《大學》、《中庸》。」問道：「怎麼

红日高升一杆方才起来，宝玉道：「晚了，不好了！」急忙梳洗，问了安，就往学堂来了。代儒变脸道：「你老爷生气，说你不成器，是真的。来了第二天就懒惰起来了，现在已经是什么时候了？」宝玉把昨天发烧的事说了，方过去了，照旧念书。到了半夜，代儒道：「宝玉，有一书，你来讲讲看。」宝玉过来一看，是「后生可畏」章。宝玉心上说：「这还好！幸亏不是《大学》、《中庸》。」问道：「怎么

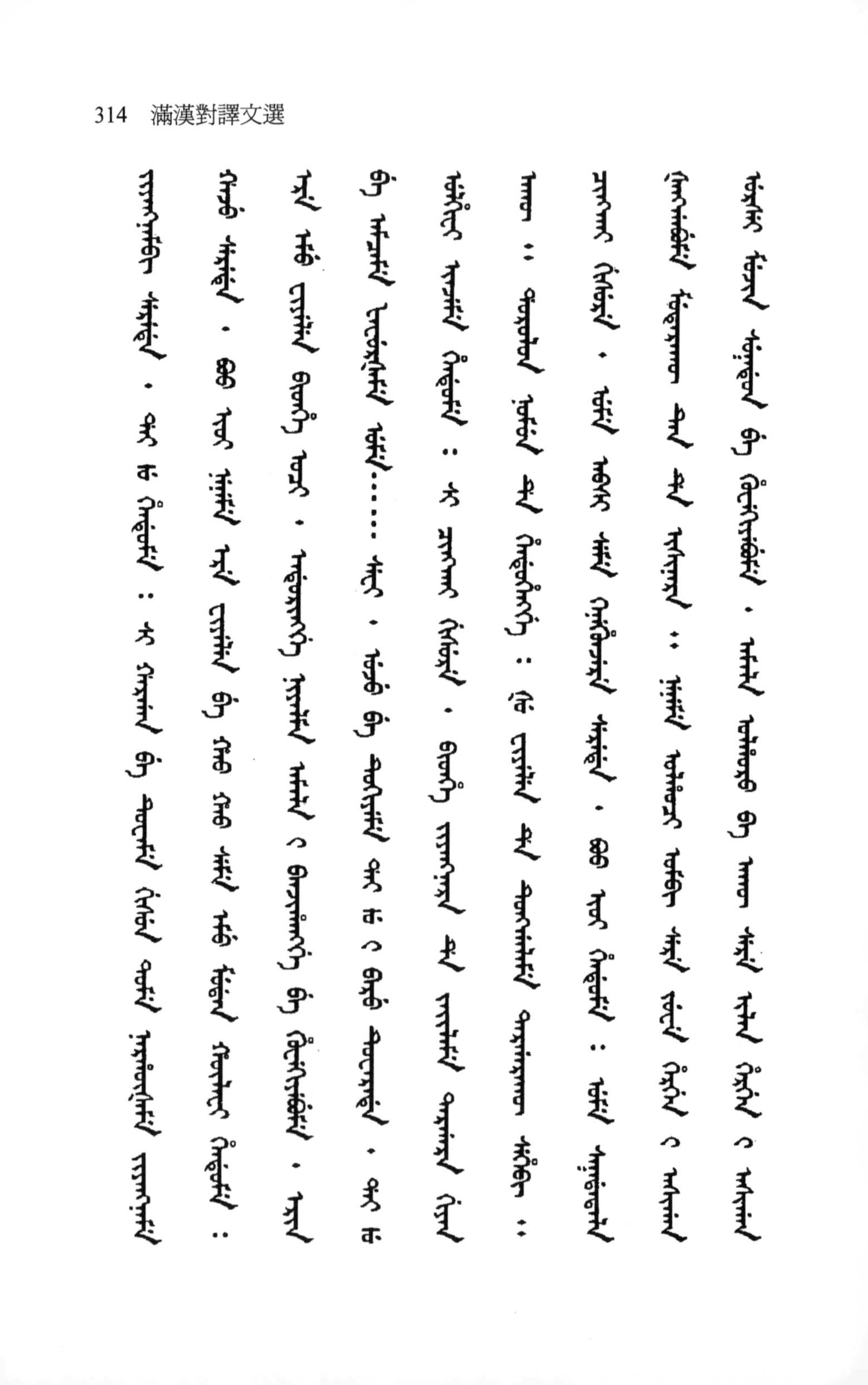

[illegible]

[illegible]

[illegible]

[illegible]

[illegible]

[illegible]

[illegible]

[illegible]

[illegible]

[illegible]

jiyangnambi?" serede, dai žu hendume:"si gargan be tuwame gisun tome narhūšame jiyangname gaju." serede, boo ioi neneme ere fiyelen be hao hao seme emu mudan hūlafi hendume:"ere emu fiyelen bithe oci, enduringge niyalma amala i banjihangge be huwekiyebume, erin be amcame fafuršame ume ...... " sefi, uju be tukiyeme dai žu i baru tuwarade, dai žu ulhifi injeme hendume:"si cingkai gisure, bithe jiyangnara de jailame targara giyan akū.《dorolon nomun》 de henduhengge: šu fiyelen de tunggalame targarakū sehebi. cingkai gisure, ume absi seme kenehunjere" serede, boo ioi hendume:"ume sakdatala šanggabume muterakū ten de isinara. neneme olhoci ombi sere juwe hergen i asigan ursei mujin sukdun be huwekiyebume, amala olhoro ba akū sere ilan hergen i asigan

---

講呢？」代儒道：「你把節旨看著每句細細兒講來。」寶玉把這章先朗朗的念了一遍道：「這一章書是聖人勉勵後生，教他及時努力，不要⋯⋯」說到這裡，擡頭向代儒一瞧。代儒懂得了，笑一笑道：「你只管說，講書是沒有避忌的道理。《禮記》上說：『臨文不諱』，只管說，『不要』怎樣？」寶玉道：「不要弄到老大無成。先將『可畏』二字激發後生的志氣，後把『不足畏』三字

讲呢？」代儒道：「你把节旨看着每句细细儿讲来。」宝玉把这章先朗朗的念了一遍道：「这一章书是圣人勉励后生，教他及时努力，不要⋯⋯」说到这里，抬头向代儒一瞧。代儒懂得了，笑一笑道：「你只管说，讲书是没有避忌的道理。《礼记》上说：『临文不讳』，只管说，『不要』怎样？」宝玉道：「不要弄到老大无成。先将『可畏』二字激发后生的志气，后把『不足畏』三字

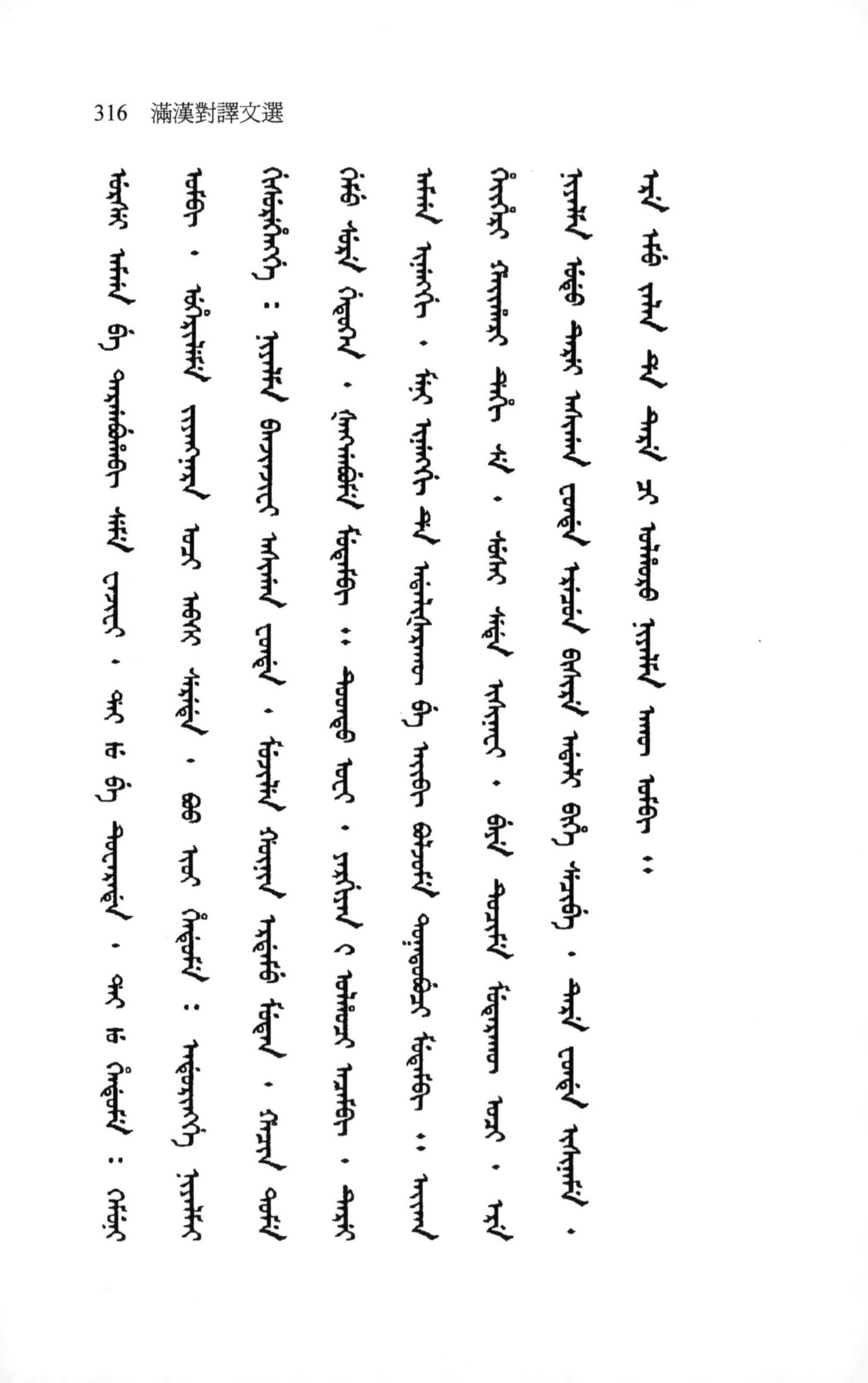

ursei amga be targabuhabi." seme wajifi, dai žu be tuwarade, dai žu hendume:" kemuni ombi, uherileme jiyangnara oci absi?" serede, boo ioi hendume:"enduringge niyalmai gisurehengge: niyalma banjinjifi asigan fonde, mujilen gūnin erdemu muten, hacin tome gemu sure getuken, šanggabume mutembi. tuttu ofi, yargiyan i olhoci acambi, terei amga inenggi, meni inenggi de adališarakū be aibi boljome toktobuci mutembi? aika heiheri haihari dehi se, susai sede isinafi, beye tucime muterakū oci, ere niyalma udu terei asigan fonde erecun bisire adali bihe secibe, ere fonde isiname, ere emu jalan de tere ci olhoro niyalma akū ombi."

警惕後生的將來。」說罷，看著代儒。代儒道：「也還罷了，串講怎樣？」寶玉道：「聖人說：人生少時，心思才力，這樣聰明能幹，因此，實在是可怕的。哪裡能料得定他後來的日子不像我們的日子？若是悠悠忽忽到了四十歲、五十歲，自己若不能夠發達，這種人雖然是他年輕時像個有指望的，到了那個時候，這一輩子就沒有人怕他了。」

警惕后生的将来。」说罢，看着代儒。代儒道：「也还罢了，串讲怎样？」宝玉道：「圣人说：人生少时，心思才力，这样聪明能干，因此，实在是可怕的。哪里能料得定他后来的日子不像我们的日子？若是悠悠忽忽到了四十岁、五十岁，自己若不能够发达，这种人虽然是他年轻时像个有指望的，到了那个时候，这一辈子就没有人怕他了。」

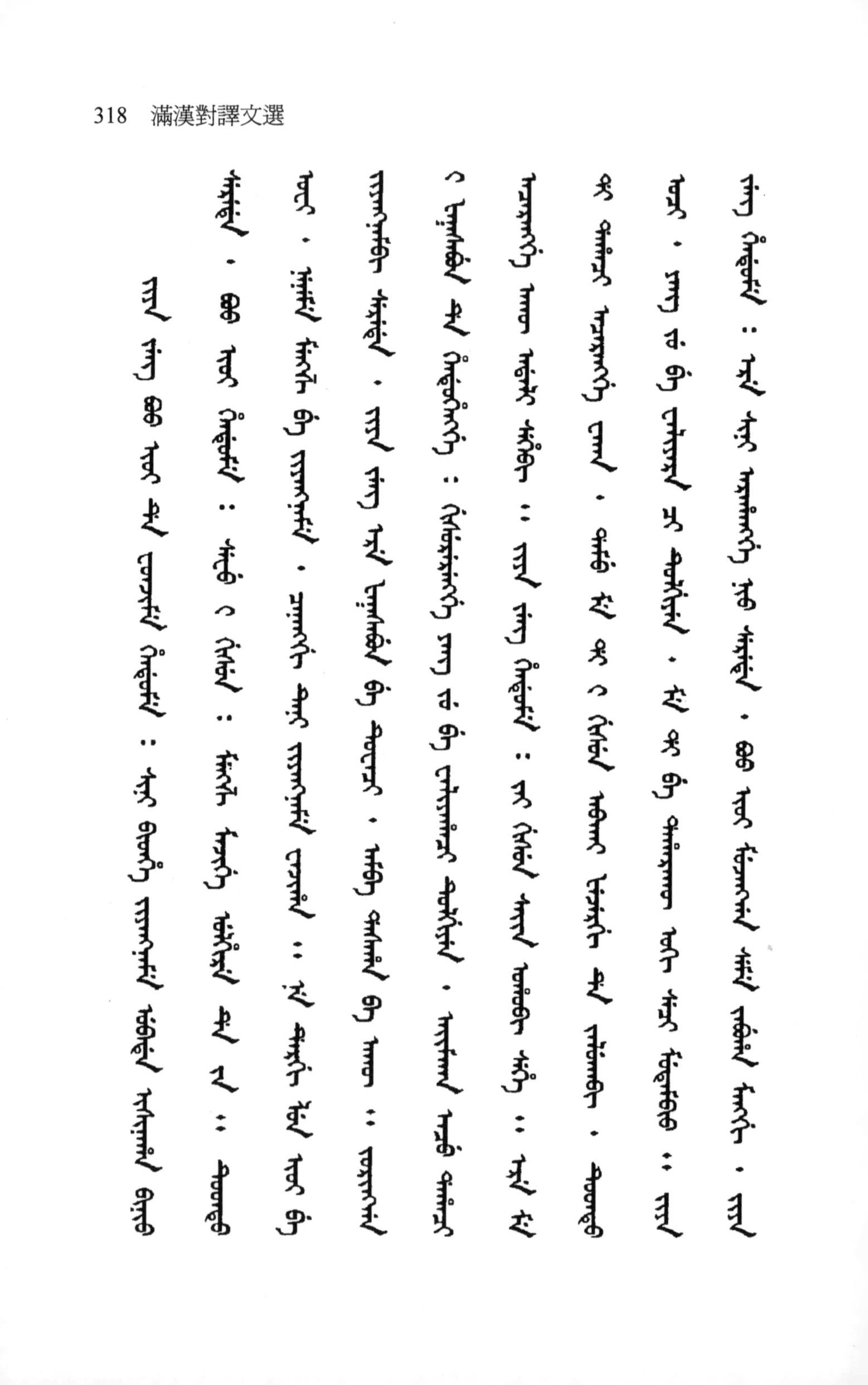

五十一、搜索枯腸

jiya jeng boo ioi de fonjime hendume : " sini bithe jiyangname ubade isinaha binio ? " serede, boo ioi hendume : " sefu i gisun : 《mengdz》majige ulhire de ja. tuttu ofi, neneme《mengdz》be jiyangname, cananggi teni jiyangname wajiha. ne dergi 《lun ioi》 be jiyangnambi serede, jiya jeng ere faksabun be tuwaci, amba dasaha ba akū. joringga i faksabun de henduhengge:" gisurerengge yang ju be waliyahaci tulgiyen, aimaka encu dahaci acarangge akū adali " sehebi. jiya jeng hendume:"jai gisun sain ohobi sehe." "ere me di dahaci acarangge waka, damu me di i gisun abkai fejergi de jalukabi, tuttu oci, yang ju be waliyara ci tulgiyen, me di be daharakū oki seci mutembio?" jiya jeng hendume:"ere sini arahangge nio?" serede, boo ioi mujangga seme jabuha manggi, jiya

---

賈政問寶玉道：「你的書講到這裡了嗎？」寶玉道：「師父說，《孟子》好懂些，所以先講《孟子》，前天才講完了。如今講上《論語》呢。」賈政看了這個破承，倒沒大改。破題云：「言於捨楊朱之外，若別無所歸者焉。」賈政道：「第二句倒還好。」「夫墨翟，非欲歸者也；而墨翟之言已滿天下矣，則捨楊朱之外，欲不歸於墨翟可乎？」賈政道：「這是你做的嗎？」寶玉答應道：「是」。

贾政问宝玉道：「你的书讲到这里了吗？」宝玉道：「师父说，《孟子》好懂些，所以先讲《孟子》，前天才讲完了。如今讲上《论语》呢。」贾政看了这个破承，倒没大改。破题云：「言于舍杨朱之外，若别无所归者焉。」贾政道：「第二句倒还好。」「夫墨翟，非欲归者也；而墨翟之言已满天下矣，则舍杨朱之外，欲不归于墨翟可乎？」贾政道：「这是你做的吗？」宝玉答应道：「是」。

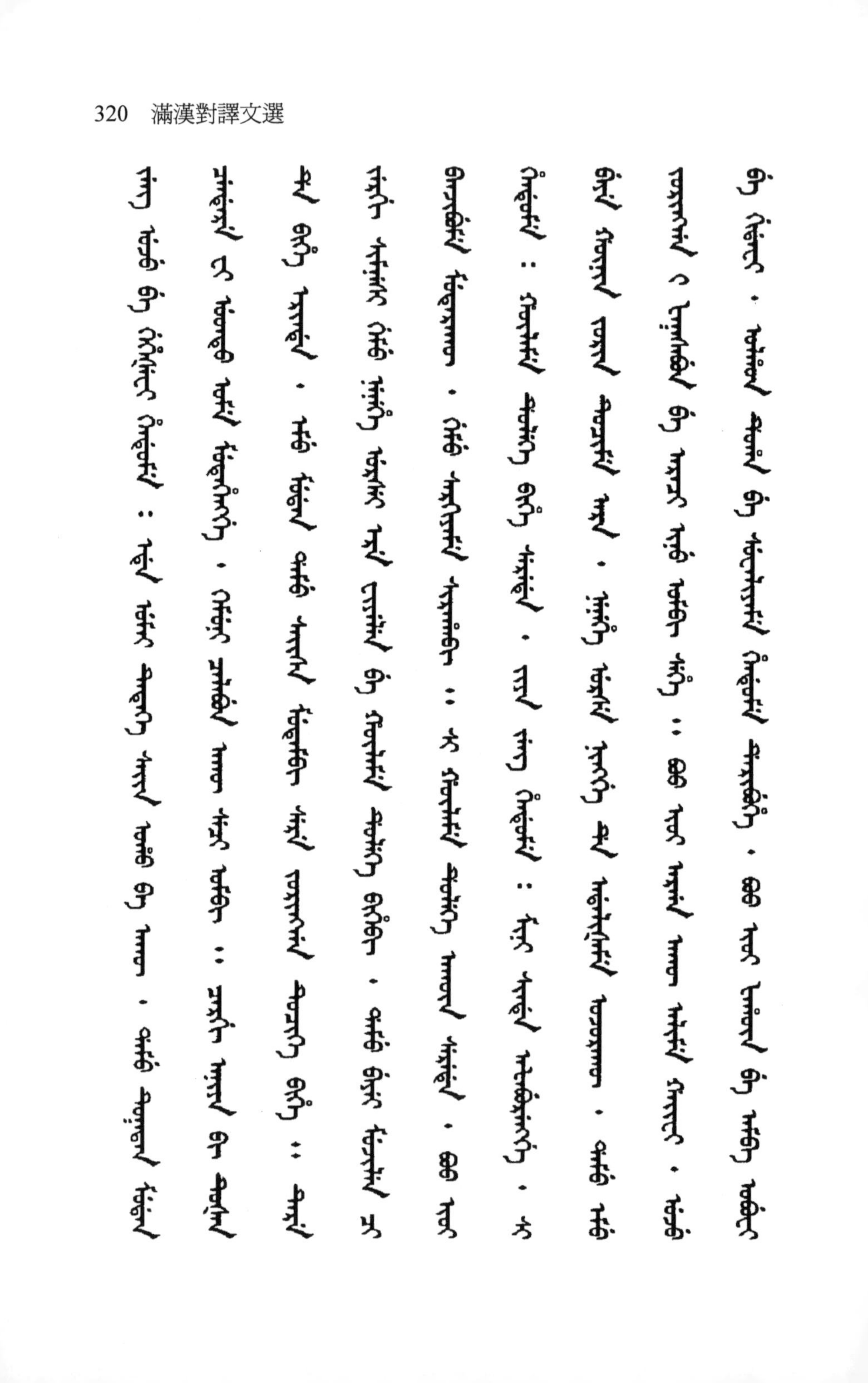

jeng uju be gehešefi hendume:"ede umai tenteke sain oho ba akū. damu tuktan mudan cendere fi uttu ome mutehengge, kemuni calabun akū seci ombi. cargi aniya bi tušan de bihe erinde, emu mudan ' damu saisa mutembi ' sere joringga tucike bihe. tere jergi simnesi gemu nenehe ursei ere fiyelen be hūlame duleke bihebi, damu beyei mujilen ci banjibume muterakū, gemu sarkiyame sirahabi. si hūlame duleke akūn" serede, boo ioi hendume : " hūlame duleke bihe" serede, jiya jeng hendume:"mini sinde afaburengge, si beye gūnin jorin tucime ara. nenehe urse ningge de adališame ojorakū, damu emu joringga i faksabun be araci inu ombi." sehe. boo ioi arga akū alime gaifi, uju be gidafi, olhon duha be suwaliyame hendume deribuhe. boo ioi fahūn be amba obufi

---

賈政點點頭兒說道：「這也並沒有什麼出色處，但初試筆能如此，還算不錯。前年我在任上時，曾經出過《惟士為能》這個題目。那些童生都讀過前人這篇，只不能出自心裁，每多抄襲。你念過沒有？」寶玉道：「念過。」賈政道：「我交代你的是你以自己的主意作個題目，不許雷同了前人，只作個破題也使得。」寶玉只得答應著，低頭搜索枯腸。寶玉乍著膽子

贾政点点头儿说道：「这也并没有什么出色处，但初试笔能如此，还算不错。前年我在任上时，曾经出过《惟士为能》这个题目。那些童生都读过前人这篇，只不能出自心裁，每多抄袭。你念过没有？」宝玉道：「念过。」贾政道：「我交代你的是你以自己的主意作个题目，不许雷同了前人，只作个破题也使得。」宝玉只得答应着，低头搜索枯肠。宝玉乍着胆子

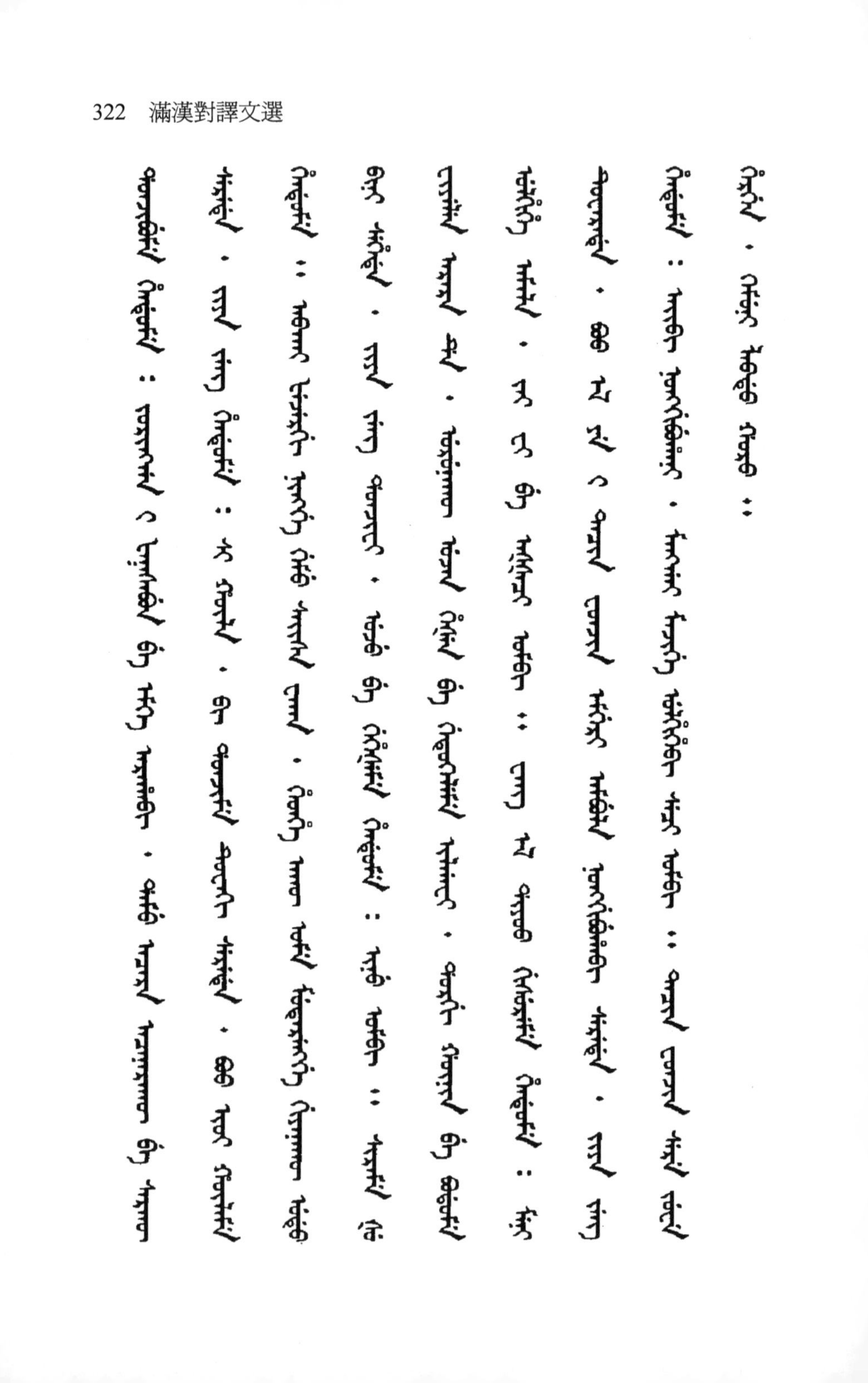

donjibume hendume:"joringga i faksabun be emke arahabi, damu acara acanarakū be sarkū?" serede, jiya jeng hendume:"si hūla, bi donjime tuwaki. " serede, boo ioi hūlame hendume : " abkai fejergi ningge gemu saisa waka, hethe akū me muterengge giyanakū udu bini" sehede, jiya jeng donjifi, uju be gehešeme hendume:"inu ombi. sirame šu fiyelen arara de, urunakū ujan hešen be getukeleme ilgafi, dorgi gūnin be bodome ulhihe amala, jai fi be aššaci ombi. " wang el diyoo gisureme hendume:"meni tuwarade, boo el ye i tacin fonjin emgeri ambula nonggibuhabi " serede, jiya jeng hendume:"aibi nonggibuhani?" manggai majige ulhihebi seci ombi. tacin fonjin sere juwe hergen, kemuni labdu goro."

回道：「破題作了一個，但不知是不是？」賈政道：「你念我來聽。」寶玉念道：「天下不皆士也，能無產者亦僅矣。」賈政聽了，點著頭道：「也還使得。以後作文時，務必把界限分清，把心裡的意思想明白了後再去動筆。」王爾調說道：「據我們看來，寶二爺的學問已是大進了。」賈政道：「哪有進益，不過略懂得些罷咧，『學問』兩個字還遠得很呢！」

回道：「破题作了一个，但不知是不是？」贾政道：「你念我来听。」宝玉念道：「天下不皆士也，能无产者亦仅矣。」贾政听了，点着头道：「也还使得。以后作文时，务必把界限分清，把心里的意思想明白了后再去动笔。」王尔调说道：「据我们看来，宝二爷的学问已是大进了。」贾政道：「哪有进益，不过略懂得些罢咧，『学问』两个字还远得很呢！」

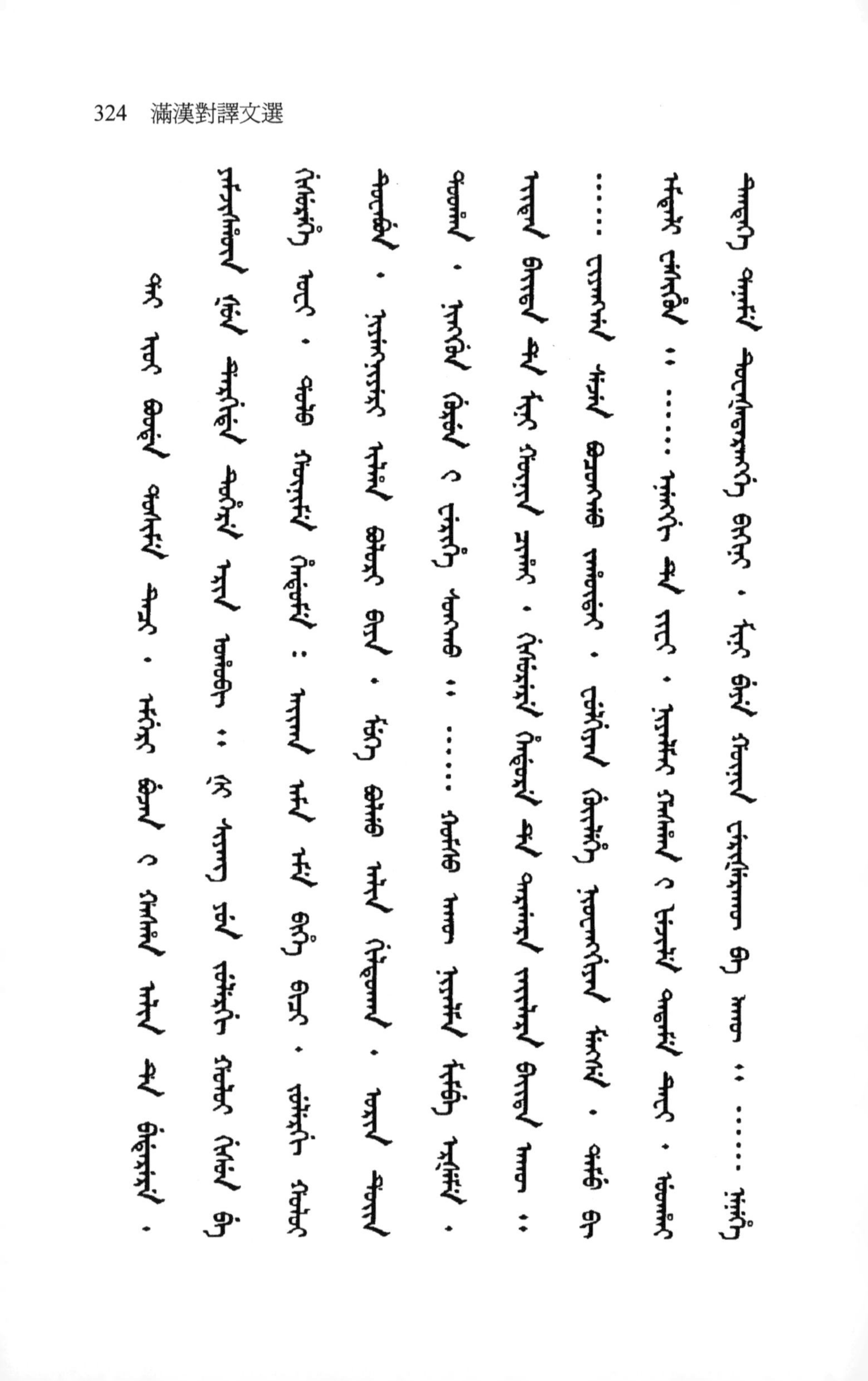

[illegible]

[illegible]

[illegible]

[illegible]

[illegible]

[illegible]

[illegible]

[illegible]

[illegible]

五十二、春花秋月

dai ioi boode dosime teci, emgeri bujan i gasha alin de bederere, yamjishūn šun dergide tuhere erin ohobi. ši siyang yun julergi goloi gisun be gisurehe ofi, dolo gūnime hendume : " aika ama eme bihe bici, julergi goloi tuwabun, niyengniyeri ilha bolori biya, muke bolgo alin giltukan, orin duin doohan, ninggun gurun i werihe songko ...... komso akū niyalma mimbe eršeme, eiten baita de mini gūnin cihai, gisurere hendure de targara jailara baita akū. .... fiyangga sejen boconggo jahūdai, fulgiyan guilehe niowanggiyan mengse, damu bi emteli wesihun...... enenggi de jifi, niyalmai hashan i fejile tatame tefi, uthai tenteke daname tuwašatarangge bikini, mini beye gūnin werišerakū ba akū...... nenehe

---

黛玉進屋坐著，看看已是林鳥歸山，夕陽西墜。因史湘雲說起南邊的話，所以心裡想著道：「父母若在，南邊的景致，春花秋月，水秀山明，二十四橋，六朝遺跡……。不少人服侍，諸事可以任意，言語亦可不避忌……。香車畫舫，紅杏青簾，惟我獨尊。……今日寄人籬下，縱有許多照應，我自己無處不要留心……。

黛玉进屋坐着，看看已是林鸟归山，夕阳西坠。因史湘云说起南边的话，所以心里想着道：「父母若在，南边的景致，春花秋月，水秀山明，二十四桥，六朝遗迹……。不少人服侍，诸事可以任意，言语亦可不避忌……。香车画舫，红杏青帘，惟我独尊。……今日寄人篱下，纵有许多照应，我自己无处不要留心……。

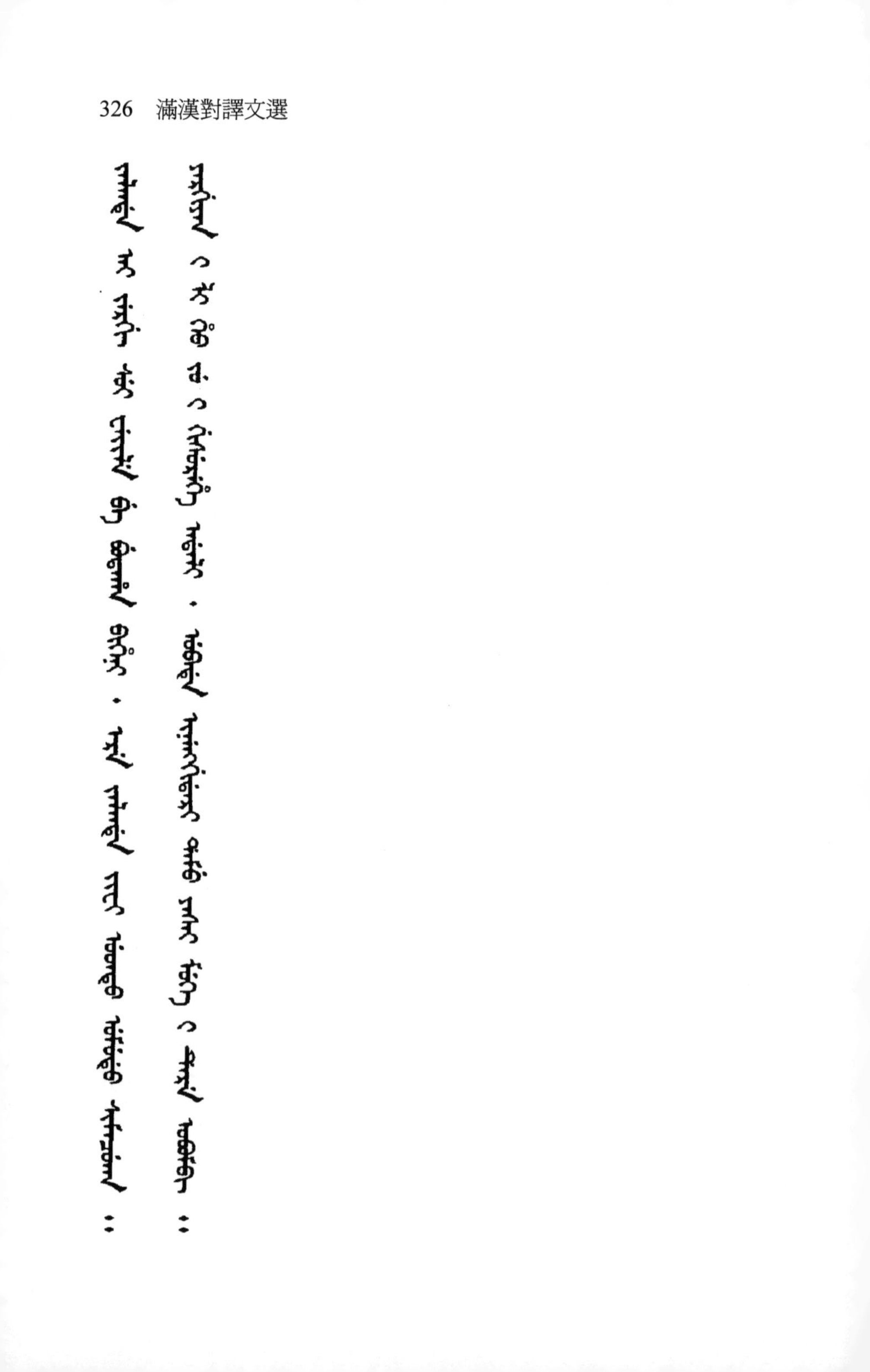

jalande ai jergi sui weile be butaha biheni, ere jalande jifi uttu umudu simacuka! yargiyan i li heo ju i gisurehe adali," ubade inenggidari damu yasai muke i dere obombi."

不知前生做了什麼罪孽，今生這樣孤淒。真是李後主說的『此間日日只以淚洗面』。」

不知前生做了什么罪孽，今生这样孤凄。真是李后主说的『此间日日只以泪洗面』。」

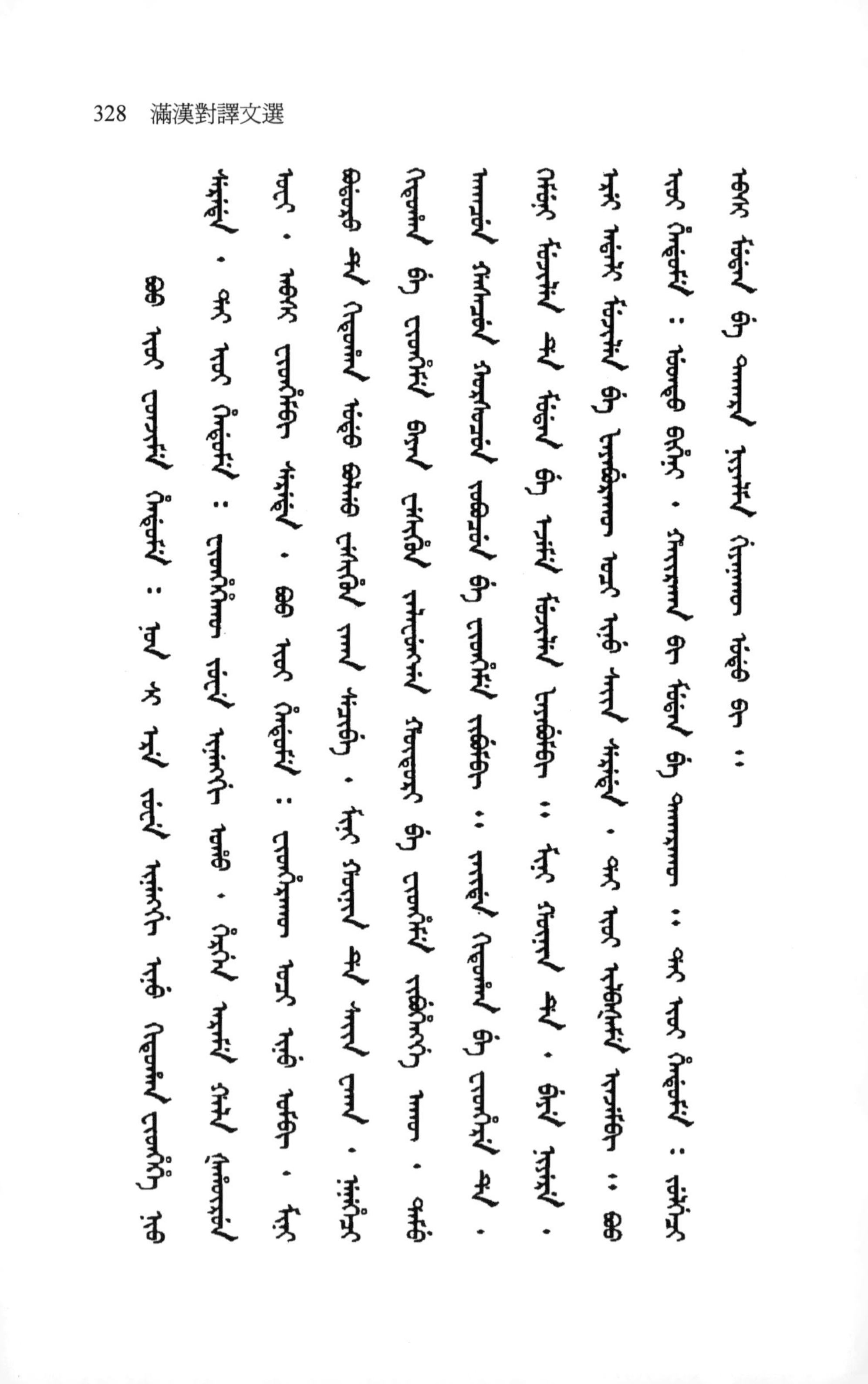

[illegible]

[illegible]

[illegible]

[illegible]

[illegible]

[illegible]

[illegible]

[illegible]

[illegible]

[illegible]

五十三、知音幾人

boo ioi fonjime hendume:"non si ere juwe inenggi inu kituhan fithehe nio?" serede, dai ioi hendume:"fithehekū juwe inenggi oho. hergen arame gala šahūrun ofi. absi fithembi?" serede, boo ioi hendume:"fitherakū oci inu ombi, mini bodoro de kituhan udu bolgo wesihun jaka secibe, mini gūnin de sain jaka waka, neneheci kituhan be fitheme bayan wesihun jalafungga hūturi be fitheme jibuhengge akū, damu akacun gasacun korsocun jobocun be fitheme jibumbi. jaide kituhan be fithere de, kemuni mujilen de mudan be ejeme mujilen fayabumbi. mini gūnin de, beye niyere, erei adali mujilen be fayaburakū oci inu sain." serede, dai ioi ilbašame injembi. boo ioi hendume:"uttu biheni. hairaka bi mudan be takarakū." dai ioi hendume:"julgeci ebsi mudan be takara niyalma giyanakū udu bi?"

寶玉問道：「妹妹你這兩日也彈琴嗎？」黛玉道：「兩日沒彈了。因爲寫字手冷，怎麼彈？」寶玉道：「不彈也罷了。我想琴雖是清高之品，依我說卻不是好東西，從沒彈琴裡彈出富貴壽考來的，只有彈出憂思怨亂來的。再者，彈琴時還得心裡記譜，未免費心。依我說，身子單弱，不操如此的心也好。」黛玉抿著嘴兒笑。寶玉道：「原來如此，可惜我不知音。」黛玉道：「古來知音人能有幾個？」

宝玉问道：「妹妹你这两日也弹琴吗？」黛玉道：「两日没弹了。因为写字手冷，怎么弹？」宝玉道：「不弹也罢了。我想琴虽是清高之品，依我说却不是好东西，从没弹琴里弹出富贵寿考来的，只有弹出忧思怨乱来的。再者，弹琴时还得心里记谱，未免费心。依我说，身子单弱，不操如此的心也好。」黛玉抿着嘴儿笑。宝玉道：「原来如此，可惜我不知音。」黛玉道：「古来知音人能有几个？」

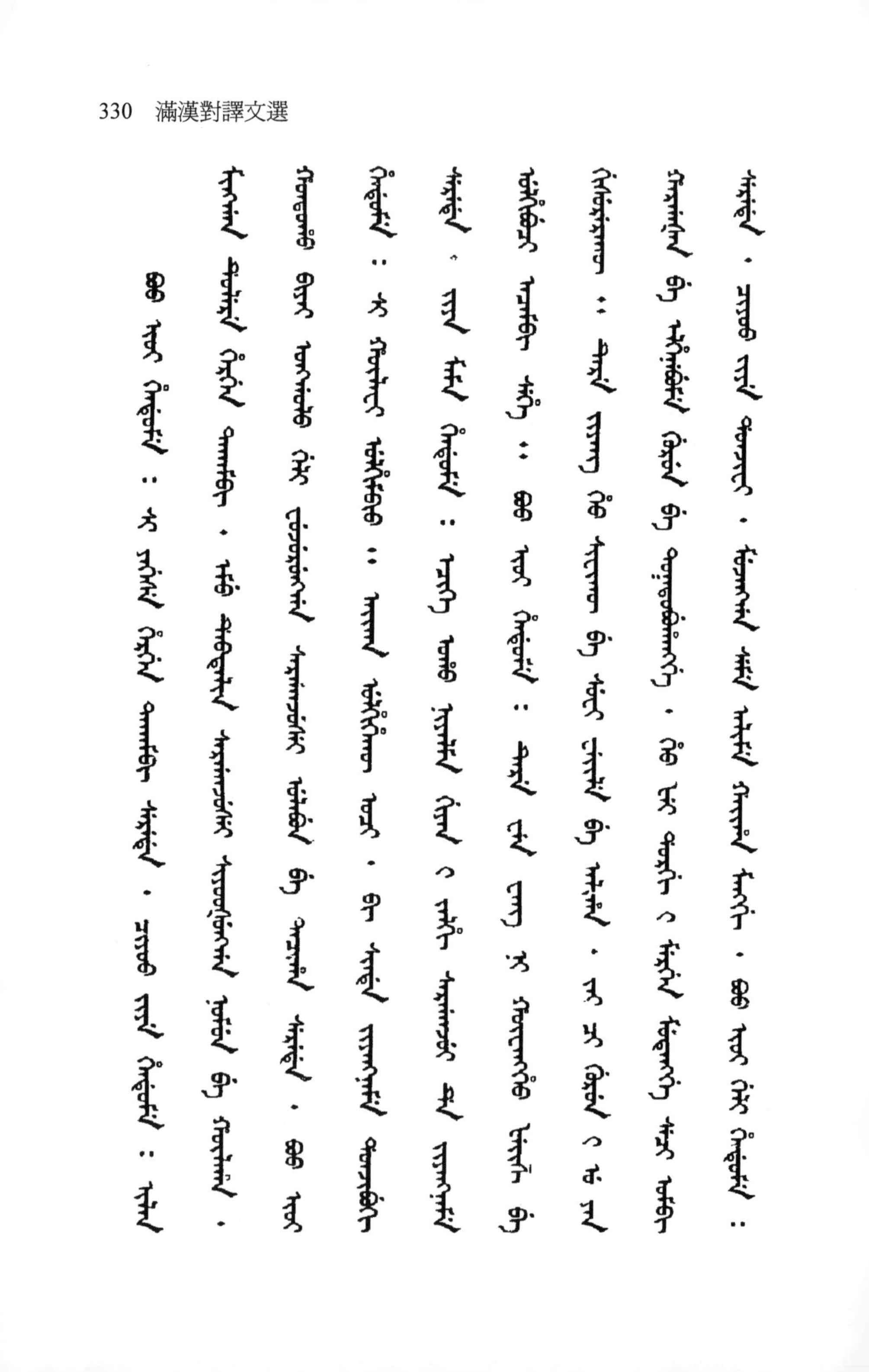

五十四、列女故事

boo ioi hendume:"si yagese hergen takambi" serede, ciyoo jiye hendume:" ilan minggan dulere hergen takambi, emu debtelin《sarganjusei siyoošungga nomun》be hūlaha, hontoho biyai onggolo geli《fujurungga sarganjusei ulabun》be taciha" serede, boo ioi hendume: "si hūlafi ulhimbio? aika ulhihekū oci, bi sinde jiyangname donjibuki" serede, jiya mama hendume: "ecike oho niyalma giyan i jalhi sarganjui de jiyangname ulhibuci acambi" sehe. boo ioi hendume:"tere wen wang ni hūwangheo feidz be gisurerakū. tere jiyang heo sifikū be sufi weile be aliha, jai ci gurun i u yan hargašan be elhenebume gurun be toktobuhangge, heo fei dorgi i mergen mutengge seci ombi" serede, ciyoo jiye donjifi, mujangga seme alime gaiha manggi, boo ioi geli hendume:

寶玉道：「你認了多少字了？」巧姐道：「認了三千多字，念了一本《女孝經》，半個月前又學了《列女傳》。」寶玉道：「你念了懂得嗎？你要不懂，我講給你聽吧！」賈母道：「做叔叔的人應該講給侄女兒理解。」寶玉道：「那文王后妃是不必說了。那姜后脫簪待罪，再齊國的無鹽能安邦定國，可說是后妃裡頭的賢能的。巧姐聽了，應答說：『是』。寶玉又道：

宝玉道：「你认了多少字了？」巧姐道：「认了三千多字，念了一本《女孝经》，半个月前又学了《列女传》。」宝玉道：「你念了懂得吗？你要不懂，我讲给你听吧！」贾母道：「做叔叔的人应该讲给侄女儿理解。」宝玉道：「那文王后妃是不必说了。那姜后脱簪待罪，再齐国的无盐能安邦定国，可说是后妃里头的贤能的。巧姐听了，应答说：『是』。宝玉又道：

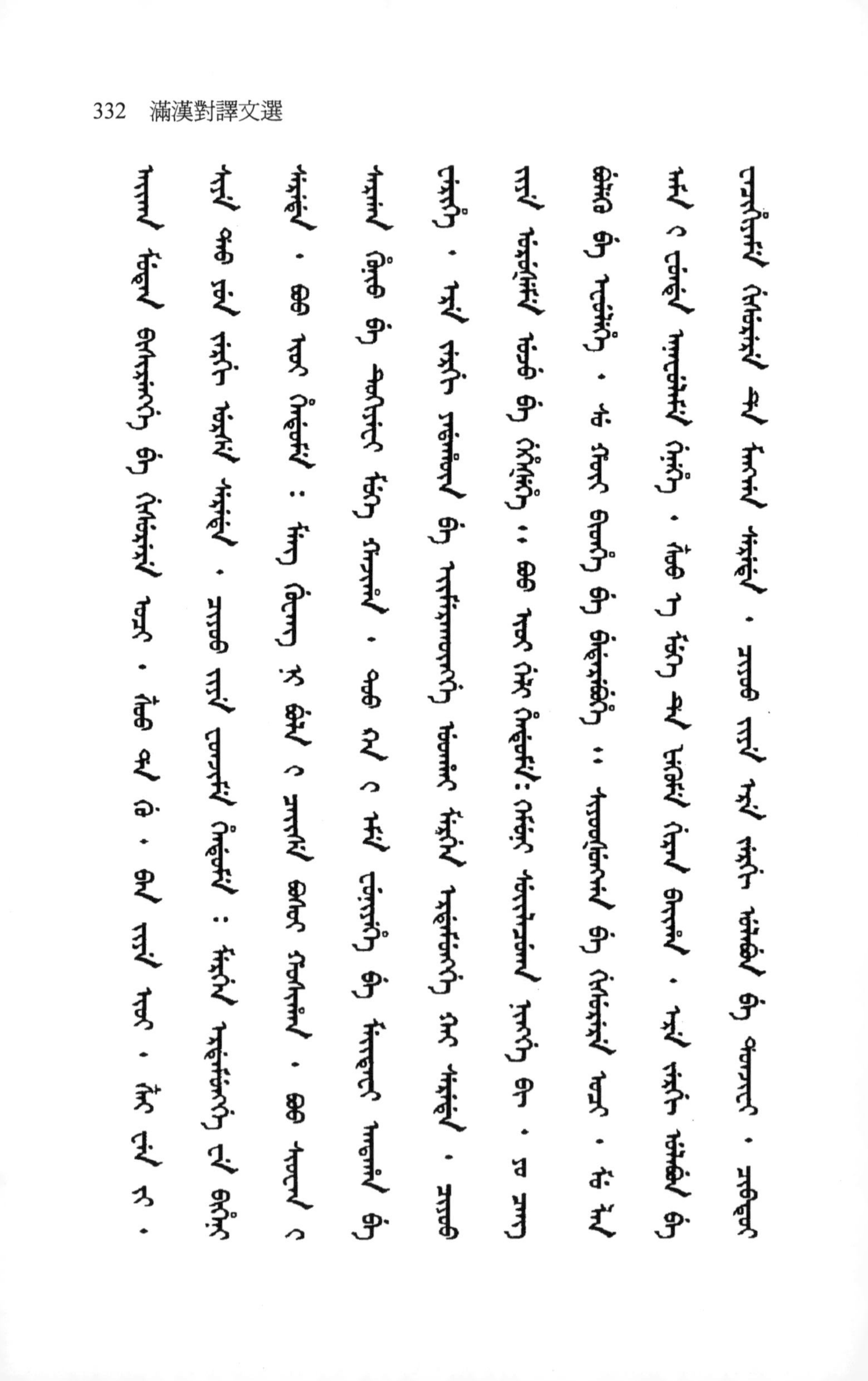

"aika muten bisirengge be gisurere oci, ts'oo da gu, ban jiye ioi, ts'ai wen ji, siye dao yun jergi urse" serede, ciyoo jiye fonjime hendume:"mergen erdemungge we biheni " serede, boo ioi hendume:" meng guwang ni bula i caise bosoi hosihan, boo siowan i sargan hunio be tukiyefi muke gajiha, too k'an i eme funiyehe be meitefi antaha be werihe. ere jergi yadahūn be eimeakūngge uthai mergen erdemungge kai" serede, ciyoo jiye urušeme uju be gehešehe. boo ioi hendume:"kemuni suilacuka ningge bi, yo cang buleku be efulehe, su hūi bithe be bederebuhe. siyoošungga be gisurere oci, mu lan ama i funde anafulame genehe. ts'oo e muke de fekume giran baiha. ere jergi ulabun be wacihiyame gisurere de mangga." serede, ciyoo jiye ere jergi ulabun be donjifi, cibtui

---

『若說有才的，是曹大姑、班婕妤、蔡文姬、謝道韞等人。』巧姐問道：「有賢才的是誰？」寶玉道：「孟光的荊釵布裙，鮑宣妻的提甕出汲，陶侃母的截髮留賓，這些不厭貧的就是有賢才的。」巧姐兒點頭讚許。寶玉又道：「還有那苦的，有樂昌的破鏡重圓，蘇蕙的回文，若說那孝的，木蘭代父從軍、曹娥投水尋屍，講這些列傳說不得許多。巧姐聽了這些列傳，

『若说有才的，是曹大姑、班婕妤、蔡文姬、谢道韫等人。』巧姐问道：「有贤才的是谁？」宝玉道：「孟光的荆钗布裙，鲍宣妻的提瓮出汲，陶侃母的截发留宾，这些不厌贫的就是有贤才的。」巧姐儿点头赞许。宝玉又道：「还有那苦的，有乐昌的破镜重圆，苏蕙的回文，若说那孝的，木兰代父从军、曹娥投水寻尸，讲这些列传说不得许多。巧姐听了这些列传，

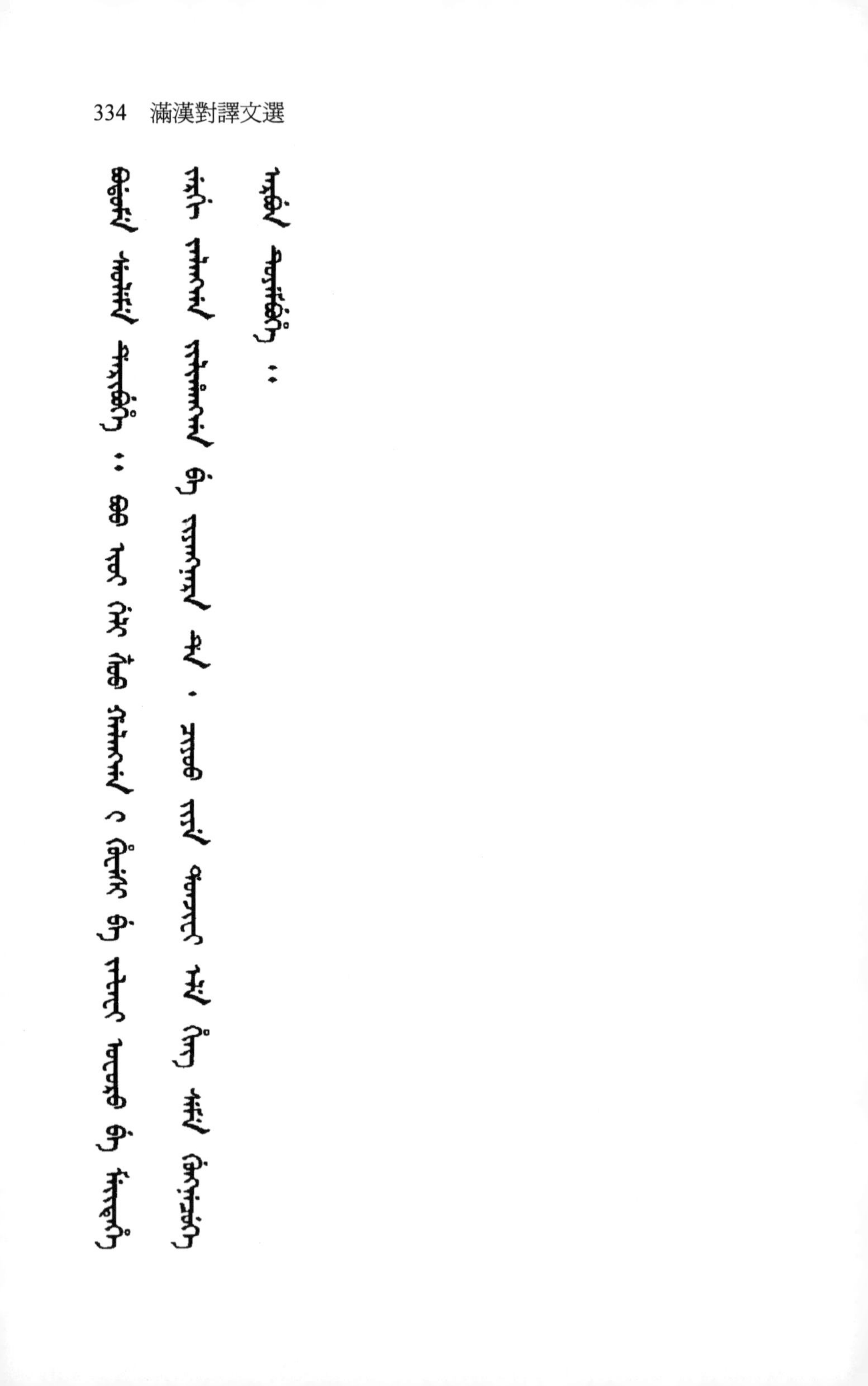

bodome seoleme deribuhe. boo ioi geli ts'oo halangga i huwesi be jafafi oforo be meitehe jergi jalangga jilihangga be jiyangnara de, ciyoo jiye donjifi ele hing seme gungnecuke arbun tuyembuhe.

開始反覆思索。寶玉又講曹氏的引刀割鼻等節烈，巧姐聽了，更加誠摯地露出了恭敬之形。

开始反复思索。宝玉又讲曹氏的引刀割鼻等节烈，巧姐听了，更加诚挚地露出了恭敬之形。

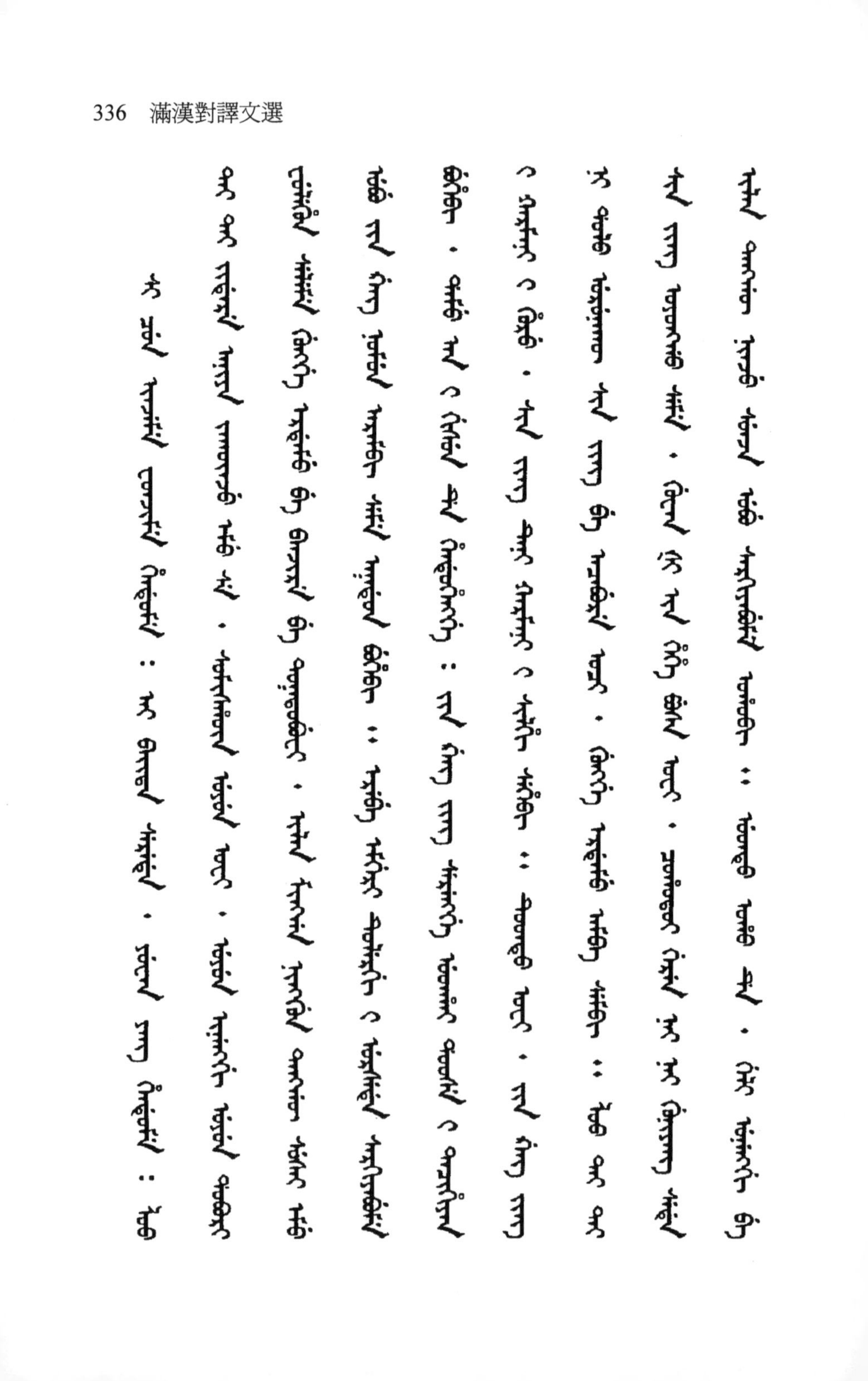

[illegible]

[illegible]

[illegible]

[illegible]

[illegible]

[illegible]

[illegible]

[illegible]

[illegible]

五十五、符膽心經

si cun injeme fonjime hendume:" ai baita?" serede, yuwan yang hendume:" loo tai tai jidere aniya jakūnju emu se, somishūn uyun ofi, uyun inenggi uyun dobori fulehun seleme gungge erdemu be banjire be toktobufi, ilan minggan ninggun tanggū susai emu ubu 《jin g'ang nomun》 arambi seme akdun buhebi. erebe emgeri tulergi i ursede sarkiyabume buhebi, damu an i gisun de henduhengge:《jin g'ang jing》serengge uthai doose i tacihiyan i karmani i huru,《sin jing》teni karmani i silhi sehebi. tuttu ofi,《jing g'ang jing》ni dolo urunakū《sin jing》be acabure oci, gung erdemu amba sembi. loo tai tai 《sin jing》 oyonggo seme, guwan ši in hehe pusa ofi, cohotoi geren nai nai guniyang sede ilan tanggū ninju sunja ubu sarkiyabume ohobi. uttu oho de, geli unenggi be

---

惜春笑問道：「什麼事？」鴛鴦道：「老太太因明年八十一歲，是個暗九。許下一場九晝夜布施的功德，發心要寫三千六百五十零一部《金剛經》，這已發給外面人抄寫了。但是俗語說：「《金剛經》就像道教的符殼，《心經》才算是符膽。故此《金剛經》內必插著《心經》，功德更大。老太太因《心經》是更要緊的，觀世音又是女菩薩，所以特地責成眾奶奶姑娘們抄寫三百六十五部，如此又虔誠，

惜春笑问道：「什么事？」鸳鸯道：「老太太因明年八十一岁，是个暗九。许下一场九昼夜布施的功德，发心要写三千六百五十零一部《金刚经》，这已发给外面人抄写了。但是俗语说：「《金刚经》就像道教的符壳，《心经》才算是符胆。故此《金刚经》内必插着《心经》，功德更大。老太太因《心经》是更要紧的，观世音又是女菩萨，所以特地责成众奶奶姑娘们抄写三百六十五部，如此又虔诚，

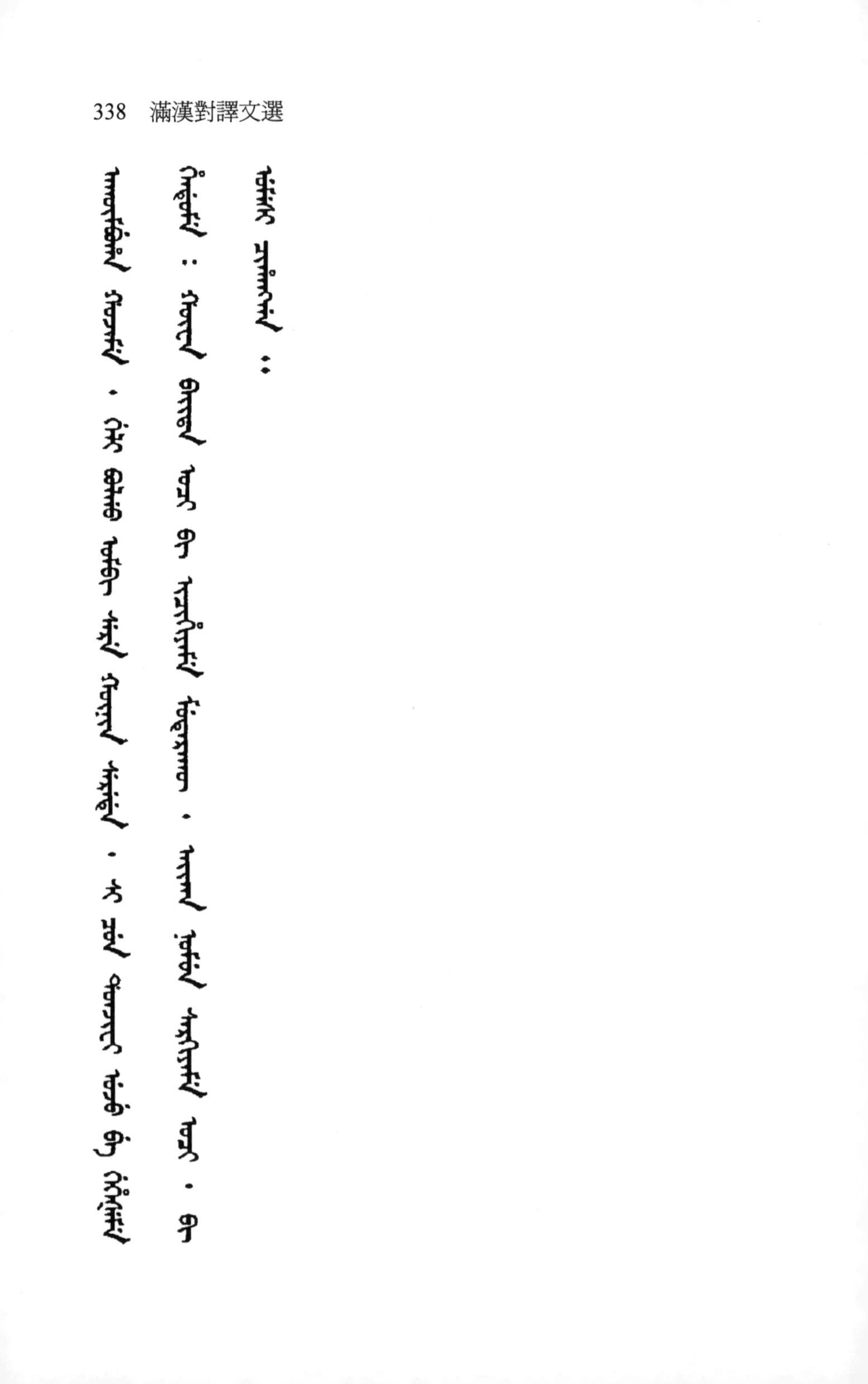

akūmbuha gojime, geli bolgo ombi sere gūnin. " serede, si cun donjifi uju be gehešeme hendume:"gūwa baita oci bi icihiyame muterakū, aika nomun sarkiyame oci, bi umesi cihangga."

又潔淨。」惜春聽了，點頭道：「別的事我做不來，若是抄經，我最樂意的。

又洁净。」惜春听了，点头道：「别的事我做不来，若是抄经，我最乐意的。

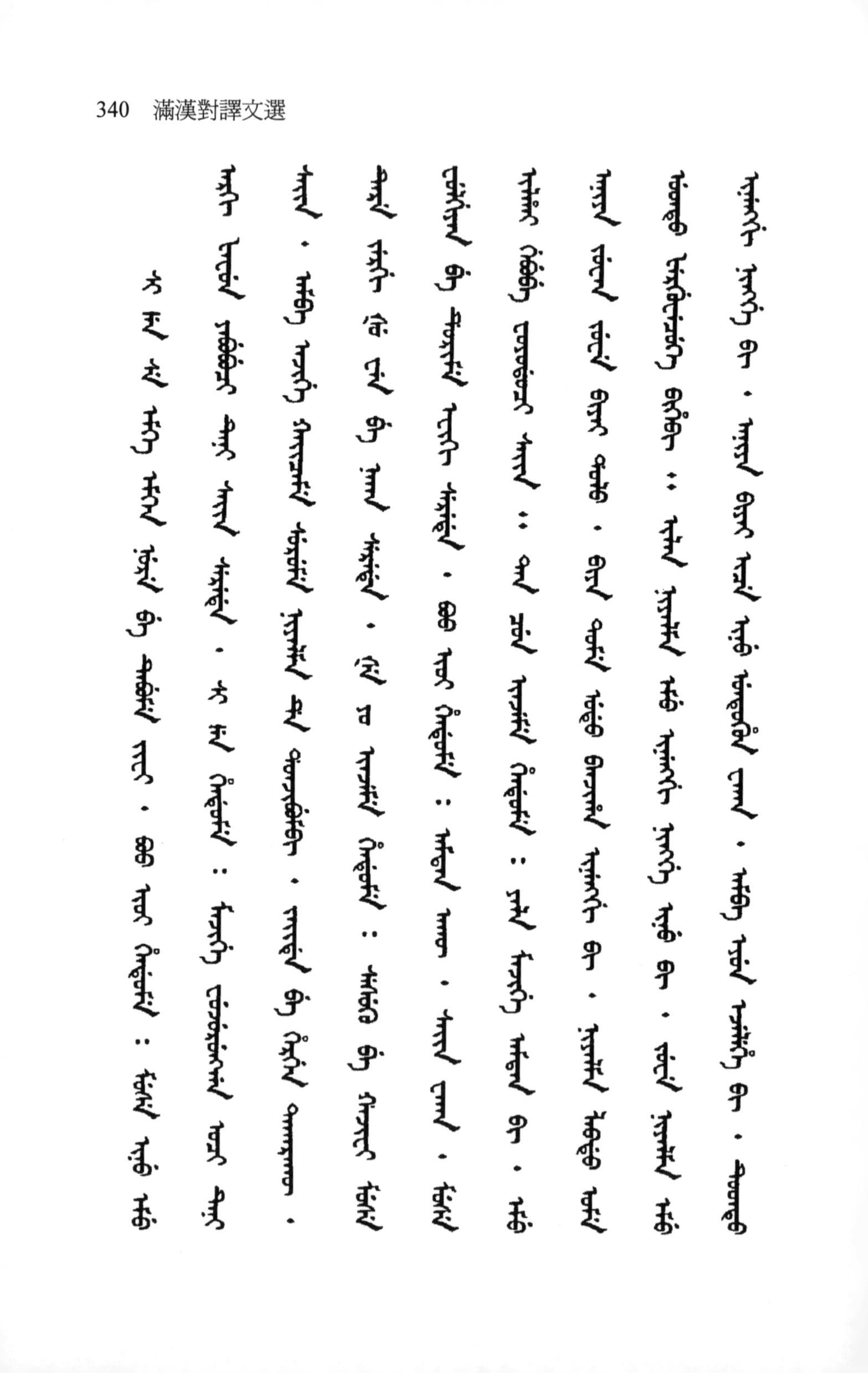

五十六、咱們我們

si žen se emke emken nure be tebume jifi, boo ioi hendume:“ muse inu emu arki fafun yabubuci teni sain“ serede, si žen hendume:“ majige fujurungga oci teni sain, amba ajige kaicame surume niyalma de donjibumbi, jaide be hergen takarakū, tere jergi šu wen be naka“ serede, še yo injeme hendume:“sesuku be gajifi muse fulgiyan be durime efiki “serede, boo ioi hendume :“ amtan akū, sain waka, muse ilhai gebube foyodoci sain.“tan cun injeme hendume: “yala majige amtan bi. emu aniya juwan juwe biyai dolo, biya tome udu banjiha inenggi bi, niyalma labdu ome uttu ferguwecuke bihebi. ilan niyalma emu inenggi ningge inu bi, juwe niyalma emu inenggi ningge bi, aniya biyai ice inu untuhun waka, amba eyun ejelehe bi, tuttu

---

襲人等一一斟了酒來，寶玉道：「咱們也該行個酒令才好。」襲人道：「斯文些的才好，大呼小叫，被人聽見。二則我們不識字，可不要那些文的。」麝月笑道：「拿骰子咱們搶紅玩吧！」寶玉道：「沒趣，不好。咱們占花名兒好。」探春笑道：「倒有些意思，一年十二個月，月月有幾個生日。人多了，便這等巧，也有三人一日、兩人一日的。正月初一日也不白過，大姐姐占了去。因此，

袭人等一一斟了酒来，宝玉道：「咱们也该行个酒令才好。」袭人道：「斯文些的才好，大呼小叫，被人听见。二则我们不识字，可不要那些文的。」麝月笑道：「拿骰子咱们抢红玩吧！」宝玉道：「没趣，不好。咱们占花名儿好。」探春笑道：「倒有些意思，一年十二个月，月月有几个生日。人多了，便这等巧，也有三人一日、两人一日的。正月初一日也不白过，大姐姐占了去。因此，

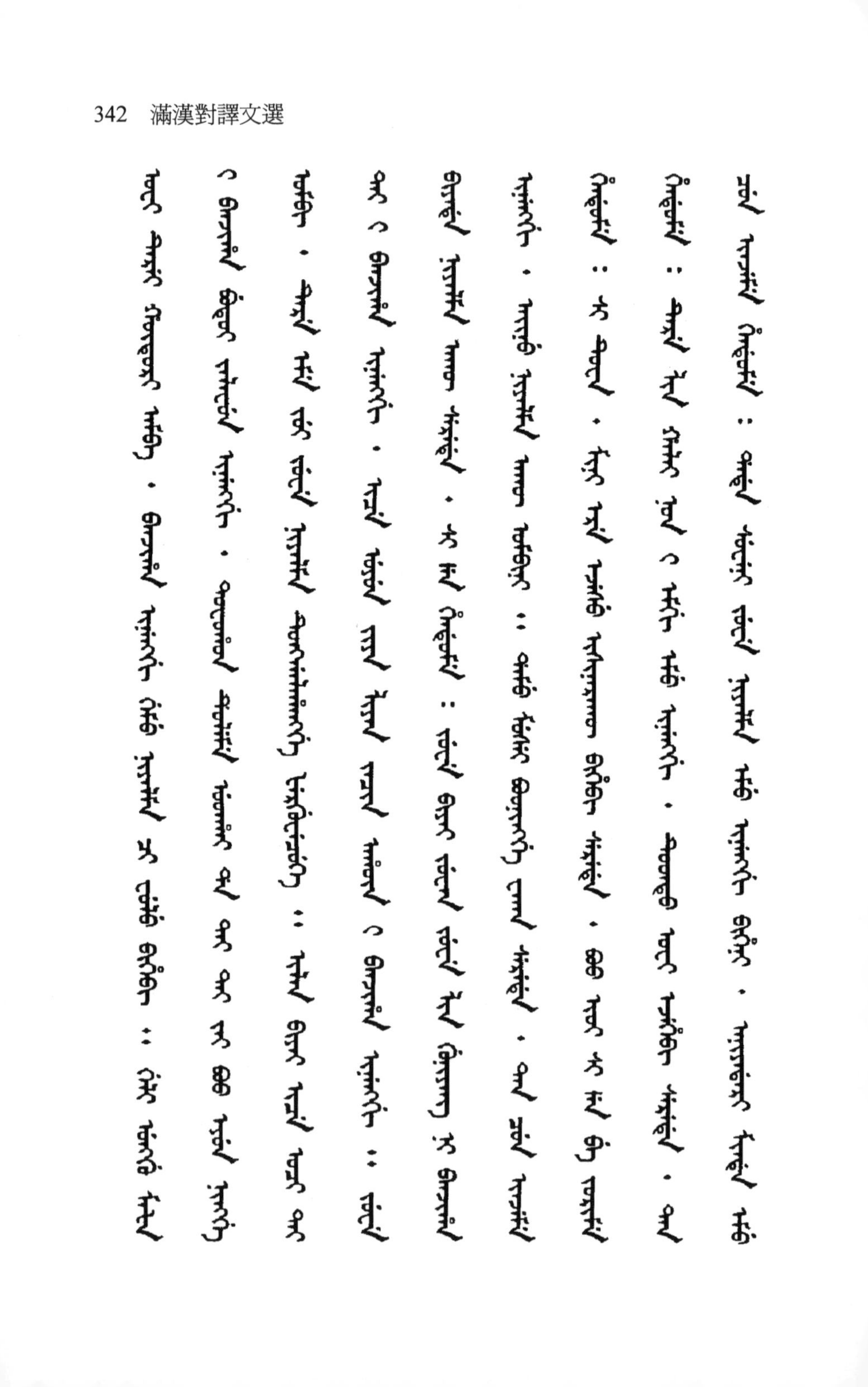

[illegible]

[illegible]

[illegible]

[illegible]

[illegible]

[illegible]

[illegible]

[illegible]

[illegible]

ofi terei hūturi amba, banjiha inenggi gemu niyalma ci fulu bihebi. geli unggu mafa i banjiha butui jalafun inenggi, tofohon duleme uthai da tai tai jai boo eyun ningge ombi, tere eme jui juwe niyalma tunggalahangge ferguwecuke. ilan biyai ice oci tai tai i banjiha inenggi, ice uyun jiya liyan jacin ahūn i banjiha inenggi. juwe biyade niyalma akū" serede, si žen hendume: "juwe biyai juwan juwe lin guniyang ni banjiha inenggi, ainu niyalma akū ombini? damu musei booningge waka " serede, tan cun injeme hendume: "si tuwa, mini ere ejesu isinarakū bihebi" serede, boo ioi si žen be jorime hendume:" tere lin halai non i emgi emu inenggi, tuttu ofi ejehebi" serede, tan cun injeme hendume:" dade suweni juwe niyalma emu inenggi biheni? aniyadari minde emu

---

她福大，生日都比人占先。又是太祖太爺的冥誕。過了燈節，就是老太太和寶姐姐的，他們娘兒兩人遇的巧。三月初一日是太太的生日，初九日是賈璉二哥的生日。二月沒人。」襲人道：「二月十二日是林姑娘的生日，怎麼沒人呢？就只不是咱家的人。」探春笑道：「你看，我這個記性是不行了！」寶玉指著襲人道：「她和林妹妹是一日，所以他記得。」探春笑道：「原來你們兩人是一日呢？每年

她福大，生日都比人占先。又是太祖太爷的冥诞。过了灯节，就是老太太和宝姐姐的，他们娘儿两人遇的巧。三月初一日是太太的生日，初九日是贾琏二哥的生日。二月没人。」袭人道：「二月十二日是林姑娘的生日，怎么没人呢？就只不是咱家的人。」探春笑道：「你看，我这个记性是不行了！」宝玉指着袭人道：「她和林妹妹是一日，所以他记得。」探春笑道：「原来你们两人是一日呢？每年

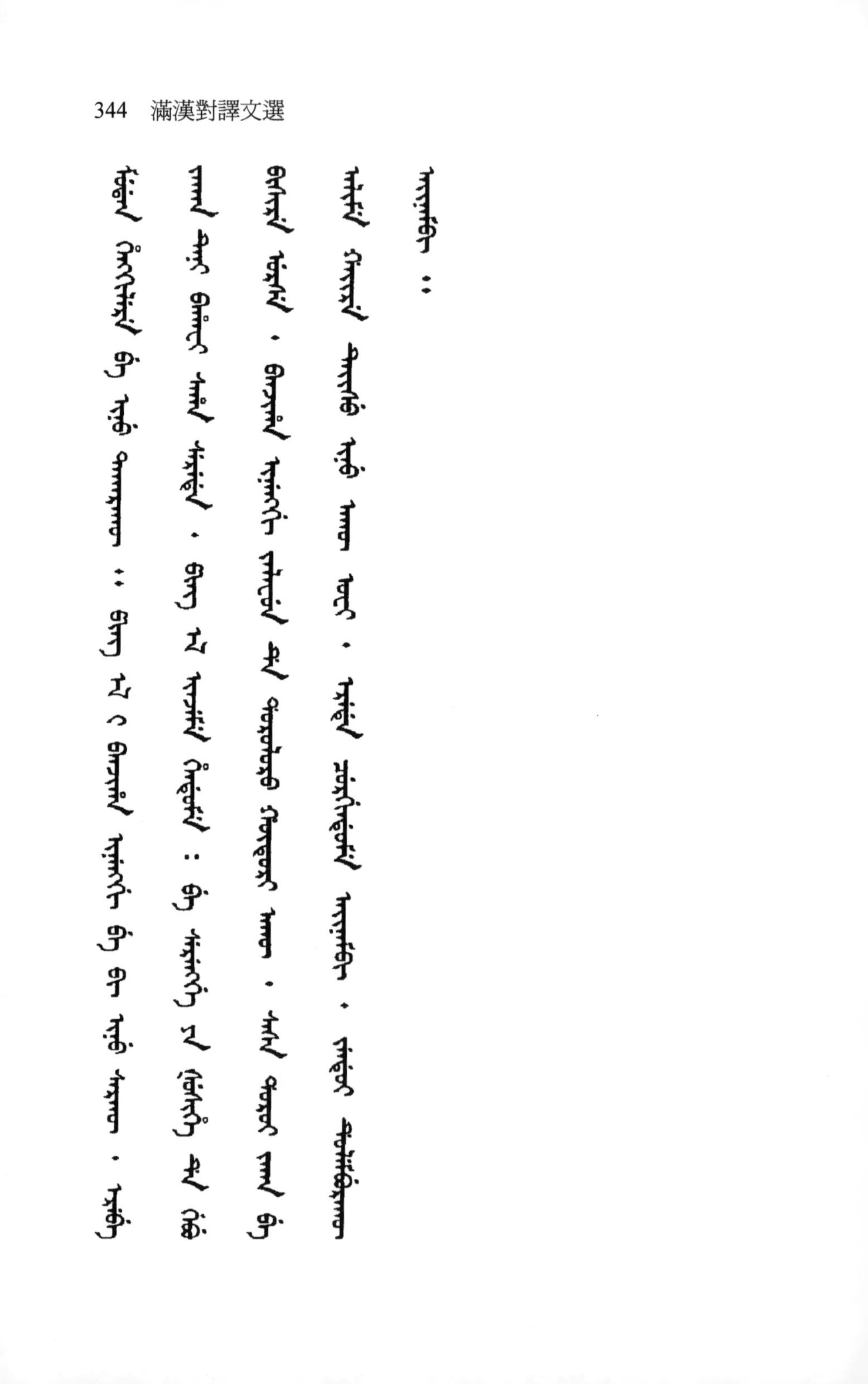

[illegible] ::

[illegible]

[illegible]

[illegible]

[illegible]

mudan hengkilere be inu takarakū“ ping el i banjiha inenggi be bi inu sarkū, erebe jakan teni bahafi saha” serede, ping el injeme hendume:“ be serengge ya šusihe de gebu bisire urse? banjiha inenggi jalafun de doroloro hūturi akū, sasa doroi jaka be alime gaire teisu inu akū ofi, erede curgindume ainambi, jendui dulemburakū ainambi? ”

連頭也不知道給我磕一個。平兒的生日我也不知道，這也是才知道的。」平兒笑道：「我們哪牌兒名上的人？生日也沒拜壽的福，又沒受禮職分，這有什麼好吵嚷的？怎麼不悄悄的過去？」

连头也不知道给我磕一个。平儿的生日我也不知道，这也是才知道的。」平儿笑道：「我们哪牌儿名上的人？生日也没拜寿的福，又没受礼职分，这有什么好吵嚷的？怎么不悄悄的过去？」

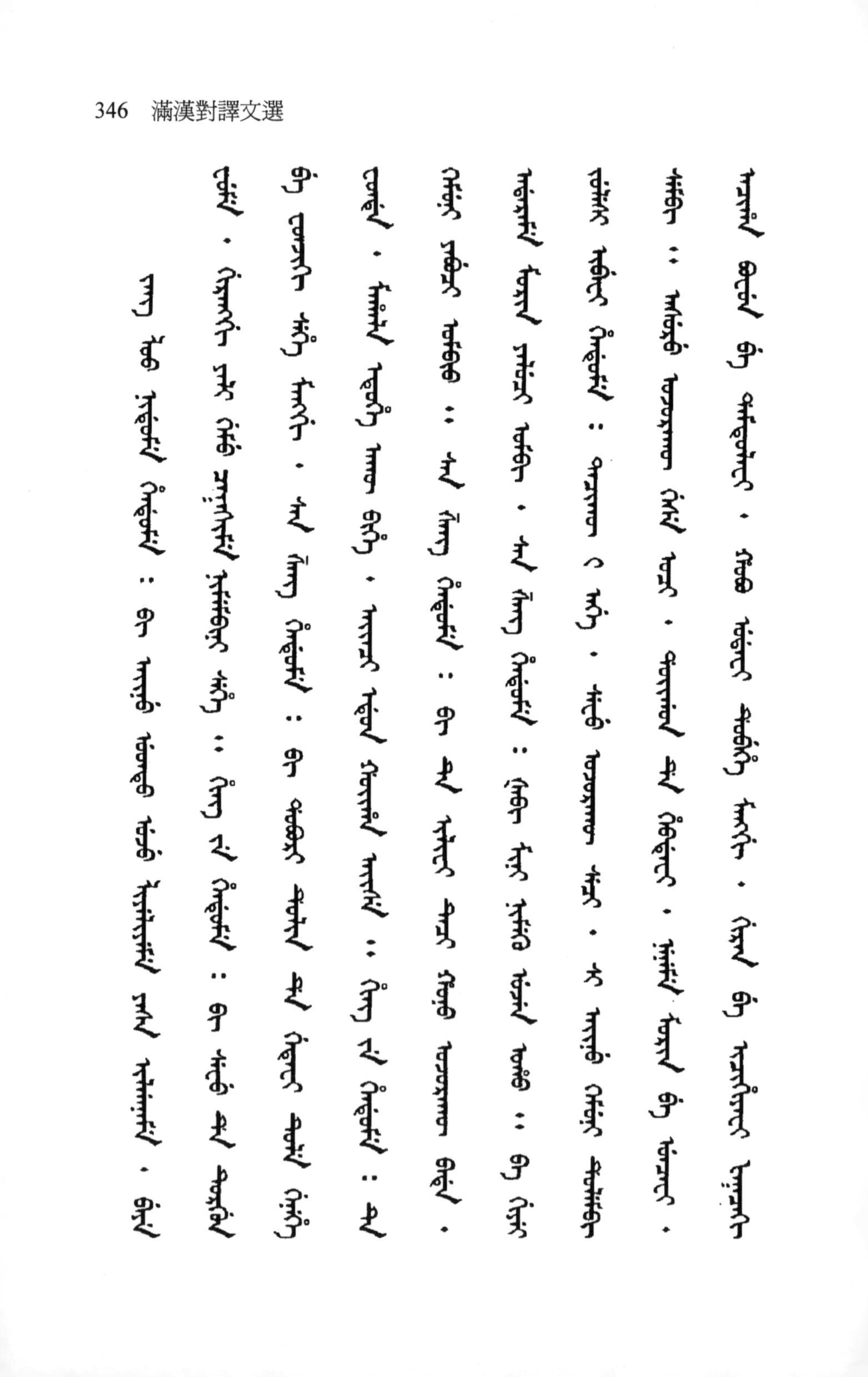

五十七、輕慢佛法

jang loo nidume hendume: bi ainu uttu uju liyeliyeme yasa ilganame, beye fume, giranggi yali gemu ciksime nimembini sehe. hing je hendume: bi sefu de turgun be fonjiki sehe manggi, san dzang hendume: bi dobori dulin de getefi tule genehe fonde, mahala etuhe akū bihe, ainci edun goiha aise. hing je hendume: te kemuni yabuci ombio? san dzang hendume: bi te ilifi teci hono ojorakū bade, adarame morin yaluci ombi, san dzang hendume: šabi mini nimeku ujen oho. ba giyei julesi ibefi hendume: tacikū i age, sefu ojorakū seci, si ainu kemuni dulembi sembi. asuru ojorakū gese oci, doigon de hebdefi, neneme morin be uncafi, aciha bofun be damtulafi, hobo udafi dubehe manggi, giran be icihiyafi fakcaki

---

長老呻吟道：「我怎麼這般頭昏眼花，身體發麻，皮骨皆疼？」行者道：「我問師父是何緣故？」三藏道：「我半夜醒來解手時，不曾戴得帽子，想是風吹了。」行者道：「如今可走得路嗎？」三藏道：「我如今坐不得，怎麼騎馬？」三藏道：「徒弟，我病重了。」八戒上前道：「師兄，師父說不好，你怎麼說還好，若是如此不好，趁早商量，先賣了馬，典當了行囊，買棺木送終散伙。」

长老呻吟道：「我怎么这般头昏眼花，身体发麻，皮骨皆疼？」行者道：「我问师父是何缘故？」三藏道：「我半夜醒来解手时，不曾戴得帽子，想是风吹了。」行者道：「如今可走得路吗？」三藏道：「我如今坐不得，怎么骑马？」三藏道：「徒弟，我病重了。」八戒上前道：「师兄，师父说不好，你怎么说还好，若是如此不好，趁早商量，先卖了马，典当了行囊，买棺木送终散伙。」

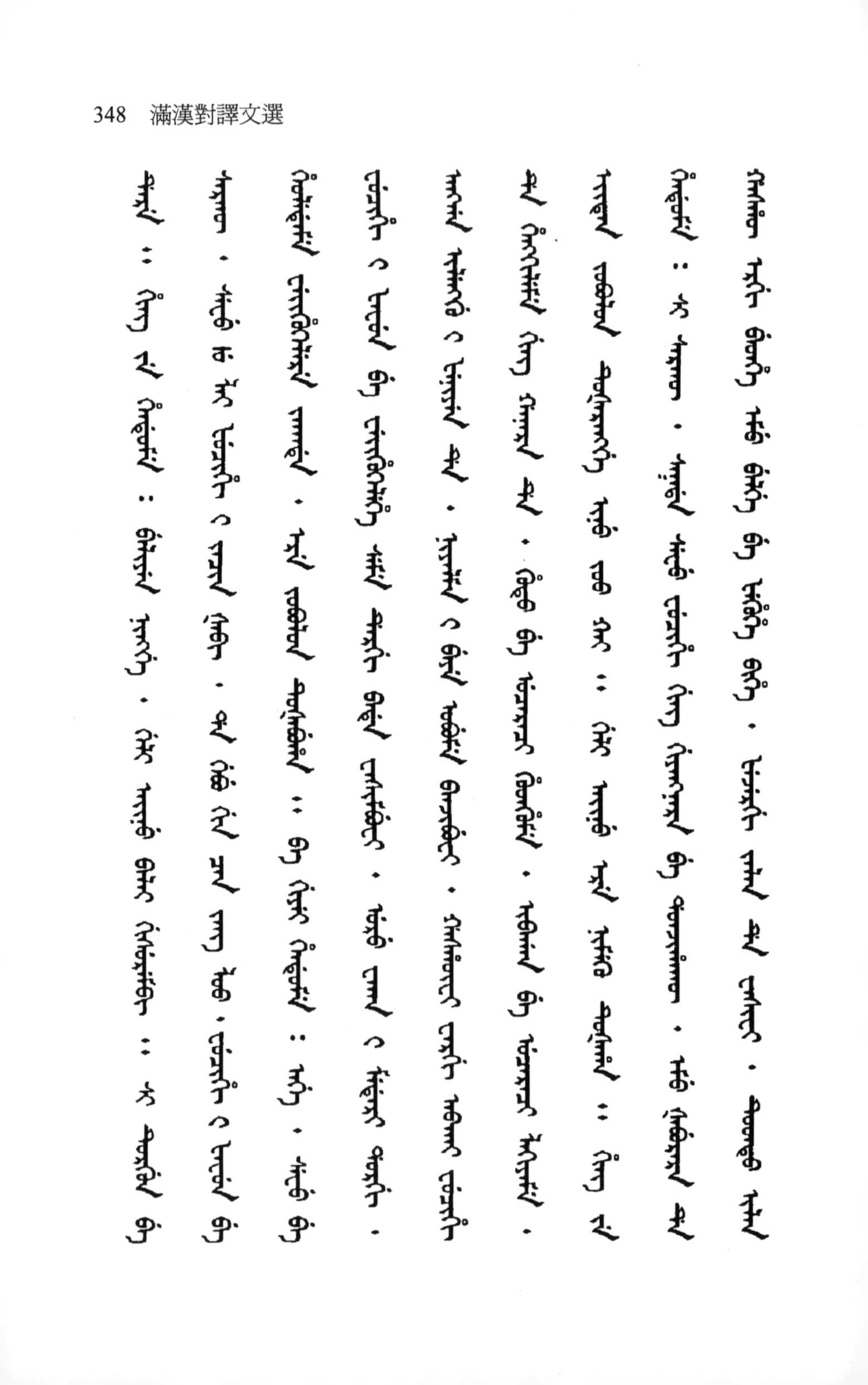

dere. hing je hendume: beliyen ningge, geli ainu balai gisurembi. si turgun be sarkū, sefu žu lai fucihi i jacin šabi, da gebu gin can jang loo, fucihi i fafun be heoledeme weihukelere jakade, ere jobolon tušabuha. ba giyei hendume: age, sefu be fucihi i fafun be weihukelehe seme dergi bade wasimbufi, uru waka i mederi dorgi, angga ilenggu i feniyen de, niyalma i beye obume banjibufi, gashūfi wargi abkai fucihi de hengkileme ging ganara de, hutu be ucaraci huthume, ibagan be ucaraci lakiyame, eiten jobolon tušarangge inu joo kai! geli ainu ere nimeku tušaha. hing je hendume: si sarkū, sakda sefu fucihi ging giyangnara be donjihakū, emu šaburara de hashū ergi bethe emu belge be fehuhe bihe, fejergi jalan de wasifi, tuttu ilan

---

行者道：「獃子，怎麼又胡說了！你不知緣故。師父是如來佛第二個徒弟，原名金蟬長老，只因他輕慢佛法，所以遭逢這場大難。」八戒道：「哥啊，師父既是輕慢佛法，貶下東土，在是非海內，口舌場中，託化做人身，發願往西天拜佛取經，遇妖精就捆，逢魔頭就吊，遭逢苦難，也夠了，怎麼又叫他害病？」行者道：「你不曉得，老師父不曾聽佛講經，打了一個盹，左腳下躧了一粒米，下界來，

行者道：「呆子，怎么又胡说了！你不知缘故。师父是如来佛第二个徒弟，原名金蝉长老，只因他轻慢佛法，所以遭逢这场大难。」八戒道：「哥啊，师父既是轻慢佛法，贬下东土，在是非海内，口舌场中，托化做人身，发愿往西天拜佛取经，遇妖精就捆，逢魔头就吊，遭逢苦难，也够了，怎么又叫他害病？」行者道：「你不晓得，老师父不曾听佛讲经，打了一个盹，左脚下躧了一粒米，下界来，

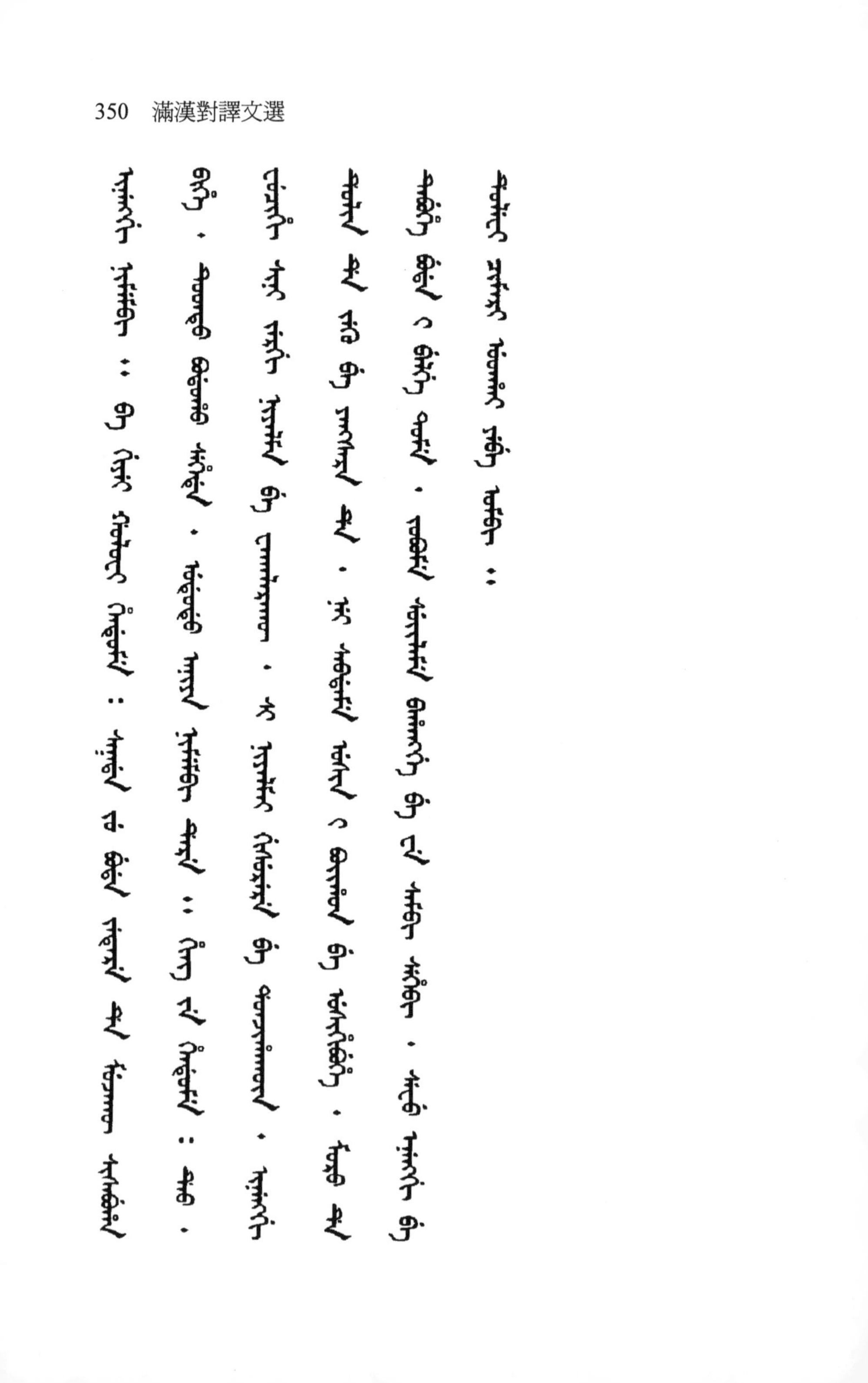

[illegible]

[illegible]

[illegible]

[illegible]

[illegible]

[illegible]

ineggi nimembi. ba giyei golofi hendume: sakda ju buda jetere de mujakū sisabuha bihe, tuttu bodoho sehede, ududu aniya nimembi dere. hing je hendume: deo, fucihi sini jergi niyalma be wakalarakū, si niyalmai gisurere be donjihakūn, inenggi dulin de jeku be yangsara de, nei sabdame usin i boihon be usihibuhe, moro de tebuhe buda i belge tome, jobome suilame bahangge be we sambi sehebi, sefu enenggi be dulefi cimari uthai yebe ombi.

該有這三日病。」八戒驚道：「老豬吃飯時甚是潑潑撒撒的，如此想來，不知害多少年病哩！」行者道：「兄弟，佛不怪罪你眾生。你不曾聽人云：『鋤禾日當午，汗滴禾下土。誰知盤中飧，粒粒皆辛苦！』師父過了今日，明日就好了。」

该有这三日病。」八戒惊道：「老猪吃饭时甚是泼泼撒撒的，如此想来，不知害多少年病哩！」行者道：「兄弟，佛不怪罪你众生。你不曾听人云：『锄禾日当午，汗滴禾下土。谁知盘中飧，粒粒皆辛苦！』师父过了今日，明日就好了。」

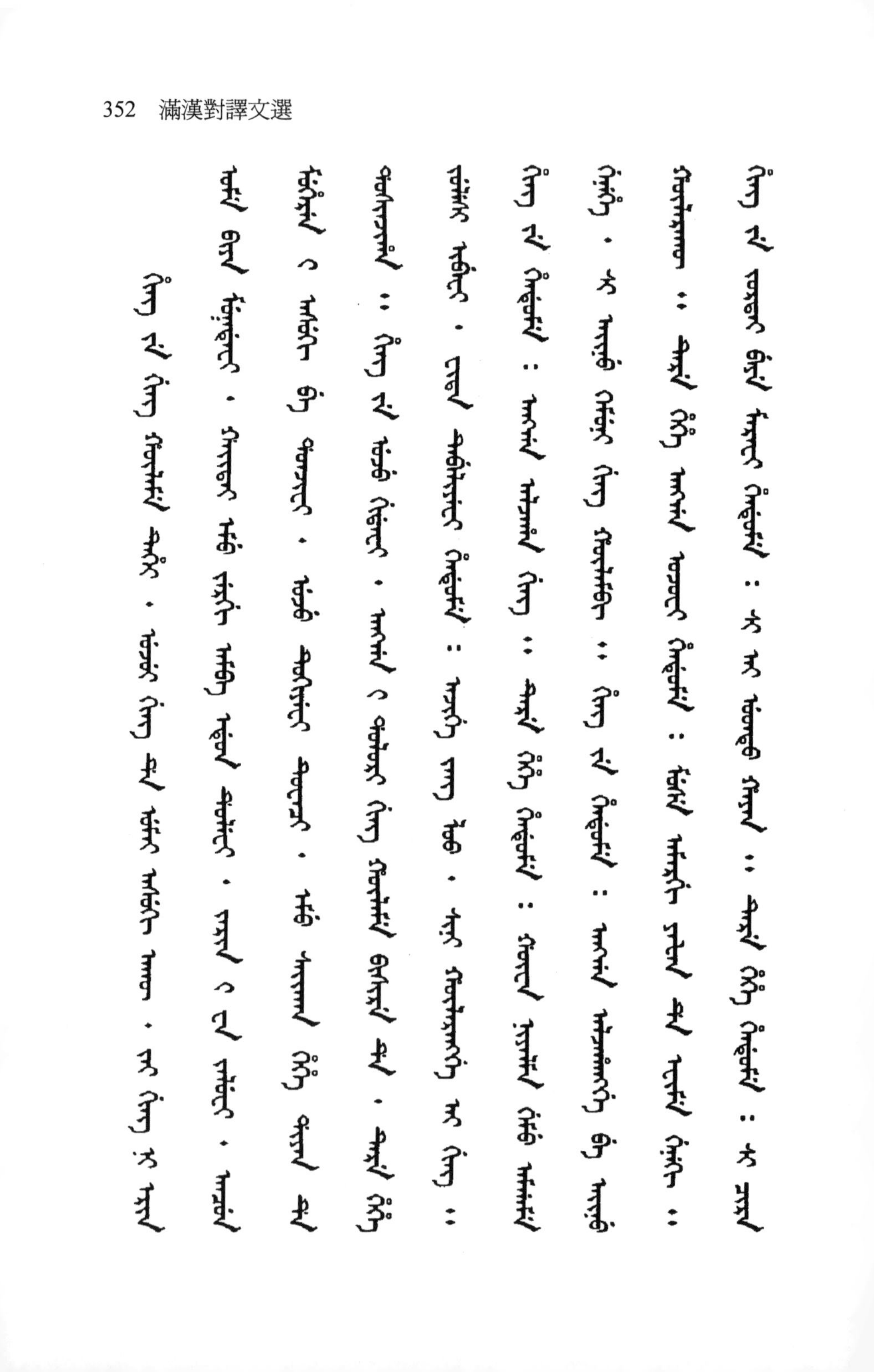

[illegible]

[illegible]

[illegible]

[illegible]

[illegible]

[illegible]

[illegible]

[illegible]

[illegible]

[illegible]

五十八、色即是空

hing je ging hūlame tehei, ujui ging de umai asuki akū, jai ging ni erin ome biya mukdefi, gaitai emu jergi amba edun dulefi, jarin i wa jalufi, ancun muheren i asuki be donjifi, uju tukiyefi tuwaci, emu saikan hehe diyan de dosinjiha. hing je uju gidafi, angga i dolori ging hūlame bisire de, tere hehe julesi ibefi, fita tebeliyefi hendume: ajige jang loo, sini hūlarangge ai ging. hing je hendume: angga aljaha ging. tere hehe hendume: gūwa niyalma gemu amgame genehe, si ainu kemuni ging hūlambi? hing je hendume: angga aljahangge be ainu hūlarakū? tere hehe angga ojofi hendume: muse amargi yafan de efime geneki. hing je jortai beye marafi hendume: si ai uttu hayan? tere hehe hendume: si cira

---

行者口裡唸經，一更時分，並無動靜。二更時分，月亮方升，忽然一陣大風吹過，聞得麝香洋溢，環珮聲響，擡頭觀看，一個美貌佳人進入佛殿。行者低頭口裡唸經時，那女子近前摟住道：「小長老，你唸的是什麼經？」行者道：「口許的經。」那女子道：「別人都去睡覺了，你怎麼還唸經？」行者道：「口許的怎麼不唸？」那女子親嘴道：「我們到後園去玩吧！」行者故意扭身推辭道：「你爲什麼這樣淫蕩？」那女子道：

行者口里念经，一更时分，并无动静。二更时分，月亮方升，忽然一阵大风吹过，闻得麝香洋溢，环佩声响，抬头观看，一个美貌佳人进入佛殿。行者低头口里念经时，那女子近前搂住道：「小长老，你念的是什么经？」行者道：「口许的经。」那女子道：「别人都去睡觉了，你怎么还念经？」行者道：「口许的怎么不念？」那女子亲嘴道：「我们到后园去玩吧！」行者故意扭身推辞道：「你为什么这样淫荡？」那女子道：

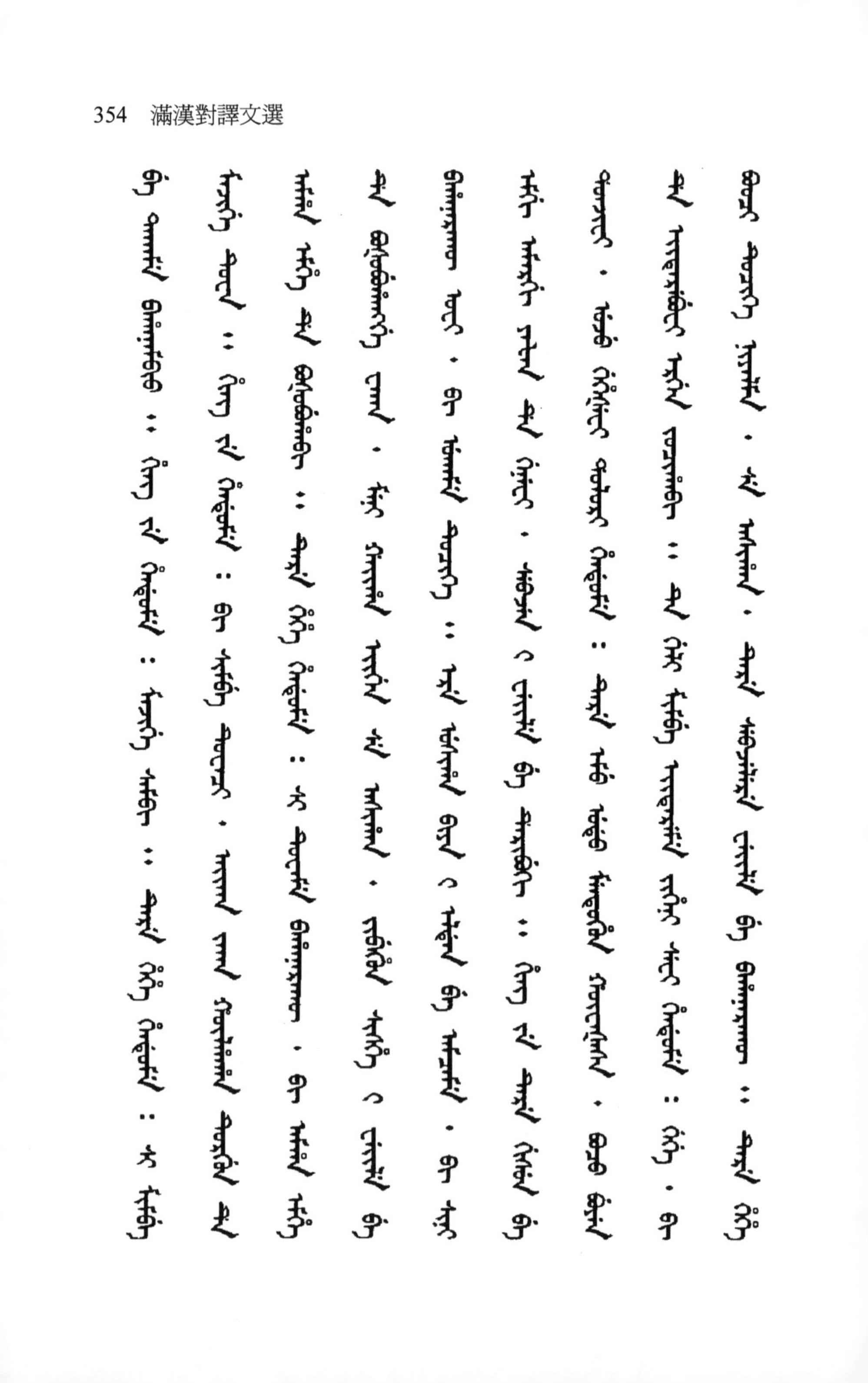

be takame bahanambio? hing je hendume: majige sambi. tere hehe hendume: si mimbe majige tuwa. hing je hendume: bi simbe tuwaci, aika jaka hūlhaha turgun de amha emhe de bošobuhabi. tere hehe hendume: si tuwame bahanarakū, bi amha emhe de bošobuhangge waka, meni gaiha eigen se asihan, jibehun sishe i weile be bahanarakū ofi, bi ukame tucike. ere usiha biya i elden be amcame, bi sini emgi amargi yafan de genefi, sebjen i weile be deribuki. hing je tere gisun be donjifi, uju gehešefi dolori hendume: tere emu udu mentuhun hūwašasa, boco buyen de eiterebufi ergen jocihabi. te geli mimbe eitereme jiheni sefi hendume: gege, bi booci tucike niyalma, se asihan, tere sebjelere weile be bahanarakū, tere hehe

---

「你會相面嗎？」行者道：「知道些兒。」那女子道：「你相我看看。」行者道：「我相你想必是因爲偷東西被公婆趕出來的。」那女子道：「你相不著，我不是被公婆趕逐的，是我嫁的丈夫不會洞房花燭之事，我是逃出來的，趁這星月之光，我和你到後園交歡去吧！」行者聞言，點頭暗道，那幾個愚僧都被色慾引誘傷了性命，如今又來哄騙我就隨口答應道：「娘子，我出家人，年紀尚幼，卻不會那交歡之事。」

「你会相面吗？」行者道：「知道些儿。」那女子道：「你相我看看。」行者道：「我相你想必是因为偷东西被公婆赶出来的。」那女子道：「你相不着，我不是被公婆赶逐的，是我嫁的丈夫不会洞房花烛之事，我是逃出来的，趁这星月之光，我和你到后园交欢去吧！」行者闻言，点头暗道，那几个愚僧都被色欲引诱伤了性命，如今又来哄骗我就随口答应道：「娘子，我出家人，年纪尚幼，却不会那交欢之事。」

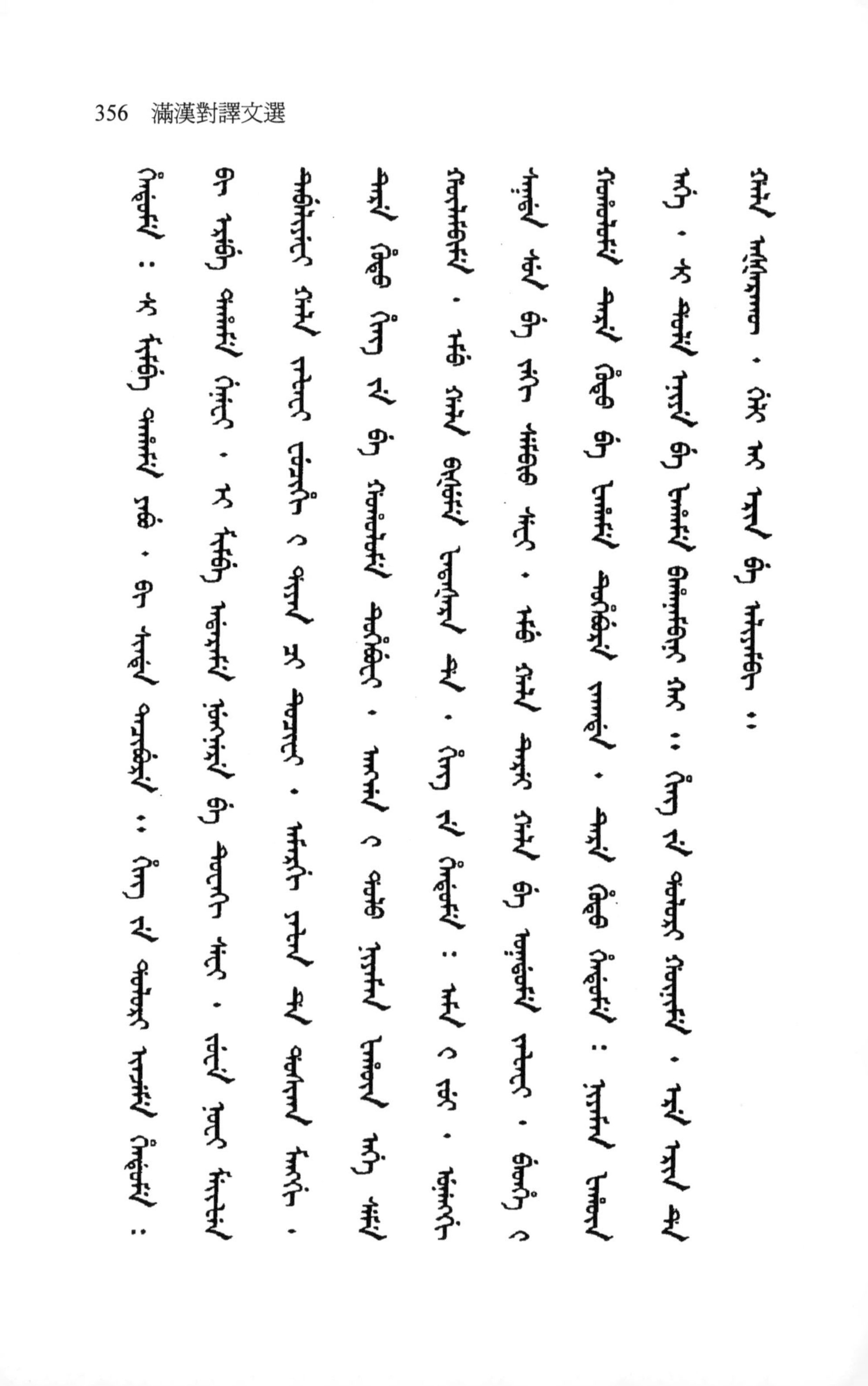

hendume: si mimbe dahame yabu, bi sinde tacibure. hing je dolori injeme hendume: bi erebe dahame gengfi, i mimbe adarame nungnere be tuwaki sefi, juwe nofi meifen tebeliyefi gala jafafi fucihi i diyan ci tucifi, amargi yafan de dosika manggi, tere hutu hing je be goholome tuhebufi. angga i dolo niyaman fahūn age seme hūlambime, emu gala bišume fatašara de, hing je hendume: ama i jui, unenggi sakda sun be jeki sembio sefi, emu gala terei gala be okdome jafafi, bethe i goholome tere hutu be fahame tuhebure jakade, tere hutu hendume: niyaman fahūn age, si dule eniye be fahame bahanambini kai. hing je dolori gūnime, ere erin de gala aššarakū, geli ai erin be aliyambi.

那女子道：「你跟我去，我教你。」行者暗笑道：「我跟她去，看她如何傷害我。」兩個人摟著肩，攙著手，出了佛殿，進入後園裡去。那妖怪把行者絆倒，口裡叫著「心肝哥哥」，一手掐摸。行者道：「我的兒，真要吃老孫哩！」一手按住她的手，以腿把那妖怪絆倒。那妖怪道：「心肝哥哥，你竟會絆娘哩！」行者暗想，不趁此時動手，又等何時？

那女子道：「你跟我去，我教你。」行者暗笑道：「我跟她去，看她如何伤害我。」两个人搂着肩，携着手，出了佛殿，进入后园里去。那妖怪把行者绊倒，口里叫着「心肝哥哥」，一手掐摸。行者道：「我的儿，真要吃老孙哩！」一手按住她的手，以腿把那妖怪绊倒。那妖怪道：「心肝哥哥，你竟会绊娘哩！」行者暗想，不趁此时动手，又等何时？

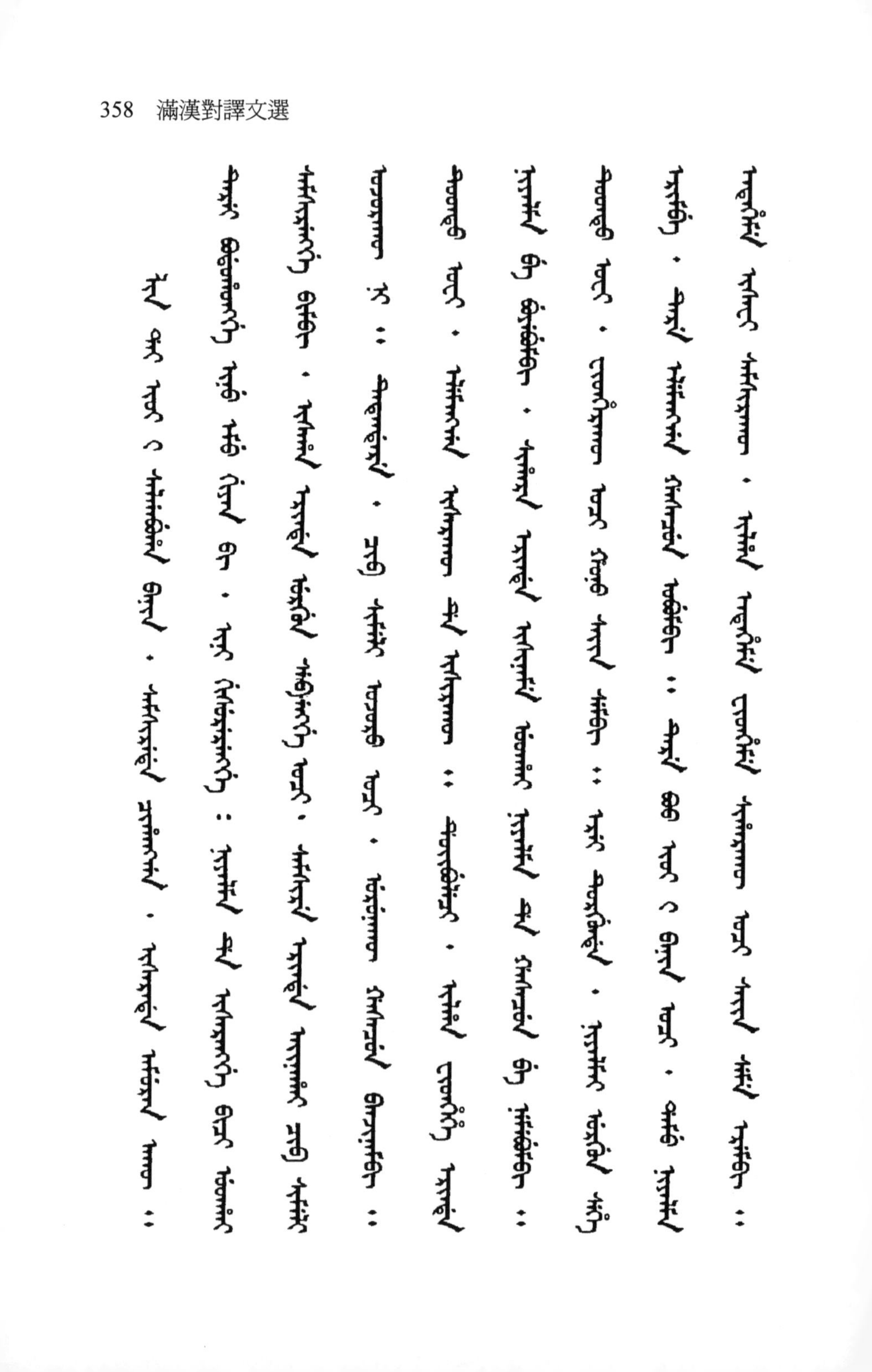

[illegible]

[illegible]

[illegible]

[illegible]

[illegible]

[illegible]

[illegible]

[illegible]

[illegible]

五十九、花開花謝

lin dai ioi i salgabuha banin, samsirede cihangga, isarade amuran akū. terei bodohongge inu emu giyan bi, ini gisurerengge: niyalma de isarangge bici uthai samsirengge bimbi, isaha erinde urgun sebjengge oci, samsire erinde ainahai cib simeli ojorakū ni? tetendere, cib simeli ojoro oci, urunakū gasacun banjinambi. tuttu ofi, elemangga isarakū de isirakū. duibuleci, ilha fithehe erinde niyalma be buyebumbi, sihara erinde isiname uthai niyalma de gasacun be nemebumbi. tuttu ofi, fitherakū oci hono sain sembi."erei turgunde, niyalmai urgun sehe erimbe, tere elemangga gasacun obumbi. tere boo ioi i banin oci, damu niyalma enteheme isafi samsirakū, ilha enteheme fitheme siharakū oci sain seme erembi,

---

林黛玉的天性喜散不喜聚。她想的也有個道理，她說：「人有聚就有散，聚時歡喜，到散時豈不冷清？既清冷則生傷感，所以不如倒是不聚的好。比如那花開時令人愛慕，到謝時就使人徒增惆悵，所以倒是不開的好。」故此人以爲喜之時，她反以爲悲。那寶玉的情性，只願常聚不散，花常開不謝，

林黛玉的天性喜散不喜聚。她想的也有个道理，她说：「人有聚就有散，聚时欢喜，到散时岂不冷清？既清冷则生伤感，所以不如倒是不聚的好。比如那花开时令人爱慕，到谢时就使人徒增惆怅，所以倒是不开的好。」故此人以为喜之时，她反以为悲。那宝玉的情性，只愿常聚不散，花常开不谢，

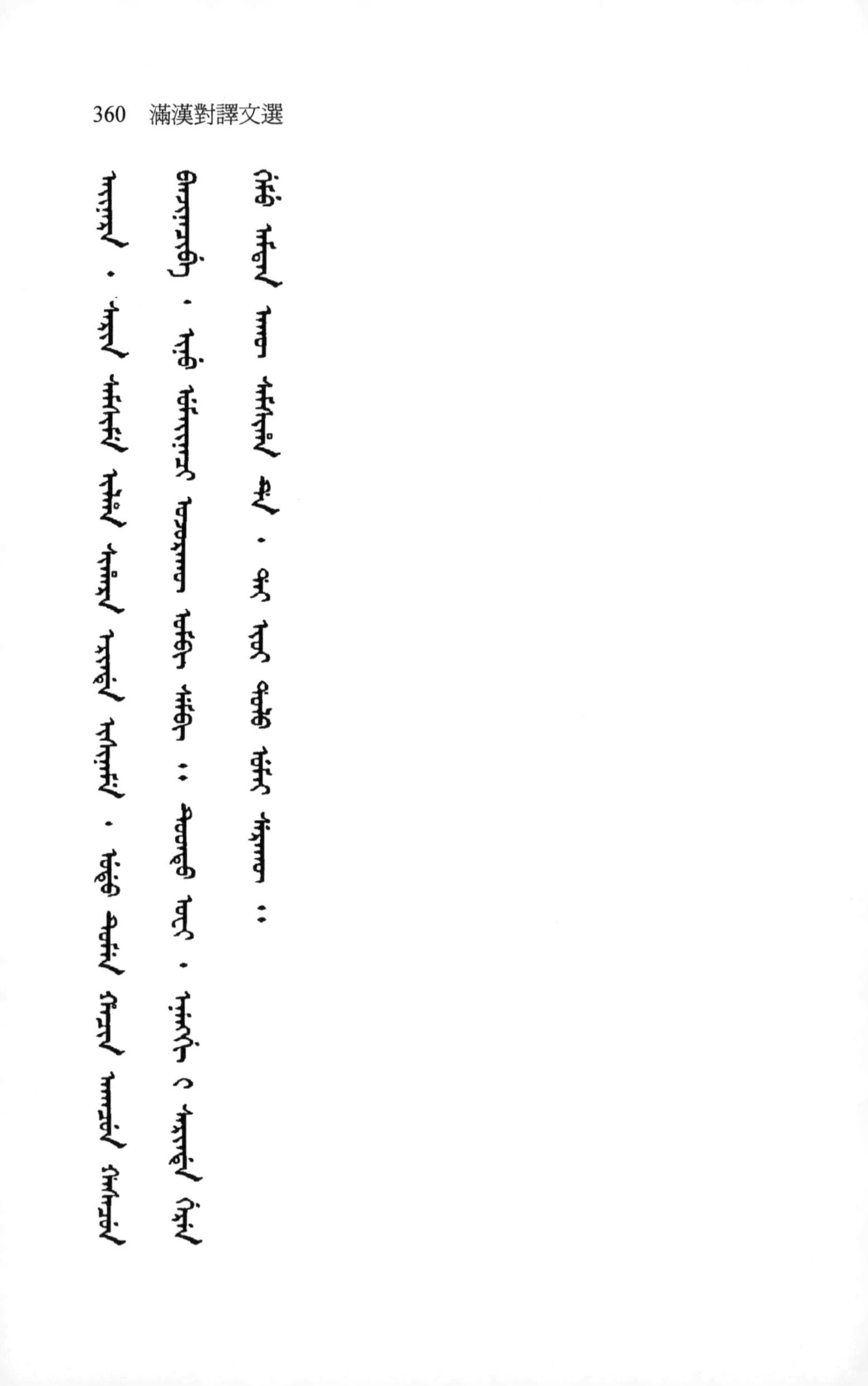

[illegible]

[illegible]

[illegible]

ainara, sarin samsime ilha sihara erinde isiname, udu tumen hacin akacun gasacun banjinacibe, inu umainaci ojorakū ombi sembi. tuttu ofi, enenggi i sarinde geren gemu amtan akū samsiha de̩, dai ioi dolo umai serakū.

生怕到筵散花謝時，雖有萬種悲傷，也就無可如何了。因此，今日之筵，大家無興散了，黛玉心裡並不覺得。

生怕到筵散花谢时，虽有万种悲伤，也就无可如何了。因此，今日之筵，大家无兴散了，黛玉心里并不觉得。

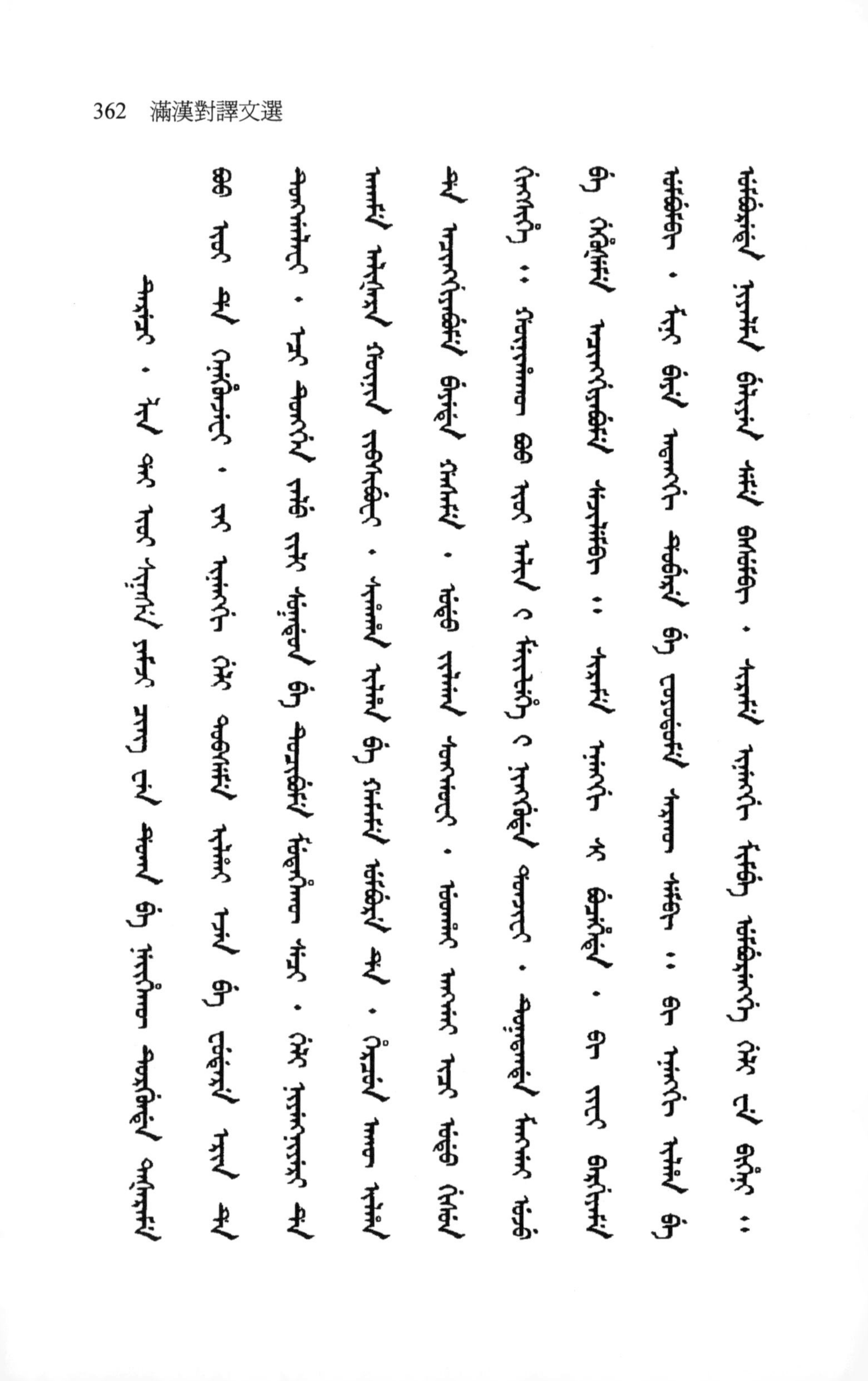

[illegible]

六十、春殘花落

tereci, lin dai ioi sikse yamji cing wen duka be neihekū turgunde tašarame boo ioi de kenehunjefi, jai inenggi geli tobseme ilhai ejen be fudere erin de tunggalafi, eci tunggen jalu jili sukdun be tucibume mutehekū seci, geli niyengniyeri de akame ališara gūnin jibsibufi, sihaha ilha be gamame umbure de, hercun akū ilha de acinggiyabume beyede gasame, udu jilgan songgofi, uthai anggai ici udu gisun gingsihe. gūnihakū boo ioi alin i meifehe i ninggude donjifi, tuktande manggai uju be gehušeme acinggiyabume sejilembi. sirame“ enenggi si bucehede, bi jifi bargiyame umbumbi, mini beye atanggi dubere be foyodome sarkū sembi? bi enenggi ilha be umburede niyalma beliyen seme basumbi, sirame inenggi mimbe umburengge geli we biheni?

話說林黛玉只因晴雯不開門一事，錯移在寶玉身上。次日又巧遇餞別花主之期，正是一腔無明未能發洩，又勾起傷春愁思，因將殘花落瓣拿去掩埋時，不覺感花傷己，哭了幾聲，便隨口唸了幾句。不想寶玉在山坡上聽見，先不過點頭感嘆，次後聽到「爾今死去儂收葬，未卜儂身何日喪？儂今葬花人笑痴，他日葬儂知是誰？

话说林黛玉只因晴雯不开门一事，错移在宝玉身上。次日又巧遇饯别花主之期，正是一腔无明未能发泄，又勾起伤春愁思，因将残花落瓣拿去掩埋时，不觉感花伤己，哭了几声，便随口念了几句。不想宝玉在山坡上听见，先不过点头感叹，次后听到「尔今死去侬收葬，未卜侬身何日丧？侬今葬花人笑痴，他日葬侬知是谁？

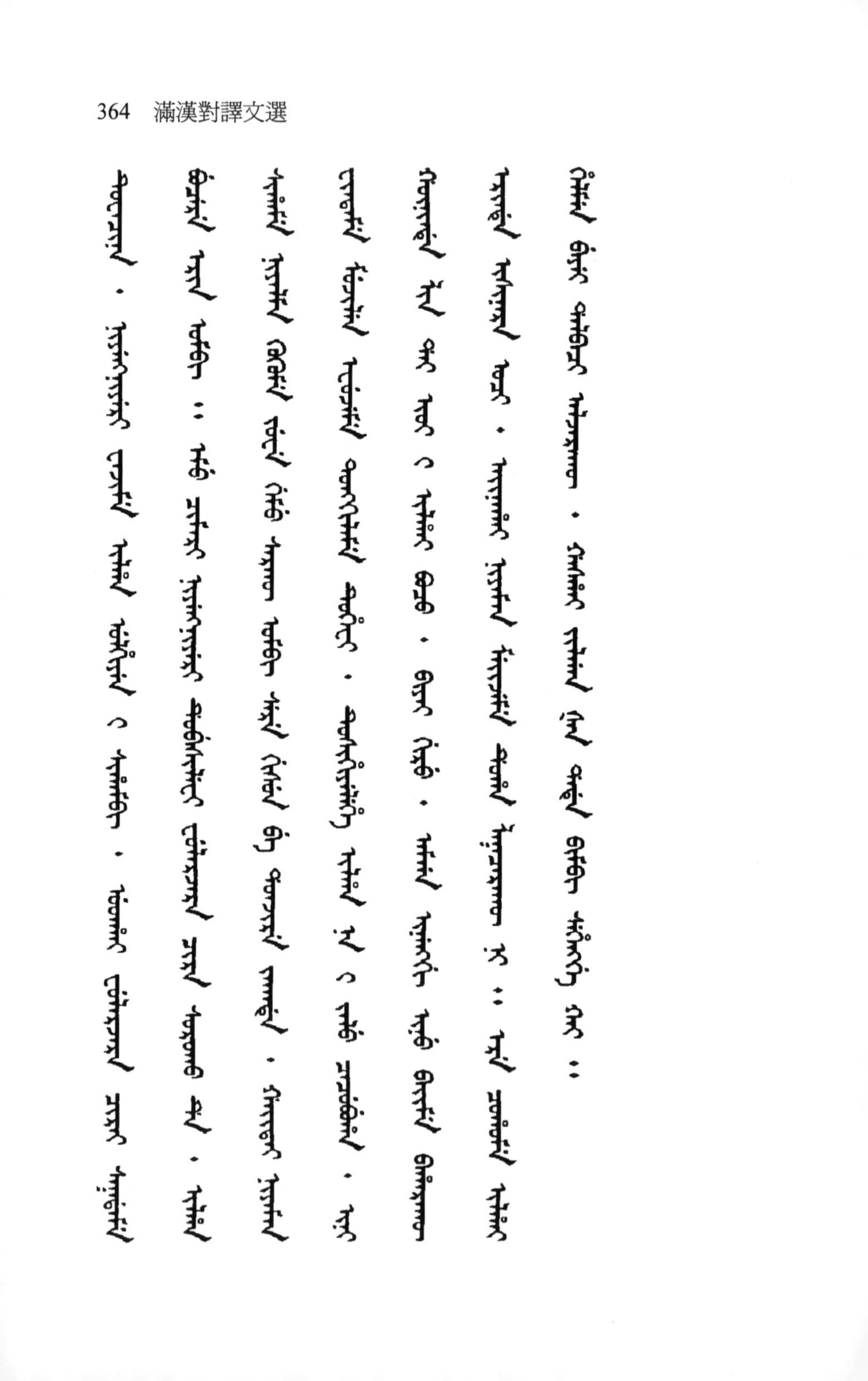

[illegible]

[illegible]

[illegible]

[illegible]

[illegible]

[illegible]

[illegible]

tuwacina, niyengniyeri wajime ilha ulhiyen i sihambi, uthai fularjara cirai sakdame bucere erin ombi. emu cimari niyengniyeri duberilefi fularjara cira soroko de, ilha sihame niyalma kukume juwe gemu sarkū ombi"sere gisun be donjire jakade, gaitai niyaman fintame mujilen efujeme tongkilame tuhefi, tusihiyelehe ilha na i jalu cacubuha, ini gūninde lin dai ioi i ilhai boco, biyai giru, amga inenggi inu baime baharakū erinde isinara oci, ainahai niyaman meijeme duha lakcarakū ni! ere cohome ilhai helmen beyei dalbaci aljarakū, gashai jilgan šan dade bimbi sehengge kai!

試看春殘花漸落，便是紅顏老死時。一朝春盡紅顏老，花落人亡兩不知」等句，忽然悲痛倒下，懷裡兜的落花撒了滿地。他心裡想林黛玉的花顏月貌，將來亦到無可尋覓之時，寧不心碎腸斷呢！這正是：「花影不離身左右，鳥聲在耳東西。」

试看春残花渐落，便是红颜老死时。一朝春尽红颜老，花落人亡两不知」等句，忽然悲痛倒下，怀里兜的落花撒了满地。他心里想林黛玉的花颜月貌，将来亦到无可寻觅之时，宁不心碎肠断呢！这正是：「花影不离身左右，鸟声在耳东西。」

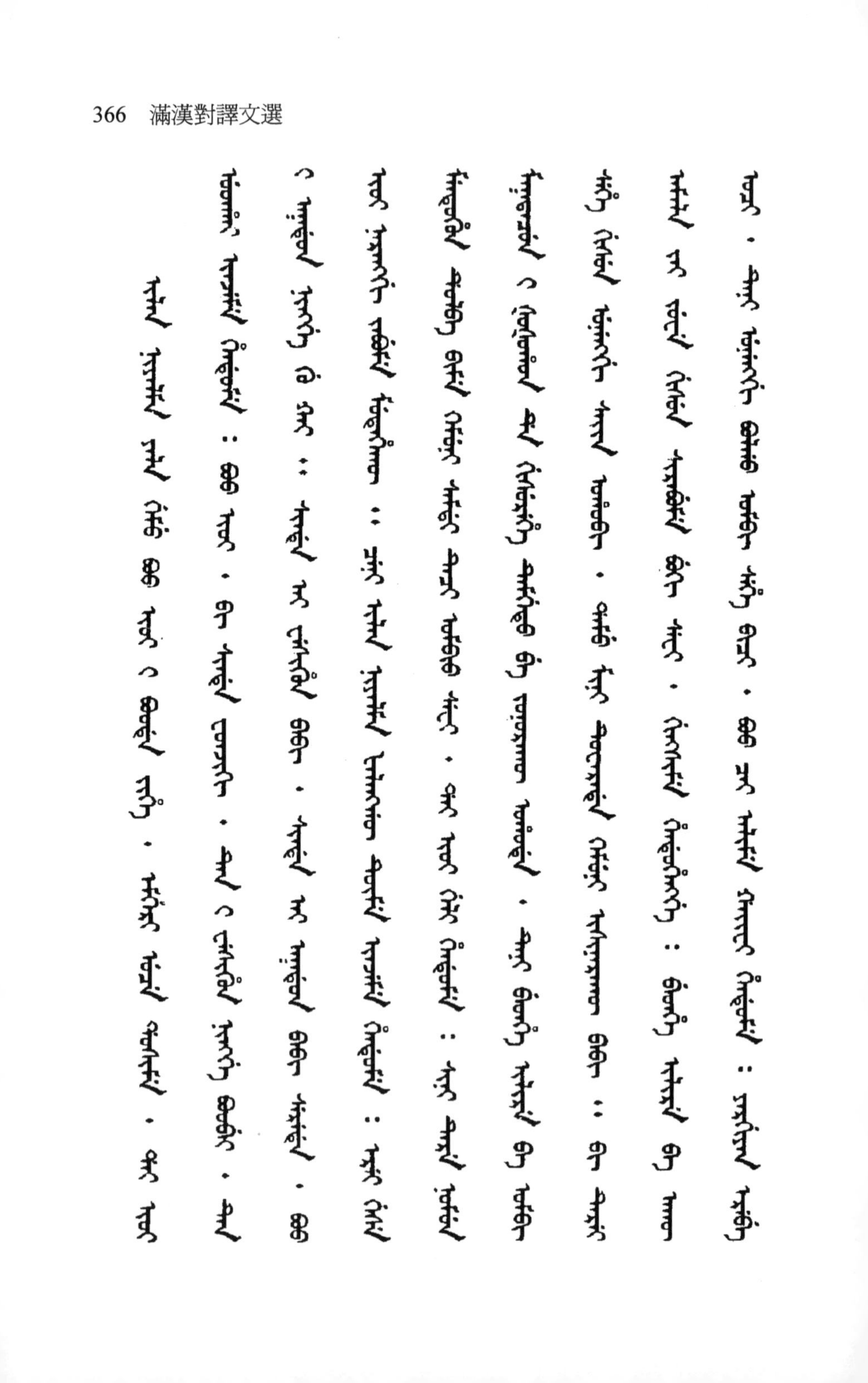

六十一、參禪悟道

ilan niyalma yala gemu boo ioi i boode jihe, emgeri uce dosime, dai ioi uthai injeme hendume:“ boo ioi, bi sinde fonjiki, ten i wesihun ningge boobei, ten i akdun ningge gu kai. sinde ai wesihun babi” sinde ai akdun babi ? serede. boo ioi naranggi jabume mutehekū. ceni ilan niyalma falanggū tūme injeme hendume:“erei gese mentuhun dulba bime kemuni samdi teci ombio ” sefi, dai ioi geli hendume: sini tere nomun maktacun i šošohon de gisruehe temgetu be jonorakū ohode, teni bethe ilire ba ombi sehe gisun unenggi sain ohobi, damu mini tuwarade kemuni isinarakū babi. bi terei amala jai juwe gisun sirabume buki” sefi gingsime henduhengge:“ bethe ilire ba akū oci, teni unenggi bolgo ombi“ sehe bici, boo cai alime gaifi hendume: “ yargiyan erebe

---

三人果然都往寶玉屋裡來。一進門來，黛玉便笑道：「寶玉，我問你，至貴者是『寶』，至堅者是『玉』。爾有何貴？爾有何堅？」寶玉竟未能答。他們三人拍手笑道：「這樣愚鈍，還可參禪嗎？」黛玉又道：「你那偈末云，『無可云證，方是立足境』，話固然了，只是據我看，還未盡善。我再續兩句在後。」因吟咏唸道：「無立足境，是方乾淨。」寶釵應答道：「實在

三人果然都往宝玉屋里来。一进门来，黛玉便笑道：「宝玉，我问你，至贵者是『宝』，至坚者是『玉』。尔有何贵？尔有何坚？」宝玉竟未能答。他们三人拍手笑道：「这样愚钝，还可参禅吗？」黛玉又道：「你那偈末云，『无可云证，方是立足境』，话固然了，只是据我看，还未尽善。我再续两句在后。」因吟咏念道：「无立足境，是方干净。」宝钗应答道：「实在

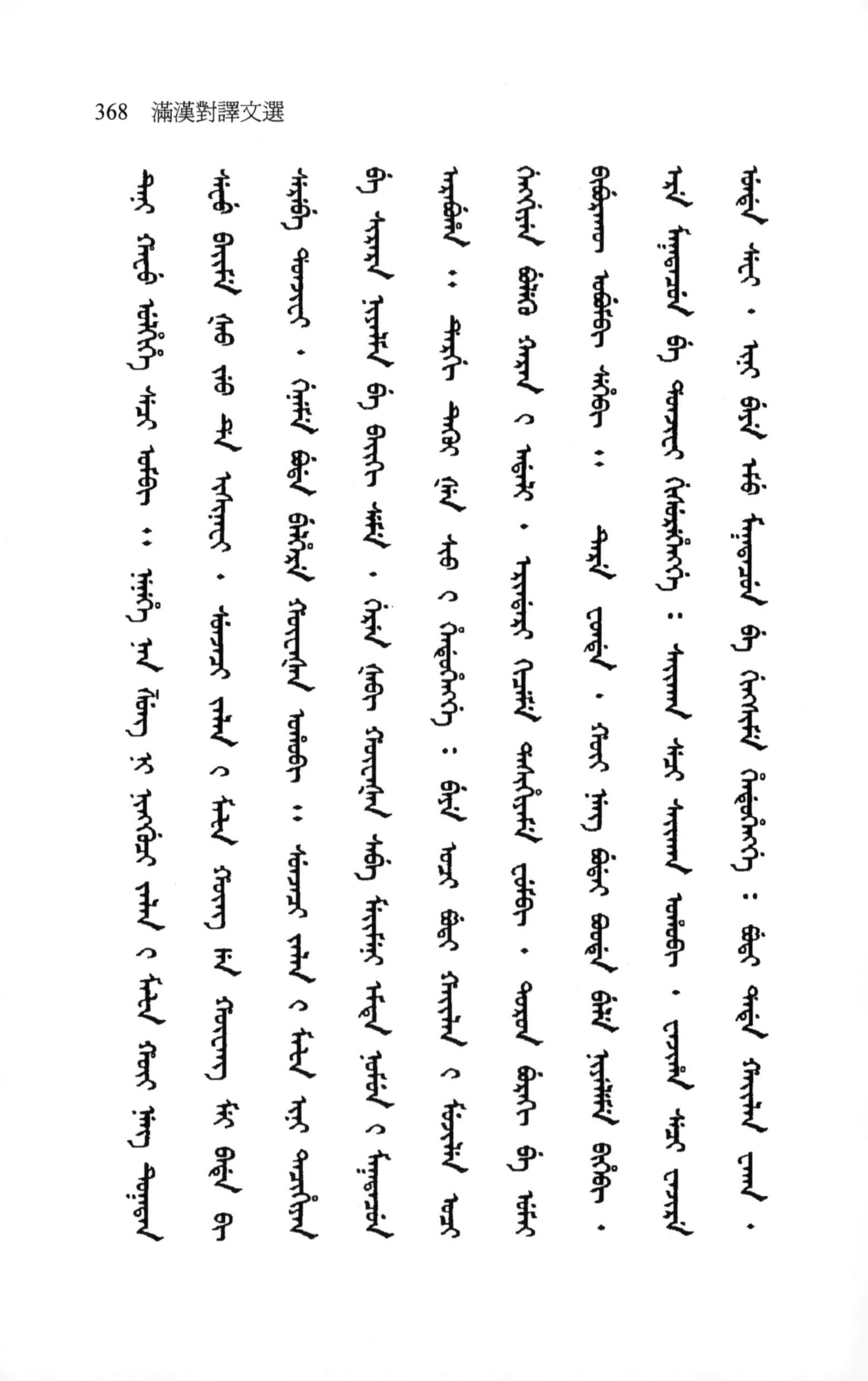

[illegible]

[illegible]

[illegible]

[illegible]

[illegible]

[illegible]

[illegible]

[illegible]

[illegible]

teni hafu ulhihe seci ombi. nenehe nan dzung ni ningguci jalan i mafa hūi neng tuktan sefu baime šao jeo de isinafi, sunjaci jalan i mafa hūng žen hūwang mei bade bi serebe donjifi, geneme buda belhere hūwašan ohobi. sunjaci jalan i mafa ini tacihiyan be sirara niyalma be baiki seme, geren šabi hūwašan sabe meimeni emte nomun i maktacun arabuha. dergi tekui šen sio i henduhengge:" beye oci puti hailan i mujilen oci genggiyen buleku i karan i adali, erindari kiceme dasihiyame fumbi, toron buraki be umai biburakū obumbi" sehebi. tere fonde, hūi neng budai boode bele niyeleme bihebi, ere maktacun be donjifi gisurehengge:"saikan seci saikan ohobi, wajiha seci wajire unde " sefi, ini beye emu maktacun be gingsime henduhengge: " puti dade hailan waka,

---

這方悟徹。當日南宗六祖惠能，初尋師至韶州。聞五祖弘忍在黃梅，便去充當火頭僧。五祖欲求法嗣，令徒弟諸僧各出一偈。上座神秀說道：「身是菩提樹，心如明鏡臺，時時勤拂拭，莫使染塵埃。」彼時惠能在廚房舂米，聽了這偈，說到：「美則美矣，了則未了。」他自己吟唸一偈道：「菩提本無樹，

这方悟彻。当日南宗六祖惠能，初寻师至韶州。闻五祖弘忍在黄梅，便去充当火头僧。五祖欲求法嗣，令徒弟诸僧各出一偈。上座神秀说道：「身是菩提树，心如明镜台，时时勤拂拭，莫使染尘埃。」彼时惠能在厨房舂米，听了这偈，说到：「美则美矣，了则未了。」他自己吟念一偈道：「菩提本无树，

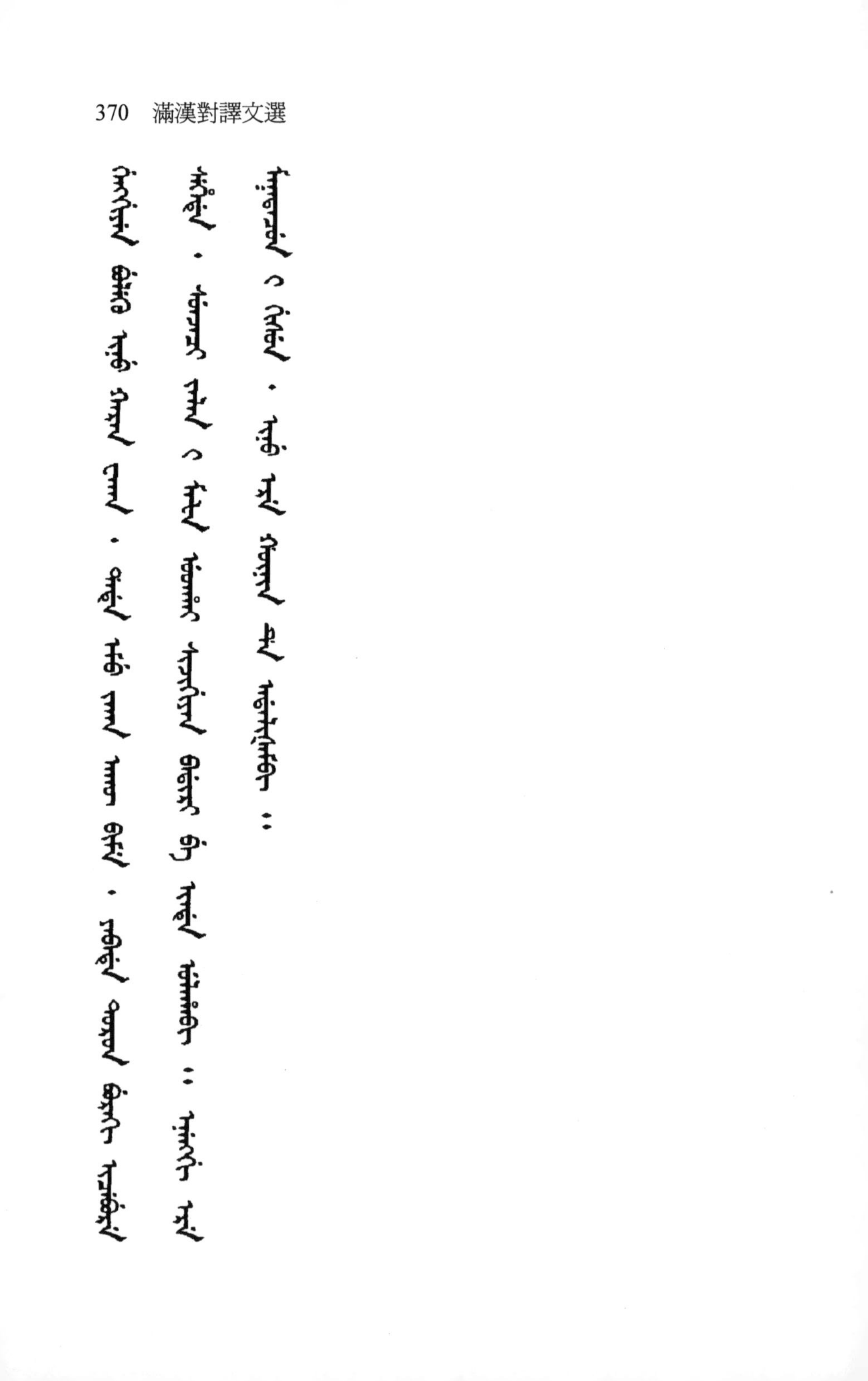

genggiyen buleku inu karan waka, dade emu jaka akū bime, yabade toron buraki icebure“ sehede, sunjaci jalan i mafa uthai sijigiyan badiri be inde ulahabi. enenggi ere maktacun i gisun, inu ere gūnin de adališambi.

明鏡亦非臺，本來無一物，何處染塵埃？」五祖便將衣缽傳他。今兒這偈語，亦同此意。

明镜亦非台，本来无一物，何处染尘埃？」五祖便将衣钵传他。今儿这偈语，亦同此意。

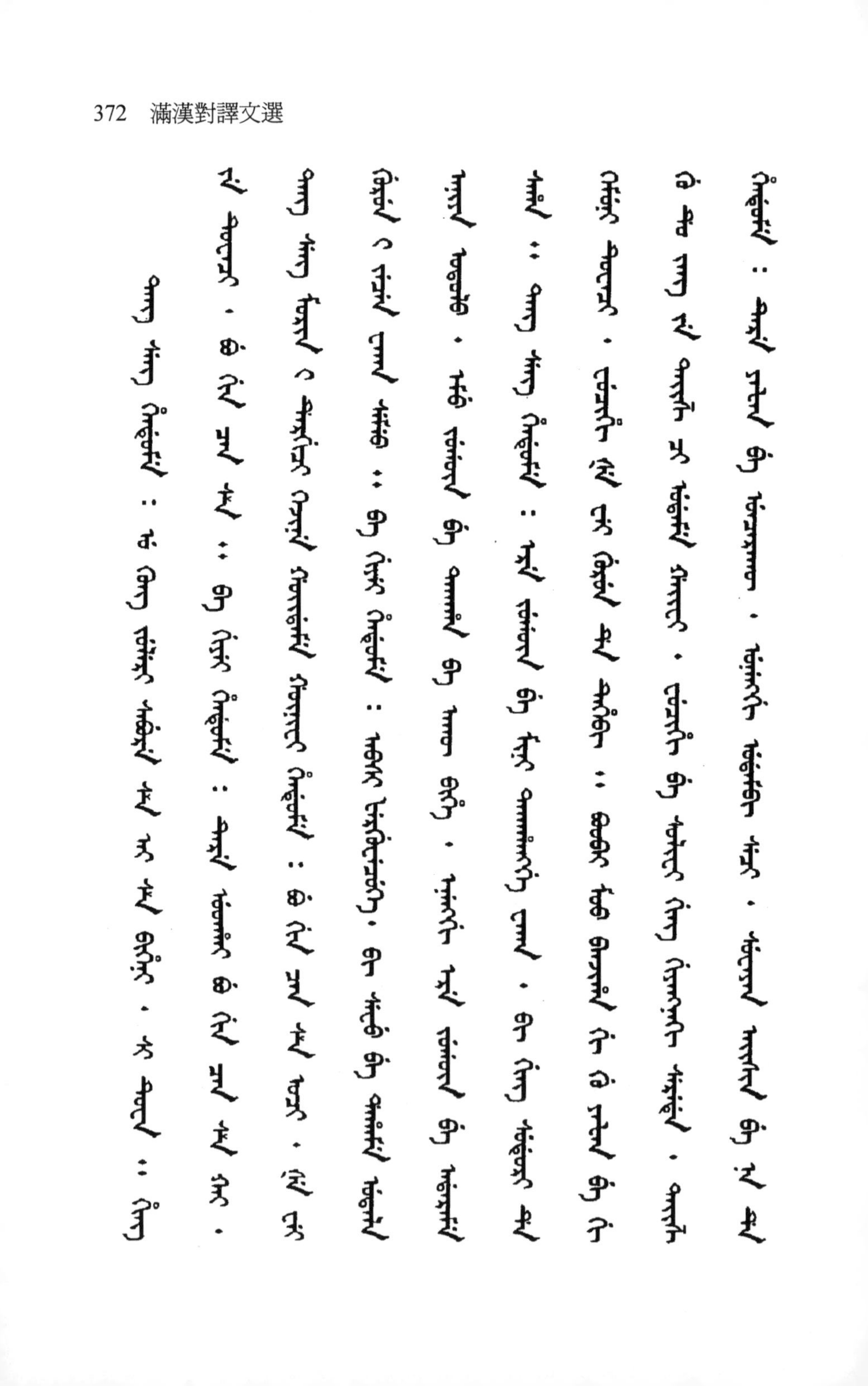

六十二、布金禪寺

tang seng hendume: u kung juleri sabure sy ai sy biheni, gi tuwa. hing je tuwaci, bu gin can sy. ba giyei hendume: tere uthai bu gin can sy kai! tang seng morin i dergici kejine goidame gūnifi hendume: bu gin can sy oci, še wei gurun i jecen waka semeo? ba giyei hendume: absi ferguwecuke, bi sefu be dahame utala aniya otolo emu jugūn be takaha ba akū bihe, enenggi ere jugūn be adarame saha ? tang seng hendume: ere jugūn be mini takahangge waka, bi ging suduri de kemuni tuwaci, fucihi še wei gurun de tehebi. boobai moo banjiha gi gu yafan be gi gu du jang je taidz ci udame gaifi, fucihi be solifi ging giyangnaki serede, taidz hendume: tere yafan be uncarakū, unenggi udambi seci, suwayan aisin be na de

---

唐僧道：「悟空，前面看到的寺是什麼寺呢？你看！」行者看得是布金禪寺。八戒道：「那便是布金禪寺。」唐僧在馬上沉思好一會兒道：「布金禪寺不是舍衛國界了嗎？」八戒道：「奇啊！我跟師父幾年，不曾見識得路，今日怎麼識得這條路了。」唐僧道：「不是我識得這條路，我常看經史，說是佛在舍衛國祇樹給孤園是給孤獨長者向太子買來請佛講經，太子道：「那園不賣，真要買時，除非黃金滿布園地

唐僧道：「悟空，前面看到的寺是什么寺呢？你看！」行者看得是布金禅寺。八戒道：「那便是布金禅寺。」唐僧在马上沉思好一会儿道：「布金禅寺不是舍卫国界了吗？」八戒道：「奇啊！我跟师父几年，不曾见识得路，今日怎么识得这条路了。」唐僧道：「不是我识得这条路，我常看经史，说是佛在舍卫国只树给孤园是给孤独长者向太子买来请佛讲经，太子道：「那园不卖，真要买时，除非黄金满布园地

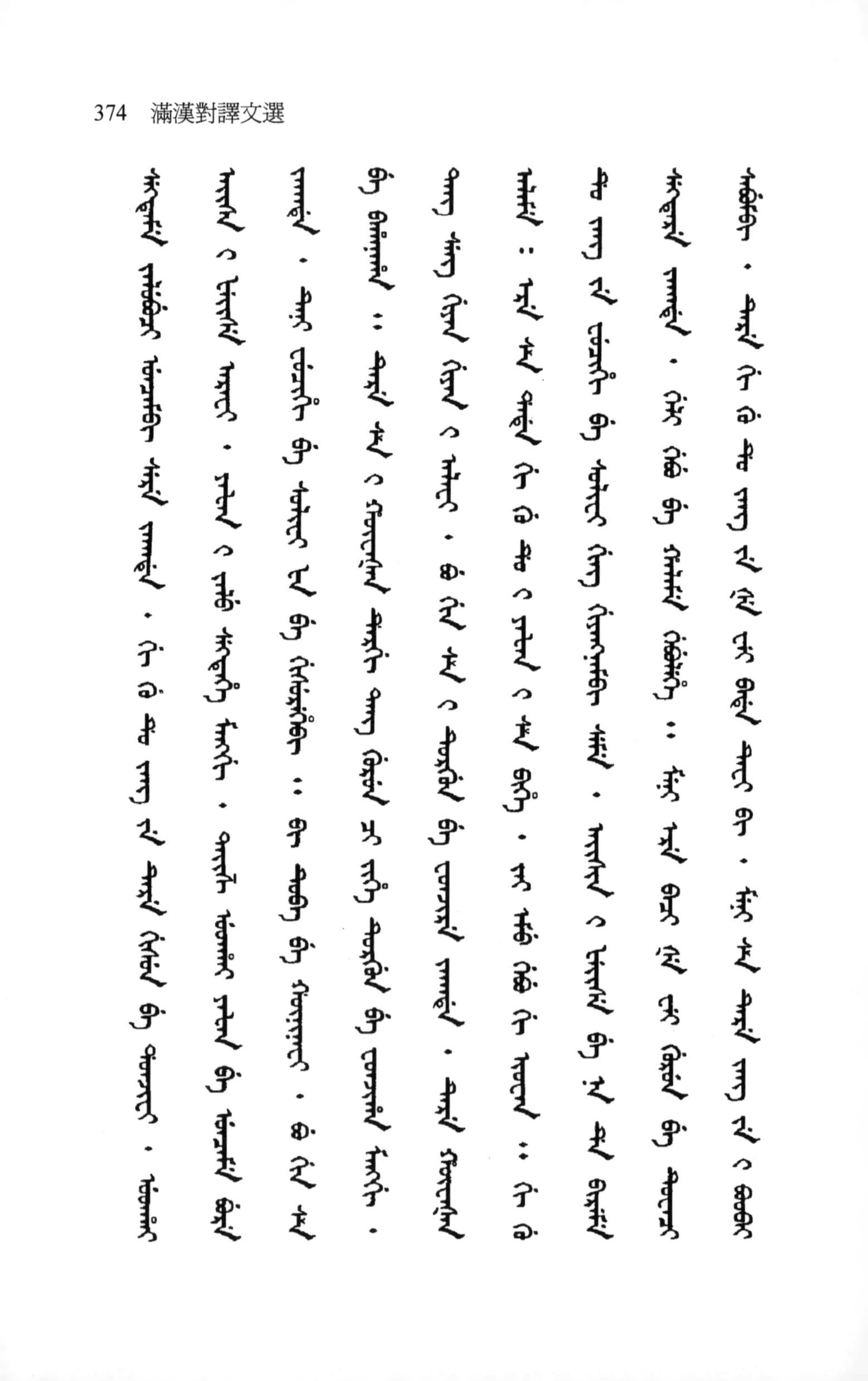

sekteme jalubuci uncambi sere jakade , gi gu du jang je tere gisun be donjifi, uthai aisin i feise arafi, yafan i jalu sektehe manggi, taidz uthai yafan be uncame bure jakade, teni fucihi be solifi fa be gisurehebi, bi tuba be gūninjanafi, bu gin sy be bahanaha. tere sy i hūwašan , dergi tang gurun ci jihe turgun be fonjiha manggi , tang seng giyan giyan i alafi, bu gin sy i turgun be fonjire jakade, tere hūwašan alame ere sy dade gi gu du i yafan i sy bihe, jai emu gebu gi iowan. gi gu du jang je fucihi be solifi ging giyangnambi seme, aisin i feise be na de bireme sektere jakade, geli gebu be halame gebulehe, meni ere baci še wei gurun be tuwaci sabumbi , tere gi gu du jang je še wei bade tefi bi, meni sy tere jang je i boobai

---

才賣。」給孤獨長者聽說，便以黃金做磚，布滿園地，太子便賣園地，才請佛說法。我想那裡就是布金寺。」寺僧問起東土唐朝來因後，唐僧一一告知，問起布金寺的由來。那僧告知這寺原是給孤獨園寺，又名祇園。因是給孤獨長者請佛講經，金磚布地，又易今名。我這寺原是那長者

才卖。」给孤独长者听说，便以黄金做砖，布满园地，太子便卖园地，才请佛说法。我想那里就是布金寺。」寺僧问起东土唐朝来因后，唐僧一一告知，问起布金寺的由来。那僧告知这寺原是给孤独园寺，又名只园。因是给孤独长者请佛讲经，金砖布地，又易今名。我这寺原是那长者

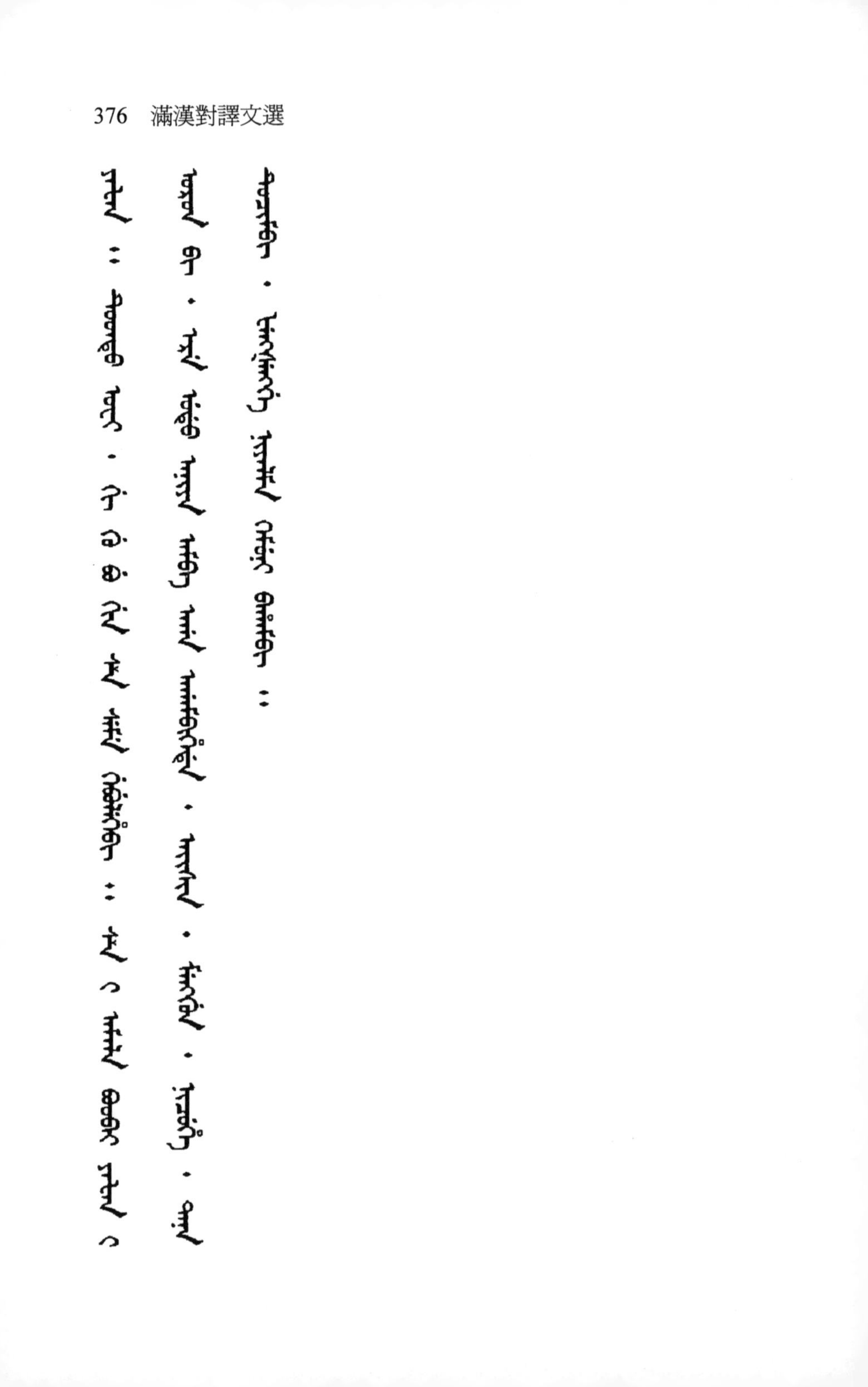

yafan. tuttu ofi, gi gu bu gin sy seme gebulehebi, si i amala boobai yafan i oron bi, ere udu aniya amba aga agambihede, aisin, menggun, nicuhe, tana tucimbi, fengšengge niyalma kemuni bahambi .

祇園，因此，遂名給孤布金寺。寺後邊有祇園基址。近年間，若遇大雨時，還出現黃金、白銀、珠珠、東珠，有造化的人，每每拾著。

只园，因此，遂名给孤布金寺。寺后边有只园基址。近年间，若遇大雨时，还出现黄金、白银、珠珠、东珠，有造化的人，每每拾着。

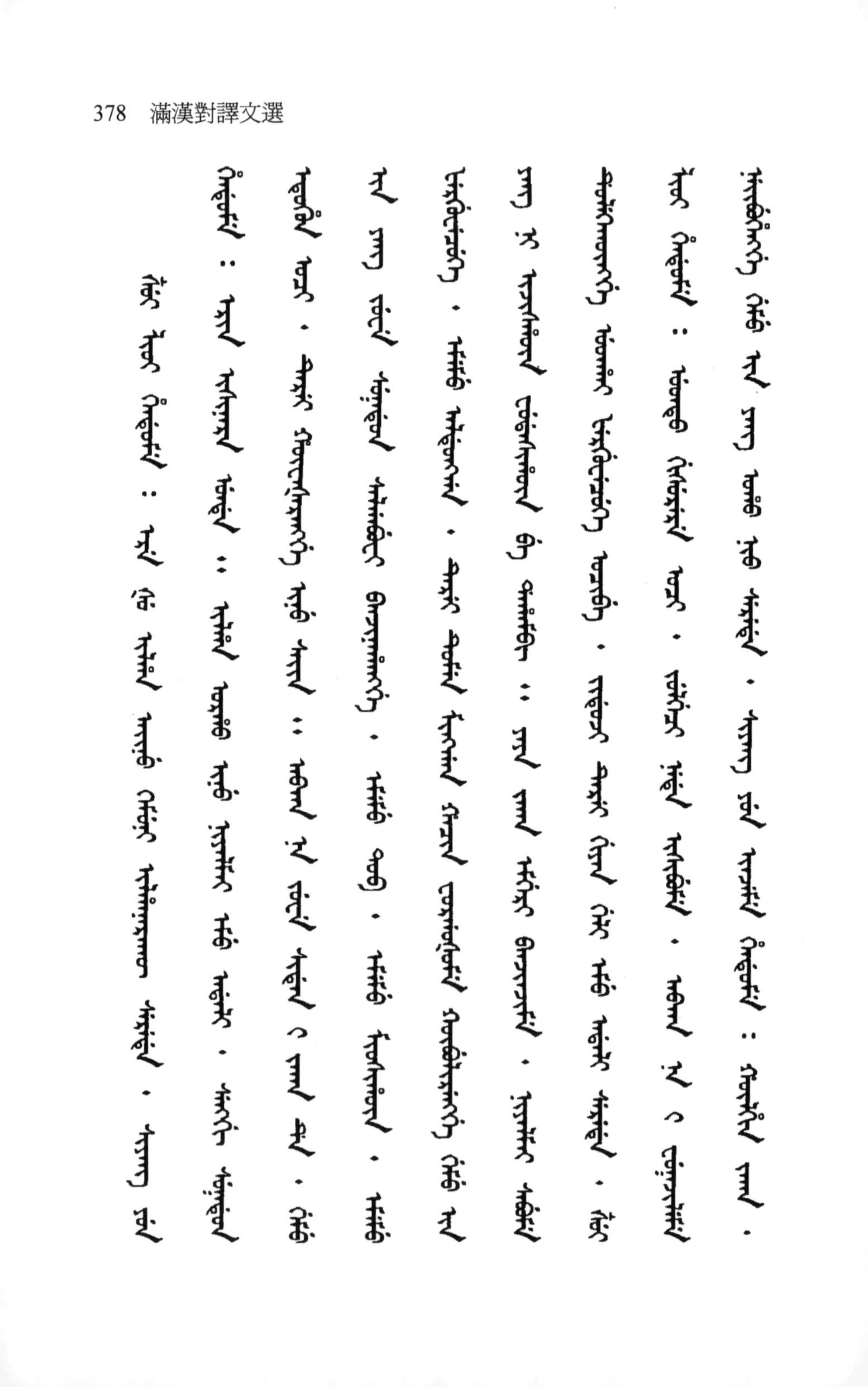

[illegible]

[illegible]

[illegible]

[illegible]

[illegible]

[illegible]

[illegible]

[illegible]

[illegible]

六十三、陰陽變化

ts'ui lioi hendume: "ere šu ilha ainu kemuni ilhanarakū?" serede, siyang yun hendume:"erin isinara unde. ilha orho inu niyalmai emu adali, senggi sukdun etuhun oci, terei hūwašarangge inu sain. abka na juwe siden i jaka de, gemu in yang juwe sukdun salgabufi banjinahangge, ememu tob, ememu miosihūn, ememu ferguwecuke, ememu aldungga, terei tumen minggan hacin forgošome kūbulirengge gemu in yang ni ijishūn fudasihūn be dahambi. yaya jaka emgeri banjinjime, niyalmai sabume dulekekūngge uthai ferguwecuke ocibe, jiduji terei giyan geli emu adali " serede, ts'ui lioi hendume: " uttu gisurere oci, julgeci nede isibume, abka na i fukjileme neibuhengge gemu in yang oho nio " serede, siyang yun injeme hendume:" hūlhin jaka,

---

翠縷道：「這荷花怎麼還不開？」湘雲道：「時候沒到。花草也是同人一樣，若氣脈充足，它長的也好。天地間事物都賦陰陽二氣所生，或正或邪，或奇或怪，千變萬化，都是陰陽順逆。諸凡東西一生出來，人罕見的就奇，究竟其理還是一樣。」翠縷道：「這麼說起來，從古至今，開天闢地，都是陰陽了嗎？」湘雲笑道：「糊塗東西，

翠缕道：「这荷花怎么还不开？」湘云道：「时候没到。花草也是同人一样，若气脉充足，它长的也好。天地间事物都赋阴阳二气所生，或正或邪，或奇或怪，千变万化，都是阴阳顺逆。诸凡东西一生出来，人罕见的就奇，究竟其理还是一样。」翠缕道：「这么说起来，从古至今，开天辟地，都是阴阳了吗？」湘云笑道：「胡涂东西，

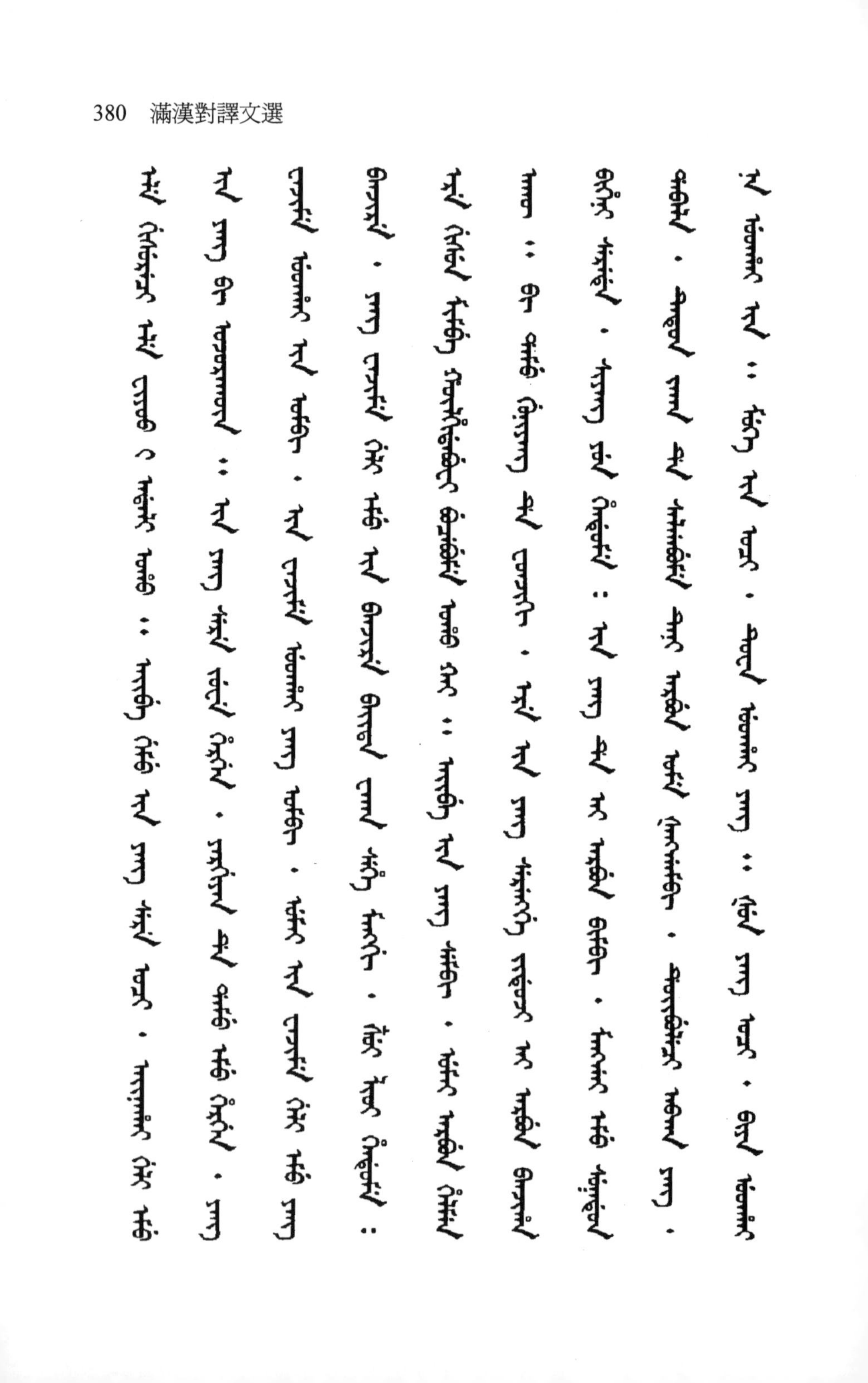

ele gisureci ele fiyoo i adali oho. aibe gemu "in yang" sere oci, ainahai geli emu in yang bi ojorakūn ! " in " " yan " sere juwe hergen, yargiyan de damu emu hergen, yang wajime uthai in ombi, in wajime uthai yang ombi, umai in wajime geli emu yang banjire, yang wajime geli emu in banjire baita waka" sehe manggi, ts'ui lioi hendume:"ere gisun mimbe hūlhidabufi bucebume oho kai ! aibe in yang sembi, umai arbun helmen akū. bi damu guniyang de fonjiki, ere in yang serengge jiduji ai arbun banjiha biheni" serede, siyang yun hendume:"in yang de ai arbun bimbi, manggai emu sukdun dabala, tetun jaka de salgabume teni arbun ome šanggambi, duibuleci abka yang, na uthai in. muke in oci, tuwa uthai yang. šun yang oci, biya uthai

---

越說越放屁了。什麼『都是些陰陽』，難道還有個陰陽不成？『陰』、『陽』兩個字還只是一字，陽盡了就成陰，陰盡了就成陽，並不是陰盡了又一個陽生出來，陽盡了又一個陰生出來，」翠縷道：「這話糊塗死了我！什麼是陰陽，沒影沒形的，我只問姑娘這陰陽到底生得什麼個樣兒？」湘雲道：「陰陽可有什麼樣兒呢？不過是個氣罷了，器物賦了才成形。比如天是陽，地就是陰；水是陰，火就是陽，日是陽，月就是

越说越放屁了。什么『都是些阴阳』，难道还有个阴阳不成？『阴』、『阳』两个字还只是一字，阳尽了就成阴，阴尽了就成阳，并不是阴尽了又一个阳生出来，阳尽了又一个阴生出来，」翠缕道：「这话胡涂死了我！什么是阴阳，没影没形的，我只问姑娘这阴阳到底生得什么个样儿？」湘云道：「阴阳可有什么样儿呢？不过是个气罢了，器物赋了才成形。比如天是阳，地就是阴；水是阴，火就是阳，日是阳，月就是

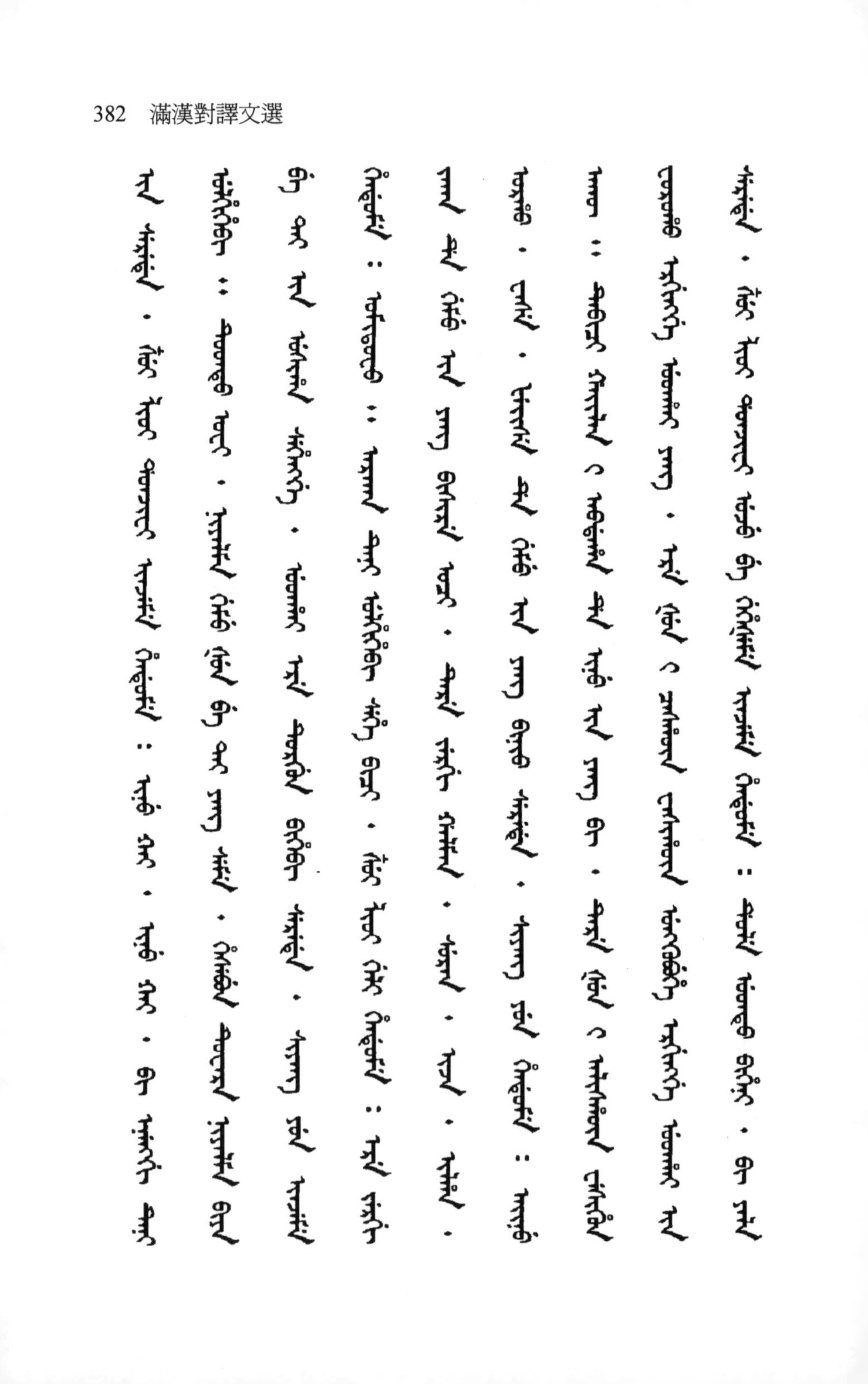

in" serede, ts'ui lioi donjifi injeme hendume:"inu kai, inu kai, bi enenggi teni ulhihebi. tuttu ofi, niyalma gemu šun be tai yang seme, hesebun tuwara niyalma biya be tai in usiha sehengge, uthai ere turgun bihebi" serede, siyang yun injeme hendume: "omitofo! arkan teni ulhihebi" sehe bici, ts'ui lioi geli hendume:"ere jergi jaka de gemu in yang bisire oci, tere jergi galman, suran 、ija、ilha、orho、wase、feise de gemu in yang binio" serede, siyang yun hendume"ainu akū? tebici : hailan i abdaha de inu in yang bi, tere šun i alishūn wesihun foroho ergingge uthai yang, ere šun i cashūn wasihūn ungkubuhe ergingge uthai in " serede, ts'ui lioi donjifi uju be gehešeme injeme hendume:"dule uttu biheni, bi yala

---

陰。」翠縷聽了笑道：「是了，是了，我今兒才明白了。所以人都管著日頭叫『太陽』呢，算命的人管著月亮叫『太陰星』，就是這個緣故了。」湘雲笑道：「阿彌陀佛！剛剛的才明白了。」翠縷又道：「這些東西都有陰陽也罷了，難道那些蚊子、虼蚤、蠓蟲兒、花兒、草兒、瓦片兒、磚頭兒都有陰陽嗎？」湘雲道：「怎麼沒有？比如樹葉兒也有陰陽，那邊向上朝陽便是陽，這邊覆下背陽的便是陰。」翠縷聽了，點頭笑道：「原來是這樣呢！

阴。」翠缕听了笑道：「是了，是了，我今儿才明白了。所以人都管着日头叫『太阳』呢，算命的人管着月亮叫『太阴星』，就是这个缘故了。」湘云笑道：「阿弥陀佛！刚刚的才明白了。」翠缕又道：「这些东西都有阴阳也罢了，难道那些蚊子、虼蚤、蠓虫儿、花儿、草儿、瓦片儿、砖头儿都有阴阳吗？」湘云道：「怎么没有？比如树叶儿也有阴阳，那边向上朝阳便是阳，这边覆下背阳的便是阴。」翠缕听了，点头笑道：「原来是这样呢！

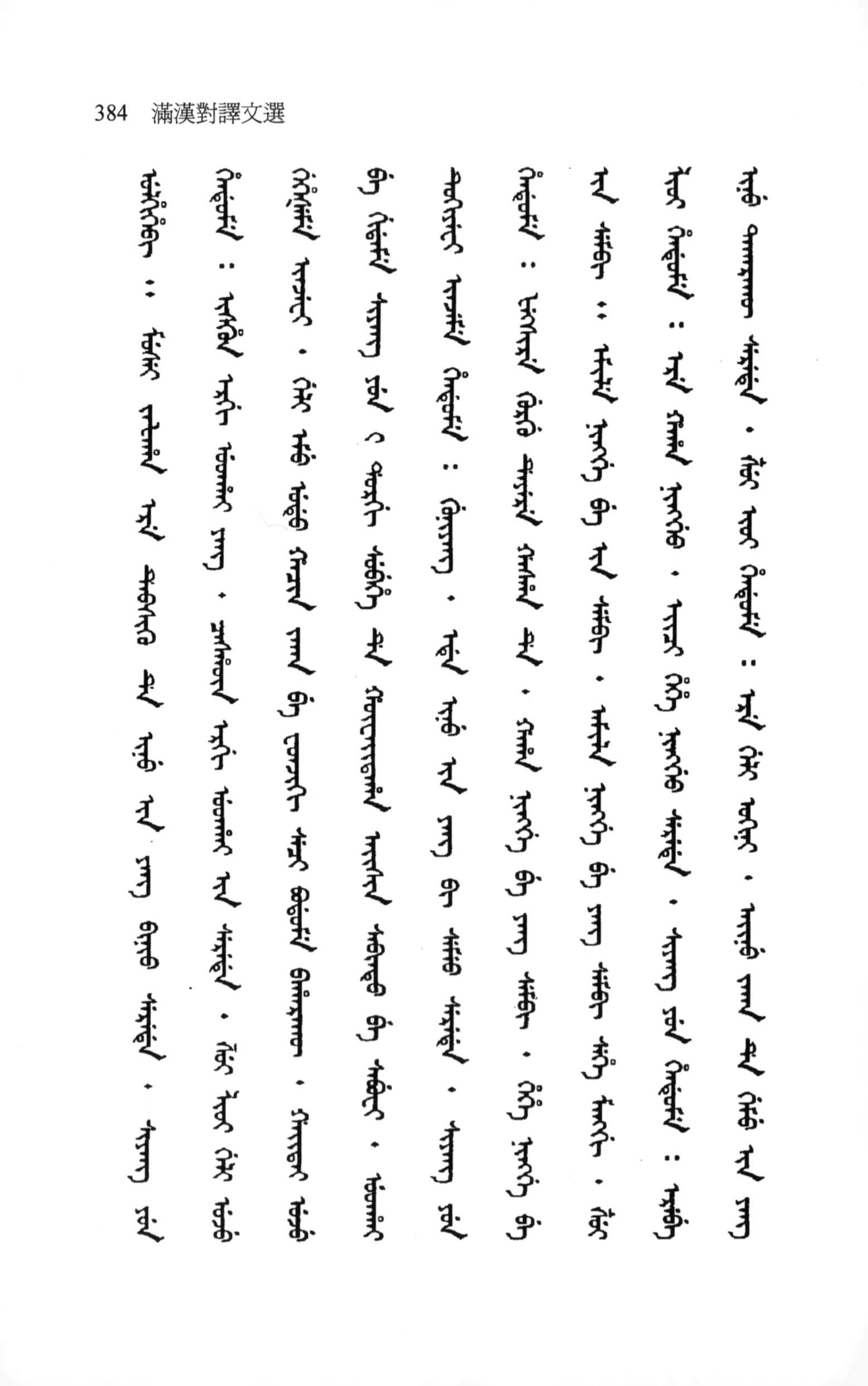

ulhihebi. musei jafaha ere debsiku de inu in yang binio" serede, siyang yūn hendume:" ishun ergi uthai yang, cashūn ergi uthai in" serede, ts'ui lioi geli uju gehušeme injefi, geli emu udu hacin jaka be fonjiki seci bodome baharakū, gaitai uju be gidame siyang yun i dorgi subehe de hūwaitaha aisin sabintu be sabufi, uthai tukiyefi injeme hendume:"guniyang, ede inu in yang bi semeo serede, siyang yun hendume:"feksire gurgu, deyere gasha de, haha ningge be yang sembi, hehe ningge be in sembi. emile ningge be in sembi, amila ningge be yang sembi" sehe manggi, ts'ui lioi hendume:"ere haha ninggeo, eici hehe ninggeo"serede, siyang yun hendume:"erebe inu takarakū" serede, ts'ui lioi hendume:" ere geli okini, ainu jaka de gemu in yang

---

我可明白了。咱們手裡拿的這把扇子也有陰陽嗎？」湘雲道：「這邊正面就是陽，那邊反面就是陰。」翠縷又點頭笑了，還要拿幾件東西問，因想不起個什麼來，猛低頭就看見湘雲宮絛上繫的金麒麟，便提起笑道：「姑娘，這個難道也有陰陽嗎？」湘雲道：「走獸飛禽，公的是陽，母的是陰，牝爲陰，牡爲陽。」翠縷道：「這是公的，或者是母的呢？」湘雲道：「這我也不知道。」翠縷道：「這也罷了，怎麼東西都有陰陽，

我可明白了。咱们手里拿的这把扇子也有阴阳吗？」湘云道：「这边正面就是阳，那边反面就是阴。」翠缕又点头笑了，还要拿几件东西问，因想不起个什么来，猛低头就看见湘云宫绦上系的金麒麟，便提起笑道：「姑娘，这个难道也有阴阳吗？」湘云道：「走兽飞禽，公的是阳，母的是阴，牝为阴，牡为阳。」翠缕道：「这是公的，或者是母的呢？」湘云道：「这我也不知道。」翠缕道：「这也罢了，怎么东西都有阴阳，

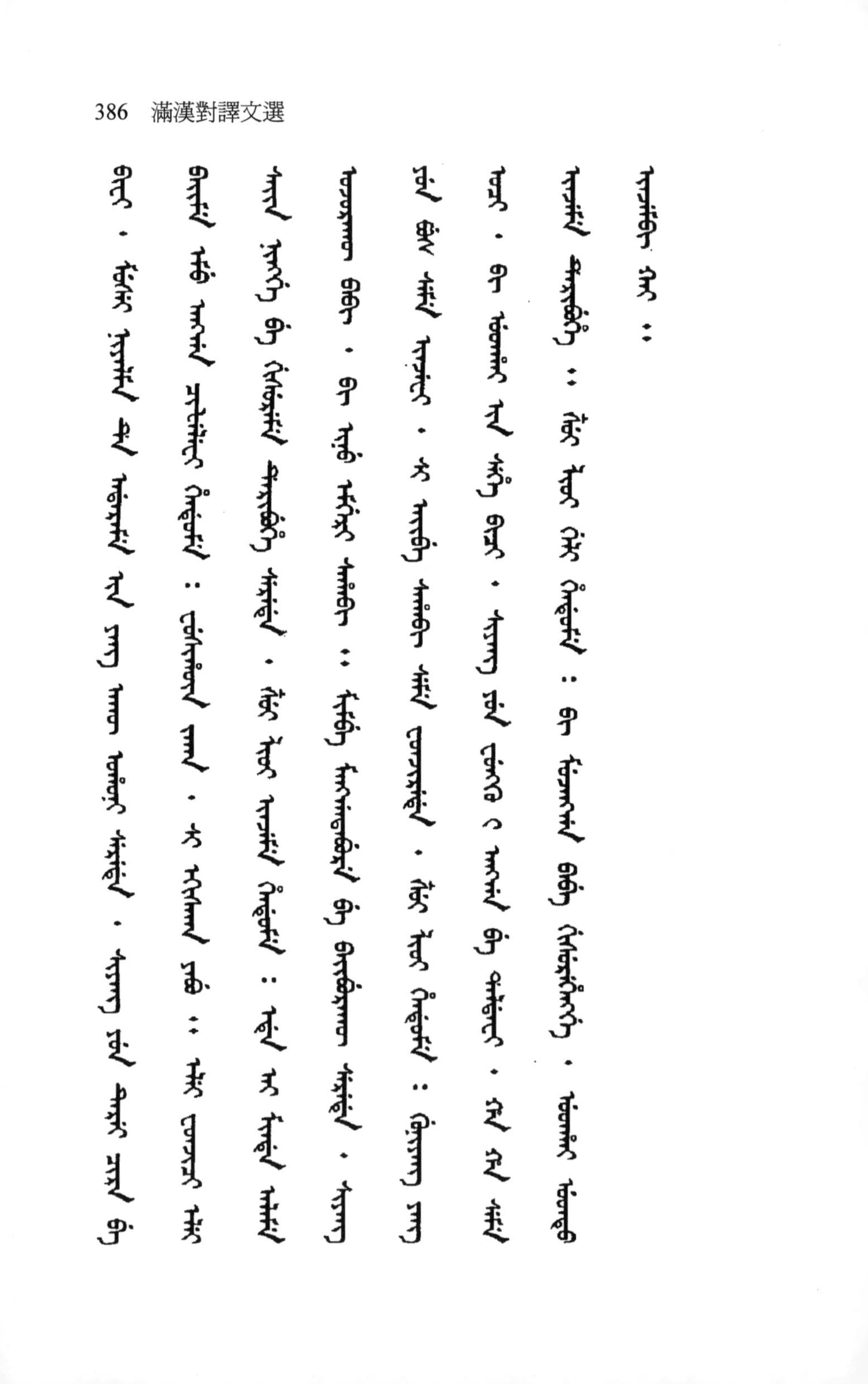

[illegible]

[illegible]

[illegible]

[illegible]

[illegible]

[illegible]

[illegible]

[illegible]

bifi, musei niyalma de adarame in yang akū ohoni" serede, siyang yun terei cira be baime emu angga cifelefi hendume:"fusihūn jaka, si ekisaka yabu! elei fonjici elei sain ningge be gisureme deribuhe" serede, ts'ui lioi injeme hendume:"ede ai minde alame ojorakū babi? bi inu emgeri sahabi, mimbe manggatabure be baiburakū" serede, siyang yun pus seme injefi,"si aibe sahabi" seme fonjirede, ts'ui lioi hendume:"guniyang yang oci, bi uthai in" sehe bici, siyang yun fungku i angga be daldafi, ha ha seme injeme deribuhe. ts'ui lioi geli hendume:"bi mujangga babe gisurehengge, uthai uttu injembi kai."

咱們人怎麼沒有陰陽呢？」湘雲照她臉上啐了一口道：「下流東西，你好生走罷！越問起好的來了！」翠縷笑道：「這又什麼不告訴我的呢？我也已經知道了，不用爲難我。」湘雲噗哧一笑問道：「你知道什麼？」翠縷道：「姑娘是陽，我就是陰。」說著，湘雲拿手帕握著嘴，呵呵地笑起來。翠縷又道：「我說的是了，就笑的這樣啊。」

咱们人怎么没有阴阳呢？」湘云照她脸上啐了一口道：「下流东西，你好生走罢！越问起好的来了！」翠缕笑道：「这又什么不告诉我的呢？我也已经知道了，不用为难我。」湘云噗哧一笑问道：「你知道什么？」翠缕道：「姑娘是阳，我就是阴。」说着，湘云拿手帕握着嘴，呵呵地笑起来。翠缕又道：「我说的是了，就笑的这样啊。」

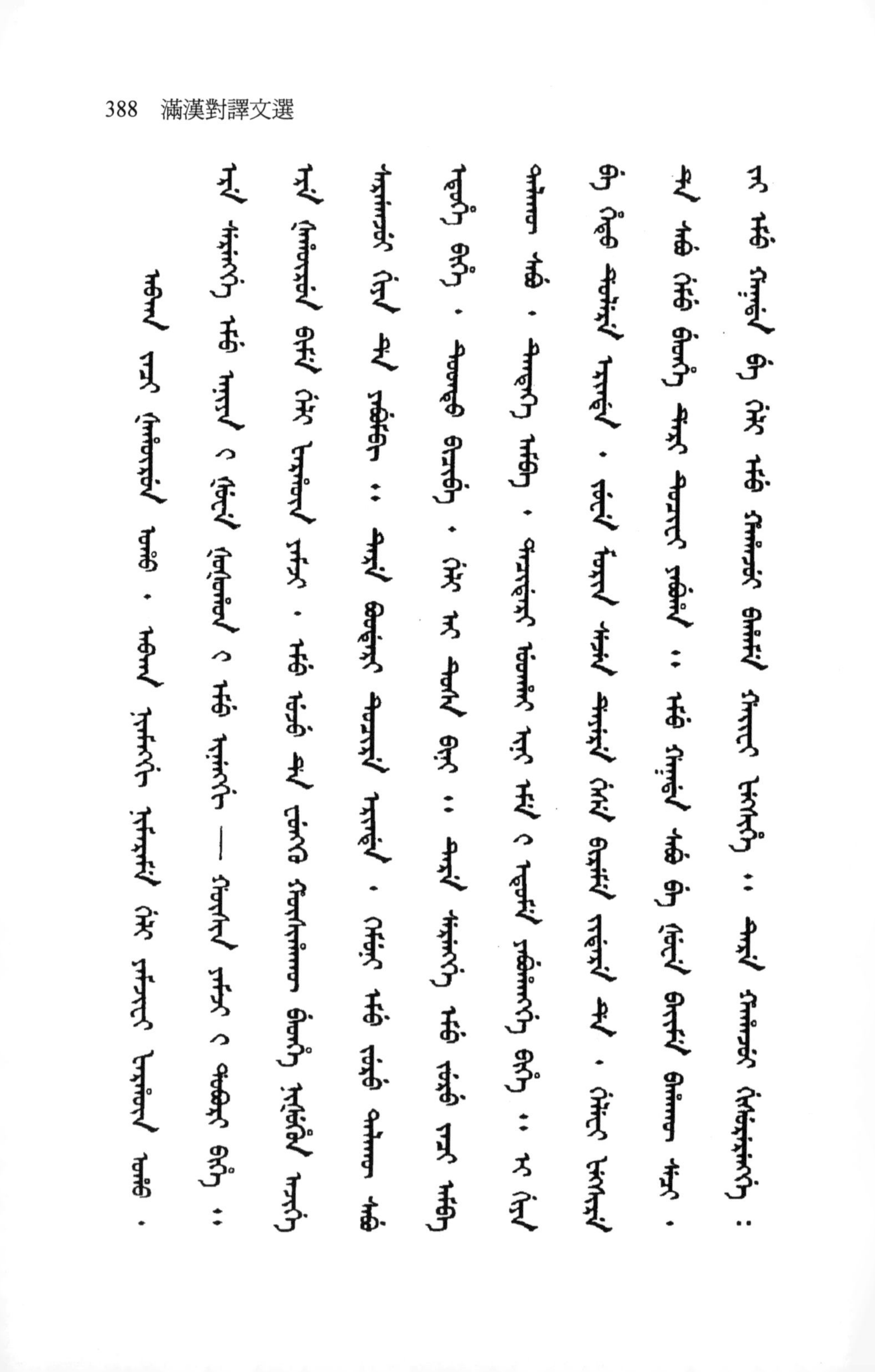

[illegible]

[illegible]

[illegible]

[illegible]

[illegible]

[illegible]

[illegible]

[illegible]

[illegible]

六十四、聖誕之夜

abka jaci šahūrun oho, abka nimanggi nimarame geli yamjifi farhūn oho, ere serengge emu aniya i šuwe šošohon i emu inenggi－gūsin yamji i dobori bihe. ere šahūrun bime geli farhūn yamji, emu uju de fungku hūsihakū bethe nišuhun ajige sarganjui giya de yabumbi. tere booderi tucire erinde, kemuni emu juru talakū sabu etuhe bihe, tuttu bicibe, geli ai tusa bini? tere srengge emu juru jaci amba talakū sabu, tenteke amba, dacideri uthai ini eme i etume yabuhangge bihe. i giya be hetu dulere erinde, juwe morin sejen deyere gese bireme jidere de, gelefi feksire de sabu gemu bethe deri tucifi yabuha. emu gakda sabu be šuwe baime bahakū seci, jai emu gakda be geli emu hahajui bahame gaifi feksihe. tere hahajui gisurerengge:

天氣已經很冷了，天下雪且又昏暗了。這是一年的最後一天 — 三十日的夜晚。在這又冷又暗的晚上，一個頭上沒有圍圍巾光著腳的小女孩走到街上。她從家裡出去時還穿著一雙拖鞋，但是那又有什麼好處呢？那是一雙很大的拖鞋，那樣大，原來就是她母親穿著走路的。她橫跨街道時，兩匹馬車飛馳似的衝闖而來，嚇跑時鞋子都從腳上掉了出去。一隻鞋子到最後也沒找到，另一隻又被一個男孩拿跑了。那個男孩說：

天气已经很冷了，天下雪且又昏暗了。这是一年的最后一天 — 三十日的夜晚。在这又冷又暗的晚上，一个头上没有围围巾光着脚的小女孩走到街上。她从家里出去时还穿着一双拖鞋，但是那又有什么好处呢？那是一双很大的拖鞋，那样大，原来就是她母亲穿着走路的。她横跨街道时，两匹马车飞驰似的冲闯而来，吓跑时鞋子都从脚上掉了出去。一只鞋子到最后也没找到，另一只又被一个男孩拿跑了。那个男孩说：

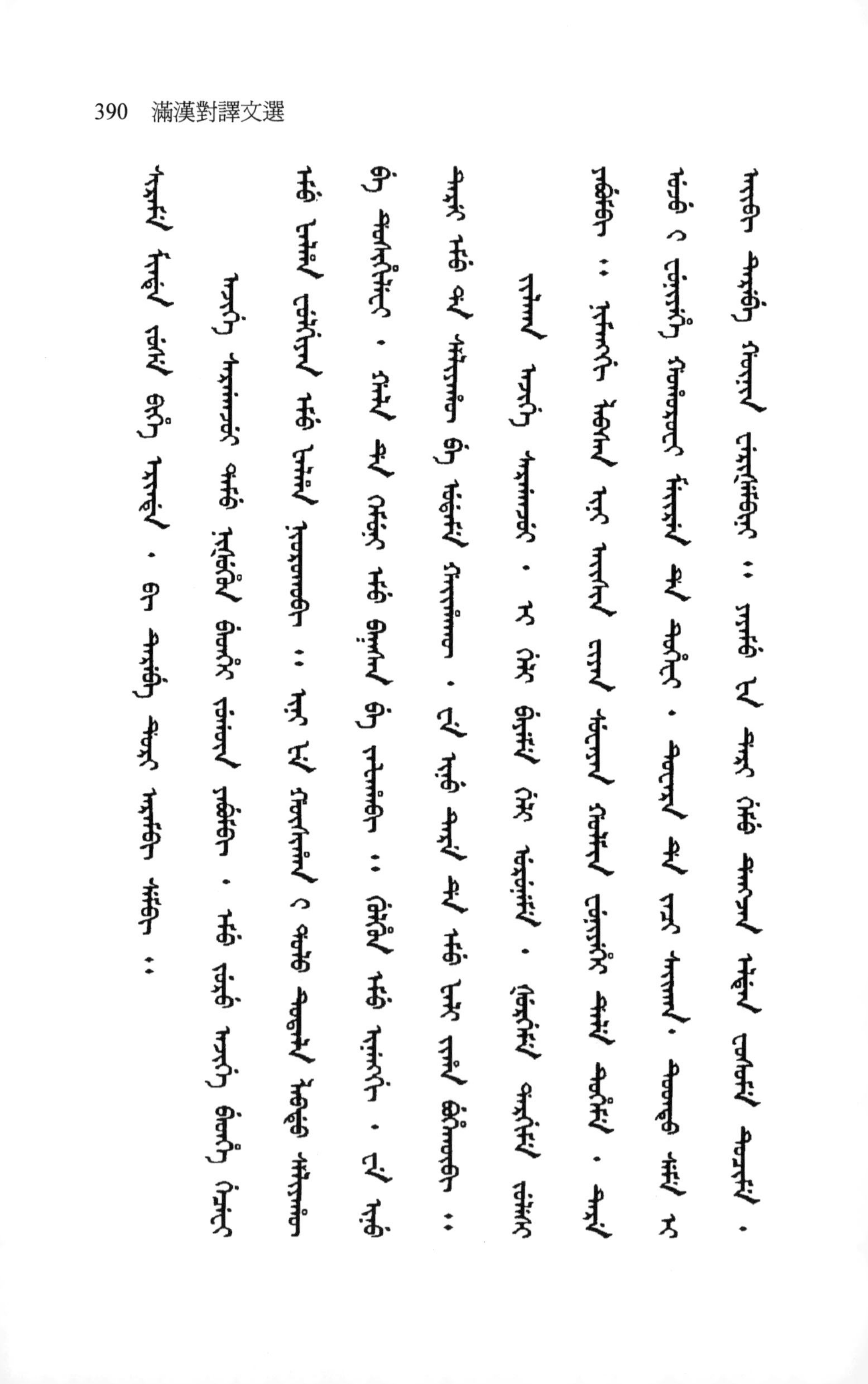

sirame minde juse bihe erinde, bi terebe duri arambi sembi. ajige sarganjui damu nišuhun bethei jugūn yabumbi, emu juru ajige bethe gecefi emu falha fulgiyan emu falha niorokobi. ini fe hūsihan i dolo tutala labdu syliyahū be dusihilefi, gala de kemuni emu baksan be jafahabi. gulhun emu inenggi, we inu terei emu da syliyahū be udame gaihakū, we inu tere de emu fali jiha buhekūbi. jilaka ajige sarganjui, i geli beyeme geli uruneme, šurgeme dargime julesi yabumbi. nimanggi labsan ini aisin fiyan suwayan golmin funiyehei dele tuheme, tere uju i funiyehe gohorofi meiren de tuhefi, tuwara de jaci sain, tuttu seme i aibi terebe gūnin werišembini ! yayamu fa deri gemu dengjan elden fosome tucime,

---

以後我有孩子時，我要把它拿來做吊床。小女孩只好光著腳走路，一雙小腳凍的一塊紅，一塊紫。她舊裙子裡許多火柴都混濁了，手上還拿著一把。整整一天，誰也沒向她買一根火柴，誰也沒有給她一枚錢。可憐的小女孩！她又冷又餓，顫抖著向前走。雪片落在她金黃色的長髮上，她捲在頭上的頭髮掉在肩膀上，看起來很美麗，雖然如此她豈能注意到它呢！每一個窗戶照出來的都是燈光，

以后我有孩子时，我要把它拿来做吊床。小女孩只好光着脚走路，一双小脚冻的一块红，一块紫。她旧裙子里许多火柴都混浊了，手上还拿着一把。整整一天，谁也没向她买一根火柴，谁也没有给她一枚钱。可怜的小女孩！她又冷又饿，颤抖着向前走。雪片落在她金黄色的长发上，她卷在头上的头发掉在肩膀上，看起来很美丽，虽然如此她岂能注意到它呢！每一个窗户照出来的都是灯光，

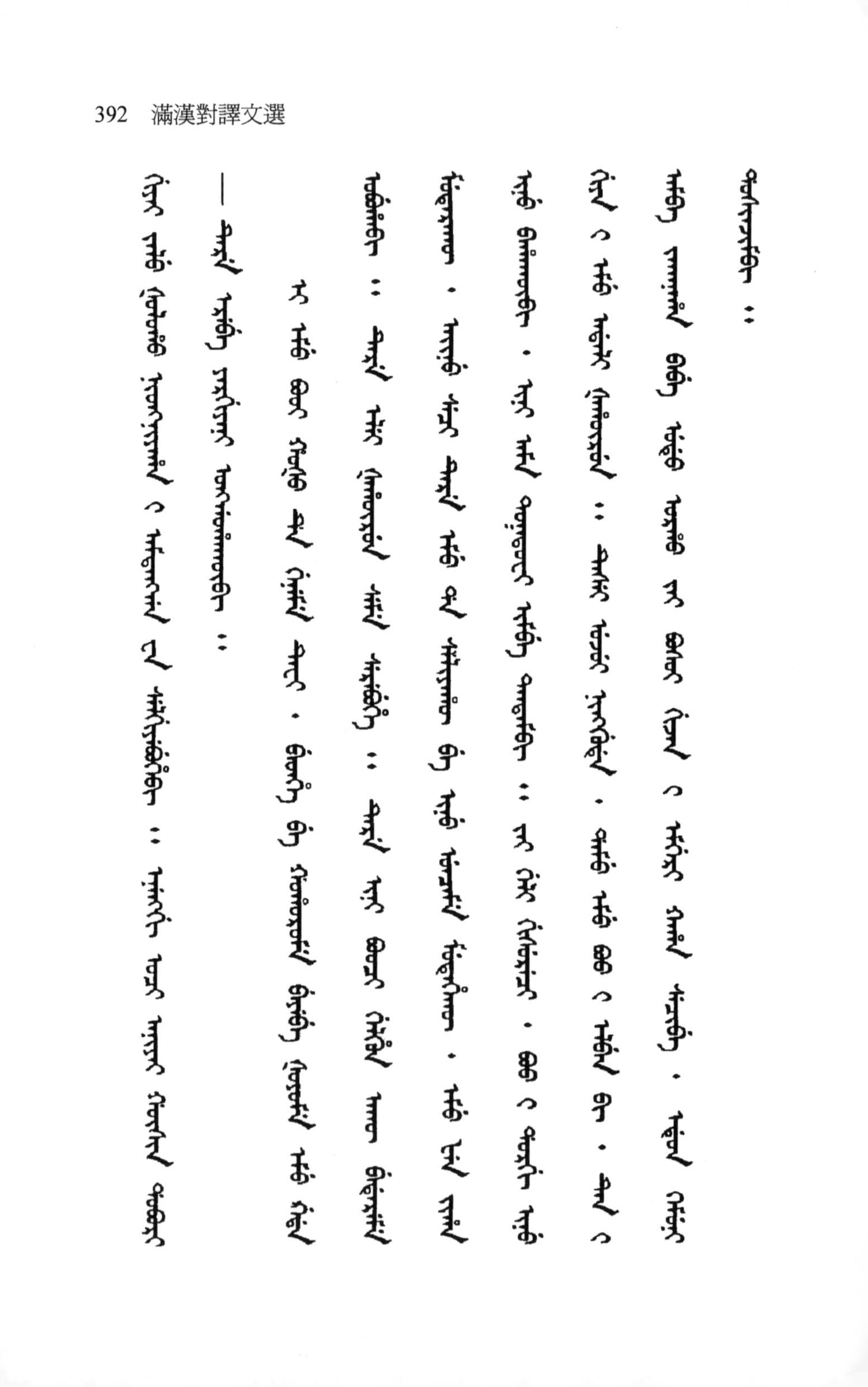

giyai jalu šoloho niongniyaha i amtangga wa selgiyebuhebi. enenggi oci aniyai gūsin dobori－tere erebe yargiyani onggohakūbi. i emu booi hošo de geneme tefi, bethe be gohorome beyebe šoyome emu g'ada obuhabi. tere elei sahūrun seme serebuhe. tere ini booci gelhun akū bedereme muterakū, ainu seci tere emu da syliyahū be inu uncame mutehekū, emu fen jiha inu bahakūbi, ini ama toktofi imbe tantambi. jai geli gisureci, boo i dorgi inu giya i emu adali šahūrun. tesei ujui ninggude, damu emu boo i elben bi, ten i amba jakanaha babe udu orho jai bosoi gijan i emgeri kaha secibe, edun kemuni dosinjimbi.

滿街流出來的都是烤鵝的香味，今天是年三十的夜晚 — 她應該沒有忘記這個。她走到一家的角落坐下，她蜷曲著腿把身體縮成一團，她感覺更冷，她不敢回她的家，爲什麼呢？她一根火柴也沒能賣出去，一分錢也沒得到。她的父親一定會打她。再說，屋裡也和街上一樣冷。她們的頭上只有一茅屋，最大的裂縫雖然已經用草和布片擋起來，但是，風還是進來。

满街流出来的都是烤鹅的香味，今天是年三十的夜晚 — 她应该没有忘记这个。她走到一家的角落坐下，她蜷曲着腿把身体缩成一团，她感觉更冷，她不敢回她的家，为什么呢？她一根火柴也没能卖出去，一分钱也没得到。她的父亲一定会打她。再说，屋里也和街上一样冷。她们的头上只有一茅屋，最大的裂缝虽然已经用草和布片挡起来，但是，风还是进来。

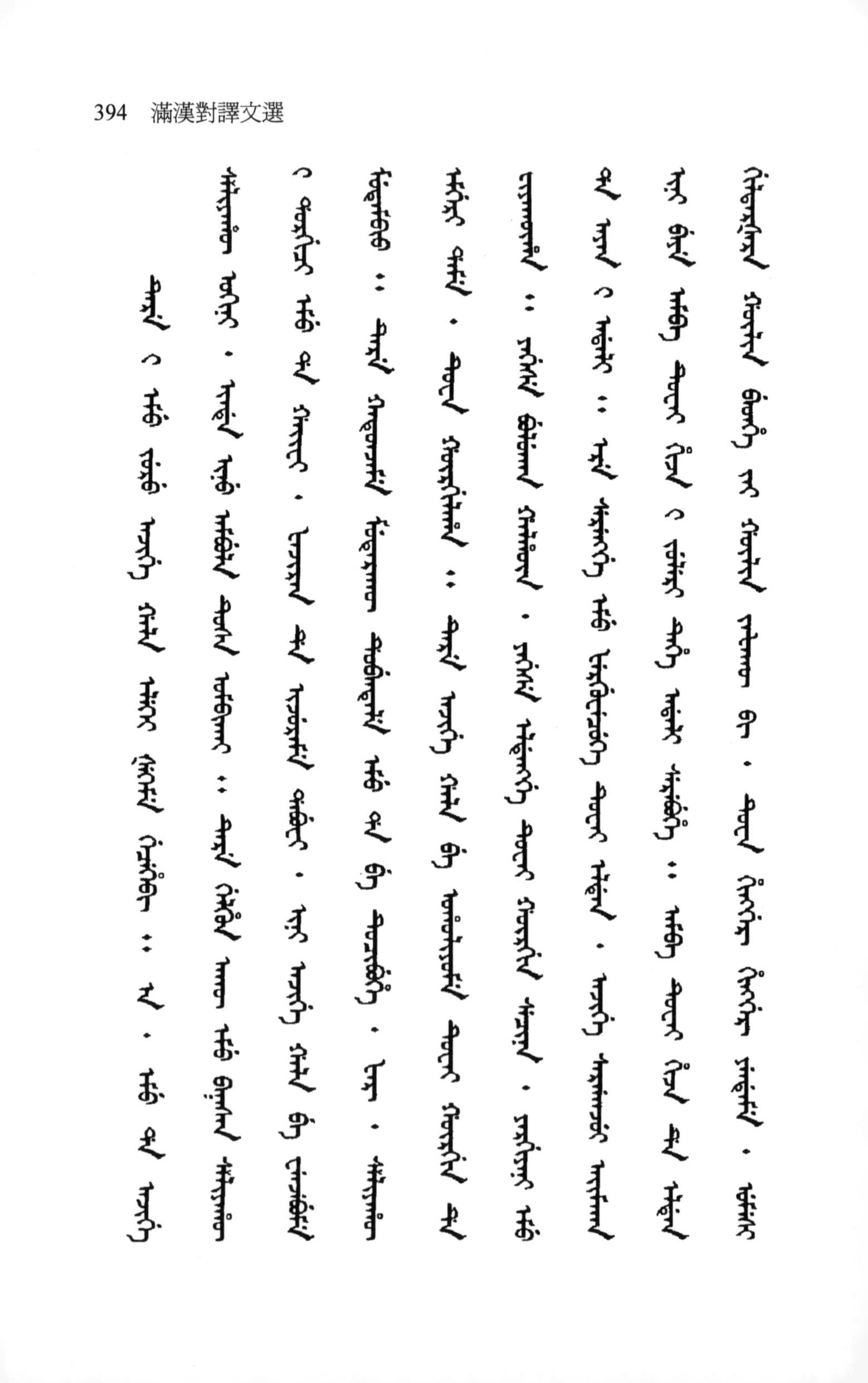

tere i emu juru ajige gala elekei šekeme gecehebi. a! emu da ajige syliyahū okini, inde inu ambula tusa ombikai ! tere gelhun akū emu baksan syliyahū i dorgici emu da gaifi, fajiran de ijurame dabufi, ini ajige gala be wenjebume mutembio? tere katunjame muterakū dubentele emu da be tucibuhe, far! syliyahū emgeri dame, tuwa gūrgilaha! tere ajige gala be oholiyome tuwai gūrgin de fiyakūha. yagese bulukan halhūn, yagese eldengge tuwai gūrgin secina, yargiyani emu da ayan i adali. ere serengge emu ferguwecuke tuwai elden, ajige sarganjui aimaka ini beye amba tuwai hija i juleri tehe adali serebuhe. amba tuwai hija de elden giltaršara gūlin bethe jai gūlin jafakū bi, tuwa hingger hingger yendeme, umesi

---

她的一雙小手幾乎凍僵了。啊！一根小火柴對她也有很大的好處呀！她敢從一把火柴裡取出一根在牆上擦亮溫暖她的小手嗎？她不再堅持，最後取出了一根。嘩啦！火柴已經點著，冒了火燄，她捧著小手在火燄上烤著。多麼溫暖多麼光亮的火燄呀，實在像一根蠟燭。這是一道奇妙的火光！小女孩感覺她自己好像坐在大火爐前面一樣，大火爐上有亮光閃爍的黃腳和黃手把，火旺旺地燃燒起來，

她的一双小手几乎冻僵了。啊！一根小火柴对她也有很大的好处呀！她敢从一把火柴里取出一根在墙上擦亮温暖她的小手吗？她不再坚持，最后取出了一根。哗啦！火柴已经点着，冒了火焰，她捧着小手在火焰上烤着。多么温暖多么光亮的火焰呀，实在像一根蜡烛。这是一道奇妙的火光！小女孩感觉她自己好像坐在大火炉前面一样，大火炉上有亮光闪烁的黄脚和黄手把，火旺旺地燃烧起来，

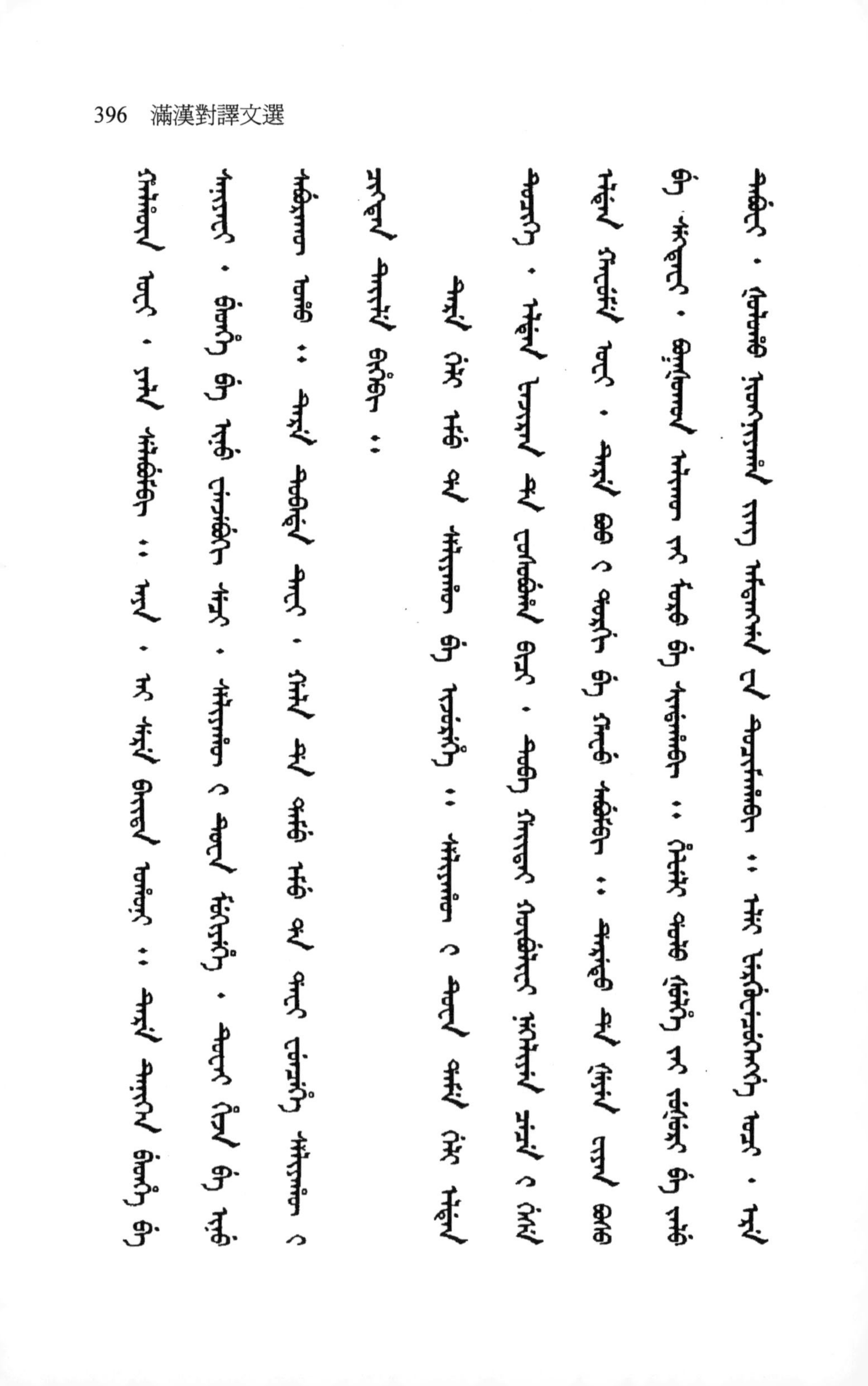

[illegible]
[illegible]
[illegible]
[illegible]

[illegible]
[illegible]
[illegible]
[illegible]
[illegible]

halhūn ofi, yala selabumbi! aya, ai sere baita ohoni? tere teniken bethe be saniyafi, bethe be inu wenjebuki seci, syliyahū i tuwa mukiyehe, tuwai hija be inu saburakū oho. tere tubade tefi, gala de damu emu da dafi funcehe syliyahū i cikten teile bihebi. tere geli emu da syliyahū be ijurehe. syliyahū i tuwa dame geli elden tucike, elden fajiran de fosobuha bici, tuba gaitai kūbulifi nekeliyen cece i gese elden hafume ofi, tere boo i dorgi be hafu sabumbi. deretu de šeyen fiyan boso be sektefi, bokšokon alikū jai moro be sindahabi. hefeli dolo šulhe jai jušuri be jalu tebufi, šoloho niongniyaha jing amtangga wa tucimahabi. elei ferguwecukengge oci, ere

---

很溫暖，真舒服！哎呀，什麼事呢？她才伸腿，也想暖腿時，火柴的火卻熄滅了，火爐也看不見了。她坐在這裡，手上只點一根，剩下的只有火柴棒。她又擦了一根火柴，火柴的火又點亮了，亮光照在牆上時，那裡忽然變成像薄紗似的光線穿透進去，透視那房子的內部。桌上鋪著雪白的布，放置了精緻的盤子和碗，裡面裝滿蘋果和烏梅，烤鵝正溢出香味。更奇妙的是，

很温暖，真舒服！哎呀，什么事呢？她才伸腿，也想暖腿时，火柴的火却熄灭了，火炉也看不见了。她坐在这里，手上只点一根，剩下的只有火柴棒。她又擦了一根火柴，火柴的火又点亮了，亮光照在墙上时，那里忽然变成像薄纱似的光线穿透进去，透视那房子的内部。桌上铺着雪白的布，放置了精致的盘子和碗，里面装满苹果和乌梅，烤鹅正溢出香味。更奇妙的是，

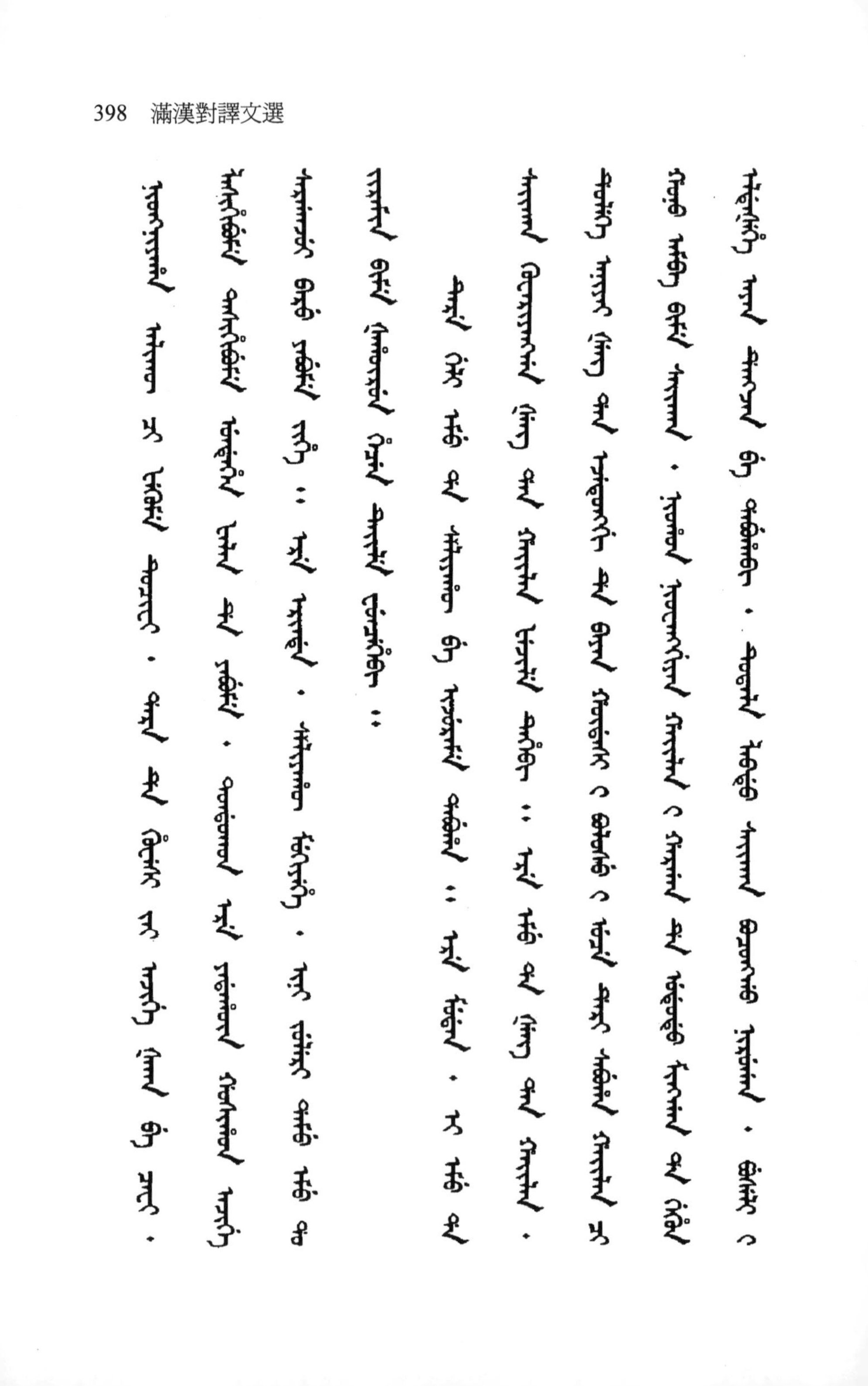

[illegible]

[illegible]

[illegible]

[illegible]

[illegible]

[illegible]

[illegible]

[illegible]

niongniyaha alikū ci fekume tucifi, dara de huwesi jai ajige šaka be cafi, lasihibume tasihibume undehen falan de yabume, tondokon ere yadahūn gosihon ajige sarganjui baru yabume jihe. ere erinde, syliyahū mukiyehe, ini juleri damu emu do jiramin bime šahūrun hecen teile funcehebi. tere geli emu da syliyahū be ijurame dabuha. ere mudan, i emu da saikan kuwariyangga šeng dan hailan fejile tehebi. ere emu da šeng dan hailan, duleke aniyai šeng dan ejetunggi de bayan hūdasi i bolosu i uce deri sabuha hailan ci hono amba bime saikan. niohon niowanggiyan hailan i gargan de ududu minggan da gehun eldešehe ayan dengjan be dabuhabi, tutala labdu saikan boconggo nirugan, puseli i

---

這隻鵝從盤裡跳出來，背上插了小刀和小叉子，搖搖晃晃地在木屋裡走著，一直向這個貧苦的小女孩走過來。這個時候，火柴熄滅了，她的前面只剩一道又厚又冷的牆而已。她又擦亮了一根火柴。這回，她坐在一棵美麗的聖誕樹下面。這一棵聖誕樹比去年聖誕節在富商玻璃門所看到的樹還大還美。在青綠樹枝上點亮了數千枝明亮的蠟燭，許多美麗的彩色圖畫，和店舖

这只鹅从盘里跳出来，背上插了小刀和小叉子，摇摇晃晃地在木屋里走着，一直向这个贫苦的小女孩走过来。这个时候，火柴熄灭了，她的前面只剩一道又厚又冷的墙而已。她又擦亮了一根火柴。这回，她坐在一棵美丽的圣诞树下面。这一棵圣诞树比去年圣诞节在富商玻璃门所看到的树还大还美。在青绿树枝上点亮了数千枝明亮的蜡烛，许多美丽的彩色图画，和店铺

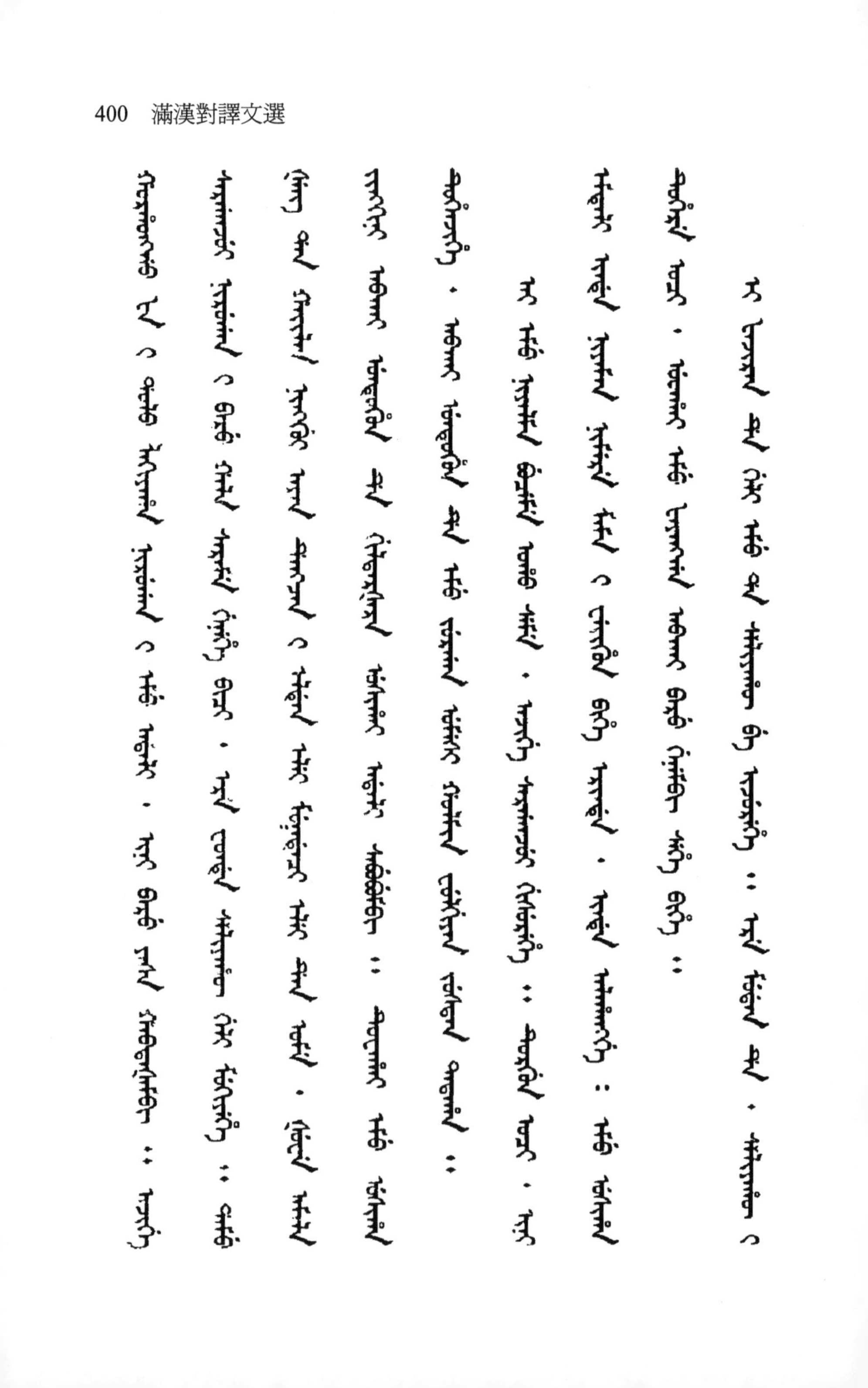

horhonggo fa i dolo lakiyaha nirugan i emu adali, ini baru yasa habtašambi. ajige sarganjui nirugan i baru gala sarame genehe bici, ere fonde syliyahū geli mukiyehe. damu šeng dan hailan ninggui ayan dengjan i elden elei mukdeci elei den ome, šuwe amala jingkini abkai untuhun de giltaršara usihai adali sabubumbi. tuwahai emu usiha tuhenjihe, abkai untuhun de emu jurgan umesi golmin fulgiyan justan tataha." ai emu niyalma buceme oho" seme, ajige sarganjui gisurehe. turgun oci, ini emteli inde niyaman nimere mama i weihun bihe erinde, inde alahangge:emu usiha tuhere oci, uthai emu fayangga abkai baru genembi sehe bihe. i fajiran de geli emu da syliyahū be ijurehe. ere mudan de, syliyahū i

---

櫥窗裡所懸掛的圖畫一樣，向她眨著眼睛。小女孩張開手要到畫中去時，這時候火柴又熄滅了。只是聖誕樹上面的蠟燭光越升越高了，最後看起來好像天空上閃爍的星星一樣。看著一顆星星掉下來，拉成一條很長的紅線條。小女孩說：「死了一個某人。」原因是，她的一個心疼她的奶奶生前告訴她的：若是一顆星星掉下來時，就有一個靈魂到天上去。她在牆上又擦了一根火柴。這回，火柴的

橱窗里所悬挂的图画一样，向她眨着眼睛。小女孩张开手要到画中去时，这时候火柴又熄灭了。只是圣诞树上面的蜡烛光越升越高了，最后看起来好像天空上闪烁的星星一样。看着一颗星星掉下来，拉成一条很长的红线条。小女孩说：「死了一个某人。」原因是，她的一个心疼她的奶奶生前告诉她的：若是一颗星星掉下来时，就有一个灵魂到天上去。她在墙上又擦了一根火柴。这回，火柴的

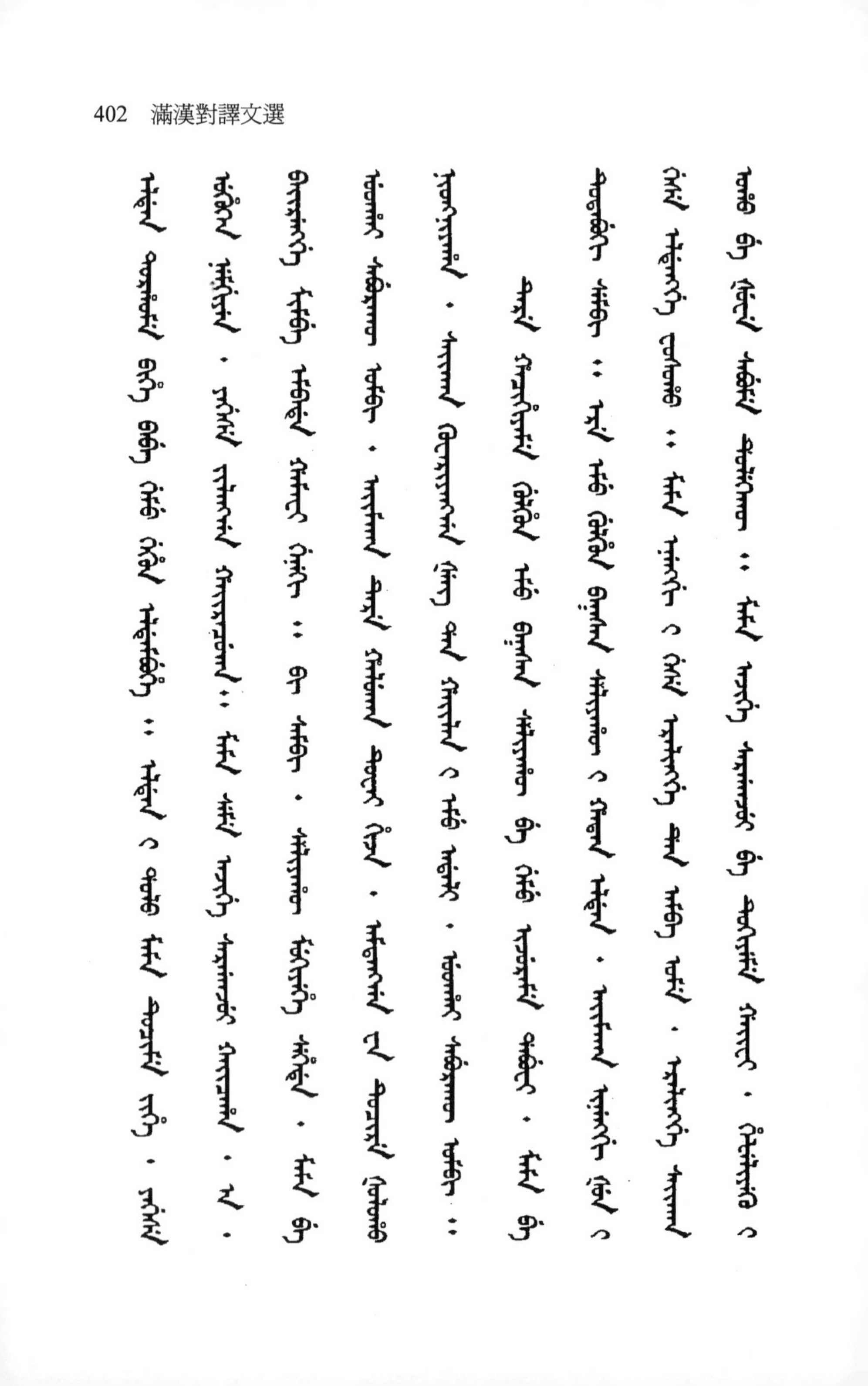

elden torhome bihe babe gemu gehun eldembuhe. elden i dolo mama tucime jihe, yagese uhuken nemgiyen, yagese jilangga hairacuka. "mama!" seme ajige sarganjui kaicaha," a! bairengge mimbe embade gamafi geneki! bi sambi, syliyahū mukiyehe sehede, mama be uthai saburakū ombi, aimaka tere halukan tuwai hija, amtangga wa tucire šoloho niongniyaha, saikan kuwariyangga šeng dan hailan i emu adali, uthai saburakū ombi!" tere hacihiyame gulhun emu baksan syliyahū be gemu ijurame dabufi, mama be tutabuki sembi. ere emu gulhun baksan syliyahū i hatan elden, aimaka inenggi šun i gese eldengge fosoho. mama enenggi i gese eralingge den amba ome, eralingge saikan oho be šuwe sabume dulekekū. mama ajige sarganjui be tukiyeme gaifi, hefeliyeku i

---

光環內都明亮起來。光裡出現了奶奶，多麼溫柔，多麼慈愛。「奶奶！」小女孩叫著：「啊！請把我一起帶去吧！我知道，火柴滅了的時候，就看不見奶奶了，就像看不見那溫暖的火爐，看不見香味噴出來的烤鵝，看不見美麗的聖誕樹一樣呀！」她趕緊把一整把的火柴都擦亮了，想留下奶奶。這一整把火柴的烈光，好像白天太陽光照射似的。竟然沒看過奶奶像今天這樣又高又大，這樣美麗。奶奶扶起了小女孩，

光环内都明亮起来。光里出现了奶奶，多么温柔，多么慈爱。「奶奶！」小女孩叫着：「啊！请把我一起带去吧！我知道，火柴灭了的时候，就看不见奶奶了，就像看不见那温暖的火炉，看不见香味喷出来的烤鹅，看不见美丽的圣诞树一样呀！」她赶紧把一整把的火柴都擦亮了，想留下奶奶。这一整把火柴的烈光，好像白天太阳光照射似的。竟然没看过奶奶像今天这样又高又大，这样美丽。奶奶扶起了小女孩，

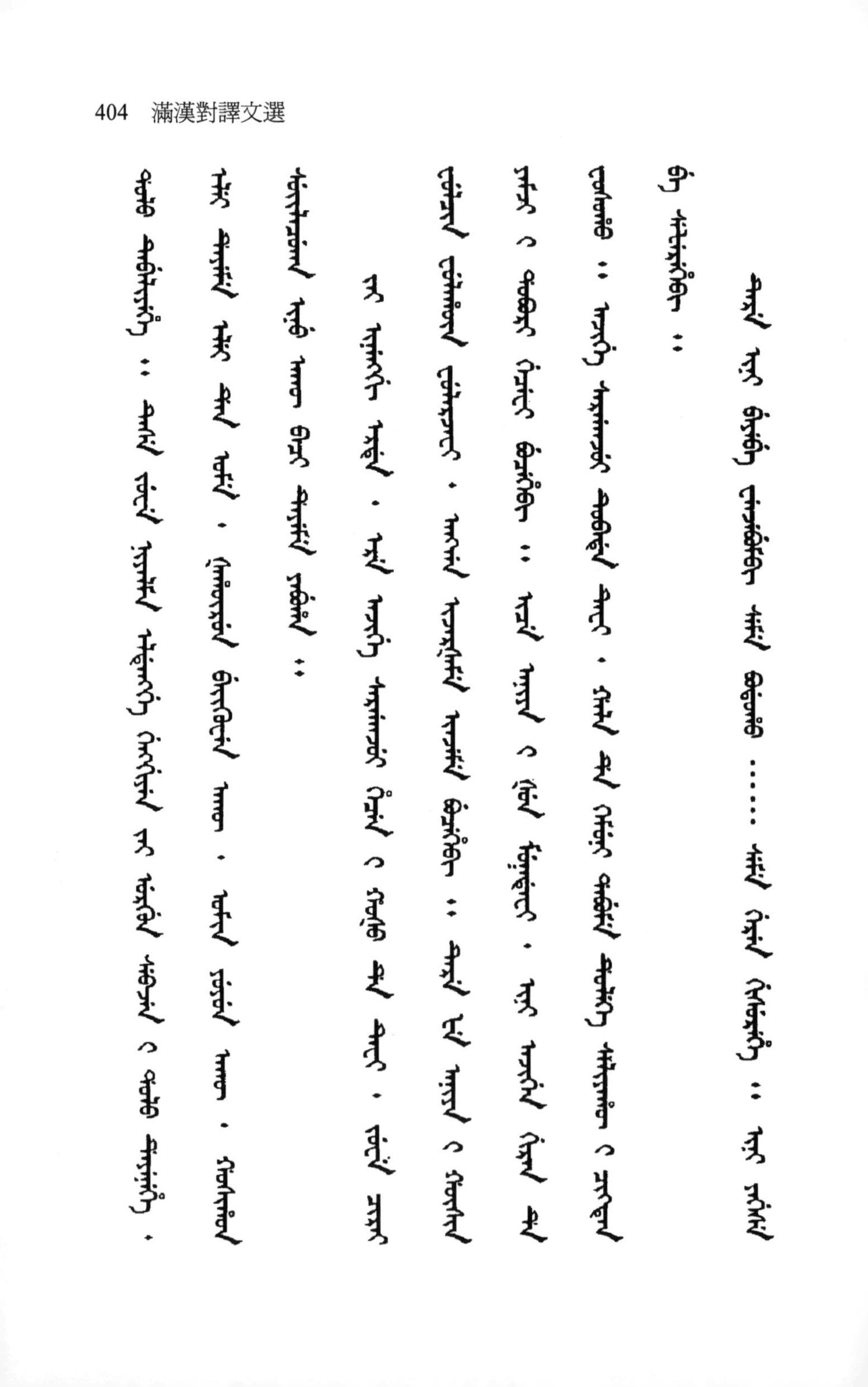

dolo tebeliyehe. tese juwe niyalma eldengge genggiyen jai urgun sebjen i dolo deyenehe, elei deyeme elei den ome, šahūrun beikuwen akū, omin yuyun akū, gosihon suilacuka inu akū baci deyeme yabuha. jai inenggi erde, ere ajige sarganjui hecen i hošo de tefi, juwe cirai fulcin fulahūn fularjafi, angga ijaršame injeme bucehebi. tere fe aniya i gūsin yamji i dobori gecefi bucehebi. ice aniya i šun mukdefi, ini ajigen giran de fosoho. ajige sarganjui tubade tefi, gala de kemuni dabume duleke syliyahū i cikten be seferehebi." tere ini beyebe wenjebumbi seme bodoho......" seme geren gisurehe. ini yagese

---

抱在懷裡。他們兩人在光明和歡樂中飛了起來，越飛越高，飛向沒有寒冷，沒有飢餓，也沒有苦難的地方去了。第二天早晨，這個小女坐在牆角邊，兩個面頰紅潤，嘴巴微笑著死了。她在舊年的三十夜晚凍死了。新年的太陽昇起來了，照在她幼小的屍體上。小女孩坐在那裡，手上還握著點過的火柴棒，「她想溫暖她的身體」大家這樣說。

抱在怀里。他们两人在光明和欢乐中飞了起来，越飞越高，飞向没有寒冷，没有饥饿，也没有苦难的地方去了。第二天早晨，这个小女坐在墙角边，两个面颊红润，嘴巴微笑着死了。她在旧年的三十夜晚冻死了。新年的太阳升起来了，照在她幼小的尸体上。小女孩坐在那里，手上还握着点过的火柴棒，「她想温暖她的身体」大家这样说。

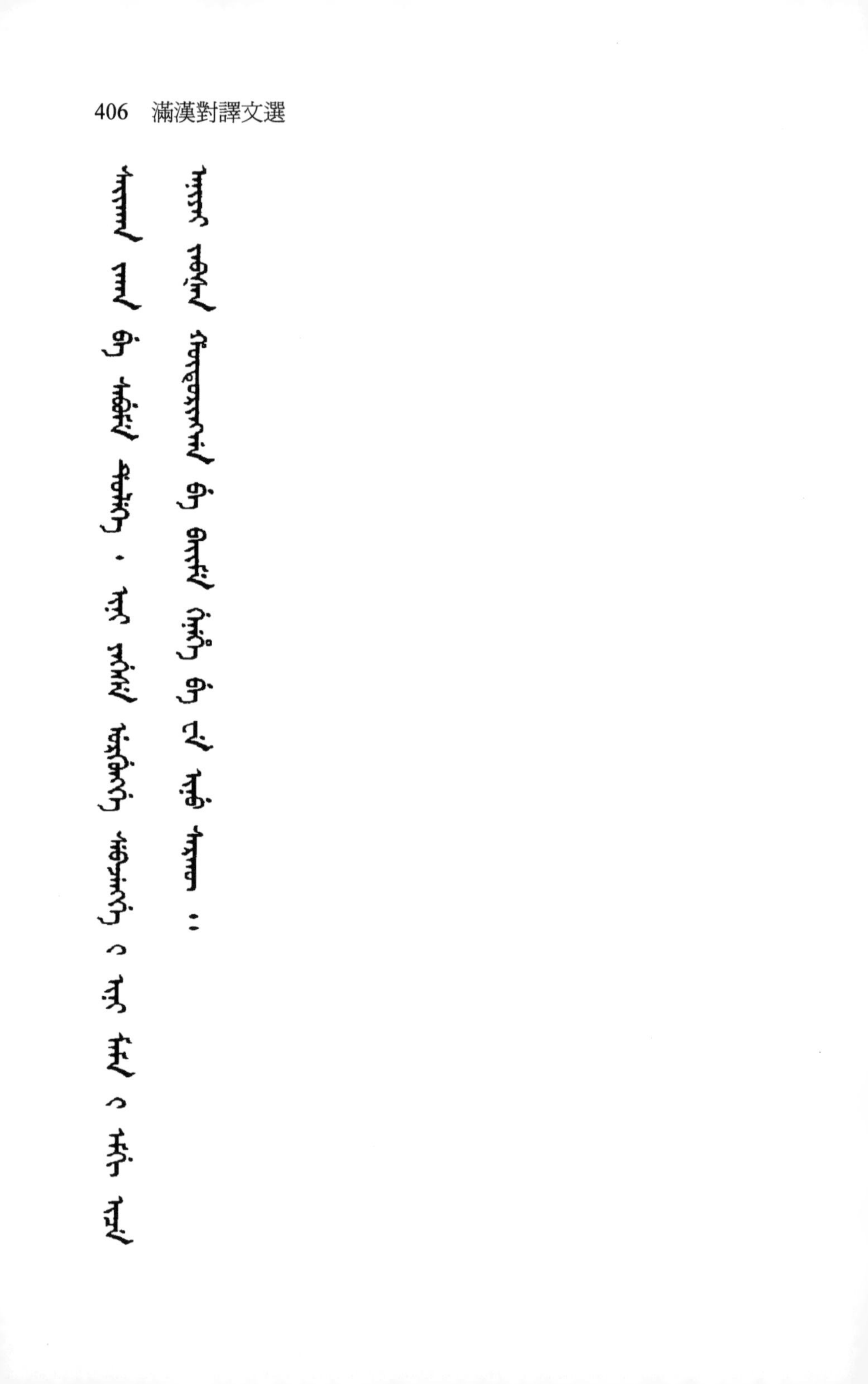

sikan jaka be sabume duleke, ini yagese urgungge sebjengge i ini mama i emgi ice aniyai jabšan hūturingga be baime genehe be we inu sarkū.

誰也不知道她見過了多麼美麗的東西，她多麼快樂地和她的奶奶去尋找新年的幸福。

谁也不知道她见过了多么美丽的东西，她多么快乐地和她的奶奶去寻找新年的幸福。

附錄一：滿文字母表

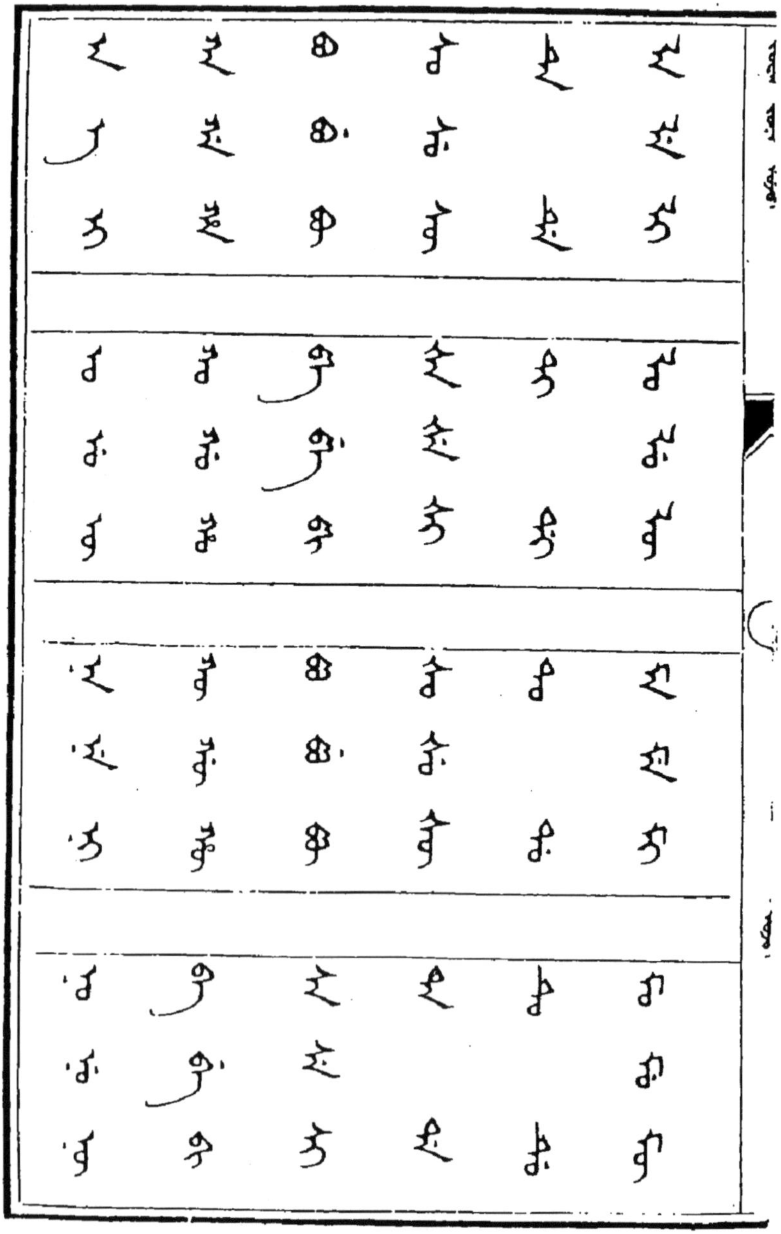

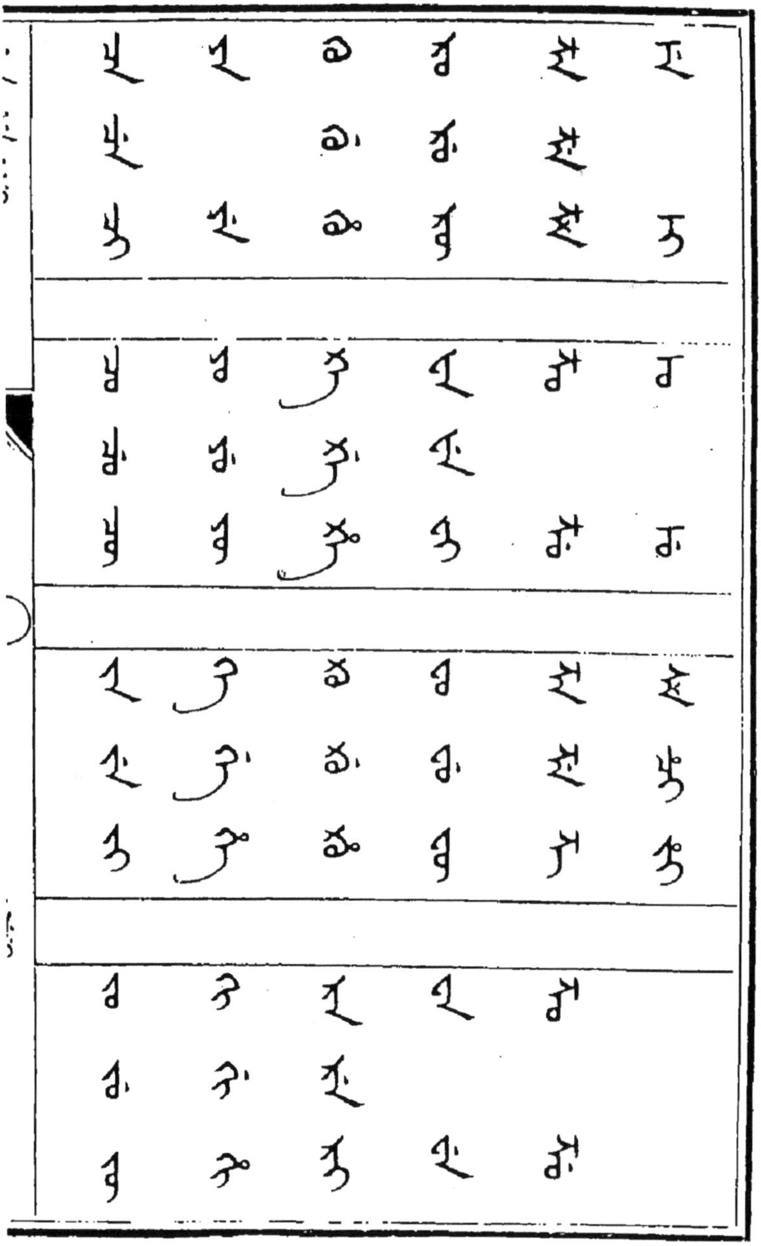

附錄二：滿文運筆順序（清文啓蒙）

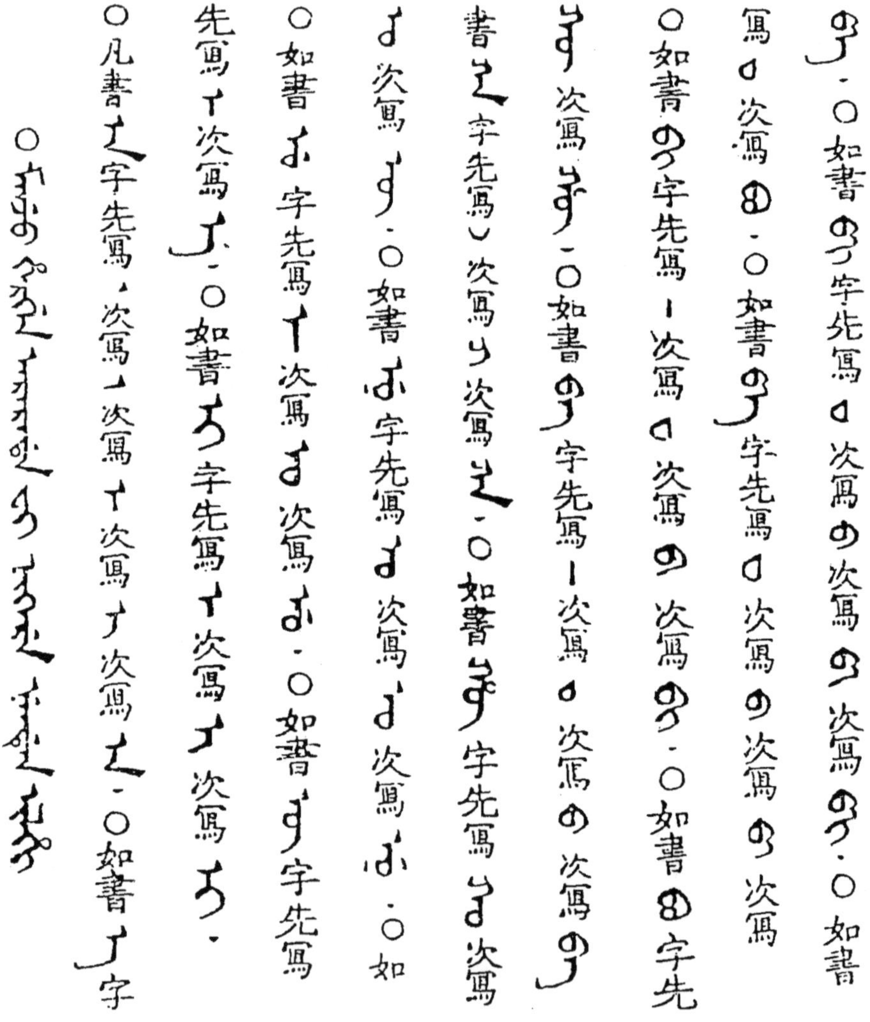

。○如書字先寫次寫次寫次寫。○如書
寫次寫。○如書字先寫次寫次寫次寫
○如書字先寫次寫次寫次寫。○如書字先
次寫。○如書字先寫次寫次寫次寫
書字先寫次寫次寫。○如書字先寫次寫
次寫。○如書字先寫次寫次寫。○如
○如書字先寫次寫次寫。○如書字先寫
先寫次寫。○如書字先寫次寫次寫。
○凡書字先寫次寫次寫次寫次寫。○如書字
○

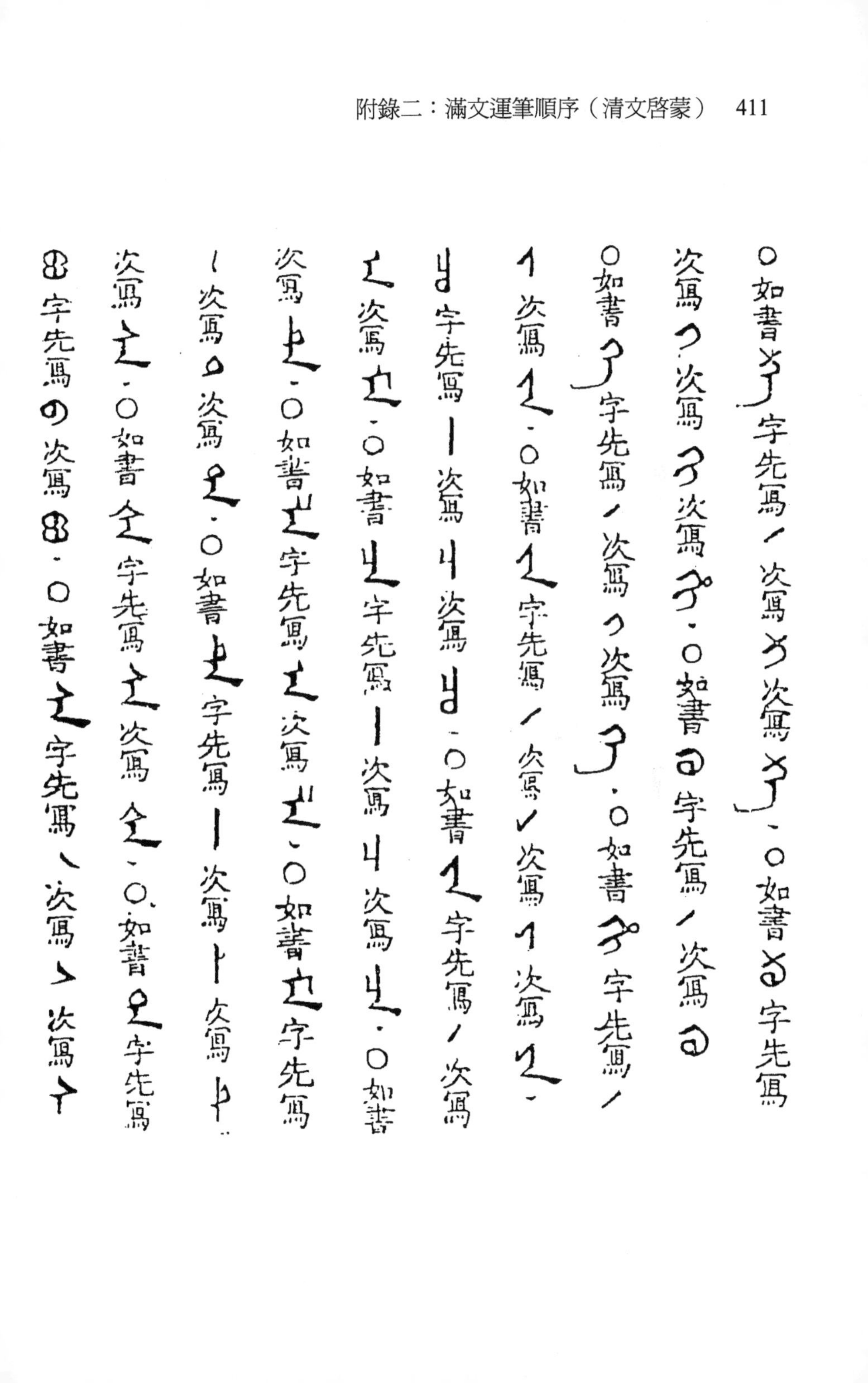

○如書□字先寫□次寫□次寫□。○如書□字先寫
次寫□次寫□次寫□。○如書□字先寫□次寫□
○如書□字先寫□次寫□次寫□。○如書□字先寫□
□次寫□。○如書□字先寫□次寫□次寫□次寫□。
□字先寫□次寫□次寫□。○如書□字先寫□次寫
□次寫□。○如書□字先寫□次寫□次寫□。○如書
次寫□。○如書□字先寫□次寫□。○如書□字先寫
□次寫□次寫□。○如書□字先寫□次寫□次寫□。
次寫□。○如書□字先寫□次寫□。○如書□字先寫
□字先寫□次寫□。○如書□字先寫□次寫□次寫□

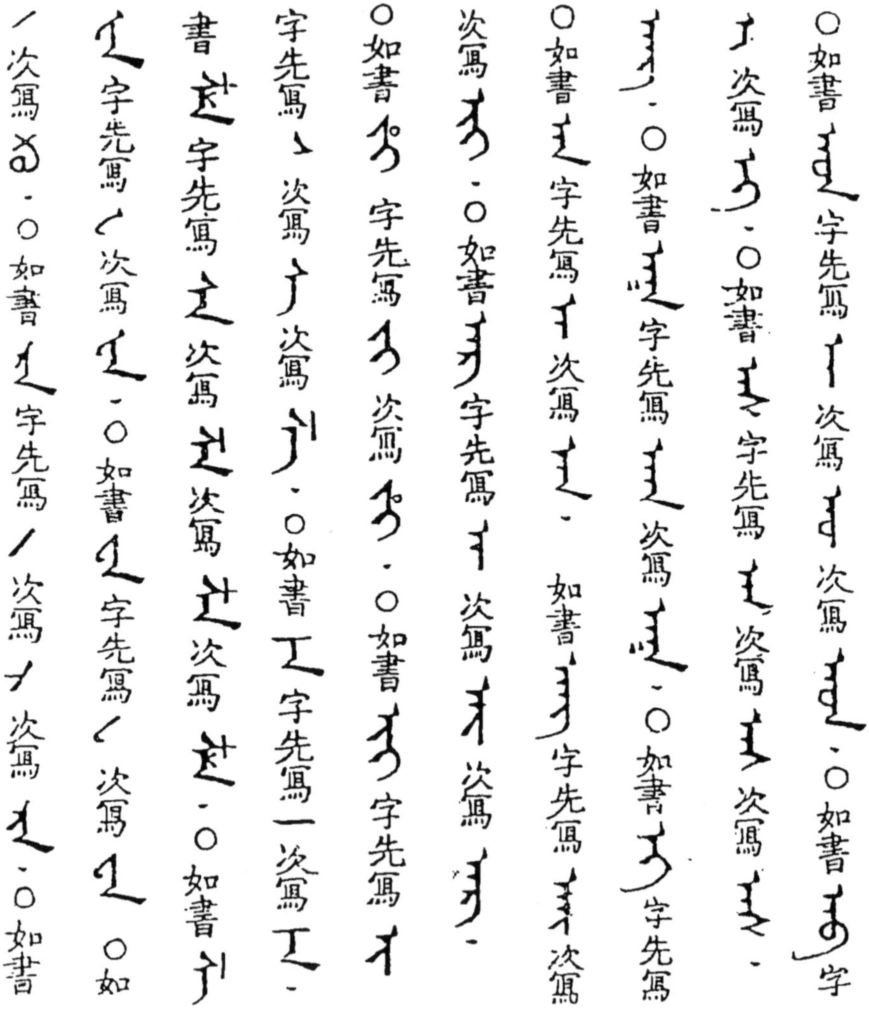
○如書 字先寫 次寫 次寫 次寫 ○如書 字
次寫 ○如書 字先寫 次寫 次寫
○如書 字先寫 次寫 ○如書 字先寫
○如書 字先寫 次寫 如書 字先寫 次寫
次寫 ○如書 字先寫 次寫 次寫
○如書 字先寫 次寫 ○如書 字先寫
字先寫 次寫 次寫 ○如書 字先寫一 次寫
書 字先寫 次寫 次寫 次寫 ○如書
字先寫 次寫 ○如書 字先寫 次寫 ○如
次寫 ○如書 字先寫 次寫 次寫 ○如書

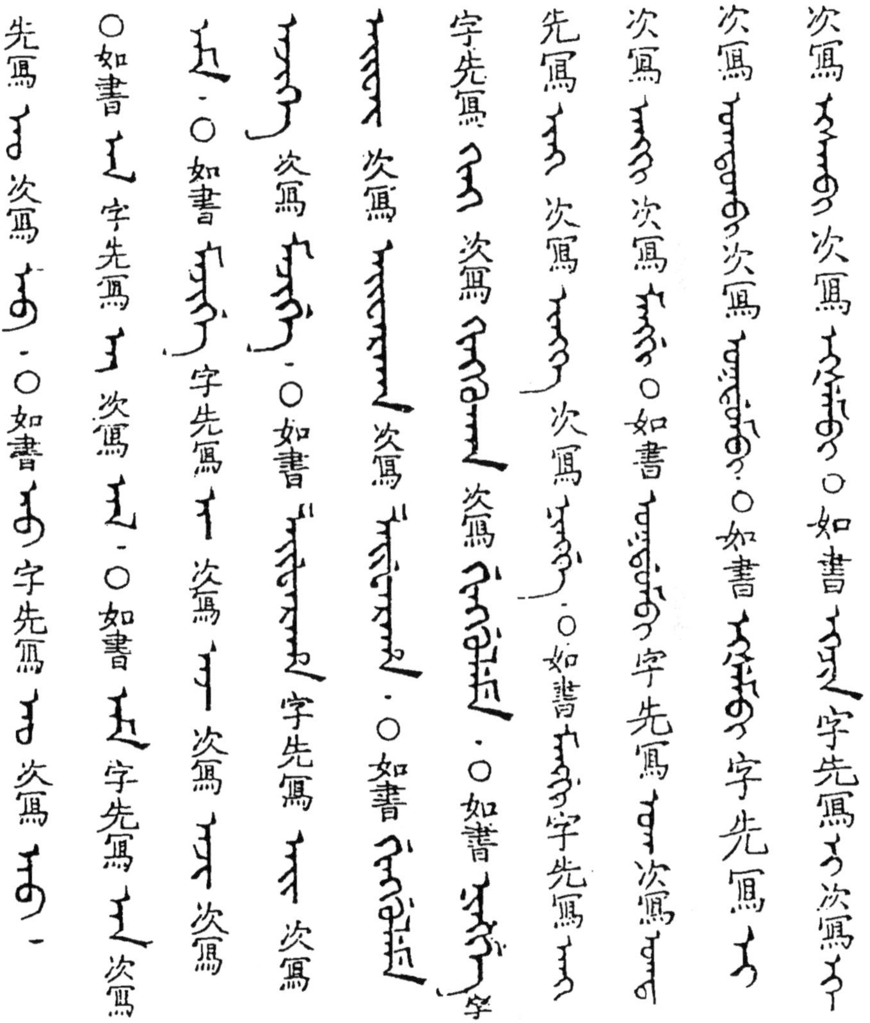
次寫 次寫 ○如書 字先寫 次寫
次寫 次寫 ○如書 字先寫
次寫 次寫 ○如書 字先寫 次寫
先寫 次寫 次寫 ○如書 字先寫
字先寫 次寫 次寫 ○如書 字
次寫 次寫 ○如書
次寫 ○如書 字先寫 次寫
○如書 字先寫 次寫 次寫 次寫
○如書 字先寫 次寫 ○如書 字先寫 次寫
先寫 次寫 ○如書 字先寫 次寫

類推。舉一可貫百矣。

兩個阿兒之下。圈點方是。以上運筆。字雖無幾。法可

作 [illegible] 式樣。乃是兩個阿兒。今如下筆。必除去 [illegible] 字的

[illegible] [illegible] [illegible] 共二十字。俱係 [illegible] 字首。此 [illegible] 字聯寫必

[illegible] [illegible] [illegible] [illegible] [illegible] [illegible] [illegible] [illegible] [illegible] [illegible]

[illegible] ○凡書圈點。如 [illegible] [illegible] [illegible] [illegible] [illegible] [illegible] [illegible]

次寫 [illegible] ○如書 [illegible] 字先寫 [illegible] 次寫 [illegible] 次寫

次寫 [illegible] 次寫 [illegible] ○如書 [illegible] 字先寫 [illegible] 次寫 [illegible]

[illegible] 字先寫 [illegible] 次寫 [illegible] ○如書 [illegible] 字先寫 [illegible]

次寫 [illegible] ○如書 [illegible] 字先寫 [illegible] 次寫 [illegible] ○ 如書